3 · 1운동의 전개와 매일신보

황민호

3 · 1운동의 전개와 매일신보

황민호

국학자료원

책을 출간해야겠다고 생각했던 것은 2016년 중반 쯤이었다. 교학사교과서와 국정교과서 파동, 건국절 논란 등으로 한국근현대사와 일제시기 독립운동사에 대한 논쟁이 지속되고 있었다. 3·1운동 100주년을 앞두고 있는 상황에서 그동안에 써두었던 논문을 정리하는 것이 의미있는 일이 될 수 있을 것이라는 생각이 들었다. 그러나 이후 한국사회의 상황이 급변하면서 이러저러한 이유로 책 출간 계획을 잊게 되었다. 이하의 글은 2017년 3월 책 편집을 마무리하고 썼던 서문이다. 2021년에야 출간하게 된 책의 서문으로 다시 사용해도 될 것 같아 문장 몇 곳을 수정하여 그대로 게재하기로 했다.

3·1운동은 한국독립운동사에 있어서 전 민족적 항일독립운동의 효시이며, 대한민국의 오늘을 있게 한 민주공화제 국민국가의 출발점이었다. 4·19혁명으로 이어진 그 정신은 우리 사회가 민권을 넘어 인권에 바탕을 둔 민주주의를 향해 나아가는 힘의 원천이 되고 있다.

일제시기 독립운동가들 역시 3·1운동의 경험을 통해 독립에 대한 희망과 용기를 얻었으며, 거칠고 힘들었던 혁명가의 길에서 스스로를 지켜 갈 수 있었다. 우리가 오늘도 3·1운동과 마주해야 하는 이유가 여기에 있을 것이다.

필자는 수요역사연구회의 '매일신보강독반'에서 3·1운동 관련 기사를 정리하며 처음으로 논문을 쓸 수 있겠다는 생각이 들었고, 2002년 '매일신보에 나타난 기독교인들의 3·1운동과 선교사'라는 글을 발표하였다. 이후 모두 11편의 논문을 썼다.

보론으로 수록한 '나혜석의 독립운동과 관련 인물들'은 3·1운동을 전후한 시기의 개인 나혜석에 대한 이해의 폭을 넓힐 수 있다는 생각에서 수록하였다. '매일신보의 3·1운동 관련 중요 기사목록'은 조선총독부 기관지 매일신보의 기사 제목을 들여다보는 것만으로도 3·1운동이 일제와 친일세력에게 얼마나 큰 충격을 주었는가를 극명하게 보여줄 수 있다는 생각에서 정리하였다. 10년 넘게 '매일신보강독반'에 참여했던 필자로서는 일종의 의무감 같은 것이기도 했다.

이 책은 큰 틀에서 보면 3·1운동의 전개와 친일논리 및 3·1운동 이후 운동에 참여했던 개인과 지역의 상황에 대해 당시의 사료와『매일신보』및 국내 언론의 보도기사를 중심으로 정리한 것이다. 향후 보다 많은 연구가 진행되면 이 주제와 관련하여 나름의 결론에 도달할 수 있을 것이라는 생각을 갖고 있다. 그리고 연구가 쌓이게 되면 3·1독립운동에 참여했던 민중들의 모습과 3·1운동 이후에도 조국과 민족의 독립을 가슴에 품고 살았던 독립운동가들의 치열했던 삶의 모습을 보다 선명하게 바라보게 될 수 있을 것이다.

『매일신보』에 나타난 조선총독부와 관제언론의 친일의 논리와 그것을 쫓아갔던 사람들의 모습도 보다 깊이 있게 바라보게 될 것이고 어쩌면 그것이 더 중요하고 필요한 시기가 되었다는 생각이 들기도 한다.

이 책은 필자가 그동안 발표했던 논문을 정리하여 묶은 것이다. 따라서 애초부터 논리 전개의 중복을 피하지 못한 부분이 있으며, 학계의 연구 성과를 정리한 한 수준의 글도 편의상 수록하였다. 책 제목도 고민하기는 했지만, 특징적이고 간결하게 정하지 못했다. 독자들의 너그러운 이해를 바란다.

한국독립운동사를 공부하는 것보다 인문학으로서의 역사학의 본령을 지키며, 그 의미를 전달하는 것이 훨씬 어려운 세상이 되었다. 수많은 독립운동가들이 우리 사회에 전해 주고 있는 감동과 울림을 많은 사람이 잘 알고 있음에도 불구하고 상황은 언제나 녹록지 않았다. 하루하루 어수선한 시국과 마주하며 3·1운동의 정신이 다시 한번 올바르게 되살아나기를 기원해 본다. 쫓기듯 책을 세상에 내놓는다는 생각을 지울 수 없으나 그냥 출간하기로 했다.

　책을 내기로 하니 감사해야 할 분이 많다. 필자를 늘 가까이에서 이끌어 주시는 유영렬 교수님과 김문경 교수님의 은혜에 감사드린다. 故이재룡 교수님과 故임병태 교수님, 故유준기 교수님의 은혜도 잊을 수 없다. 머리 숙여 감사드린다.

　숭실대학교 사학과 식구들과 한국민족운동사학회의 박환 교수님 이하 여러 선생님들과 수요역사연구회의 동학들께도 감사드린다. 그리고 책이 출간될 때까지 기다려 준 국학자료원의 정찬용 원장님과 정구형 대표, 그리고 편집부의 우정민 선생에게도 고마운 마음을 전한다. 이 책이 3·1운동을 연구하는 연구자들에게 작은 도움이라도 되기를 바라는 마음이다.

2021년 8월 필자 씀.

제1부

3 · 1운동의 전개와 개인

제1장

민족대표 박동완의 3 · 1운동 참여와
국내에서의 민족운동

Ⅰ. 머리말

3 · 1운동은 일제하에서 가장 치열하게 전개되었던 전 민족적 항일투쟁으로 주제별로 다양한 연구가 이루어지고 있으며, 크게 보아 지역별 사례연구를 비롯하여 3 · 1운동을 둘러싼 국내외의 동향이나 민족대표 개인에 대한 연구 등 이루어지고 있다. 특히 기독교계 민족대표의 활동과 관련해서는 이승훈을 비롯하여[1] 김창준,[2] 오하영, 유여대[3] 등의 생애나 3 · 1운동에서의 역할과 이후의 민족운동에 대한 집중적인 연구가 이루

---

1) 김승태, 「남강 이승훈의 민족의식과 민족운동 방략」, 『한국독립운동사연구』19, 한국독립운동사연구소, 2002. 유준기, 「3 · 1독립운동과 기독교계 민족대표의 활동─이승훈 · 이필주 · 이갑성을 중심으로」, 3 · 1독립운동 85주년 기념 '민족대표 33인의 재조명' 학술회의, 2004년 3월 30일. 유준기, 「3 · 1독립운동과 기독교계 민족대표의 활동─신석구 · 양전백을 중심으로」, 3 · 1독립운동 86주년 기념 '민족대표 33인의 재조명' 학술회의, 2004년 2월 28일.
2) 유영렬, 「기독교민족사회주의자 김창준에 대한 고찰」, 『한국독립운동사연구』25, 2006.
3) 허동현, 「3 · 1운동에 미친 민족대표의 역할 재조명」, 『한국민족운동사연구』46, 한국민족운동사학회, 2006.

어지고 있다. 이밖에 민족대표에 관한 연구에 있어서는 3 · 1운동 이후 친일활동에 대한 연구가 일부 있으며, 3 · 1운동 당시 감리교계의 민족대표였던 박동완의 경우와 같이 개별적인 연구가 거의 없는 경우도 있다.[4]

1885년 12월 경기도 양평군에서 출생한 박동완은 1915년부터 1923년까지는 주로 『기독신보』의 서기와 주필로 활동하였으며, 3 · 1운동을 전개하기 위한 교계의 노력이 활발해 지자 박희도, 이필주 등과 함께 민족대표로 3 · 1운동에 참여하였다. 또한 그는 기독교계 잡지인 『新生命』을 비롯하여 『기독신보』 및 『주일학계』 등에 기독교 신앙 및 당시 한국사회와 관련한 다양한 글을 발표하였으며, 신간회에 참여하여 안재홍과 함께 총무간사로서 사실상 기독교계의 신간회운동을 주도하였다. 이밖에도 그는 1927년 12월 9일에는 재만한인옹호동맹 중앙상무집행위원의 자격으로 만주에 파견되어 만주지역 중국당국과 중국인들에 의한 한인동포의 피해상황을 조사하기도 하였으며, 홍업구락부에도 핵심맴버로 참여하였다.

박동완은 국내에서의 민족운동이 한계에 부딪치자 1928년 8월 25일 하와이지역 와히아와교회의 목사로 부임하여 목회활동을 전개하였으며, 이 시기에는 주로 이승만과 함께 '同志會'에서 활동하였다. 1941년 2월 23일 미국에서 지병으로 사망하였다.[5] 현재 박동완의 활동과 관련해서는 3 · 1운동에서의 그의 활동을 파악할 수 있는 경찰 및 검사국의 『訊問調書』와 그가 여러 잡지에 남긴 다양한 논설이나 번역 등이 다수 남아있으

---

4) 사단법인 민족대표 33인 유족회에서는 2003년부터 매년 1회에 걸쳐 민족대표 거의 전원에 대해 기초적인 연구를 수행해 왔으며, 박동완에 대해서도 2006년 3월 15일 한국언론재단(프레스센터) 19층 대회의장에서 개최된 제4차 학술회의에서 유준기, 「3 · 1 독립운동과 기독교계의 민족대표(이명룡, 최성모, 박동완)」을 통해 발표가 있었다.
5) 「박동완 장례식」, 『태평양주보』, 1941년 3월 1일. 박동완의 장례식 위원장은 임두화, 위원은 최선주, 리원순, 민찬호, 안원규, 박금우, 김창순, 박동수였다고 한다. 이은구, 「박동완 선생의 부음을 보고」, 『태평양주보』 1941년 3월 8일.

며, 『동아일보』와 『조선일보』 및 『태평양주보』 등에는 국내와 미국에서 활동이 보도되어 있다. 따라서 본고에서는 이러한 자료들을 바탕으로 박동완의 기독교신앙과 3·1운동에서의 역할에 대해 살펴보고 이후 그가 1920년대의 국내 민족운동이나 사회운동 과정에서 보여주었던 활동 일면에 대해 파악해 보고자 하였다.

그런데 본고의 이러한 노력은 대체로 민족대표로서의 박동완에 대한 개인적 이해의 폭을 넓힐 수 있을 것으로 생각되며, 적어도 3·1운동 이후 기독교계 민족운동세력의 동향을 보다 구체적으로 파악하는데 일정하게 도움을 줄 수 있을 것으로 생각된다.

II. 민족의식의 형성과 초기 기독교 언론활동

박동완은 1885년 12월 27일 朴淳馨의 2남으로 경기도 양평군 陽西面 陶谷里6)에서 출생하였으며, 본관은 咸陽이다. 아버지는 通訓大夫로 監牧官을 역임하였고, 형 朴東元은 1894(고종 31) 式年生員試에 3등으로 급제하였는데, 이를 통해서 보면 그의 집안은 조선 후기 양반가에 속했던 것으로 보인다.7) 형 박동원이 급제하였을 당시 거주지가 서울(京)이었던 것으로 보아 박동완의 집안은 적어도 1894년 이전에 서울로 이주해 왔으며, 3·1운동 당시에는 경성부 樓下洞 214번지에서 살았던 것으로 나타나고 있다.8) 박동완의 호는 무궁화골을 뜻하는 槿谷이었는데 『新生命』9)이나

---

6) 국사편찬위원회, 『韓國獨立運動史資料集』12, (三一運動Ⅱ), 「朴東完訊問調書」, 「애국열사 朴東完목사 略曆」(抄), 1쪽에는 경기도 포천군 신읍리(일명 호병굴)로 되어 있어 정확한 검토가 요구된다.
7) 『司馬榜目』, 한국정신문화연구원, CD–ROM, http://people.aks.ac.kr.

『기독신보』 등에 기고한 글에서도 근곡, 槿生, 槿谷生, 혹은 槿 등을 필명으로 사용하고 하고 있었다.10)

　5세 때부터 漢學을 배우기 시작하였으며, 13세에 현석운의 딸 현미리암과 결혼하였고 양사동소학교와 관립고등소학교 및 한성중학교를 거쳐한성외국어학교에 진학하여 영어를 배웠고 학교가 폐쇄되자 배재학당 대학부로 전입하였다. 대체로 근대교육을 수용하는 과정에서 기독교인이되었을 것으로 보인다.11) 자신의 학력과 관련해 박동완은 재판과정에서'경성 양사동소학교와 관립 고등소학교를 졸업하고 한성중학에 입학하여1년을 수학하였으며, 관립외국어학교 영어과에 입학하여 3년을 수학했다'고 밝히기도 하였다.12)

　3·1운동 당시의 「경찰신문조서」에는 현재 나이 35세로 '예수교북감리교 전도사'이며, 1915년부터 기독신보사의 書記로 활동했던 것으로 나타나고 있는데 이를 통해서 보아도 박동완은 3·1운동 훨씬 이전부터 이미 기독교를 수용하고 전문적인 신학교육과정을 이수했던 것으로 보인다. 박동완의 이러한 교육과정은 후에 그가 근대적 지식을 갖춘 민족지도자로 활동할 수 있게 되는 토대를 마련하게 했을 것으로 생각된다.13)

---

8) 「박동완 경찰신문조서」, 김삼웅, 『33인의 약속』, 산하, 1997, 104~105쪽. 국사편찬위원회, 『韓國獨立運動史資料集』 12, (三一運動 II), 「朴東完訊問調書」에는 본적은 경성부 樓下洞 214번지로 되어있어 주소와 같은 곳이 본적으로 나타나고 있다.
9) http://library.snu.ac.kr/, 서울대학교 중앙도서관 고문헌자료실 해제(김정인) 참조.
10) 박동완은 3·1운동 이후 한복만을 고집하였으며, 정확한 시간은 일본의 시간이기 때문에 그들의 시간에 맞추어 살지 않겠다는 각오로 자신의 시계를 항상 30분 늦게 해놓았다고 한다.
11) 기독교대한감리회, 『한국감리교인물사전』, 2002, 149쪽.
12) 김삼웅, 『33인의 약속』, 산하, 1997, 106쪽.
13) 1933년 三千里社에서 발간한 인명사전인 『朝鮮思想家總攬』 34쪽에 보면 그의 학력에 대해 漢學과 北美留學이라고만 되어 이 부분에 대해서도 명확한 조사가 필요하다고 하겠다.

박동완은 1915년부터 『기독신보』에서 근무하였는데14) 『기독신보』는
1915년 12월 8일 재한 미국 장로교선교회와 감리교선교회가 연합으로
발간하던 주간신문이었다. 최초의 편집진은 선교사인 크램(Cram, W.G.)
과 케이블(Cable, E.M.)이었으며, 초기에는 조선예수교장로회 총회장이던
金弼秀 등이 편집에 관여했던 것으로 나타나고 있다. 박동완은 <표 1>
에서 보는 바와 같이 『기독신보』의 창간 초가부터 서기와 주필로 활동하
면서 기독교계의 유력인사로 성장해 갔던 것으로 보인다.15)

<표 1> 1915~1932년의 기독신보 역대 임원16)

취임 날짜	사장	발행인	편집인	인쇄인	주필	편집위원
1915.12.7	W.G.Cream	G.Bonwick	W.G.Cream	정경덕	김필수	Gale, 박동완
1917.9.1	S.J.Gale	G.Bonwick	S.J.Gale	정경덕	김필수	장락도 J.W.Hitch
1919.4.16	H.Miller	G.Bonwick	김필수	정경덕		장락도 J.W.Hitch
1921.11.23	R.A.Rhodes	G.Bonwick	박동완	김성표	오응천, 최상현, 김동길	
1923.1.31	T.Hobbs	T.Hobbs	박동완	이의순		
1924.5.28	R.A.Hardie	G.Bonwick	조상욱	의의순		
1932.12.4	G.Bonwick			김진호		

일찍부터 기독교를 수용했던 박동완의 성품과 기독교신앙은 그가 남
긴 기록을 통해서도 확인되고 있다. 1924년 6월 『신생명』에 기고한 그의
글을 통해서 보면,

---

14) 大正九年 朝鮮總督府裁判所, 『裁判元本』에서도 박동완의 직업에 대해 '基督教新報
社' 書記로 나와 있다.
15) 李章植, 『大韓基督教書會百年史』, 大韓基督教書會, 1984, Annual Report of the Christian
Literature Society of Korea(The Christian Literature Society of Korea, 1915~1936) 참조.
16) 정진석, 「기독신보와 한국의 언론문화」, 『기독교사상』, 대한기독교서회, 1990.6.

휴가 중에 이 이렇게 지나고 싶습니다. 뜻 맞고 사상 같은 두 세분으로 더불어 산 높고 골 깊은 곳에 인적은 고요하고 공기는 신선하며 맑은 간수는 누누이 흐르는대 무르녹는 녹음아래 부드러운 방초위에서 힘껏 뛰고 구르며 맘껏 활발하게 운동하고 자유롭게 행동도 하며 글도 읽고 글도 쓰며 노래도 부르고 고요히 앉아 심사묵상도 하여 정신이 상쾌하며 신체가 건강하고 영계의 진미에 취하다가 또 유쾌하고 자유스럽고 순진하고 고요하게 지나다가도 오기를 책은 이런 것들을 읽어보고 싶습니다. 현대의 사상서류와 그 주의자들의 전기.[17]

박동완은 올 여름에는 지인들과 함께 녹음이 신선한 곳을 찾아 자유롭게 지내면서, 묵상도 즐기기를 원하며, 현대의 사상서류와 主義者들의 전기도 읽고자 한다고 하였다.

또한 박동완은 1928년 5월 『별건곤』에 기고한 '내가 자랑하고 싶은 조선 것'이라는 글에서는 교회 안에서의 체험을 통해서 볼 때 조선 사람들은 일본이나 중국인들에 비해 서양 선교사들이나 교회의 유공자들에게 이해타산 없이 진심으로 환영해 주고 있는데 이는 조선 사람들이 '拜外思想'을 갖고 있기 때문이 아니라, 진실한 사랑심(愛心)과 순연한 인류애를 갖고 있기 때문이라고 하였다.[18]

1928년 『별건곤』에 기고한 글에서는 조선사회에 대해 지금은 '생활개선의 문제를 논의할 때가 아니라 남녀노소가 모두 부지런히 노력하여 사치를 버리며, 실력이 생길 때까지 한 푼의 돈이나 한입(粒)의 양식이라도 절약하여야 하며, 남은 밥을 먹지 못해 죽네 사네 하는데 어찌 혼자 향락

---

17) 『신생명』12호, 1924년 6월. 이 글은 『신생명』에서 실시한 '하기휴가를 어떻게 지낼까'와 '금년하기에 어떤 책을 읽을까'라는 '說問'에 대한 박동완의 답변이었다.
18) 朴東完, 「내가 자랑하고 십흔 朝鮮 것—特히 愛情이 豊富」, 『별건곤』제12 · 13호, 1928년 5월 1일.

생활을 하겠는가'라고 반문하면서 조선의 사회현실을 염려와 걱정의 눈으로 바라보고 있었다.[19]

박동완은 '주일학교운동'에 대해서도 관심을 갖고 있었는데 이는 1919년 1월 『主日學界』에 기고한 '무디선생과 주일학교'와 '주일학교의 조직'[20]이라는 글 등에서 그 일면이 나타나기도 한다. 특히 무디와 관련해서는 1856년 5월 18세의 나이에 보스턴에서 주일학교에 출석하면서부터 음주와 雜技를 금하였으며, 주일학교 교사였던 킴볼과 성경공부를 하면서 회개하여 새사람이 되었다는 것을 강조하였다.[21]

실제로 박동완은 '무디의 전기를 읽으면서 마음을 크게 움직이게 한 것이 주일학교 사업에 관한 이야기이며, 나와 같이 일하는 분들에게 무디의 활동에 대해 기록하여 유익함을 얻게 하려고 이를 소개 한다'고 하여 그가 무디의 주일학교운동을 본받기 위해 노력했음을 보여주었다[22]

'주일학교의 조직'이라는 글에서는 주일학교는 종교적 교육을 베푸는 곳이기 때문에 일반학교와는 다르지만, 학리적으로나 심리적으로 교육학

---

19) 朴東完, 「現下問題 名士意見, 生活改善案提議, 改善보다도 改悟」, 『별건곤』 제16 · 17호, 1928년 12월 1일.

20) '『주일학계』는 1919년 1월부터 1923년까지 洪秉璇에 의해 계간지로 발행되었던 잡지였다. 한국기독교사연구회, 『한국기독교의 역사』 II, 1991, 72쪽.

21) 박동완, 「무듸선생과 주일학교」, 『主日學界』 1권 1호, 조선야소교서회, 1919년 1월. '1858년 무디가 주일학교를 시작한 이후 感化院에 있기 싫어했던 불량소년 중에 우체국장과 육군사령관이 된 자가 있을 정도'로 그의 주일학교가 성공적이었음을 소개하였다.

22) 앞의, 「무듸선생과 주일학교」, '나는 일찍이 듣기는 하였으나 보거나 그에 대한 글을 읽지도 못하여 때때로 한번 그의 행적을 읽고자 하는 마음이 간절하던 차에 듸윗트 리만무듸전이란 책을 만나매 어찌 반가운지 두말 아니하고 그 책을 사가지고 시간있는 대로 틈틈이 읽을 새 나의 마음을 크게 움직이는 것은 주일학교 사업하던 이야기라 그런고로 나와 같은 일을 하시는 여러분에게 그의 행한바 사업을 기록하여 유익함을 얻게 하려고 붓을 들었으나 지면이 허락지 아니하므로 다만 두세 가지만 들어 간략히 말씀코자 하노라'

의 원리로 가르치지 않으면 성공할 수 없다고 전제하고[23] 주일학교 교사들에게는 그리스도의 권위와 구원의 가치가 크다는 것을 다른 사람들에게 알게 하는 것이 중요하다고 강조하였다.[24]

따라서 이상의 내용을 종합해 보면 박동완은 3·1운동을 전후하여 다양한 언론활동을 전개하는 과정에서 기독교계 내에서 일정하게 주목받은 인사로 성장해 가고 있었으며, 기독교 신앙위에서 조선사회와 사람들에 대해 애정과 염려를 나타내고 있던 지식인이었던 것으로 파악된다고 하겠다.

Ⅲ. 3·1운동과 민족대표 박동완

3·1운동은 제1차 세계대전이 종결되어가던 1918년을 전후한 국제정세를 반영하면서 국내외를 통해 그 기운이 고조되기 시작하였으며, 박동완은 감리교계의 인물들과의 교류를 통해 민족대표가 될 수 있었던 것으로 나타나고 있다. 3·1운동에서의 박동완의 활동과 인식에 대해서는 그의 재판기록을 통해 확인할 수 있을 것으로 보인다.

---

23) 박동완, 「주일학교의 조직」, 『主日學界』1권 1호, 조선야소교서회, 1919년 1월. '주일학교 조직이라 하면 교장, 교사, 서기, 회계, 공과 등만 있으면 다 되는 줄 아나 그러나 그 외에도 참으로 조직의 요건이 되는 것을 말하자면 이 아래와 같으니 1,규칙 2,校舍 3,器具 4, 경비 5,학생 6,급별 7,공과 8,주일학교 집행순서 9,獻金 10,상벌 11,창가 12,교장 13,교사 14, 직원 15,직원회 16,도서 17,集會 등이니 이 중에서 필요하고 또는 먼저 실시하면 도움 줄 생각하는 요건을 기록하노라'

24) 박동완, 「주일학교의 조직」, 『主日學界』1권 1호, 조선야소교서회, 1919년 1월. 위의 박동완의 글은 국가전자도서관 http://www.dlibrary.go.kr/에서 그 내용을 확인할 수 있다.

문 피고는 금년 2월 27일 박희도에게서 권유를 받고 조선독립운동에 가입하게 되어 3월 1일 명월관지점에서 독립선언서를 발표하고, 그 자리에서 체포되었다는데, 그 동안 동지와 회합하고 여러 가지 행동을 한 일, 그 밖에 그것과 관련된 사항에 대하여 피고가 전에 지방법원 예심에서 공술한 사실은 틀림이 없는가.

답 그렇다. 틀림없다.

문 독립운동의 방법은 어떤 것인가.

답 조선 안에 선언서를 발표하고, 또 일본정부나 총독부에 청원서를 내고, 그리고 미국 대통령 윌슨에게도 마찬가지의 서면을 보내고, 그래서 조선의 독립을 얻는다는 것을 박희도에게서 들었었다. 다만 각국 대표자에게 서면을 보낸다는 것은 모르고 있었다.

문 서울에서 독립선언을 함에 있어서 어떤 방법과 형식으로 할 생각이었는가.

답 3월 1일 파고다공원에서 공중의 면전에서 선언서를 낭독한다는 것을 박희도에게서 들었었다. 만세를 부른다는 것은 듣지 못했었다.

문 학생들도 파고다공원에 모여서 함께 만세를 부르기로 되어있다는 것이 아니었는가.

답 그런 것은 듣지 못했다.

문 피고는 2월 27일에 이필주의 집에서 다른 동지와 회합했는가.

답 그렇다.

문 그 장소에서 선언서, 청원서 등의 원고를 보고, 선언서 발표의 방법에 대해서도 상의하지 않았는가.

답 나는 그 곳으로 가는 것이 늦었기 때문에 원고 등을 보지 못했으나 선언서를 인쇄하여 배포한다는 것은 말하는 것을 들었었다.

문 그 선언서를 각 지방에 배부하는 일은 누가 지휘하고 누가 배부를 담당하게 되었는가.

답 그 분담의 일에 대해서 그 곳에서는 듣지 못했으나 그 다음날 밤 손병희의 집에서 모였을 때 이갑성이 그것을 맡았다는 것을 들었었다.

문 이갑성뿐만 아니라 다른 사람도 담당하지 않았는가.

답 별로 듣지 못했다.

문 각 지방에서도 3월 1일에 서울의 파고다공원에서 하는 것과 마찬가지로 그날 발표하기로 되어있었던 것이 아닌가.

답 각 지방에서도 선언서를 배포한다는 것만으로 그 방법에 대해서는 아무것도 듣지 못했다.

문 이승훈 또는 咸台永이 3월 1일 서울에서 발표하는 것과 같이 하도록 하게 하기 위하여 다시 사람을 지방으로 보냈다는 것을 모르는가.

답 이승훈에게서 선언서의 배부는 李甲成이 한다는 것을 들었을 뿐이다.

문 피고는 이러한 운동방법을 실행하면 어떻게 해서 독립이 된다고 생각했는가.

답 일본은 동양의 평화를 위하여 조선을 병합했으나 그처럼 조선이 독립을 바란다면 한층 동양의 평화를 완전하게 확보하기 위해서 독립을 승인해 주자고 승인할 것으로 생각했다.

문 피고들이 말하는 민족자결은 어떤 의미인가.

답 자기의 나라를 자기가 다스려가는 것이 민족자결이라고 생각한다.

문 선언서를 발표하는 것이 피고의 소위 민족자결에 해당한다는 의사가 아닌가.

답 아니다. 그렇지는 않다.

문 독립한다는 의사를 발표하는 것이 민족자결이라고 생각하지 않았는가.

답 나는 조선민족이 독립하고 싶다는 생각을 가지고 있고, 그것을 독립시키고, 그렇게 승인 받는 것이 민족자결이라고 생각하고 있으므로 나는 독립하는 것이 민족자결이 아니라 독립을 하면 그것이 민족자결이 되는 것으로 생각하고 있다.

문 요컨대 열국의 힘을 빌려서 일본을 움직여 조선의 독립을 기도한다는 취지가 아닌가.

답 그렇지는 않다.

문 그러면 미국 대통령 또는 열국 대표자에게 청원서를 보낼 필요는 없지 않은가.

답 그것은 단순히 열국에게 조선이 독립을 선언했다는 것을 알리는 통고에 지나지 않는다.

문 그러면 독립을 선언하기만 하면 벌써 독립한 것이 되는가.

답 그렇다.

문 그러면 3월 1일로써 조선은 독립되었고 자주민이 되었다는 것인가.

답 그렇다.

문 그렇다면 피고의 민족자결은 그것을 말하는 것이 아닌가.

답 나는 그런 식으로 하여 독립하고, 그리고 뒤에 우리들이 우리들의 나라의 정치를 하는 것이 민족자결이라고 생각하고 있다.

위의 내용은 박동완에 대한 '高等法院 訊問調書'의 일부이다. 이를 통해서 보면 박동완은 1919년 2월 27일에 박희도로부터 3·1운동에 참여할 것을 권유 받았으며, 그날 곧바로 이필주의 집에서 개최되었던 동지들과의 회합에 참여했던 것으로 나타나고 있다.[25] 박동완, 이승훈, 이갑성, 함태영, 박희도, 崔聖模, 김창준, 오화영, 신석구 등이 참석한 이날 회의에서는 독립선언서의 '초안'과 일본 정부와 조선총독부에 보낼 독립청원서의 '초안'을 심의하였으며, 회의 참석자들은 문안이 완성되면 서명을 할 수 있도록 인장을 함태영에게 맡겼다.[26] 또한 박동완은 28일 밤 손병희의 집에서 개최되었던 회의에도 참석하였는데 이 회의에서는 3·1운동의 거사장소와 일정 등이 논의되었던 것으로 보인다.[27]

---

25) 국사편찬위원회, 『韓民族獨立運動史資料集 12(三一運動 II)』, 「三·一 獨立宣言 關聯者 訊問調書(高等法院)」(朴東完 신문조서) 참조.

26) 나카타아카후미 지음, 박환무 옮김, 『일본의 조선통치와 국제관계』, 일조각, 2008. 참조.

27) 앞의, 「3·1독립운동과 기독교계 민족대표의 활동 — 신석구·양전백을 중심으로」, 43쪽.

한편 이 시기 박동완의 동향과 관련해서는 『동아일보』의 기사에서도 확인되고 있다.[28]

"기독신보에 서기로 있었다지? 예,

일한합병에 대한 감상과 조선독립에 대한 감상은, 그것은 합병에 반대라고 하기 전에 먼저 조선민족의 자존 자립의 정신으로써 그를 대하게 되었고 조선독립에는 언제든지 기회와 동기가 있으면 민족적 운동을 하고자 하였소.

그러면 2월 15일과 동 20일 사이에 김필수의 기독신보사 안에서 박희도와 만나서 어떠한 이야기를 하였는가. 예 조선독립운동에 관한 이야기를 하였소.

그때에 어떠한 방법을 논하였는가. 방법이 아니요 의견을 말하였을 뿐인데 그 의견이라 하여도 "민족자결"을 기초로 하여 운동을 일으키자는 것이 아니라 민족자결을 떠드는 때이니까 민족운동을 일으키자 한 것이요.

그러니까 박희도가 무슨 말을 하였소. 자기도 그러한 운동을 계획한다고 합디다.

그 후 27일에 박희도가 피고에게 하던 말에 전에 말하던 계획을 실지 착수함에 대하여는 이필주의 집에서 모이기로 하였지. 예. 그렇게 하였소.

그때에는 박희도도 최성모, 함태영, 정춘수, 이갑성 등이 ○○하여 가지고 서언서를 인쇄하여 각지에 반포하여 조선민족의 독립의견을 널리 반포케 하고 또 총독부외 일본정부에 독립선언서와 의견서 청원서를 보내기로 하고 미국대통령과 강화회의에 열국 대표자에게 보내어 조선독립을 청원하자 하고 그때 그 즉석에서 선언서에 서명 날인하겠다고 하였지. 그때에는 구체적인 의론은 되지 못하였고 다만 초안과 미국대통령에게 보내기로 한 초안을 보았을 뿐이지, 그 외에는

---

28) 『동아일보』 1920년 9월 24일, 「獨立宣言事件의 控訴公判」.

아무것도 보지 못하였으며, 오직 함태영에게 도장을 주며 승낙한다고 말하였을 뿐이오.

선언서의 취지는 오화영이가 말한 바와 같은 가. 예. 같은가 봅니다.

다음에는 손병희의 집에 모여서 선언서의 발표의 처소를 의논한 것과 3월 1일에 태화정에서 배포식을 하자고 한 시말을 묻고 태화정 배포식의 광경을 물어 세밀한 피고의 대답이 있었으며"라고 기록되어 있다.

박동완은 2월 15일과 20일 사이에 기독신보사에서 박희도를 만나 조선의 독립운동에 관한 이야기를 나누면서 3·1운동의 분위기를 파악하였다. 그리고 27일 이필주의 집에서 있었던 회의에 참석하였고 28일 밤 손병희의 집에서 개최된 회의와 3월 1일 태화관에서 있었던 독립선언서 배포식에도 참가하여 민족대표로서의 역할을 수행하였다. 그런데 『동아일보』의 내용을 토대로 한다면 박동완은 1919년 2월 15일을 전후하여 3·1운동과 관련한 국내 기독교 민족진영의 동향을 파악하고 있었다고 하겠다.

뿐만 아니라 박동완은 재판과정에서 3·1운동에 대한 자신의 견해를 분명히 하였다. 그는 일본은 동양평화를 위해서 조선을 병합했다고 하지만, 조선이 독립을 바란다면 일본은 한층 나은 동양평화를 완전하게 확보하기 위해서라도 조선의 독립을 승인해 주어야 할 것이라는 취지의 진술을 함으로서 조선이 3·1운동을 계기로 완전하게 독립되어야 함을 강조하였다.

박동완은 미국대통령과 列國대표자에게 독립청원서를 보낸 것에 대해서도 '列國'의 힘을 빌려 조선의 독립을 기도한 것이 아니라, 그것은 다만 조선이 3월 1일의 독립선언을 통해 이미 독립했음을 알리는 통고에 지나지 않는다고 답변하여 3·1운동이 조선의 독립을 위한 보다 강력한 의지의 표현이었음을 분명히 하였다.

이밖에 '경성지방법원의 訊問調書'에서는 그의 3·1운동 참여가 주체적으로 이루어진 적극적 독립운동의 표현이었음을 보여주고 있다.

> **문** 피고가 이번 조선독립운동을 하게 된 전말을 자세히 말하라.
> **답** 올 2월 20일경 「기독교신보사」인 내 사무소에 박희도가 와서, 나는 조선도 민족자결에 의해 독립하는 것이 좋겠다 하니 박희도도 찬성했다. 그 후 2월 27일 다시 박희도가 왔길래, 나는 누구든지 독립운동을 한다면 찬성하니 참여하게 해달라고 의뢰했다. 그날 정오, 총독부에 청원할 서류에 날인해야 하니 정동 이필주 집으로 오라고 해서 가니 이갑성, 박희도, 최성모, 오화영, 함태영 등이 모여 총독부에 제출한 건의서에 서명 날인을 요구하여 날인했다. 28일 청년회관에서 박희도가 오늘밤 손병희 집에서 집합한다고 해서 오후 8시경 손병희 집에 갔다. 거기에는 건의서에 연명한 20여명이 모여 3월 1일 파고다 공원에서 독립선언서를 발표하면 소동이 일어나기 쉬우므로 오후 2시 명월관 지점으로 모이는 것이 좋겠다고 논의했다. 3월 1일 명월관 지점으로 가서 음식이 나오자 경찰에 체포되었다.
> **문** 피고는 조선독립이 꼭 될 줄로 생각하는가?
> **답** 그렇다. 일본과 여러 나라가 허락할 줄로 생각하고 있다.
> **문** 앞으로도 또 독립운동을 할 것인가?
> **답** 물론 그렇다.[29]

위의 내용에서 보면 박동완은 2월 20일경에 기독신보사를 찾아온 박희도에게 자신이 먼저 '나는 민족자결에 의해 조선도 독립하는 것이 좋겠다고 하니 박희도도 이에 찬성하였다'고 밝히고 있는데 이는 박동완의 3·1

---

29) 앞의, 『33인의 약속』, 106~107.

운동 참여가 지금까지 알려진 것처럼 박희도의 권유에 의해서 이루어졌던 것이 아니라, 박동완이 먼저 박희도에게 조선독립의 의지와 가능성을 밝혔으며, 이후 박희도와 박동완이 3·1운동의 민족대표가 되는 과정을 함께 했음을 보여주는 것이라고 하겠다.

또한 그는 '앞으로도 또 독립운동을 할 것인가?'라는 재판장의 질문에 대해 '물론 그렇다'라고 대답하였는데 이를 통해서 볼 때도 민족대표 박동완의 3·1운동 참여와 운동에 대한 그의 인식은 대단히 적극적이었으며, 주체적으로 이루어졌음을 보여주고 있다고 하겠다. 박동완은 3월 1일 오후 2시경 손병희 등 다른 민족대표들과 함께 체포되었으며, 2년형을 선고 받고 옥고를 치렀으며, 1921년 11월 4일 경성감옥에서 만기 출소하였다.30)

IV. 『신생명』에 나타난 기독교신앙과 민족의식

3·1운동 이후 박동완은 주로 기독교언론활동에 주력하였다. 이는 당시의 시대적 상황을 반영하는 측면이 있었는데 3·1운동 이후 무단통치의 한계를 절감한 일제는 새로운 통치수단의 일환으로 민간언론의 설립을 허가하였으며, 이 과정에서 『開闢』, 『新生活』, 『新天地』, 『新女性』, 『靑年』, 『我聲』, 『別乾坤』, 『批判』 등 일반대중들에게 영향을 끼치는 다양한 잡지들이 출간되고 있었다. 그리고 이러한 문화운동의 경향은 좌·

---

30) 「獨立宣言關係者 金原璧 朴熙道 朴東完 李弼柱 金完圭 崔聖模 朴準承 洪秉箕 羅仁協 林禮煥 羅龍煥 申錫九 申洪植 李明龍 梁甸伯 權秉悳 李鍾勳 등 十七人의 滿期出獄 이년의 긴 형기 맛치고 작 사일 오전에 京城監獄에서 十六人, 西大門監獄에서 一人」, 『동아일보』 1921년 11월 5일.

우익의 이념적 성향을 선명하게 보여주는 경우도 있었다.31) 1920년대에 들어서면 기독교계 잡지들의 출간이 활발하게 이루어지고 있었는데 1920년부터 1929년 사이에 대체로 41개의 잡지가 발행되었으며, 일본 동경의 YMCA에서 발간한 『現代』(1920)를 비롯하여 경성 YMCA에서 발간한 『청년』(1921), 주일학교연합회에서 발행한 『主日學校雜誌』(1925), 基督教靑年勉勵會에서 발행한 『眞生』(1925), 姜邁가 발행한 『選民』(1919), 金教信이 발행한 『聖書朝鮮』(1927), 柳瀅基가 발행한 『新生』(1928) 등이 대표적인 것들이었다.

1920년대의 기독계의 문서운동은 국내에서 주체적인 기독교문화를 만들고자 했던 기독인들의 인식의 공감대가 확장되면서 이루지고 있었으며, 『신생명』의 발행은 1921년에 기독교계 출판사인 基督教彰文社32)가 설립되면서 추진되었다.33) 『신생명』은 1923년 7월에 창간되어 1925년

---

31) 황민호, 『일제하 잡지발췌 식민지시대자료총서』, 개명문화사, 1992.

32) 『기독신보』 1923년 2월 7일. '주식회사로 설립된 창문사는 창립 당시 주주는 1,257명에 달하였으며, 초대사장에 이상재, 전무에 朴鳳瑞 이하 20명의 간부가 선출되었다.' 광문사는 1922년 1월 14일 서울 안동교회에서 창립대회를 가졌으며, 1923년 1월 31일 종로 명월관에서 창립총회를 개최하였다. 그리고 그동안 광문사로 준비해오던 출판사의 명칭을 창립과 함께 창문사로 변경하였는데 이는 당시 일반 출판사가 있어서 혼동을 피하기 위해 명칭을 변경한 것이라고 한다. 실제로 당시 『기독신보』의 보도에 따르면 '특히 창립 전에 써온 광문사라는 이름은 현재 개인 경영의 書籍商의 상호와 동일한 혐의가 있다하여 '광'자를 '창'자로 고치기로 일치되어 이후로부터는 주식회사 조선기독교 창문사로 부르기로 하였다'라고 보도하였다.'

33) 「廣文社發起」, 『동아일보』 1921년 8월 13일. '조선기독교광문사' 라는 명칭으로 설립되었는데 기독교서적의 간행 판매를 중심으로 하여 일반 인쇄업 및 교육용품 판매 등의 사업을 추진하였으며, 자본금은 100만원이었다. 1924년 8월 『신생명』 14호에서는 '이번에 회사에는 인쇄부와 판매부를 설치하여 업무를 일층 확장함에 따라 종로통 2丁目 9번지로 이전하기로 했다'는 '移轉廣告'를 게재하고 있는 것으로 보아 창문사는 보다 적극적인 회사운영을 위해 노력했던 것으로 보인다.

10월에 폐간되었는데 신학적으로는 자유주의적 · 진보주의적 성향을 갖고 있었고 민족주의적 경향을 띠고 있었다.

1923년 11월에 발행된 『신생명』 제5호는 '총독부 경찰당국의 忌諱에 저촉하는 바가 되어' 발매금지를 당하기도 하였다.[34] 전영택이 1924년 4월 『신생명』 제10호에 기고한 글에서는 '우리는 죽으려하는 조상 나라를 위하여 붙들고 울고 부르짖고 있을 따름이외다.(중략) 조선을 위하여 십자가를 높이 쳐들고 부르짖는 30만의 소리가 신생명이외다.'[35] 라고 하여 『신생명』의 발간이 애국적인 기독교문화운동의 연장선상에 있었음을 나타내기도 하였다. 이밖에 『신생명』은 일제의 간섭을 피하기 위해 편집인과 발행인을 외국인선교사로 정하기도 하였다.

한편 이 시기의 박동완의 근황은 『동아일보』의 보도를 통해 알려지기도 하였다.

> 박동완 선생은 그간 기독신보 주필로 계시다가 작년(1924-필자) 7월부터 창문사에서 발행하는 신생명을 주간하시 왔는데 모든 것이 뜻과 같이 아니되어 붓을 버리고 약 1개월 전부터 동서문안 경성공업사에서 일을 보신답니다… [36]

위의 내용에서 보면 박동완은 3 · 1운동 이후에도 꾸준히 『기독신보』에서 주필로 활동하였으며, 1924년 7월부터 『신생명』의 발행을 주관하

---

34) 「신생명 압수」. 『동아일보』 1923년 11월 15일.
35) 秋湖, 「신생명의 사명」, 『신생명』 제10호, 1쪽, 1924년 4월. '조선사람은 과거 4천년 역사의 뒤 끝에 오늘날에 이르러 늙고 병들고 썩어서 진실로 그 생명이 위험합니다. 우리는 죽으려하는 조상 나라를 위하여 붙들고 울고 부르짖고 있을 따름이외다.(중략) 조선을 위하여 십자가를 높이 쳐들고 부르짖는 30만의 소리가 신생명이외다.'
36) 「己未年運動과 朝鮮의 四十八人, 最近消息의 片片 (五) 崔聖模, 申洪植, 鄭魯湜, 盧憲容, 朴東完, 劉如大, 安世桓, 洪基兆(讀者와 記者欄)」, 『동아일보』 1925년 10월 4일.

였고『신생명』을 그만둔 뒤 1925년 9월부터는 京城工業社에서 일을 했던 것으로 나타나고 있다.

또한 <표 2>에서 보는 바와 같이『신생명』의 필자로 활동하면서 교회와 기독교신앙에 대한 계몽주의적 논설을 발표하였을 뿐만 아니라, 신앙수기인 '영혼의 경매' 같은 연재물을 번역하거나 '신을 사랑하여' 같은 번역시를 게재하고 있었다. 뿐만 아니라 박동완은 1922년 2월 22일부터 1923년 4월 11일까지 총 17회에 걸쳐 H.V. Dyke의 'The First X-mas Tree'라는 글을『기독신보』에 번역 연재하기도 하였는데 그는 영문의 번역에 상당한 조예가 있었던 것으로 보인다.37)

<표 2>『신생명』에 게재된 박동완의 집필 목록

필명	연도 및 호수	제목
槿谷	1924년 4월, 제10호	階級鬪爭과 社會進化
박동완	1924년 6월, 제12호	夏期休暇를 어떻게 지낼까, 금년하기 휴가에 어떤 책을 읽을까(설문)
槿生	1924년 7월, 제13호	人의 勢力과 聖靈의 세력
근생	1924년 7월, 제13호	靈魂의 競賣(10, 신앙수기 번역)
근생	1924년 8월, 제14호	신을 사랑하야(번역시)
근곡생	1924년 8월, 제14호	영혼의 경매(11)
근곡	1924년 9월, 제15호	살려는 의사
근생	1924년 9월, 제15호	하나둘(번역시)
근생	1924년 9월, 제15호	영혼의 경매(12)
근곡	1924년 11월, 제17호	그리스도교의 感化力
근곡생	1924년 11월, 제17호	영혼의 경매(14)
근생	1924년 12월, 제18호	예수의 誕生하심
근생	1924년 12월, 제18호	영혼의 경매
박동완	1925년 1월, 제19호	新年의 朝鮮 그리스도인

37) 槿谷生 역, 헤느리 빈 따익 원작「最初의 聖誕나무 一」,『기독신보』, 1922년 12월 20일.

박동완	1925년 1월, 제19호	舊約聖書에 視한 메시아 降臨의 希望
근곡생	1925년 1월, 제19호	영혼의 경매(16)
근곡생	1925년 2월, 제20호	영혼의 경매(17)
근곡생	1925년 2월, 제20호	大邱敎會의 鬪爭을 論하야
박동완	1925년 2월, 제20호	그리스도 宗敎와 우리의 使命

『신생명』에 기고한 글의 내용을 살펴보면 그는 우선 기독교와 그리스도의 힘으로 오늘날 무기력에 빠진 조선사회를 구원해 낼 수 있다고 믿는 독실한 기독교인이었다.

'그리스도의 감화력'이라는 논설에서 윤리학자가 힘주어 설복하여도 어찌하지 못하는 죄인을 기독교의 전도인들은 성경 한 구절로 회개시키며, 정부의 위력과 철학자의 박식으로도 감화시키지 못하는 사회를 世人이 경시하는 그리스도의 종이 복음을 전하여 그것이 마음에 부딪칠 때 사회가 진동할 수 있다고 하고 있음을 볼 수 있다고 하였다. 그러면서 조선사회가 여러 가지로 無力의 부르짖음이 있는 이때가 그리스도교의 힘(力)의 실현을 催促해야 하는 상징의 때라고 주장하였다.[38] 박동완에게 있어서 기독교는 무기력한 조선사회를 변화시킬 수 있는 원천의 하나로 인식되고 있었다.

또한 '그리스도의 종교와 우리의 사명'이라는 글에서는 현재의 우리는 시대문명에는 뒤졌으나 영적 신앙에서는 결코 앞서나가는 민족'이라고 하였으며,[39] 『신생명』 20호에 '권두언'으로 기고한 글에서는 살을 점이는 듯한 겨울바람이 지나가면 부드럽고 온화한 봄바람이 불어오듯이 우리의 인생에서도 슬픔에서 기쁨으로, 고통에서 快樂으로, 눌림에서 자유

---

38) 槿谷, 「그리스도교의 感化力」, 『신생명』 제17호, 3쪽, 1924년 11월.
39) 박동완, 「그리스도 宗敎와 우리의 使命」, 『신생명』 제20호, 1925년 2월.

로의 기쁜 때가 반드시 올 것 이라는 취지의 글을 게재하였다. 대체로 박동완의 기독교신앙은 조선사회의 현실과 밀접하게 연관되어 있음을 볼 수 있다고 하겠다.[40]

이밖에 박동완은 '나의 맞고자 하는 예수'라는 글에서는 金力에 의존하지 않고 오직 그의 정신으로 감화케 하는 예수를 맞고자 하며, 부의 힘(力)을 憑藉하지 않고 오직 인생을 구원코자 하시는 예수를 맞고자하며, 금력을 본위삼아 참 예수의 정신을 잃은 그런 예수는 百千이라도 물리치고자 한다고 강조하기도 하였다.[41]

한편 기독교인의 입장에서 자본주의와 '계급투쟁론'에 대해 비판적인 견해를 제기하기도 하였다.

> 자본계급과 노동계급에서 일어나는 사회투쟁은 서로 互助하는 정신과 사회봉사의 근로적 정신이 일어나서 자본주의자는 사리와 사욕을 채우는 불완전한 사회조직을 변경하며 노동계급은 투쟁으로써 破壞만을 주장하지 말고 진실로 利他主義의 相愛情神이 內側으로부터 眞人間性을 발군할진대 사회에는 계급투쟁가 없는 理想的 새 사회를 이룸에 이를 것이라 하노라.[42]

그는 자본가와 노동계급이 충돌하는 현실사회에서 자본가는 사리사욕을 채우는 불완전한 사회조직을 변경해야 하며, 노동계급은 투쟁으로서 파괴만을 주장하지 말고 利他主義와 相愛情神으로 이상적인 새 사회를 이루어야 한다고 주장하였다. 맑스 사상에 대해서는 지나치게 금전만을 강조하여 생명을 잃어버리게 되었다고 비판하면서 '물질주의에 기울어지

---

40) 權, 「권두언」, 『신생명』 제20호, 1925년 2월.
41) 박동완, 「나의 맞고자 하는 예수」, 『신생명』 제18호, 2쪽 1924년 12월.
42) 權谷, 「階級鬪爭과 社會進化」, 『신생명』 제10호, 58쪽, 1924년 10월.

는 拜金精神의 파문이 신성한 그리스도 교회에 까지 파급'되었으며, 기독교인들은 '불철저한 물질생활에 어리석은 노예가 되지 말고 참 생명을 위하여 超越的 신생활로 향할 필요가 있다고 강조하였다.[43]

이밖에 그는 1925년에 들어 미국감리교회가 조선에 대한 선교비 지원액이 4할 정도 삭감되게 되자, 이에 대해 현재 감리교 교단이 어려운 시기를 맞고 있지만, '만일 우리가 보조를 받고 못 받는 것으로 인해 교회를 문 닫고 전도 사업을 중지한다던지 학교를 폐지하고 교육 사업을 그친다면 무엇으로써 산 신앙이 있음을 설명할 수 있는가'라고 라고 하며, 선교사업과 교육사업에 매진할 것을 촉구하기도 하였다.[44]

한편, 박동완은 중앙기독교청년회(YMCA)가 주최하는 日曜講話를 통해 1922년에는 10월에는 '의로운 청년'이라는 제목으로[45] 1924년 5월에는 '우리의 준비'[46] · 1924년 10월에는 '우리의 자랑'[47]이라는 제목의 강연을 하였으며, 1926년 2월 3일에는 盧伯麟를 위한 추도회에 발기인으로 참여하였다.[48]

---

43) 칼, 막스의 唯物主義는 이를 대표한 것이니 저가 비록 생명을 飛躍하는 勞動이 經濟의 본질이 된다고 喝破하였음은 敬服하지 아니치 못하겠으나 '社會組織은 唯物生産組織上에서 된다' 함은 과연 금전을 귀히 여기고 생명을 잊어버린 것이라. 現今 우리사회의 생활현장이 각 계급의 각 사람들이 오직 이 물질의 小事로 全然히 생명은 망치고 금전만 생각하게 되었다. 다시 말하면 참 생명을 얻는 길을 떠나 도로혀 생명을 閑却함으로 마치는 길로 달아났도다. 이 물질주의에 기울어지는 배 拜金精神의 파문은 신성한 그리스도교회에까지 파급되어 유산자는 慇懃히 절하며 무산자는 슬며시 等閑에 부치도다. 앞의, 「階級鬪爭과 社會進化」, 『신생명』 제10호, 58쪽, 1924년 10월.
44) 박동완, 「美監理教會의 經費感省」, 『신생명』 19, 1925.1.
45) 「중앙기독교청년회일요강화: 義로운 靑年」, 『東亞日報』 1922년 10월 22일.
46) 「중앙긔독교청년회 일요강화: 우리의 준비」, 『東亞日報』 1924년 5월 4일.
47) 「中央基督靑年會의 日曜講話會: 우리의 자랑」, 『東亞日報』 1924년 11월 2일.
48) 「盧伯麟氏追悼會 오는 3일 오후4시에 中央靑年會館에서」, 『시대일보』 1926년 2월 1일, '상해 客窓에서 한 많은 최후를 지은 桂園 盧伯麟씨의 전일 知己와 몇 사회유

박동완은 1924년 3월 19일자『동아일보』의 보도로 촉발되었던 감리교 감독 웰치의 친일발언과 관련하여 그 진위 여부를 조사하는 역할을 담당하기도 하였다. 이 사건은 웰치가 미국으로 돌아가던 배안에서 기자들에게 한국은 독립사상을 포기하였으며, 조선은 점차 안정되어 물질적으로 향상되는 중이요, 지금은 그전의 평화를 되찾았다는 취지의 발언을 했다고 보도하면서 시작되었다. 이 소식을 곧 국내에 알려졌으며, 감리교 청년회회원들의 발발이 거세지자 박동완은 청년회를 대표하여 이에 대한 진상 조사를 담당하게 되었던 것이다.[49]

야소교 북감리교 감독 미국인 웰치박사가 미국 샌프란시스코에서 신문기자에게 조선사람들이 지금은 독립사상도 없으며 안온한 상태로 있다는 것을 말하였다는 失言問題에 대하여 경성에 있는 그 교회 엡윗청년회 대표자들이 제작일일에 시내 종로 기독교청년회관에 모여서 그에 대한 의논이 있었다는 것은 재작지에 보도한 바와 같거니와 이제 그에 의한 내용을 소개하건대 지난달 21밤에도 역시 그물이 청년회에 모이어서 토의한 결과의 우선 실언문제가 사실인지 아닌지를 알아본 뒤라야 처치방침을 생각하게 될 것이라는 뜻으로 웰취씨에게 직접 전보를 띄워 물어보는 것이 좋겠다는 것을 결의한 후 정동 엡윗청년회 대표 박동완씨의 명의로 뉴욕에 있는 씨의 집으로 전보를

지는 씨의 애닯은 마지막을 추모하며 애도하기 위하여 오는 3일 오후 4시에 중앙기독교청년회관에서 추도회를 개최하리라는데 발기인과 및 추도회순서는 다음과 같다고 한다. ◇ 발기인 씨명 무순. 이종린, 洪○裕, 薛義植, 李乙, 한위건, 洪南均, 한기악, 이갑성, 안재홍, 趙南熙, 尹致誠, 최린, 權東錫, 李熙朝, 구자옥, 朱鐵禹, 김성수, 洪命喜, 李昇馥, 이상재, 신홍우, 윤치호, 金○炳, 俞星○, 오세창, 俞憶兼, 李基東, 최남선, 俞喜章, 許憲, 박동완, 尹顯泰, 閔○, 張斗鉉, 吳祥根, 申錫雨, 朴敦緒. ◇ 추도회 순서 사회 권동석, 추도사 안재홍, 약력 윤치성, 感想談 ○○.『東亞日報』 1926년 2월 1일자에도 같은 내용의 보도 기사가 있다.

49) 기독교대한감리회,『한국감리교 인물사전』, 2002, 305쪽.

띄웠던 바 델라스란 곳에서 지난 30일에 정동 노불목사를 경유하여 박동완씨에 도착한씨의 대답인 암호전보에는 신문은 거짓말이다 나중에 편지로 자세한 것을 기별하겠다는 의미였음으로 설사 이말이 신용할만하 하더라도 어찌하여 그러한 헛소문이 났느냐는 것을 조사할 필요도 있음으로 어떠하든지 웰취씨의 편지가 오기를 기다려서 다시모여 의논하기로 결정하고 헤어졌는데 당일에 모인 각 대표는 정동예배당의 박동완씨를 비롯한 이 中央, 東大門 등 세 예배당의 대표 각각 두 사람씩 참석하였다.[50]

사건이 발생하자 박동완은 자신의 명의로 뉴욕에 있는 웰치에게 전보를 보냈으며, 웰치는 노불목사를 통해 신문이 거짓말(誤傳)을 한 것이라는 취지의 답장을 보냈던 것으로 나타나고 있다. 또한 청년회 대표들은 웰치의 말이 사실이라 하더라도 왜 그러한 소문이 났는지를 조사할 필요가 있음으로 웰치의 편지가 오면 다시 모이기로 결정하였다. 이날 회의에는 정동교회 청년회의 대표 박동완을 비롯하여 중앙교회와 동대문교회에서 각각 2명의 대표들이 모여 대책을 논의 했는데 이는 그가 감리교 교단내에서 청년회를 대표하는 인물로 활동하고 있음을 보여주는 것이라고 하겠다.

이후 박동완은 웰치 감독사건에 대해『신생명』에 기고한 글에서[51] '웰치감독의 실언문제는 다시 문제될 것이 없음은 이미 각 신문을 통해 보도하였으나 웰치의 답변이 게재되었던 신문을 당국에서 다 압수하여 일반이 確知하지 못하고 埋沒되어 버렸음은 유감이라고 밝힘으로써 이 사건

50)『시대일보』1924년 4월 3일, 新聞의 誤傳이다, 편지로 다시 자세한 것을 기별하겠다는 답전이 와 웰취監督失言問題」
51) 이 사건은 웰치의 편지가 공개된『기독신보』가 총독부에 의해 '판금조처' 당하였다는 점에서 볼 때도 일제의 의도적 왜곡에 의해 발생한 사건이었던 것으로 보인다. 앞의,『한국감리교 인물사전』, 2002, 306쪽.

에 일제 당국의 간섭과 통제가 내재되어 있었음을 밝히기도 하였다.[52]

이밖에도 박동완은 미국으로 건너간 후에도 국내에서 미술과 수예를 전문적으로 가르치는 여자예술학교 졸업생들이 만든 수예품을 미국에 판매하기 위해 노력하고 있다는 것이 『조선일보』를 통해 보도되었으며,[53] 1931년 6월에는 잠시 국내로 들어와 '布哇在留 동포의 근황'[54] · '인생생활의 三要素'[55] '포규조선인의 신앙생활'[56] 등에 대해 강연하기도 하였다.

V. 1920년대 국내민족운동과 박동완

1. 신간회운동 참여

1920년대 후반 박동완의 민족운동은 크게 보아 新幹會를 중심으로 전개되었는데 신간회에는 박동완 이외에 趙炳玉, 이갑성, 조만식, 정춘수, 李東郁, 金永燮, 金活蘭 등이 기독교계의 인물들이 참여하고 있었다.[57]

박동완은 1926년 3월 천도교구파와 제2차 조선공산당의 책임비서 姜達永의 주도하에 개최되었던 회의 참석하여 민족협동전선 단체로서 國民

---

52) 박동완, 「美監理敎會의 經費感省」, 『신생명』19, 1925. 1.
53) 『朝鮮日報』, 1929년 3월 29일, 「朝鮮 手藝品은 米國에 大量輸出, 하와이에서 박동완씨가 주선, 家庭副業界一福音」
54) 『東亞日報』1931년 6월 2일. '1931년 6월 조선중앙 기독교청년회에서는 11일 오후 8시 30분에 박동완을 초청하여 '하와이 재류동포의 근황'이라는 제목으로 목요강좌를 개최'
55) 『東亞日報』1931년 6월 14일.
56) 『東亞日報』1931년 6월 21일.
57) 김권정, 「기독교세력의 신간회 참여와 활동」, 『한국민족운동사연구』25, 2000. 140~141쪽.

黨을 결성하는 문제에 대해 논의하였으며, 천도교계 이종린의 폭로로 밝혀진 동아일보측의 자치운동에 대한 대응책에 대해 의견을 교환하였다.58) 1926년 말에는 권동진, 한용운, 崔益漢, 홍명희 등과 함께 신간회를 창립하기 위해 개최된 협의에 참석하여 신간회 내에서의 기독교세력의 입지를 강화하기 위해 노력하였다. 그리고 이 과정에서 기독교계의 이상재가 신간회 회장으로 선출되었으며, 이동욱은 규칙심사위원으로 선정되었고 박동완, 안재홍, 김활란, 兪珏卿, 조병옥, 정춘수 등은 각각 간사로 선임되었다. 박동완은 총무간사로 임명되어 비타협적 민족진영 내의 지도적 인물로서의 역할을 수행하였다.59)

<표 3> 신간회에 참여했던 기독교계 인물

이름	생년	출신지	교육경력 및 활동	신간회 활동
이상재	1850	충남서천	독립협회, YMCA, 민립대학기성회, 홍업구락부, 현조선일보사장	회장
김영섭	1888	경기강화	와세다대, 청산학원, YMCA, 홍업구락부	간사
김활란	1899	경기인천	이화여전, 보스턴대, YMCA, 홍업구락부, 근우회, 이화여전교수	간사
박동완	1885	경기양평	민족대표, 기독신보주필, 홍업구락부, 재만한인옹호동맹	발기인, 간사
박희도	1889	황해해주	숭실중, 협성신학교, YMCA, 민족대표, 신생활사, 홍업구락부, 중앙보육원	간사
백관수	1899	전북고창	명치대졸, YMCA, 홍업구락부, 조선시정연구회 조선지회, 조선일보	발기인, 간사
안재홍	1891	경기평택	와세다대학, YMCA, 홍업구락부, 조선시정연구회 조선지회, 조선일보	발기인, 간사
오화영	1879	황해평산	협성신학교, 민족대표, 물산장려회, 홍업구락부, 조선민흥회	간사

---

58) 梶村秀樹 姜德相 編, 『現代史資料』29, みすず書房, 1972. 95쪽.
59) 김권정, 앞의 논문, 141쪽.

유각경	1892	서울	북경 협화학교졸, YMCA창설, 흥업구락부, 근우회 초대회장	간사
유억겸	1895	서울	동경대졸, 흥업구락부, 조선사정연구회 조선지회, YMCA, 연희전문 교수	발기인
이갑성	1889	경북대구	연희전문졸, 민족대표, 조선민흥회, 물산장려회, 흥업구락부	발기인
이동욱	1879		청산학원, YMCA, 흥업구락부, 물산장려회	간사
정춘수	1874	충북청부	민족대표, 조선민흥회, 물산장려회, 흥업구락부	간사
조만식	1883	평남평양	숭실중, 명치대졸, 민립대학기성회, 평양YMCA총무, 평양물산장려회장	발기인
조병옥	1894	경기천안	숭실중, 콜롬비아대, YMCA, 수양동우회, 조선사정연구회조선지회, 연희전문 교수	

　1927년 5월에는 사회주의자들이 비상설 조직인 '朝鮮社會團體中央協議會'를 설립하고 신간회 주도하기 위해 내부적 단결을 강화하자 박동완은 1927년 11월에 안재홍, 권동진, 이관용, 신석우 등과 함께 '신간구룹'을 결성하고 신간회 내에서의 사회주의자들의 대두를 견제하는 동시에 자치운동파에 대응할 태세를 갖추기도 하였다.[60] 박동완은 총무간사로서 신간회의 조직 정비와 확대를 위한 노력에 주력했던 것으로 보이는데 이러한 활동은 당시의 언론을 통해 보도되기도 하였다.

　　신간회 경성지회 정기대회는 7시 정각에 동회부회장 허헌씨의 사회 하에 개최되어 동씨의 간단한 개회사를 비롯하여 會員考査를 마친 다음 口頭呼薦으로 임시집행부를 선출하니 의장 신석우, 부의장 박동완, 서기장 李灌鎔, 서기 張志暎, 申鉉益씨와 그 외 규찰원 9명이 추천되며 즉시 각기 부서에 나간 후 의사를 진행하여 우선 동화 각부 보고가 있었던 바… 다음순서로 임원선거와 대표회원 선거로 들어가 우선

---

60) 김권정, 앞의 논문, 150~151쪽.

전형위원을 투표로 선거하니 박동완, 洪起文(이하 생략-필자) 등 9씨
가 선거되었더라.[61]

위의 내용에서 보면 박동완은 1927년 12월 10일에 개최된 경성지회 정
기대회에서 임시집행부의 부의장 및 전형위원으로 선출되었는데 이는 그
가 경성지회의 핵심적인 인물로 신간회운동을 주도하고 있었음을 보여주
는 것이라고 하겠다. 뿐만 아니라 1927년 8월 8일에는 신간회 開城支會
창립대회에 참가하였으며,[62] 12월 20일에는 신간회 平壤支會 창립대회
에 참가하여 李觀求 등과 함께 본부대표로서 신간회의 취지에 대해 연설
을 했던 것으로 나타나고 있다. 조만식을 회장으로 선출했던 평양지회 역
시 기독교 세력을 중심으로 신간회가 운영되고 있던 대표적인 지역이었
다.[63] 이밖에 1928년 3월 21일에는 京西支會의 설립대회 참가하여 '祝辭'
를 하였는데 공덕리 예배당에서 개최되었던 이 대회에서는 釜山靑年同盟
으로부터 온 祝文 1통이 일제 경찰에 의해 압수되기도 하였다.

시외 연○ 일대와 고양서부를 합동하여 신간회 경서지회를 설립한
다 함은 루보한 바어니와 지난 21일 오후 1시부터 공덕리예배당에서

---

61) 『중외일보』 1927년 12월 12일. 「먼저 임원 선거, 전형위원 9명」
62) 『중외일보』 1927년 8월 11일. 「신간회, 개성지회 설립」.
63) 『중외일보』 1927년 12월 22일. 「난산 중에 있던 신간회 평양지회 설립」. "난산 중
    에 있던 신간회 평양지회 설립 대회는 20일 오후 7시 평양부○○리 ○○○당 내
    에서 개하였던 바 실로 민족운동방향 전환 상의 제일성로서 평양 초유의 회합이니
    만큼 회원, 방청원으로 대만원을 이루었고 먼저부터 경찰당국으로부터는 정사복
    경관 20여명이 엄중한 경계를 하고 있었다. 사회 조만식 씨로부터 개회를 선언하
    자 ○○박수로 순서에 들어가 점명(點名, 180명 출석) 경과보고, 집행부 선거, 축문
    낭독 등이 있은 후 간부를 선거한 결과 회장에 조만식, 부회장에 韓根祖씨가 피선
    되고 다음으로 경성 본부에서 온 박동완, 이관구, 이○○三씨의 신간회 취지 연설
    에 들어갔더라."

설립대회를 최동만씨의 사회로 개최한 후 간단한 개회사와 본부 홍명희씨의 취지 설명이 있은 후 즉시 의사진행에 들어가 의장 김준표씨와 부의장 조경모씨와 서기장 최형식(崔亨植)씨 외에 7사람의 임시집행부를 선거한 후 본부대표 박동완씨 외 경성지회 대표 이관구씨의 축사가 있은 다음 멀리 부산청년동맹으로부터온 축문 1통은 내석한 경관에게 압수당하고 그 외에는 일일이 낭독한 후 장쾌한 주악리에 제일부 순서를 무사히 마치고 기념사진을 촬영한 후 이후 속회하야 의안 토의에 들어가 죄기 같은 당면문제만을 토의하기로 하고 예산안 통과가 있은 후 동 6시반에 주악과 만세삼창으로 폐회하였다더라.[64]

1928년 7월 16일에는 신간회의 자매단체로서 창립된 근우회의 전국대의원 초청대회에 참석하여 '환영사'를 하기도 했는데 박동완의 이러한 활동은 그가 1920년대 후반 국내에서 전개되었던 민족협동전선운동에 누구보다도 적극적으로 참여했던 기독교계 인물이었음을 보여주는 것이라고 하겠다.[65]

2. 재만한인 옹호운동과 박동완

1920년대 후반에 들어 일제의 만주침략에 대한 의도가 분명해 지자 재만 한인에 대한 중국당국의 '韓人驅逐政策'[66]이 본격화되기 시작하였으며, 박동완은 부당하게 박해를 받고 있던 한인들을 보호하는 활동에 적극적으로 나섰다.

---

64) 『중외일보』 1928년 3월 24일, 「신간경서지회 설립대회 성황, 주악과 만세로 폐회해」.
65) 「근우회 전국 대의원 초대회의 건」, 京鍾警高秘 제8246호, 1928년 7월 17일.
66) 재만한인구축정책과 관련해서는 황민호, 『在滿韓人社會와 民族運動』, 국학자료원, 1998, 참조.

만주에 있는 우리 백만동포가 불행히 중국관헌에게 쫓김을 당해 지금 마치 바람 앞에 등불 같은 慘憺한 情景 가운데 있는 것은 임의 신문지상으로 보아서 아시려니와 그 사실의 眞境을 금반 경성에서 개최된 財政委員會에 직접 보고한 만주지역 監理司 裵亨湜)씨의 말을 들은 즉 우리는 뼈가 저리고 눈물이 앞을 가리게 됩니다. …… 우리는 이것을 잠시라도 참을 수가 없어 緊急히 금반 재정위원회로 모인 것을 기회로 하여 임시재만동포위문회를 조직하고 …… 하늘을 우러러 부르짖는 가련한 동포의 애끓는 소리를 모든 兄弟姉妹에게 전하여 우리의 同胞愛와 人類愛 그리스도의 사랑을 들어내도록 열성으로 찬성하 주심을 切望하나이다.67)

위의 내용에서 보는 바와 같이 재만 한인에 대한 옹호운동은 1927년 12월 17일 북감리회에 의해 '臨時在滿同胞慰問會'가 조직되면서 교단적 차원에서 그 조직화가 적극적으로 이루어지고 있는 상황이었다.68) 서울에서 개최된 북감리교회의 재정위원회에서는 만주지역 감리사인 배형식 목사로부터 재만한인의 곤경에 대해 보고를 들은 후 재정위원들이 중심이 되어 동포애와 인류애 그리고 그리스도의 사랑을 바탕으로 한인동포들을 돕기 위해 '위문회'를 조직하였고 교단적 차원에서의 모금운동을 전개하였다.

이 조직은 金燦興 · 아펜젤러 · 金昌俊이 중심이 되었으며, 주로 한인들을 위한 동정금을 모금하는 활동과 함께 위문위원 1인을 만주에 파견하기로 하였다.69) 그러나 위문회의 활동은 총독부의 감시와 탄압으로 인

---

67) 『基督申報』 1927. 12. 21.
68) 황민호, 「1920년대 재만 한인문제에 대한 한인 기독교계의 대응과 그 성격」, 『한국독립운동사연구』20, 독립기념관 연구소, 2003, 참조.
69) 감리교에 의해 '慰問委員'이 파견되었는지는 확실치 않다. 다만 1930년에 신간회와 천도교에서는 한인들의 실태조사와 동포들의 위문을 위하여 각각 李克魯와 金起

해 원만한 활동을 전개하지는 못하였으며, 다만 전국의 각 교회에서 모금한 570여원의 同情金을 배형식 목사에게 전달하는 정도였던 것으로 보인다.[70]

<표 4>에서 보면 동정금의 모금에는 전국에서 약 40여개의 교회가 참여하고 있었는데 이는 국내의 교회들이 중국당국의 한인구축정책에 의해 만주지역 교회나 교단이 받고 있던 피해에 대해 문제의 심각성을 분명하게 인식하고 있었음을 보여주는 것이라고 하겠다.

<표 4> 동정금 모금에 참여했던 교회 명단[71]

번호	지방	교회 및 모금액
1	경성지방	중곡교회(10원) · 왕십리교회(9원30전) · 동대문교회(7원) · 상동교회(15원) · 돈암리교회(1원5전) · 정동교회(38원17전) · 강경교회(10원) · 용두리교회(5원) · 연화봉교회(11원)
2	수원지방	제암리교회(5원)
3	이천지방	당우리교회(10원) · 이천읍교회(6원40전)
4	인천지방	주문교회(50원) · 도화○덕교회(5원) · 내리교회(20원) · 신도교회(5원70전) · 영홍교회(6원50전)
5	원주지방	충주교회(10원) · 단양교회(2원) · 횡성교회(5원) · 평창교회(11원)
6	강릉지방	삼척교회(5원40전) · 장전항교회(5원) · 강능청 · 선교회(5원80전)
7	공주지방	부○교회(5원) · 경천교회(75원10전) · 공주교회(12원) · 논산교회(10원) · 외성리교회(10원) · 대전교회(2원)
8	해주지방	연백군교회(4원10전) · 청단교회(6원) · 해주읍교회(40원)
9	기타지역	평양정의여고학생(51원) · 남산현 교회(50원) · 리향리교회(30원) · 진남포신흥교회(10원) · 운산교회주일학교(6원) · 희천군교회(10원) · 양덕교회(6원) · 영변교회(40원) · 연일군구지동교회(2원) · 청도군서상동교회(2원50전) · 전북이리교회(7원60전)

田을 파견하였다. 李克魯, 『苦闘四十年』, 1947, 57~66쪽.

70) 「在滿被逐同胞에게 가는 同情金」, 『基督申報』 1928년 2월 15일.

71) 在滿被逐同胞에게 가는 同情金」, 『基督申報』 1928. 2. 15.

그런데 박동완은 재만한인 문제에 대한 사회적 관심이 고조되는 가운데 감리교 교단이 활동보도 약간 빠른 시기부터 재만한인 옹호운동에 적극적으로 나섰던 것으로 보인다. 그는 1927년 12월 9일에 결성된 '在滿韓人擁護同盟'의 상무위원으로 선출되었으며, 곤경에 처한 한인들의 보호를 위한 활동을 전개했던 것으로 보인다.[72]

만주에서 구축당하는 동포들의 옹호방법을 시급히 강구 실행키 위하여 경성에 있는 각 방면의 단체들을 대표할 만한 인사 100여명을 망라하여 재만동포옹호동맹을 창립한 것은 작보한 바와 갓거니와 11일 오후 3시 水表町 敎育協會 안에서 동 동맹집행위원회를 열고 먼저 각 부 常務委員을 선정한 후 우선 구축을 받는 재만동포에 대하여 본 회로서의 태도를 내외에 천명하기로 한 후 성명서 작성위원으로 홍명희, 金起田, ○○○(판독불능−필자) 등 삼씨를 기초위원으로 임명하야 우선 시급한대로 성명서를 작성 발표키로 한 후 계속하여 다음의 사항을 결의하였으며, 재만동포옹호동맹 집행위원의 씨명과 동 부서는 다음과 같다. (중략) 위원장 안재홍, 상무위원 박동완 외 11명, 위원 이李樂永 외 29명.[73]

위의 내용에서 보면 재만한인 옹호동맹은 국내의 각 사회단체대표 100여명이 모여 결성한 사회단체였으며, 동맹 내에서 박동완은 홍명희·김기전과 함께 구축정책의 문제점을 지적하는 성명서 작성위원으로 활동하였다. 그런데 김기전은 천도교청년회의 지도적 인물이었으며, 홍명희는 사회주의적 성향의 인물이었다는 점을 감안한다면 이 조직은 종교와 이

---

72) 「재만동포의 박해밧는 소식을 듯고」, 『東亞日報』 1927년 12월 11일.
73) 「在滿同胞問題와 各地의 對策運動, 各部署決定 聲明書發表」, 『東亞日報』 1927년 12월 12일.

념을 뛰어넘어 결성된 보다 광범위한 형태의 사회단체로서의 성격을 갖는 조직이었던 것으로 생각된다.

이후 박동완은 1928년 1월 17일[74] 중앙상무집행위원의 자격으로 재만한인의 박해 실태를 직접 조사하기 위해 봉천으로 파견되었다가 약 3주간의 일정을 마치고[75] 2월 7일 돌아왔던 것으로 나타나고 있다.

> (가) "재만동포옹호동맹에서 재만 200만동포가 중국관헌에게 구축을 당하여 생활에 공포를 느끼고 있는 것을 실지 조사키 위하여 지난 1월 17일에 경성역을 출발한 재만동포옹호동맹 특파원 박동완, 李圖遠 양씨는 그동안 안동현, 봉천, 장춘, 길림, 하얼빈, 해림 각 지방을 일일이 답사하고 작 7일 아침 7시 50분 경성역 착으로 무사 還京하였다더라"[76]

> (나) "지난 18일 오후 2시 특급열차로 朝鮮在滿同胞擁護同盟 特派員 박동완 李陶遠 양씨는 奉天에 도착하였는데 滿洲朝鮮人大會 常務執行委員들과 회견하고 계속하여 중국 각 챙임당국과 각 언론기관까지 力訪한 후 不日間 길림방면을 향하여 출발할 터이라더라"[77]

위의 내용 (가)와 (나)를 통해서 보면 박동완은 이도원과 함께 봉천에 도착하여 만주조선인대회 상무위원들과 회견하였으며, 중국의 각 챙임당

---

74) 「言論界를 筆頭로 有力者도 歷訪, 봉턴에 도착해 각 방면활동, 擁護同盟代表 朴東完 李圖遠 郭尙勳三氏」, 「東亞日報」 1928년 1월 25일.

75) 「被逐狀況調査코저 調査員出發」, 『중외일보』 1928년 1월 18일.

76) 「滿洲特派員 朴東完 李圖遠兩氏 歸京, 옹호동맹특파원, 各處踏查後」. 『동아일보』 1928년 2월 8일.

77) 「京城代表兩氏 十八日奉天着 불일길림으로」, 『조선일보』 1928년 2월.

국과 언론기관을 방문하여 재만 한인 문제의 실상을 파악하고자 노력하였다. 그리고 길림지역에서도 비슷한 활동을 했을 것으로 보인다. 또한 이들이 돌아오자 재만동포옹호동맹에서는 1928년 2월 13일 오후 4시 30분에 수표교에 있던 회관에서 보고대회를 개최하고 그간의 활동 상황과 향후 대책문제를 논의하였던 것으로 보인다.

> 시내 수표정에 있는 재만동포옹호동맹에서는 13일 오후 4시 반에 그 회관 안에서 중앙집행위원회를 열고 만주특파원 박동완 이도원 兩氏의 조사한 보고를 들은 후 다음과 같은 모든 사항을 협의 또는 결의를 하였다더라
> 1. 만주조선인 문제는 客年에 비하여 小康상태에 들어갔으나 금후 항상 곤란한 문제가 지속될 것으로 認함
> 1. 이에 대한 具體的 對策은 旣定한 中國入籍○○해○支持의 방침에 의하여 하되 상무위원회에서 필요한 방법은 講究하여 適宜한 期會에 ○부회에 提案○○케 함
> 1. 동정금은 ○○수집하되 그의 처치(處置)는 아직 보유함.
> 1. 본 동맹은 지방동맹과 구별하기 위하여 「재만동포옹호동맹중앙부」 칭하고 전조선 통일적 敏活을 期함.[78]

이날의 재만동포옹호동맹의 보고대회는 박동완의 보고가 있은 후 재만 한인의 입적과 이중국적 해제를 지지한다는 방침 아래 활동을 전개하기로 결정하였으며, 계속해서 동정금을 모금하는 한편, 본 동맹을 지방의 동맹들과 구별하기 위해 '재만동포옹호동맹중앙부'라고 개칭하고 전 조선적으로 통일적인 운동을 지속해 나갈 것을 결의하였다.

---

78) 「在滿同胞今後問題와 擁護同盟의 對策, 입적과 이중국적 해제를 지지하는 방침아래 활동」, 『중외일보』 1928년 2월 15일.

근우회에서도 재만 한인에 대한 중국당국의 박해가 사회문제화 되자 1927년 12월 27일 상무집행위원회를 개최하고 1. 재만동포옹호동맹을 적극 지지하며, 각 지회에 지령을 하여 동정사업을 위하여 적극적으로 활동케 할 것, 2. 年賀狀을 중지하고 그 경비를 재만동포옹호동맹에 기부할 것, 3. 재만동포 同情音樂大會를 개최할 것을 의결하였을 뿐만 아니라 1928년 1월 28일 YMCA강당에서 음악회를 개최하고 수익금 100원을 재만동포옹호동맹에 기부하기도 하였다.[79]

그런데 감리교 교단과 재만한인옹호동맹 및 근우회 등 각 사회단체와 종교조직의 전면적인 재만한인옹호 활동은 당시 이 문제가 심각한 사회적 이슈로 받아드려지고 있었음을 보여주는 것이라고 하겠다. 그리고 이러한 상황에서 감리교계의 지도적 목사이며, 기독교 민족운동세력의 중심에서 활동하고 있었던 박동완이 이 운동에 적극적으로 참여했던 것은 그의 신앙과 민족운동노선의 흐름에서 보았을 때 당연한 일이었을 것으로 생각된다.

박동완은 기독교계 비밀결사였던 흥업구락부에 가입하여 활동하였다. 1925년 3월 23일 신흥우의 집에서 조직된 흥업구락부는 미국에서 활동하고 있던 이승만의 同志會의 국내조직이라는 성격을 내포하고 있었으며,[80] 창립회원은 박동완을 비롯하여 이상재, 신흥우, 구자옥, 유억겸, 이갑성, 안재홍, 윤치호, 유성준, 오화영, 洪鍾肅, 張斗鉉 등 12명이었다.

이후 흥업구락부는 신흥우와 유억겸이 1925년 6월 하와이에서 개최된 제1회 太平洋會議에 한국대표로 참가하여 이승만에게 국내 흥업구락부의 조직과정을 보고하였다. 흥업구락부는 민립대학기성운동과 신간회운

---

79) 박용옥, 『한국 여성 항일운동사 연구』, 지식산업사, 1996, 371쪽.
80) 「興業俱樂部事件」, 『동아일보』 1938년 9월 4일.

동 및 YMCA에 의한 기독교농촌운동 등을 통해 조직을 확장해 갔으며, 1930년대 후반까지 조직의 역량을 일정하게 유지하고 있었던 것으로 보인다.[81]

그러나 1938년 5월 총독부 경찰 당국이 조선기독교연합회 총무인 구자옥의 가택을 수색하던 중 '흥업구락부원 명부' 및 그 운동 개황을 기술한 '흥업구락부 일기'를 발견함으로써 그 활동 내용이 드러나게 되었으며, 신흥우, 구자옥, 이관구, 崔斗善, 홍병덕, 정춘수, 具永淑, 朴勝喆, 李萬圭 등 54명의 회원이 일제히 체포되어 서대문 경찰서에서 견디기 힘든 가혹한 고문을 받았다.

그런데 1938년 5월 20일 경기도 경찰부장 명의로 작성된 '연희전문학교 동지회 흥업구락부 관계보고'의 문건에서 보면 박동완이 중요 회원인 것으로 파악되고 있었던 것으로 나타나고 있다. 이는 박동완이 국내에서는 물론, 미국에 있으면서도 여전히 흥업구락부와 일정하게 연계를 맺고 있었음을 보여주는 것이라고 하겠다.[82]

따라서 이상의 내용을 종합해 보면 3·1운동 민족대표의 한사람이었던 박동완은 1920년대 전반기에는 『신생명』을 통해 기독교 문서운동을 전개하는 한편, 흥업구락부와 신간회, 재만한인옹호동맹 등에서 민족운동과 사회활동을 꾸준히 전개해 갔던 기독교계의 대표적인 민족운동가로 평가할 수 있을 것으로 생각된다.

---

81) 김상태, 「1920~1930년대 동지회·흥업구락부연구」, 『韓國史論』28, 1996. 참조. '이들은 운동방침으로 '민족 관념을 보급하고 조선 독립을 도모할 것'·'계급 및 종교 지방적 파벌을 타파하고 민족적으로 대동단결할 것'·'교화사업에 노력할 것, 즉 학교·문화단체로 하여금 민족적 계몽강연회를 개최할 것' 등을 결정하였다고 한다.
82) 경기도경찰부장, 「在美革命同志會 朝鮮支部인 秘密結社 興業俱樂部 檢擧에 관한 건」, 「延禧專門學校 同志會 興業俱樂部 關係報告」, 1938. 5. 22.

한편 국내의 기독교계 민족운동에서 적극적인 운동역량을 발휘하던 박동완은 신간회에 대한 일제의 탄압이 가중되고 신간회 내에서의 사회주의운동세력의 강화 및 안재홍 등 조선일보계열에 대한 조선총독부의 대대적인 탄압이라는 새로운 상황에서 1928년 8월 하와이 지역 한인목사로 활동하기 위해 미국으로 떠났다. 실제로『조선일보』가 일본군의 산동 출병을 비판한 것이 문제가 되어 1928년 8월 신간회본부에서 활동하던 조선일보계 민족주의자들이 사임하게 되었으며, 안재홍에 대한 기소 및 수감, 그리고 조선일보계의 표면 활동 중단 등은 민족진영이 위기로 인식되고 있었다.83) 이러한 상황에서 신간회 내에서 민족진영의 대표적인 인사로 활동하고 있었던 박동완은 국내에서의 활동에 위기를 느끼기 시작했으며, 미국행을 선택했던 것으로 보인다.

박동완의 미국행은『동아일보』에 의해 보도되었는데 그는 1928년 8월 25일 동지들의 송별 속에 미국으로 떠났다. '조선사회의 각 방면에서 활동을 많이 했던 박동완이 하와이 재류동포의 목사가 되어 임지로 떠나게 되었다고 소개하고 있는데 이는 1920년대 국내의 기독교계에서 박동완이 차지하고 있던 위치를 말해주는 것이라고 하겠다.84)

> 조선사회 각 방면으로 활동을 많이 하던 박동완씨가 얼마 전 하와이 재류동포들의 예수교의 목사가 되어 25일 임지 하외이를 향하여 동 오전 10시 10분 다수의 동지들의 송별리에 경성역발 경부선 열차로 發停하였다더라.85)

---

83) 김권정, 「기독교세력의 신간회 참여와 활동」,『한국민족운동사연구』25, 2000. 155~156쪽.

84) 국가보훈처의『공훈록』(박동완)에는 1933년이나 1930년에 하와이로 떠난 것으로 되어 있는데『東亞日報』의 내용을 기준으로 보면 이 기록들에는 문제가 있는 것으로 보인다.

미국으로 건너가서도 박동완은 국내와 일정한 연결을 유지하면서 활동했으며,[86] 미국에서는 대체로 李承晚이 주도하는 同志會에 참가하여 활동하였다.

VI. 맺음말

본고에서는 3·1운동의 민족대표 박동완의 3·1운동에서 나타난 민족의식과 이후 국내에서의 민족운동 및 기독교신앙에 대해서 살펴보았으며, 그 특징을 내용을 요약하면 다음과 같다.

첫째, 박동완은 1885년 12월 27일 경기도 양평에서 박순형의 차남으로 출생하였으며, 司馬榜目에 나타나는 그의 형 박동원의 기록을 통해서 볼 때 양반 가문이었던 집안에서 성장하였던 것으로 보인다. 또한 경성의 양사동소학교와 관립고등소학교를 졸업하였으며, 한성중학고 관립외국어학교 영어과를 3년 수학한 박동완은 이 기간을 통해 근대적인 지식을 갖춘 민족지도자로 성장할 수 있는 토대를 마련하였으며, 기독교적 신앙을 접할 수 있었던 것으로 보인다.

둘째, 박동완은 3·1운동의 민족대표로 참가하여 법정에서 민족대표로서의 권위와 확고한 독립의 의지를 천명한 대표적 인물이었다. 그는 3·1운동의 발발을 통해 일본의 '동양평화론'의 허구성이 입증되었음을

---

85) 「朴東完氏 渡米, '화와이, 교포교회 목사로'」, 『東亞日報』 1928년 8월 27일.
86) 「朴東完牧師 渡米,」, 『東亞日報』 1931년 9월 4일. '하와이 조선인 예수교회 목사 박동완씨는 지난 ○월에 고국에 돌아와 채재 중이던 바 명 4일 오전 10시 경성역발 특급열차로 『하와이』로 향하여 떠나게 되었다.'라고 하여 그의 일시 귀국사실을 보도하였다.

주장하였으며, 이 운동을 통해 조선이 이미 독립되었다는 점을 강조하는 한편, 이후에도 독립운동을 꾸준히 전개할 것이라는 의지를 천명하였는데 이는 그가 확고한 민족의식을 견지하였던 민족주의자였음을 보여주는 것이라고 하겠다.

셋째, 박동완은 1920년대 국내 민족운동에서 독실한 기독교인으로서의 신앙과 기독교적 민족운동의 노선을 견지하였다. 1915년부터 1923년까지는 기독신보의 서기와 주필을 역임하였으며, 1924년 이후에는 『신생명』에 적극적인 기고하고 있었다. 그는 기독교의 감화력이 조선을 변화시킬 수 있다는 믿음을 갖고 있었으며, 조선사회의 당면한 문제와 모순을 기독교 정신의 바탕 위에서 해결하고자 했던 것으로 보인다. 그리고 박동완의 이러한 주장은 '그리스도교의 感化力', '그리스도 宗教와 우리의 使命', '生活改善案提議, 改善보다도 改悟', '나의 맞고자 하는 예수' 등의 글 등에 잘 나타나 있다고 하겠다.

또한 박동완은 기독교인의 입장에서 자본주의와 사회주의의 문제점에 대해 지적하고 있었다. 그는 가본가와 노동계급이 충돌하는 현실사회에서 자본가는 사리사욕을 채우는 불완전한 사회조직을 변경해야하며, 노동계급은 투쟁으로서 파괴만을 주장하지 말고 利他主義와 相愛情神으로 이상적인 새 사회를 이루어야 한다고 주장하여 자본주의와 사회주의의 문제점을 동시에 지적하는 사회의식을 갖고 있었다고 하겠다. 뿐만 아니라 그는 맑스 사상에 대해서도 지나치게 금전만을 강조하여 생명을 잃어버리게 되었다고 비판하면서 기독교인들은 '불철저한 물질생활에 어리석은 노예가 되지 말고 참 생명을 위하여 超越的 신생활로 향할 필요가 있다고 강조하는 비판의식을 갖고 있었다.

넷째, 기독교 신앙에 입각한 박동완의 민족운동과 사회활동은 3·1운동 이후 크게 3가지 방향에서 전개되었다. 그는 이승만계열의 국내조직인 홍업구락부에 참가하였으며, 사회주의자들과의 협동전선운동인 신간회운동을 주도하였고, 재만 조선인옹호운동에 적극적으로 가담하여 활동하였다. 홍업구락부와 관련해서는 1928년 8월 25일 박동완이 미국의 한인교회 목사로 활동하기 위해 하와이에 거주하고 있었기 때문에 국내에서 홍업구락부사건으로 인해 직접적인 피해를 입지는 않았으나 1938년 5월 경기도 경찰부장 명의로 작성된 문건에서 박동완을 여전히 홍업구락부의 핵심회원으로 파악하고 있는 것으로 나타나고 있다. 따라서 박동완은 미국으로 떠난 후에도 국내 조직과 일정하게 연계를 맺으면서 활동했던 것으로 추정된다. 신간회운동과 관련해서는 신간회의 총무간사로 활동하면서 조직 내에서 기독교세력의 입지를 강화하는데 노력했던 것으로 나타나고 있으며, 그의 활동은 주로 신간회의 전국적 조직화에 초점이 맞춰졌던 것으로 보인다.

　재만 한인동포에 대한 옹호활동은 감리교의 만주지역 선교가 배형식 목사의 교단에 대한 상황보고가 계기가 되어 감리교계가 주도했던 '임시재만동포위문회'의 활동과 일정하게 연결되는 측면이 있었던 것으로 보이기는 하지만, 대체로 박동완의 활동은 천도교계의 김기전, 사회주의 계열의 홍명희 등과 함께 전개되고 있었다. 그리고 이는 신간회에 근간을 두는 사회활동의 성격을 나타내는 측면의 일환이었던 것으로 생각되기도 한다. 그리고 감리교계 목사였던 박동완의 입장에서 극단적인 어려움에 처한 재만동포를 보호하는 운동에 적극적으로 참여한다는 것은 지극히 당연한 일이었을 것이다.

　따라서 이상을 통해서 볼 때 투철한 기독교 신앙과 일관된 민족주의에 바탕을 두고 전개되었던 박동완의 민족운동은 3·1운동 이후 1920년대 후반까지 동일한 이념의 연속선상에서 지속되었던 것으로 보인다.그리고 그의 이러한 정신과 활동은 그가 하와이로 근거지를 옮긴 후에도 지속되었을 것으로 생각된다.

제2장

민족대표 48인 김세환의 3·1운동 참여와 민족운동의 전개

Ⅰ. 머리말

金世煥은 3·1운동의 민족대표 48인[1] 중 한 사람으로 일제시기 수원지역을 대표하는 기독교계 교육가이며, 민족운동지도자였다. 한말 한성관립외국어학교를 졸업하고 일본으로 건너가 中央大學에서 공부한 것으로 보인다. 귀국 후에는 수원강습소와 삼일여학교에서 교사로 활동하여 수원지역 교육계의 지도자가 되었으며, 민족대표 48인의 한 사람으로 3·1운동에 참여하였다.

3·1운동 이후에는 朝鮮基督敎彰文社의 설립에 적극 관여하였고 民立大學設立운동과 新幹會운동에 참여하였으며, 특히 수원지역의 신간회운동은 그에 의해 주도되었다. 1920년대 후반에는 水原體育會를 중심으로

---

1) 「兩敎同志者의 相呼相應 朝鮮民族代表四十七人의 公判」, 『동아일보』 1920년 7월 15일. 민족대표 48인에 대해서는 당시 일반에서는 '민족으로의 감정과 세계로의 개조에 隨應하야 작년 3월 1일, 조선의 독립을 내외에 선언하고 자진하야 囹圄 중의 몸이 된 조선민족대표 33인과 及此에 직접 관련된 崔南善 이외 14인'을 말한다고 하였다. 一記者, 「庚申年의 거둠(下)」, 『開闢』, 1921년 1월.

수원청년회 계통의 사회주의세력과 경쟁하며, 적어도 수원지역의 민족운동이 좌익계열에 의해 주도되는 것을 견제하는 기독교세력의 중추적 인물이었던 것으로 나타나고 있다. 이밖에 1939년 11월에는 수원 출신의 부호 崔相喜를 설득하여, 삼일학교에 거금 20,000원을 기부하게 함으로써 학교를 폐교의 위기에서 구하였다.[2] 1941년 3월에는 수원지역 3대 地主였던 洪思勳[3]을 설득해 水原商業學校를 설립하고 교육에 힘쓰던 중 1945년 9월 16일 운명하였다.[4] 그에 대해 『수원삼일학교 65년사』에서는,

> 수원 胎生 김세환 선생은 애국 독립운동자였다. 48인 중 한분으로 내란죄로 투옥 당했던 것이다. 선생은 수원사회의 유별한 일꾼이었다. 鄕土문화 근대화와 공익사업에 있어서 언제나 선두에서 활약한 유지였다.
> 1939년 삼일학교에 巨財를 쾌척한 최상희씨의 배후에는 김세환 선생의 활동이 컷으며, 그의 숨은 공로를 알 사람이 없었다. 삼일남여학교의 학감을 역임한 바도 있으며, 高雅한 인품의 소유자였다. 선생은 삼일학교의 은인일 뿐 아니라 수원사회의 자랑이기도 하였다.[5]

라고 하고 있다. 이 인용문은 일제하 수원지역의 교육사업과 민족운동에서의 그의 위상을 잘 나타내 주고 있는 것이라고 하겠다.

---

2) 「水原三一學校에 曙光 巨金二萬圓을 惠擲, 京城 崔相喜氏의 壯擧」, 『동아일보』 1940년 2월 20일. 이 보도에서는 '수원읍 梅香町에 있는 무산아동 교육기관이 수원 삼일학교는 1905년의 조선감리교회와 당지 유지 제씨의 발기로 설립되어 금년 26회 500여명의 졸업생을 내게 되었다'라고 하고 있다.

3) 이승언, 『한말일제하수원기사색인집』, 수원문화원, 1996, 93쪽.

4) 홍석창, 『水原地方 三·一運動史』, 왕도출판사, 1980, 128쪽.

5) 삼일학원65년사편찬위원회, 『삼일학원65년사』, 1968, 149쪽.

그러나 현재 김세환의 생애와 3·1운동 참여 및 수원지역 민족운동에
서의 그의 활동과 역할에 대해서는 일정하게 새롭게 정리될 필요가 있는
것으로 보인다. 특히 그의 활동이 주로 3·1운동에 초점이 맞춰져 연구되
어 왔기 때문에 적어도 1920·30년대의 김세환의 활동에 대해서는 보다
세밀한 접근이 필요한 것으로 생각된다.

이는 김세환의 생애와 일제하 수원지역을 중심으로 전개되었던 그의
민족운동의 성격을 보다 깊이있게 파악할 수 있는 또 다른 토대를 마련하
는데 기여할 수 있을 것으로 생각된다.

II. 근대 교육의 수용과 3·1운동 이전의 교육활동

3·1운동 당시 재판 기록에 의하면 김세환은 1888년 11월 18일 경기
도 水原郡 水原面 南水里 242번지에서 출생하였으며, 本籍과 住所地는 동
일한 것으로 나타나고 있다.[6] 그러나 1928년경에 작성된 일제의 監視對
象人物表에서 보면, 이와는 조금 다른 정보가 수록되어 있다. 우선 그의
異名은 東方이며, 직업은 木材商이고 신분은 常民으로 되어있다. 또한 身
長이 8尺 4寸으로 되어 있어서 당시로서는 보기 드문 장신이었던 것으로
나타나고 있다.[7] 실제로 1920년 이전에 찍은 것으로 보이는 김세환의 가
족사진에서 보면 흰 두루마기를 입고 미소 띤 얼굴로 가족들 뒤에 서있는
그의 모습은 상대적으로 巨軀의 부드러운 風貌를 지니고 있었다. 이밖에
그는 普通要視察人物로 분류되어 있었으며, 얼굴에는 엷게 '痘痕〔천연두

---

6) 「金世煥 訊問調書」, 국사편찬위원회, 『韓民族獨立運動史資料集(12 三一運動)』, 1990.
7) 위영, 「역사를 읽는 한 방법, 척(尺) 단위 이야기」, 국가기록원, 『기록인』39, 2017 여
   름, 58쪽.

의 흔적]'이 있다고 되어 있다.[8]

그는 어려서부터 수원 종로교회에 출석하며, 독실한 기독교인으로 성장하였으며, 장년이 되어서도 술·담배를 하지 않았다고 한다.[9] 종로교회는 1901년 북감리교회 선교사 스웨어러(徐元輔 W.C. Swearer)와 助事 김동현, 傳道師 이경숙이 함께 수원 普施洞 16번지에 예배당과 사택으로 쓸 13칸의 가옥을 구입한 후, 이듬해 남자 3명과 여자 2명의 신도가 입교하면서 시작된 수원지역의 대표적인 교회였다.[10] 1912년경에는 입교인 156명, 세례교인 36명, 학습인 383명 등 약 1,200명의 신자들이 등록한 교회로 성장하였으며, 인근의 始興·南陽·利川·龍仁으로도 그 교세를 확장해 가고 있었다. 종로교회는 수원지역의 중심에 위치하고 있었을 뿐만 아니라, 2개국어를 구사할 수 있는 다수의 상류층이 교인으로 소속되어 있기도 했다.[11]

김세환은 서울로 올라와 漢城官立外國語學校에 진학한 것으로 보인다. 3·1운동 과정에서 있었던 경성지방법원 검사국의 取調에서 학력을 묻는 검사의 질문에 대해 '한국시대 外國語學校를 졸업했다고 답했던 것에서도 확인된다.[12] 일본 유학과 관련해서는 민족대표 48인의 약력을 보도한 『신한민보』의 기사에 따르면 '그(김세환—필자)는 년전에 동경에 유학하여 상당한 학문을 닦고 귀국한 후에는 미긔에 三一학교 교사로 있다'라고 보도한 것에서 그 일단을 확인할 수 있으며, 일본의 명문사립 중앙대

---

8) 수원박물관, 『수원사람들의 독립운동』, 2015, 90~91쪽. 한편 이 표에서는 그의 본적과 출생지에 대해 경기도 수원군 수원면 山樓里 208번지이고, 주소는 同 梅山里 49번지로 되어있어서 검토가 필요한 것으로 보인다.

9) 앞의, 『水原地方 三·一運動史』, 128쪽

10) 민족과 함께하는 수원 종로교회, http://sjmc.or.kr.

11) 수원시사편찬위원회, 『수원의 종교와 교육』, 135쪽, 2014.

12) 이병헌, 『三一運動秘史(金世煥先生 取調書)』時事日報社, 1959, 725쪽.

학을 다녔던 것으로 파악되고 있다.[13]

서울과 일본 유학을 통해 근대적 지식을 수용한 김세환은 1910년 직후부터 水原商業講習所(이하-강습소)에서 직조감독관으로 일하면서 학생들을 가르치기 시작하였다. 이 강습소는 1908년 4월 15일 梁聖寬, 洪健爕, 洪敏爕, 金興善, 申駿熙 등에 의해 수원 상업회의소가 설립되고 이듬해인 1909년 부속사업으로서 "상업에 관한 지식, 기능의 강습"[14]을 목적으로 설립된 학교였다. 초기에는 주간 보통과에 18명, 야간 보통과에 80명을 모집하였으며, 보통학교 졸업 이상자에 한하여 입학을 허가하였고[15] 한문, 영어, 상업부기 등을 가르쳤다. 이 학교의 제2회 졸업생인 金露積과 보조교사였던 박선태는 김세환의 직접 지도를 받은 제자로 이후 3·1운동과 수원지역 민족운동에서 김세환을 적극적으로 돕는 인물로 활동하였다. 김세환은 강습소의 교사 뿐만 아니라, 소장을 역임했던 것으로 나타나고 있다.[16]

1916년 7월 조선총독부에서는 朝鮮商業會議所令을 공포하여 종래에 조선인과 일본인이 각각 설립한 상업회의소에 대한 통합 정책을 추진했는데 이는 결과적으로 총독부에 순응하지 않는 조선 상공인들의 활동을 약화시키고자 하는 정치적 의도를 가진 것이었다. 일제는 행정구역상 府에 한하여 상업회의소를 설립할 수 있도록 하여 우선 郡이나 面에 설립되

---

13) 「민족 대표 48인의 약력」, 『신한민보』 1922년 3월 16일. '三一녀학교 교사 김세환 경기도 수원군 수원면 남수리 二四二. 三十四세 十一월 十八일 생. 그는 년 전에 동경에 유학하여 상당한 학문을 닦고 귀국한 후에는 미긔에 三一학교 교사로 있다' 한편 국가보훈처의 독립유공자 공훈록에 따르면 김세환은 '普成中學校를 졸업한 후' 일본에 유학한 것으로 되어있는데 이는 검토의 여지가 있는 것으로 보인다. http://www.mpva.go.kr.

14) 「商業講習所校友會」, 『동아일보』 1922년 6월 13일.

15) 「水原商業講習所」, 『동아일보』 1921년 3월 17일.

16) 앞의, 『수원의 종교와 교육』, 146쪽.

어 있던 상업회의소는 해산시키는 정책을 추진하였다. 또한 동일지역 내에는 한 개의 상업회의소만 인정하는 한편, 상업회의소의 설립에 대해서는 30인 이상의 발기인으로 定款을 만들고 회원 3분의 2의 동의를 거쳐 총독의 認可를 받도록 하였다. 회원이 될 수 있는 자격도 일정액의 營業稅를 부담하는 자로 한정하고 있었다.[17] 따라서 이같은 내용을 골자로 하는 총독부의 새로운 법령에 따른 설립 기준을 충족할 수 없었던 수원상업회의소는 해산될 수밖에 없었고 강습소도 심한 경영난에 빠지게 되었던 것으로 보인다. 이 같은 상황에서 1922년 경 지역 유지들이 나서서 강습소를 화성학원(華城學院)이라 개칭하고 그 운영을 위해 노력하기도 했다.[18]

김세환은 1916년 밀러(L.A Miller, 美羅) 선교사의 배려로 삼일여학교의 학감으로 자리를 옮기게 되었던 것으로 보인다. 삼일여학교는 1902년 6월 이화학당을 설립했던 스크랜튼(M.F Scranton)이 수원을 방문하여 어린 소년 3명에게 글을 가르치면서 시작되었다. 1907년 밀러가 부임하여 낙후된 학교시설을 개선하는데 힘을 쏟으며 발전해갔다. 당시 미감리회 여선교회장이었던 스크랜턴의 지원에 힘입어 수원 시내 중심가에 남녀학당과 교회 건물 및 선교사 주택을 지을 땅도 구입할 수 있었다.

1909년 4월 28일에는 대한제국 學部로부터 정식 인가를 받았으며, 이때 校歌도 제정하였다. 교과과목으로는 국어, 한문, 영어, 산술, 체조, 성경, 음악, 재봉 등을 가르치고 있었다.[19]

학감으로 부임한 김세환은 학교의 발전을 위해 많은 노력을 기울였다. 꽃과 나무를 심어 학교 정원을 가꾸었고, 학교 건물 벽에는 우리나라의

---

17) 전상현, 「일제초기 조선상업회의소령의 제정과 조선인상업회의소의 해산」, 『한국사연구』118, 한국사연구회, 2002, 84~86쪽.
18) 「商業講習所改革」, 『동아일보』1922년 1월 27일.
19) 앞의, 『수원의 종교와 교육』, 215~216쪽.

지도를 조각하여 학생들에게 민족의식을 고취시켰다.[20] 養蠶實習場을 만들어 학생들의 생활정도를 개선시키는데 도움을 주고자 했던 것으로 나타나고 있다.[21]

1915년에는 장마철만 되면 범람하는 학교 개울 때문에 학생들이 등교하지 못하자 떨어져 나뒹굴고 있는 수원 남문(팔달문)의 문짝을 떼어다가 다리를 놓아 주기도 하였다.[22] 이후 이곳에는 1926년 여름 김세환의 감독 하에 삼일교라는 새로운 다리가 건설되어 수원의 '新名物'로 자리 잡기도 하였다.[23] 1917년과 1918년에는 학교 증축을 주도한 것으로 나타나고 있다.[24]

삼일여학교를 발전시키고자 했던 김세환의 노력은 상당한 성과를 거

---

20) L.A Miller, "Evangelistic Work and Day Schools on the Suwon Districts", *Annual Report of Korean Women's Conference oh the Methodist Episcopal Church*, 1916, 42~43쪽.

21) L.A Miller, "Evangelistic Work and Day Schools on the Suwon Districts", *Annual Report of Korean Women's Conference oh the Methodist Episcopal Church*, 1918, 86쪽.

22) 김세한, 『매향 팔십년사』, 매향여자중고등학교, 1982, 46쪽.

23) 「巡廻探訪(205) 停車場近處부터 日人이 蠶食<10>」, 『동아일보』1927년 1월 23일. '三一橋는 水原에 新名物로 일홈 조차 새로되엿스니 今年 봄에 三一女子普通學校에서 1400圓이란 巨額을 드리여 6個月만에 完成해 노흔 다리이다 지나간 庚申年 장마에 華虹門이 떠나려 갈 때에 三一女學校압혜 잇던 쇠다리도 떠나가고 말엇스니 每日 三四百名(매일 삼사백명에 學生이 만흔 困難을 當하게 되엿섯다 그後 任時假橋를 노와섯스나 잇해 前 洪水에 다시 떠나매 三一女校長 美羅氏의 獨擔으로 金世煥先生의 監督 아래에 훌륭한 다리가 되엿스니 금년 장마에 梅香橋가 떠나간 후에는 매일 5~600명에 달하는 來往客이 오로지 이 삼일교로 만 다니게 되엿스니 水原에서는 三一橋을 이즐 수 업스며 따라 달밤에 다리우로 거니는 趣味도 여간 사람의 興을 도움는 것이 아니다 이리하야 이것을 우리 水原에 新名物로 紹介하기에 붓끄럼이 업다.'

24) 이덕주, 「수원선교와 매향여학교의 역사적 맥락」, 2013년 5월 28일, https://m.blog.naver.com/PostView.nhn?
blogId =kjyoun24&logNo=60192884217&proxyReferer

두었던 것으로 보이는데 이는 『동아일보』1927년 1월 17일자 기사를 통해서도 확인되고 있다.

◇(三一女子普校) 隆熙3년에 와서 米國宣敎夫人 詰萬氏가 設立者로 學部大臣의 認可를 得하는 同時에 現在位置에다 100餘坪에 洋制로 校舍를 建築하엿스며 現在校長인 美羅氏가 校長으로 就任하며 따라 金世煥先生꼐서 學監으로 就任하야 不斷한 努力과 잇는 誠意를 다하야 內容充實과 實力養性에 오로지 힘쓴 結果 校運은 날노 隆盛하야 今年 봄에 와서는 女子普通學校로 昇格하엿스며 現在 六學級에 在學生 數는 180餘名에 達하며 그동안 14年의 卒業生은 72名이라한다 현재 校舍로는 날노 增加되는 學生을 充分히 收用할수 업서서 7000圓에 巨額을 投하야 方今 40坪에 校舍를 煉瓦制로 增築 中이라는 봐 來月이면 그 落成을 보리라는대 압흐로 더 새로운 희망의 曙光이 빗칠 것을 生覺하니 水原에 女子界를 爲하야 만흔 깃뿜을 이길수 업다.[25]

위의 내용에서 보면 삼일여학교는 교장인 밀러가 취임한 후 김세환선생이 학감으로 부임하여 부단한 노력과 정성을 다해 오로지 교육 내용의 충실과 실력양성을 위해 힘쓴 결과, 학교의 運이 날로 융성하게 되어 여자보통학교로 승격하게 되었다고 소개하는 한편, 삼일여학교의 이 같은 발전은 수원 女子界의 큰 기쁨이라고 강조하였다.

1927년 4월 29일에는 동아일보 본사 건물 新築落成紀念의 일환으로 수원종로교회에서 개최된 少年少女懸賞討論會에서 심사를 담당했던 것으로 나타나고 있다. 당시 『동아일보』에서는 심사위원으로 수원시내 각 학교의 선생님 5분과 동아일보 수원지사 고문 김세환 선생 및 총무가 맡은 것으로 보도되고 있다. 이는 김세환이 『동아일보』와 일정한 연계를 맺

---

25) 「巡廻探訪 (199) 停車場近處부터 日人이 蠶食<4>」, 『동아일보』1927년 1월 17일.

고 활동하고 있었음을 보여주는 것이라고 생각된다.26)

따라서 이상의 내용을 종합해 보면 김세환은 일제의 대한제국 병탄 이전에 이미 근대적 신학문과 기독교사상을 적극적으로 수용한 지식인이었다. 그리고 1910년 경부터 고향인 수원에서 수원강습소와 심일여학교를 중심으로 근대교육에 힘쓴 대표적인 교육가 및 민족지도자로서의 입지를 굳혀가고 있었던 것으로 보인다.

III. 민족대표 48인으로서의 활동과 민족의식

1918년 11월 18일 독일이 항복한 후, 1919년 1월 18일 파리에서 평화회의가 개최되었고 이보다 앞선 1월 8일에는 미국대통령 윌슨에 의해 민족자결주의 원칙을 발표된다는 사실이 알려지자 국내에서는 천도교와 기독교계를 중심으로 3·1운동의 기운이 고조되고 있었다. 특히 서울의 기독교세력은 朴熙道와 李甲成을 중심으로 기독교청년회(YMCA) 등의 학생세력이 조직화되면서 운동의 기운이 본격화되고 있었다.

김세환은 박희도와의 인연이 계기가 되어 민족대표 48인의 일원으로 3·1운동 참가했는데 당시 박희도는 미감리회 전도사이며, YMCA 학생부 간사로 청년 학생들을 지도하고 있었다.27) 민족대표 48인으로서의 김

---

26) "少年少女顯賞討論會를 오는 二十九日 下午 八時 水原鐘路敎堂 內에서 開催할터인바 等級(등은 三等까지인데 一等에는 本社 特製 紀念銀메달이며 二,三등에는 亦是 銅메달을 贈呈할 터이며 當日에 審判으로는 水原市內 各學校 先生님 5분과 본보 수원지점 고문 金世煥先生과 總務이며 參加規正은 如左하더라. 時日 4月 29日 午後 八時 定員 二十名 場所 鐘路 敎堂 申請期日 4月28日까지 申請場所 本報水原支局" 「本社新築落成紀念 卅日前後하야 各地一齊히」, 『동아일보』1927년 4월 26일.

27) 김권정, 「일제 강점기 김세환의 기독교 민족운동」, 『숭실사학』18, 숭실사학회,

세환의 활동에 대해서는 警察取調書 및 그에 대한 재판기록에 비교적 상세하게 나타나고 있다.[28]

김세환은 삼일여학교의 교원을 구하기 위해 서울로 박희도를 찾아갔다가 그로부터 민족자결주의가 제창되고 있음으로 조선이 독립할 때라는 말을 듣고 3·1운동에 참여한 것으로 나타나고 있다. 이후 2월 21일에는 세브란스 병원 내 이갑성의 집에서 개최된 회의에 참석했는데 이 회의에는 咸台永·李昇薰·安世桓·박희도·吳華英·吳基善·申洪植·玄楯 등이 참여하고 있었다. 회의에서는 일본정부나 조선총독부 및 파리강화회의에 보낼 청원서 문제가 논의되었으며, 3·1운동에 참여할 동지를 모집하고 이들로부터 印章을 받기로 하였다. 이때 김세환은 박희도로부터 3·1운동 계획을 지방 사람들에게 알리고 동지들을 모집하라는 요청을 받았으며, 여비 20원과 모집된 동지들이 날인할 美濃紙 15매를 받아 '순회위원'의 직함으로[29] 충청도와 수원지방을 담당하기로 했던 것으로 보인다. 이때 신홍식은 평양으로, 이갑성은 경상도로 가기로 했으며, 현순은 파리 강화회의에 보낼 서면을 가지고 上海로 출발하였다.

김세환이 당시 동지들을 규합하기 위해 만났던 인물에 대해서는 그의 재판기록에도 일부가 나타고 있다.

> 問 경성을 출발하여 어떤 행동을 하였는가.
> 答 최초에 忠淸南道 海美(現 唐津)郡邑 내 감리교목사 金秉濟를 만나 독립운동에 대한 말을 하여 찬성을 얻고서 승낙서에 날인하

2005, 50쪽.

28) 이병헌, 『三一運動秘史(金世煥先生 取調書)』, 時事日報社, 1959, 725~729쪽.

29) 유준기, 「최연소 3·1운동 민족대표 이갑성」, 『春潭 劉準基博士 停年退任記念論叢』, 국학자료원 2009, 207쪽.

여 늦어도 二十六日 까지는 朴熙道에게 가지고 가라 하였고 그
후 곧 洪城을 다녀 天安서 기차로 鳥致院에 와서 자동차로 公州
까지 갔었다 公州에서는 감리교목사 玄錫七을 찾았으나 만나지
못하고 그대로 올라와서 朴熙道에게 보고한 다음 水原으로 가서
南陽교회 목사 董錫基를 만나 취지를 말하였더니 朴熙道에게서
들었다고 하면서 승낙하였다 집에 와서 하루자고 二十七 利川교
회목사 李康白에게서 찬성을 얻어 조인을 받은 후 鳥山에서 金
光植을 찾아 찬성을 얻었다. 水原서는 任應淳을 찾아 말한 후 조
인을 받아가지고 朴熙道에게 가니 시간이 늦어서 안되었다 하므
로 숙옥에 와서 소각하였다.30)

경성을 출발한 김세환은 해미, 홍성, 천안, 조치원, 공주 등지를 순회하
며 金秉濟 등과 만났으며, 수원, 남양, 이천, 오산 등을 돌며, 董錫基, 金光
植, 李康白, 任應淳 등을 만났다. 특히 해미에서는 읍내의 감리교회 사경
회를 인도하러 온 홍성교회의 김병제 목사에게, 그리고 남양교회에서는
동석기 목사에게 3·1운동의 계획을 설명하고 참여해 줄 것을 부탁하여
승낙받았다.

동석기목사는 미국 유학을 다녀와 영국과 미국의 외교관들과 친분이
있었으며, 세계정세에 대해 누구보다 밝았을 뿐만 아니라, 민족의식이 강
한 목회자로 유명하였다.31) 임응순은 수원 종로교회의 전도사로 활동하
고 있었다.32) 김세환은 약 40여명의 서명자를 확보하는 성과를 거둔 것으
로 보인데33) 이는 그가 3·1운동의 전국적 확산을 위해 적극적으로 노력
하였음을 보여주는 것이었다.34) 그러나 이들과 함께 민족대표로 서명하

30) 위의, 『三一運動秘史(金世煥先生 取調書, 大正八年五月二十日)』, 727~728쪽.
31) 김익진, 「동석기와 한국 그리스도의 교회」, 『한국기독교와 역사』8, 1998, 221~223쪽.
32) 앞의, 「일제 강점기 김세환의 기독교 민족운동」, 51쪽.
33) 앞의, 『水原地方 三·一運動史』, 129쪽.

기로 했던 김세환은 서울에 도착하기 전에 이미 독립선언서의 記名이 모두 끝났기 때문에 서명할 수 없었고 갖고 있던 동지들의 명단을 숙소에서 소각하였다고 한다.

김세환은 3월 1일 오후 2시에 탑골공원에 나가 많은 사람들이 만세를 부르며 시가행진을 하는 것을 확인했으며, 자신도 종로에서 무교동을 거쳐 京城日報社 앞까지 만세를 부르며 시위에 참여 하였으며, 12일 경성 唐珠洞에서 체포되었다. 투옥된 김세환은 검사의 신문과 재판과정에서 민족대표서의 당당함으로 주위를 감동케 했다.

> ① "아무리 세계대세로 병합이 되었다 하더라도 항상 가슴속에 원한을 품고 있었는데, 모든 물건을 대할 때 초목에서 흐르는 이슬도 눈물이나 아닌가 하는 의심을 품을 지경이었다. 그러나 하나님은 장래에 정정당당히 조선사람은 권리를 찾고 일본 사람은 권리를 돌리여 줄 시기가 돌아올 줄 알았다."[35]

> ② "본래 합병을 조선사람이 싫어하였으나 대세에 못하고 기회만 있으면 나도 독립운동에 진력을 하려 하였더니 이번의 전쟁이 처음에 민족의 생존을 위한 싸움이었으나 미국이 전쟁에 참가한 뒤에는 군국주의에 대한, 제국주의에 대한 평화주의의 전쟁이니까 강화회의에는 미국이 주장하는 민족자결을 적용하게 될 것을 따라 우리도 독립을 하자 함이요"[36]

---

34) 김세환과 함께 경상남북도 순회위원으로 활동했던 이갑성은 마산·대구 등지를 다니며 동지를 구했으나 한 사람도 얻지 못해서, 재차 다른 사람을 파송해서 진주·울산에서 약간 명을 얻었다고 한다. 앞의, 『三一運動秘史』, 303~306쪽.

35) 「김세환 공소공판기」, 앞의 『水原地方 三·一運動史』 295쪽.

36) 「宣言動機의 眞實한 告白 朝鮮民族代表四十七人의 公判」, 『동아일보』 1920년 7월 16일.

위의 ①은 김세환의 '공소공판기' 중 "한일 합병에 대해서는 어떠한 감상을 가졌는가?"라는 질문에 대한 답변이며, ②는 '선언 동기의 진실한 고백'이라는 제목으로 김세환의 재판에 대한 『동아일보』의 보도 기사이다. 김세환은 우선 조선이 아무리 세계 대세로 병합되었다고 하나 항상 마음속에 원한을 품고 있었으며, 초목에 흐르는 이슬도 눈물이 아닐까 하는 의심을 품을 지경이었다고 하고 있음을 볼 수 있다. 또한 본래 합병은 조선 사람이 싫어하는 것이었으나 대세에 어찌하지 못했지만, 나도 기회만 있으면 독립운동에 전력을 다하려 했다고도 하였다.

뿐만 아니라 하나님이 장래에 조선 사람에게는 정정 당당히 권리를 찾고 일본 사람에게는 권리를 돌려 주게 할 시기가 올 줄 알았다고 하여 그의 3·1운동 참여가 기독교 민족주의에 바탕을 둔 것임을 분명히 하였다.

윌슨의 민족자결주의에 대해서는 국군주의와 제국주의에 맞서는 평화주의로 인식하고 있었으며, 이에 바탕을 둔 3·1운동과 한국의 독립역시 평화주의에 기여하는 것이라고 인식하는 명확한 세계관을 보여주고 있었다.

이밖에 "금후에도 독립운동을 계속할 것인가?"라는 검사의 물음에 "그렇다"라고 간결하게 답함으로써, 그의 결연한 의지를 다시 한번 보여주었다.[37] 이후 김세환은 1920년 10월 30일 경성지방복심법원에서 구류 360여일 만에 宋鎭禹, 玄相允, 金道泰 등과 함께 '증거불충분'을 이유로 무죄를 언도받고 감옥에서 풀려 나왔으며, 수감된 지 만 1년만의 일이었다.[38]

---

37) 위의, 『三一運動秘史(金世煥先生 取調書, 大正八年五月二十日)』, 727쪽.
38) 앞의 『水原地方 三·一運動史』130쪽. 국가보훈처 공훈록 등에 김세환이 1920년 1월 30일에 석방된 것으로 나타나 있으나(http://www.mpva.go.kr) 「人事」, 『동아일보』 1829년 9월 22일자에는 "金世煥씨 廣文社 사무를 帶하고 22일發 충청북도 각지에 출장"이라고 되어 있어서 그의 출옥일에 대해서는 검토의 여지가 있어 보인다.

김세환의 지방순회 활동은 수원지역 3·1운동의 발발과 확산에 크게 기여한 것으로 나타나고 있다. 그는 3·1운동의 순회위원으로 충청도와 경기도 남부지역에서 동지들을 규합하고자 노력하는 과정에서 자연스럽게 고향 마을인 水原面의 3·1운동을 기획·지도하게 된 것으로 보인다. 앞에서도 언급한 바와 같이 김세환은 이미 남양 교회의 동석기목사를 만나 3·1운동의 취지와 목적을 설명하고 동의를 얻었는데 그는 남양지역 감리교의 책임자로 평소 사강 비봉을 순회하며 목회활동을 하고 있었다.

김세환은 자신이 다니던 수원 종로교회의 전도사 임응순에게도 3·1운동의 계획을 설명하였고 이천의 이강백목사와 오산의 김광식목사 등도 그의 뜻에 동조하고 있었다. 따라서 김세환의 이같은 노력으로 수원 인근 중요지역 기독교세력의 3·1운동 참여는 그 기운이 높아가고 있었다고 할 것이다.39)

김세환은 1919년 2월 말 3·1운동의 준비를 위한 마지막회의를 수원 강습소에서 개최하였다. 그는 제자인 김노적을 수원면 만세운동의 책임자로 임명했으며, 이 회의에는 박선태·이선경·임순남·최문순·김석호·김병갑·이희경 등의 기독 청년들이 참석하고 있었다.40)

이들은 삼일학교 교정에서 독립선언서를 낭독 이후 수원 시내를 거쳐 화성학원까지 행진하는 만세운동을 준비했던 것으로 보인다. 그러나 일제 경찰에 의해 상황이 탐지되었다는 정보가 있자 시위는 3월 1일 저녁의 횃불시위로 변경되었다. 그리고 3월 1일 서울에서 3·1운동의 구체적인 움직임이 촉발되자 그날 저녁 수원 北門안 용두각에 수백 명이 모여 횃불

---

39) 수원지역의 3·1운동에 대해서는 김권정, 「수원지방 기독교계의 3·1운동과 이후 동향」, 『역사와 교육』11, 2010을 주로 참고하였다.

40) 李悌宰, 「水原地方 獨立運動 先驅者 金露積 先生」, 『水原의 옛 文化』, 효원문화인쇄, 1995, 154쪽

을 들고 독립만세를 외쳤으며, 이때 만세소리를 듣고 각처에서 모여든 군중이 수천 명이었다고 한다.[41] 이날 밤 화성 동쪽의 봉수대에서도 횃불이 올랐고 팔달산 서장대를 비롯한 20여 곳의 성곽에서 일제히 봉화가 타올랐으며, 남문 밖 객주에 머물고 있던 상인들도 합세하였다.

3월 1일 밤 수원면에서의 만세시위가 성공적으로 진행되자 이에 놀란 일제 경찰은 김노적·박선태·이선경 등 다수의 관련자들이 체포했으며, 가혹한 고문을 가하였다. 김노적은 총 개머리판으로 머리를 맞아, 머리 한 쪽이 함몰되었고 왼쪽 손목은 거의 못 쓸 정도로 으깨졌다고 한다. 실제로 3·1운동 이후 김노적은 대부분 왼쪽 손을 주머니에 넣고 사진을 찍었다고 한다.[42]

수원읍에서는 3월 16일 장날을 기해서도 대대적인 만세시위가 전개되었는데 팔달산 서장대와 동쪽문 연무대에서 각각 수백 명의 군중들이 독립만세를 외치며 시위를 전개하였다. 그리고 이 시위와 관련해 日警이 삼일여학교를 급습하여 사무실을 파괴한 것으로 볼 때, 이 역시 김세환의 영향 하에 진행된 만세운동이었던 것으로 보인다.[43]

IV. 3·1운동 이후 수원지역의 민족운동과 김세환

1. 기독교 문화운동의 전개

3·1운동 이후 출옥한 김세환은 학교로 돌아가고자 했으나 일제의 탄

---

41) 앞의, 『三·一運動秘史』, 868쪽.
42) 앞의, 『수원사람들의 독립운동』, 150쪽.
43) 앞의, 「수원지방 기독교계의 3·1운동과 이후 동향」, 36~69쪽.

압으로 뜻을 이루지 못하였다.

　　김세환선생은 금년에 32이라는 아직 젊으십니다 출옥 후에 교편을
　　들고 잇든 水原三一女學校에 일을 볼 목적을 가지고 잇섯스나 환경의
　　간섭으로 뜻과 가치되지 못하고 맘을 도리켜 수원 읍내에서 곡물상을
　　시작하여 지금까지 상업을 한답니다.44)

　　위의 내용은 3·1운동 이후 민족대표 48인의 근황을 소개하고 있는
『동아일보』의 기사이다. 이를 통해서 보면 출옥 후 김세환은 '교편을 들
고 있던' 삼일여학교에서 일을 보려고 했으나 '환경과 간섭으로' 뜻과 같
이 되지 않아 수원 읍내에서 穀物商을 하고 있다고 보도하였다.

　　학교로 돌아갈 수 없었던 김세환은 종로교회와 감리교 교단을 중심으
로 한 기독교문화운동에 참여하였다. 3·1운동 이후 무단통치의 한계를
절감한 일제는 새로운 통치수단의 일환으로 민간언론의 설립을 허가하였
으며, 이 같은 분위기 하에서 특히 1920년대에 들어서면서 기독교계 잡지
들의 출간이 활발하게 이루어지고 있었다. 1929년까지 대체로 41개의 잡
지가 발행되었으며, 일본 동경의 YMCA에서 발간한 『現代』(1920)를 비
롯하여 경성 YMCA에서 발간한 『청년』(1921), 주일학교연합회에서 발행
한 『主日學校雜誌』(1925), 基督敎靑年勉勵會에서 발행한 『眞生』(1925) 등
이 출간되고 있었다.45)

　　그리고 이 과정에서 기독교계 문서운동 주체의 하나로 1921년에 朝鮮
基督敎彰文社(이하―창문사)46)가 설립되었으며,47) 잡지 『新生命』이 발

---

44) 「己未年運動과 朝鮮의 四十八人(七) 最近消息의 片片」, 『동아일보』 1925년 10월 7일.
45) 황민호, 『일제하 잡지발췌 식민지시대자료총서』, 개명문화사, 1992.
46) 『기독신보』 1923년 2월 7일.
47) 「廣文社發起」, 『동아일보』 1921년 8월 13일.

간될 수 있었다. 『신생명』은 신학적으로는 자유주의적·진보주의적 성향을 갖고 있었고 사회적으로는 민족주의적 성향을 띠고 있었다.[48] 초기 출판사의 명칭은 조선기독교 광문사였는데 개인이 운영하는 書籍商 중에 광문사가 있어 명칭을 변경하였다.

창문사에는 YMCA 관련 인사들과 3·1운동으로 옥고를 치른 이승훈·김창준·김백원·김지환 등이 참여하고 있었는데, 김세환은 옥고를 같이 치른 동지이며, 수원지역을 대표하는 민족지도자라는 점이 인연이 되어 여기에 참여하게 된 것으로 보인다. 이들은 자본금 100만원으로 기독교 서적의 간행과 판매 및 일반 인쇄업과 교육용품 판매 등의 사업을 추진하고 있었다.

『동아일보』 1921년 10월 21일자 기사에 의하면 김세환은 廣文社 사무를 데리고 각 지방에 출장 중 지난 12일에는 驪州에 도착하여 倉里禮拜堂에서 信者들에게 광문사의 취지를 설명하였으며, 그 다음날 오전 9시경에 충북지방으로 향하였다고 보도하고 있었다.[49] 당시 광문사에서는 강연단을 조직하고 전국을 돌며 순수 한국인 자본으로 설립된 문서신교 기관의 필요성을 역설하는 동시에, 주식을 모집하는 활동을 전개했는데 김세환은 충청도지역의 강연단을 맡아 활동했던 것으로 나타나고 있다.[50] 1923년 1월에는 수원엡윗청년회의 총간사로 선출되기도 하였다.

> 1월 13일 下午 7시 鐘路禮拜堂 內에서 水原엡윗靑年會 정기총회를 開하얏는대 改選된 任員은 總幹事 崔相勳 金世煥, 宗敎部幹事 崔文夫

48) 황민호, 「박동완의 국내민족운동」, 『한국독립운동사연구』33, 독립기념관 독립운동사연구소, 2009.
49) 「金世煥氏의 動靜」, 『동아일보』 1921년 10월 21일.
50) 한국기독교역사여구회, 『한국기독교의 역사』II, 교문사, 1990, 80~82쪽.

金炳浩 劉富榮, 文藝部幹事 柳基東 金露積, 運動部幹事 申相均 金德根, 會計幹事 金顯東, 書記幹事 高仁寬 金元伯 등 씨이오. 各部幹事 중 一人씩 모혀서 회칙을 개정하기로 결의한 후 10시에 폐회하얏더라. (水原)[51]

위의 내용에서 보면 김세환은 종로예배당에서 개최된 수원엡웟청년회 정기총회에서 최상훈과 함께 총간사에 선출되었으며, 문예부 간사에는 김로적, 종교부 간사에는 김병호 등이 선출되어 그를 돕게 된 것으로 보인다. 그런데 김세환이 청년회의 총간사에 선출되었다는 것은 그가 향후 종로교회의 청년회를 중심으로 한 수원지역의 기독교 문화운동과 민족진영의 운동을 이끌어가는 인물이 되었음을 의미하는 것이었다.

엡웟청년회의 총간사가 된 김세환은 1922년 10월 5일 趙喆鎬가 소년운동의 일환으로, 8명의 단원을 기초로 조직한 조선소년군의 수원방문을 대대적으로 환영하는 행사를 주도하였다. 조철호의 조선소년군은 순수 보이스카우트 정신 하에 '조선소년군은 조선사람의 조선군'이라는 민족주의적 경향을 나타내고 있었다.[52]

조철호는 조선소년군의 취지를 확산시키기 위해 지방순회를 진행했는데 1923년 3월 인천을 시작으로[53] 4월 2일에는 수원 종로예배당에서 연예회를 개최하였다.

조선소년군 일행 18명은 대장 趙喆鎬 씨의 인솔 하에 지난 2일에 수원에 도착하야 그날 하오 8시부터 종로예배당에서 金世煥 씨의 사

---

51) 「水原엡웟靑年總會」, 『동아일보』 1923년 1월 21일.

52) 김형목, 「관산 조철호와 조선소년군의 역사적 위상」, 『중앙사론』42, 중앙사학연구소, 2015, 93쪽.

53) 「소년군의 선전, 인천에서 첫 선전 오는 삼십일 밤에」, 『동아일보』 1923년 3월 28일.

회로 연예회를 열엇섯는대 오백여명 관중에게 깁흔 인상을 주엇스며
당석에서 동정금이 35원 50전에 이르럿다 하며 그날밤은 장소의 협착
으로 입장을 거절한 어린학생일반을 위하야 그 이튼날 되는 3일 하오
2시에 다시 개회하고 사백명이나 되는 학생을 위하여 연예회를 열엇
고 그날밤 9시차로 경성을 향하야 떠낫더라.(수원)54)

  조철호를 대장으로 하는 18명의 조선소년군 일행은 2일에 수원에 도착
하여 저녁 8시에 종로예배당에서 김세환의 사회로 연예회를 개최했는데
500여명의 관중들에게 깊은 인상을 주었으며, 즉석에서 동정금 35원 50
전이 거쳤다. 또한 장소가 협소하여 입장이 '거절'되었던 400명의 어린 학
생들을 위해 3일 오후 2시에 다시 연예회를 개최할 정도로 성황이었던 것
으로 보인다.

  1923년 8월에는 고국을 방문하는 포와(布哇-하와이) 조선인기독학원
학생 들에 대한 환영행사를 주도하였다. 당시 언론에서는 6월 경 고국을
방문하는 학생들에게 따뜻한 사랑과 有效한 동정으로 此行을 왕성히 迎
하기를 切望한다고 하였다.55) 이에 수원에서는 지역 유지들이 환영준비
회를 조직하고 김세환, 池公珘, 嚴柱喆, 高仁寬, 尹龍熙를 상무위원으로
선출하고 준비에 착수하였다.56)

  布哇學生 고국방문단 일행은 去 16일 上午 7시 40분 水原에 도착하
  얏다. 십여일에 亘한 支離한 霖雨도 그치고 天郞氣晴한 是日에 열광적
  환영의 衷情을 가진 다수 군중과 각 사립학교 생도는 水原驛頭로 운집

54) 「少年軍의 歸京, 수원의 연예를 맛치고」, 『동아일보』 1923년 4월 5일.
55) 「布哇學生團의 故國訪問計劃 사랑과 동정으로 일행을 祝함」, 『동아일보』 1923년
    2월 4일.
56) 「水原서도 歡迎準備」, 『동아일보』 1923년 7월 23일.

하얏다. 환영회 대표로 大田까지 出迎한 金世煥 씨의 인도로 일행은 驛外에 출현되자 主客은 禮를 맛지고 水原水旅館에 投케 되얏다. 일반 환영군중의 一遺憾으로 思함은 경찰당국의 忌諱로 만세일창도 못함 이엇다. 朝饌을 맛치고 자동차로 高等農林學校와 勸業模範場을 관람 하고 11시 반에 西湖杭眉亭에서 환영회가 잇섯스며 다시 자동차로 시 내 主要地를 周覽하고 訪花隨柳亭에서 洪思勛 씨의 午餐招待會를 맛 치고 곳 靑年俱樂部 운동장으로 향하야 오후 3시부터 布哇大全水原軍 의 野球戰이 始開되니 최후 승리는 20대 7로 布哇軍에게 歸하얏섯다. 同 6시 반에 漢城銀行 水原支店長 韓相鳳 씨의 晩餐招待會를 맛치고 同 8시 반부터 水原劇場에서 강연음악회를 開하얏는대 만원의 대성황 을 致한 중에 三一女學校 생도의 합창과 水原風化堂의 朝鮮古樂의 합 주가 亦有하야 12시에 폐회한 후 일행은 梁聖寬氏第에 투숙하얏고 翌 17일 朝 9시 車로 京城을 향하야 출발하얏는데 오즉 遺憾으로 思함은 일행의 사정으로 예정과 如히 花山隆陵과 健陵에 拜觀치 못하게 됨과 龍珠寺 초대에 副應치 못함이엇다. 당일 기부인사는 소비조합 5圓, 水 原面長 近藤虎之助 10圓, 비취의 모듬 5圓, 車錫泳手巾 및 水原風景繪 葉書, 水原電氣會社 조선인직공 제군의 8백여 燭電光이엇스니 이는 일반 동정금과 共히 환영회에서 京城으로 송부한다더라.(水原)[57]

위의 내용에서 보면 8월 16일 수원에 도착한 하와이 학생단에 대해 김세환 등 수원지역의 유자들은 식사와 관광, 친선야구경기, 환영공연 등을 개최하고 동정금까지 거둘 정도로 극진하게 환영하여 동포애를 과시하였다. 따라서 이상의 내용을 보면 3·1운동 이후 김세환은 종로교회와 수원지역 감리교계의 중심에서 다양한 기독교문화운동을 전개하고 있었다고 하겠다.

---

57) 「布哇學生團 到處大歡迎」, 『동아일보』 1923년 8월 21일.

2. 신간회와 수원체육회에서의 활동

1920년대 후반에 들어서면서 김세환은 신간회 수원지회에서의 활동을 통해 지역을 기반으로 한 민족운동의 중심에 서게 된 것으로 나타나고 있다. 서울에서 전개되고 있던 신간회운동에 기독교계의 대표로 朴東完 · 李甲成 · 박희도 · 吳華英 · 鄭春洙 등의 민족대표와 趙炳玉, 曺晚植 등의 기독교인들이 참여하고 있는 상황에서 水原支會에 김세환이 주도적으로 참여하는 것을 당연한 것이었다.[58]

또한 김세환은 민립대학설립운동에도 참여했는데 이 운동은 1920년대에 들어 일제의 식민지교육정책에 대항해 조선인에 의한 조선인의 대학 설립을 목표로 추진된 교육 구국운동이었다. 1922년 11월 李商在 · 현상윤 · 韓龍雲 · 이승훈 · 許憲 · 송진우 · 張德秀 · 李甲成 · 南宮薰 · 洪惠裕 등 47명의 각계 인사가 서울에서 모여 민립대학기성준비회를 조직하였으며, 1923년 3월 29일에는 서울 YMCA회관에서 1,170명의 발기인 가운데 462명이 참석한 가운데 민립대학기성회 발기총회를 개최하였다.[59] 그리고 이 과정에서 김세환은 1923년 3월 24일 경 李圭宰, 朴琦泳, 林冕洙, 尹龍熙와 함께 수원군의 대표로 민립대학설립운동의 발기인으로 참가하였다.[60]

---

58) 앞의, 「박동완의 국내민족운동」, 28쪽.
59) 이명화, 「民立大學 設立運動의 背景과 性格」, 『한국독립운동사연구』5, 한국독립운동사연구소, 1991.
60) 「民大發起人, 새로 선발된 발긔인」, 『동아일보』1923년 3월 24일. "민립대학 발기총회도 압흐로 겨우 닷새를 격한 오늘에도 江原道에서는 이삼군을 제한 외에 다수한 군이 아득 아모 소식이 업스니 이 큰 사업에 실로 유감되는 일이라 하겟스며 또 새로히 온 발기인의 씨명은 아래와 갓더라. ◇ 京畿 坡州郡 鄭永軫, 李輝龍, 宋基彪, 李鍾哲, 尹興秀, ◇ 慶南 陝川郡 陳圭奐, 鄭淳鍾, ◇ 京畿 水原郡 李圭宰, 朴琦泳, 林冕洙, 尹龍熙, 金世煥 ◇咸南 利原郡 姜賢秀, 金鐸, 朱翼鎭, 金河潤. 그런데 동일한 내

이밖에 1924년 7월 12일에는 商業視察의 명목으로 15·6일 예정하고 일본 고베[神戸]와 오사카[大阪] 등지를 방문하기 위해 일본으로 떠났기도 했던 것으로 보인다.[61]

신간회 수원지회는 크게 보면 수원지역의 성공회와 감리교 및 천도교 등의 종교세력과 화성학원과 삼일학교 관련 민족주의 세력 그리고 공석정, 우성규 등의 사회주의세력의 합작으로 결성된 조직이었다.[62]

1927년 10월 8일 3·1운동 이후 구국민단을 조직하여 항일민족운동을 전개했던 인사들과 수원의 유지들이 북수리 천도교당에 모여 신간회 수원지회 문제를 논의하고 조직 준비회를 결성하였다. 이어 1927년 10월 17일 수원천도교당에서 수원 신간지회가 조직되었다. 김노적의 사회로 개회하여 그의 개회사가 있은 후, 경과보고, 임시집행부 선거, 회원심사, 임원 선정, 중앙본부에서 파견한 이관구의 취지 설명, 내빈축사, 언론집회의 자유획득 등에 대한 안건 결의의 순서로 진행되었다. 이때 선출된 임원으로는 회장 김노적, 서무부 총무간사 김병호, 서무부 상무 박영식, 재무부 총무간사 이각래, 재무부 상무 최신복, 조사연구부 총무간사 공석정, 조사연구부 상무 우성규, 조직선전부 총무간사 홍종각, 조직선전부 상무 박봉득, 간사 이연숙, 김현조 등이었다.[63]

용은 『매일신보』에도 보도되었다. 「民立大學發起人, 앞으로 닷새바게」, 『매일신보』 1923년 3월 24일.

61) 「地方人事消息」, 『동아일보』 1924년 7월 14일. "지방인사소식 ▲金世煥 씨 (前 水原 三一女學校 校監) 商業視察次로 십오륙일 예정하고 일본 神戸 大阪 등지에 去 12일 오전 8시 반 車로 水原驛 출발.(水原)" 이는 일본이 김세환을 회유하기 위해 일본 시찰을 보냈을 가능성도 있다. 조성운, 「1920년대 일제의 동화정책과 일본시찰단」, 『한국독립운동사연구』 28, 2007.

62) 수원지역 신간회의 상황에 대해서는 조성운, 「日帝下 水原地域의 新幹會運動」, 『역사와실학』 15·16, 역사실학회, 2000을 주로 참고하였다.

63) 「新幹水原支會 17일에 설립」, 『동아일보』 1927년 10월 20일.

그런데 김세환의 신간회 수원지회 참여와 관련하여 눈에 띄는 인물로는 박선태. 김노적, 김병호 등을 들 수 있다. 박선태는 성공회계열의 인물로 휘문보고를 졸업하였으며, 3 · 1운동 당시 김세환의 지도 아래 수원지역의 만세운동을 주도하였다. 진명구락부의 운동부장으로도 활동했으며, 1930년에는 신간회 수원지회의 집행위원장을 역임하기도 했다.

김노적은 성공회 교회의 신자로서 수원상업강습소와 배재고보를 졸업하고 3 · 1운동 당시 김세환의 지도를 받아 박선태와 함께 수원지역 만세운동을 주도하였다. 진명구락부의 도서부장을 역임하였으며, 구국민단과 임시정부에 참여하였다. 화성학원과 삼일학교의 교사로서 후진을 양성하기도 하였다. 김병호는 김세환과 같이 종로교회의 교인으로 수원삼일학교의 교사, 수원기자동맹, 수원엡윗청년회, 삼일부인야학의 강사 등으로 활동하였다. 따라서 이렇게 볼 때 이들은 당시 김세환과 함께 수원지역 기독교계의 중심 세력으로서 수원지역 우익진영에서 지도적 위치에 있던 인물들이었으며, 김세환은 이들의 후원 하에 1928년 8월 19일의 임시대회에서 지회장에 선출될 수 있었다고 할 것이다.

> 新幹會水原支會에서는 去 19日 下午 3時에 北水里 同會館內에서 臨時大會를 總務幹事 金炳浩氏의 司會로 開會하고 開會辭와 各部 經過報告가 잇슨 後 臨時執行部 選擧에 朴勝極氏가 議長으로 金道成氏가 書記로 被任되어 順序를 딸하 進行할새 <u>오랫동안 保留해오든 支會長 選擧에 入하야 無記名 投票로 金世煥氏가 絶對多數 得點되어 選擧된</u> 後 그 以下幹部 全部의 改選이 有한 中(중략) 左記 議案을 順序대로 討議하고 同 五時 三十分에 閉會하얏는데 閉會 時 新幹支會 萬歲를 부르려 하얏스나 臨席警官의 禁止로 中止되엇더라(수원)[64]

---

64) 「水原新幹會大會」, 『동아일보』 1928년 8월 22일.

김세환은 무기명 투표로 진행된 선거에서 절대 다수의 표를 얻어 지회장에 당선된 것으로 나타나고 있는데 이는 수원지역 민족운동 세력 내에서의 그의 위상을 보여주는 것이었다. 또한 회원들은 폐회식에서 '신간지회 만세'를 외치려 했으나 임석 경관의 금지로 중지되기도 하였다. 이밖에 김세환은 그 해 12월 16일에 열린 제3회 정기대회에서 또다시 지회장에 선출되었으며,[65] 1930년 4월 25일의 임시대회에서 감사위원에 선출되기도 하였다.[66]

1929년 8월 30일에는 수원체육회를 결성하여 수원지역 민족진영의 위상을 강화해 나갔다.

> 水原體育協會는 지금으로부터 이년 전에 창립되엇스나 오늘날까지 하등의 활동함이 업다 하야 일반에 한 말성 거리가 되어 오든 중 이를 유감으로 여기든 수원 유지 몃몃 사람은 체육협회 간부와 상의한 결과 무능력 한 회를 해체하고 다시 힘잇고 활동 잇는 신 단톄를 맨드는 것이 조켓다 하는 결론 하에 얼마 전에 체육회 간부가 모이어 동회를 해체하기로 가결하야 즉시 해체를 하자 그 자리에서 水原體育會를 조직키로 준비회를 열은 후 각 방면으로 활동하든 바 지난달 30일 오후 8시 반에 公會堂에서 수원체육회 創立總會를 金世煥씨 사회로 개회하고 경과 보고와 림시 집행부 선거로 역시 김세환씨가 의장에 피선되어 일사천리로 규측 통과와 다음과 가튼 임원선거가 잇슨후 기타사항에 이르러 9월 안에 水原市民大運動會를 개최키로 만장일치 가결하고 그에 대한 모든 실행 방법은 이사회와 간사회에 일임하기로 한 후 동야 11시 30분에 산회하얏다더라 ◇被選된 任員 會長 金世煥, 副會長 朴善泰, 理事 洪思勳氏外 九人, 幹事 方九鉉氏 外 十二人.[67]

---

65)「신간 수원지회 정기총회」, 『조선일보』 1928년 12월 23일.

66) 앞의, 『수원의 종교와 교육』, 239쪽.

67)「水原體育協會創立 종래잇든 체육협회 해산 市民大運動會」, 九月內開催하기로 決意」,

이 내용에서 보면 수원체육회에서는 오래전에 창립되었으나 별다른 활동을 하지 못하고 있던 수원체육협의회 간부들과 협의해 이를 해산하고 1929년 8월 30일 수원공회당에서 有志 諸氏의 열렬한 지지 하에 창립총회를 개최하였다. 총회의 사회는 김세환이 보았으며, 회장에는 김세환, 부회장은 박선태, 이사는 홍사훈 외 9명이 선출되었고 조직선전부, 서무부, 競技部에 각각 상무간사를 두었으며, 축구부, 야구부, 정구부, 육상경기부, 빙상경기부를 두었다.[68]

이들은 9월안에 수원시민대운동회(이하-대운동회)를 개최할 것을 만장일치로 가결하는 하였으며, 이를 이사회와 간사회에 일임한 것으로 나타나고 있다. 뿐만 아니라 김세환은 총회의 사회를 직접 맡고 회장으로 선출되는 등 사실상 체육회를 주도했던 것으로 나타나고 있다.

그런데 김세환이 체육회의 성립을 주도했던 것은 사회주의진영이 수원지역 청년운동을 장악하고 신간회지회 내에서 세력을 확장해 가는 상황에서 그 대응의 일환으로 이루어진 것이었다.

양측의 갈등은 대운동회와 관련해 수원청년동맹 운동장의 사용문제에서 드러났다. 8월 28일 운동회를 개최하기로 한 수원체육회에서는 수원

『동아일보』 1929년 9월 5일.

68) 「水原에서 體育會創立」, 『중외일보』 1929년 9월 2일. "지난 30일 오후 8시에 水原公會堂에서 수원체육회 창립총회가 열리었는데 本會는 일찍이 成立되지 못한 것을 유감으로 생각하고 내려오던 바 有志諸氏의 열렬한 찬조로 겨우 金世煥氏의 사회 하에 개최되었는데 피선된 임원은 左와 如하고 순서에 따라 폐회후 幹事會까지 열었다더라. 회장 김세환, 부회장 박선태, 이사 洪思勛, 김병호, 洪思爀, 金世琬, 車義舜, 李昌鎔, 申鉉益,李完善, 梁奎鳳, 洪思先. 組織宣傳部常部(務-필자)幹事 方九鉉. 幹事 金升煥 申枯均. 庶務部常務幹事 金道生 幹事 李鍾陸 金顯模 朴点童 競技部常務幹事 洪思克. 蹴球部 金在權, 野球部 李甲成 庭球部 車哲舜 陸上競技部 張保羅, 氷上競技部 李大鉉 一, 開會順序 一, 開會辭, 一, 經過報告 一, 臨時執行部選擧 一, 規約通過 一, 其他事項 一, 閉會辭

청년동맹의 운동장을 청년회의 사전 양해 없이 사용하겠다고 함으로써 문제가 야기되었던 것이다.

이에 대해 청년회에서는 체육회는 우리 사회단체와 실질상 다를 뿐 아니라 청년회의 아무런 허락 없이 운동장을 사용하겠다고 광고한 것은 문제이며, 이는 청년회의 운동장 소유권을 박탈하려는 음모라고까지 하고 있었다.[69] 그런데 양측의 이러한 대립은 적어도 김세환을 대표로하는 수원지역 민족진영의 활동이 1920년대 후반에도 사회주의진영과 활발하게 경쟁하면서 자신의 위상을 강화해 가고 있었음을 보여주는 것이라고 할 것이다.

체육회는 창립 이후 꾸준히 성장하여 1935년 10월 15일 수원지역의 중심지대인 南昌里에 '초현대식 洋屋으로 會館을 건립하고 낙성식을 거행하였다.

> 水原體育會는 지금으로부터 十一年前 水原體育界 重鎭인 金世煥氏와 洪思勳 諸氏의 發起로 創立되어 爾來十一個 星霜이나 가진 波瀾을 거듭하여 가며 모든 運動에 總指導機關이 되어 만혼 功績을 남기엇고 各種 事業을 한결같이 繼續 進行中인바 늘 會館이 없어 이를 建築하기로 數年 前부터 懸案 中이든 바 今春에 諸般 案을 革新함과 同時에 面目을 一新하고 會館 建築準備 工作에 着手하야 同 會長 梁奎龍氏 外 各 幹部는 物論이오 會員 諸氏의 熱烈한 活動으로 지난 七月 初에 水原 中央地帶인 南昌里에 起工式을 擧行하야 九月 末에 竣工이 되어 지난 十五日 午後 四時 新築 會館 內에서 落成式을 盛大히 擧行하엿다는데 同 會館은 最新式 洋屋으로서 總 坪數 四十三坪에 二十八坪의 大建物이라 하며 同會는 아프으로 더욱더 發展하여 간다고 한다.[70]

---

69) 조성운, 「1920年代 水原地域의 靑年運動과 水原靑年同盟」, 『한국민족운동사연구』 24, 2000, 258~259쪽.

수원체육회는 11년 전에71) 수원지역 체육계의 중진인 김세환과 홍사훈 등에 의해 창립되었다고 하고 있으며, 그동안 갖은 파란을 거듭하였으나 수원지역 모든 운동의 총 지도기관으로서 많은 공적을 남기고 각종 사업을 한결같이 진행해 왔다고 하고 있다. 따라서 이러한 내용을 통해서 보면, 김세환과 수원지역의 민족주의세력은 수원체육회를 통해 지역사회 내에서 여전히 나름의 주도권을 행사하고 있었던 것으로 파악된다고 하겠다.

김세환은 이러한 분위기에서 1939년 수원 삼일학교가 새롭게 구성되지 않으면 안 될 위기에서 수원 갑부인 최상희씨를 움직여 폐교 직전의 학교를 구하였으며, 1941년에는 홍사훈을 설득하여 수원상업학교를 설립하여 해방되기 까지 교육에 힘쓰다가 해방된 직후인 1945년 9월 16일에 숨을 거두었다.

따라서 이상을 통해서 보면, 김세환은 기독교 신앙을 수용하고 일제하에서 민족교육을 강력하게 추진한 교육가였다고 할 것이다. 또한 3·1운동에서는 운동의 극대화를 위해 가장 적극적으로 활동한 민족대표의 한 사람이었으며, 1920년대 이후에는 기독교문화운동과 신간회운동에서 강력한 민족주의 노선을 고수했던 수원지역의 대표적인 지도였다고 할 것이다.

---

70) 「幹部와 會員의 活動으로 水原體育會舘落成」, 『동아일보』 1935년 10월 26일.
71) 「水原體育會舘 新築落成式, 다년간 현안이 실현」, 『동아일보』 1935년 10월 25일. "水原體育會(수원체육회)에서는 다년간 숙제로 되어잇든 동 회관 건축문제는 지난 여름에 기공하게 되어 지난 九월 말에 준공한 후 十월 十五일를 기하야 회관 신축 落成式을 동 회관 내에서 거행하엿다는 바 공전의 성황을 이루엇다 하며 식이 끝난 다음에 계속하야 임시총회까지 개최하고 금후의 만반을 결의하엿다는데 동 체육 회는 지금으로부터 약 十一년 전에 金世煥 洪思勳씨의 발기로 창립되어 이래 만흔 공적과 만흔 파란을 거듭하여가며 오늘까지 각종 사업을 계속 진행 중이라고 한다." 그런데 수원체육회가 창립 된지 11년전 이라고 하는 것은 착오인 듯하다.

Ⅴ. 맺음말

지금까지 본고에서는 3·1운동에 민족대표 48인의 한 사람으로 불리며, 일제하 수원지역 민족진영의 독립운동을 주도했던 김세환의 활동에 대해 살펴보았으며, 이를 정리하면 다음과 같다.

1888년 11월 18일 경기도 수원군에서 출생한 김세환은 어려서부터 수원 종로교회에 출석하며, 독실한 기독교인으로 성장하였다. 한성관립외국어학교와 일본의 중앙대학에서의 교육을 통해 근대 학문을 수용하였으며, 일제의 대한제국 병탄 직후부터 수원지역 교육계를 중심으로 활동하였다.

그는 수원상업강습소와 삼일여학교에서 근무하며, 학교의 발전을 위해 헌신적으로 노력하여 괄목할 만한 성과를 거두며, 수원지역 교육계의 중심인물로 자리를 잡았으며, 이는 그가 민족대표의 일원으로 3·1운동에 참여하는 중요한 기반이 되었던 것으로 보인다.

3·1운동 과정에서 민족대표의 일원으로 참여한 김세환은 경기도와 충청도지역의 순회위원 자격으로 동지들의 규합과 3·1운동의 취지를 알리는데 소기의 성과를 거둔 것으로 보인다. 그러나 김세환은 민족대표들의 서명이 끝난 후에 서울에 도착함으로써 독립선언서에 서명하지는 못하였다. 그럼에도 불구하고 김세환은 재판 과정에서 3·1운동의 정당성을 강조하고 일제의 조선지배에 대한 비통한 심정을 솔직하게 밝힘으로써 독립에 대한 결연한 의지를 보여주었다. 뿐만 아니라 그는 김노적, 박선태, 이선경 등을 통해 수원지역에서의 3·1운동이 활발하게 전개될 수 있는 계기를 만들기도 했는데 김세환의 이러한 노력은 적어도 경기 남부지역에서 3·1운동의 전개에 긍정적인 영향을 끼쳤을 것으로 이해된다.

김세환은 3 · 1운동 이후에도 수원지역을 중심으로 활발한 민족운동을 전개했는데 조선기독교 창문사를 통한 기독교문화운동의 전개와 민립대학 설립운동의 참여 및 신간회운동의 주도와 수원체육회 등을 통해 일제하 수원지역의 민족운동이 민족주의적 성격을 견지하며, 사회주의운동과 경쟁할 수 있는 대중적 토대를 확보하는데 크게 기여한 기독교 민족주의 진영의 지도자였다고 할 것이다.

제3장

일제하 김마리아의 3·1운동 참여와 국내에서의 민족운동

Ⅰ. 머리말

김마리아는 1892년 7월 11일(음력 6월 18일) 黃海道 長淵郡 大救面 松川里 소래마을에서 아버지 광산김씨 彦淳과 어머니 무장김씨 蒙恩의 셋째 딸로 태어났으며, 원명은 常眞이고, 異名은 槿圃이다.[1] 그녀의 집안은 조선초기부터 장연군지역에 뿌리를 내리고 살면서 일찍이 소래마을 중심으로 기독교신앙을 수용했던 것으로 보인다.[2]

부친은 마리아가 3살이 되던 해에 사망하였으며, 1905년 11월 어머니마저 복막염으로 별세하자 1906년 숙부 김용순과 김필순이 있는 서울로 이주하였다. 이후 이화학당에 입학하였으나 2주 만에 자퇴하고 연동여학교(정신여학교의 전신)로 진학하여 언니와 고모들과 함께 수학하였다.

1910년 6월 16일 정신여학교를 4회로 졸업하였으며, 전남 광주 수피아

---

1) 박용옥, 『김마리아—나는 대한의 독립과 결혼하였다』, 홍성사, 2003. 16쪽.
2) 전병무, 『한국 항일여성운동의 대모 김마리아』, 한국독립운동사연구소, 2015.

여고 교사로 부임하였다. 1912년 가을 일본의 히로시마(廣島) 고등여학교에서 1년 동안 유학하였다. 마리아의 작은언니 김미렴은 1920년 6월 6일자 『동아일보』와의 인터뷰에서 '마리아가 14살 되던 해(1905)에 어머니가 돌아가시면서 삼형제 중에 위로 둘은 못하더라도 끝으로 마리아는 기어코 외국까지 유학을 시키라는 곡진한 말씀이 있었음으로 우리도 어머니의 유언을 뼈에 삭이어 어디까지든지 마리아를 공부시키려하였습니다'라고 하였다.[3]

1913년 김마리아는 국내로 돌아와 정신여학교의 교사로 활동하였으나 1915년에 다시 정신여학교 루이스교장의 주선으로 東京女子學園에 유학하여 영문학을 전공하였다. 이 시기 김마리아는 동경여자유학생친목회에 적극적으로 참여하여 회장으로 활동하였다. 그녀는 동경에서 개최된 2·8독립선언대회에 여성대표로 참석하였으며, 2·8독립선언서를 몸에 숨기고 국내로 들어와 3·1운동의 전개에 일익을 담당하였다. 3·1운동 당시에는 이화학당 교사인 박인덕 등과 함께 항일부녀단체의 조직과 확대방안을 논의하였다. 3월 6일 정신여학교 교무실에서 日警에게 체포되어 총독부 경무총감부[倭城臺]에 유치되었다가 7월 4일 증거불충분으로 석방되었다.

1919년 10월 19일에는 자신의 숙소(천미례 선교사의 집 2층)에서 18명의 동지들과 함께 대한민국 애국부인회(이하―애국부인회)를 결성하고 회장에 선출되었으며, 국내 여성독립운동 세력의 규합과 상해 임시정부에 보낼 군자금의 모집에 힘쓰는 한편, 향후에 전개될 독립전쟁에도 대비하고자 하였다.

그러나 애국부인회의 활동은 동창이며, 동기인 吳玄州의 배신으로 일

---

3) 「병상에 누운 김마리아」(5), 『동아일보』 1920년 6월 6일.

경에게 탐지되어 11월 28일 정신여학교 교무실에서 종로경찰서로 연행되었다. 이후 김마리아는 고난의 법정투쟁을 견뎌야 했으며, 극적으로 국내를 탈출, 1921년 8월 10일경 상해에 도착함으로써 국내외 독립운동진영에 또 다른 의미에서의 승리를 가져다 주었다.

미국으로 건너간 마라아는 경제적인 어려움을 헤쳐가면서[4] 유학생을 시작하였다. 1924년 10월에는 맥큔의 적극적인 추천으로 파크대학에 특별학생으로 입하여 1927년 5월에 파크대학을 졸업하여 문학사 자격과 평생교육사 자격증을 취득하였다. 그리고 이 해말 콜롬비아대학교 사범대학원에 입학이 허락되어 뉴욕으로 갔으며, 1929년 6월 교육행정학을 주전공으로 석사학위를 취득하였고 홍사단에 제228단우로 입단하기도 했다.[5] 1931년 5월 형기가 만료되자, 1932년 7월 20일 귀국하였으며, 주로 장로교 교단의 여전도회에서 활동하던 중 1933년 12월 건강이 급속히 악화되어 1944년 3월 13일 사망하였다.

따라서 내용을 통해서 보면 김마리아는 3·1운동을 전후하여 국내외를 통해 가장 활발하게 독립운동을 전개했던 여성독립운동가였다고 할 것이다.[6] 이에 본고에서는 주로 김마리아가 상해로 탈출하기 이전까지

---

4) 김마리아의 초기 미국 생활은 경제적 어려움이 컸던 것으로 보인다. 『우라키』6호의 '김마리아론'에 다음과 같은 기사가 있다고 한다. '노동시장을 헤매며 작업을 해야 糊口의 길을 얻는 몸이니 하우스웍, 쿡, 웨트레스, 널스, 쳄불멧, 페들러, 세일즈 껄 등 온갖 험한 일인들 사양하였겠으며, 인종차별이 심한 이 땅에서도 중국 백성으로 행세하던 꼴이니 남의 경멸과 천대인들 오죽하겠습니까. 박용옥, 앞의 책, 308, 재인용.

5) 박용옥, 앞의 책, 497~499쪽.

6) 김마리아와 관련된 연구로는 위에서 언급한 것 이외에 다음과 같은 것들이 있다. 박용옥, 『한국독립운동의 역사—여성운동』, 독립기념관, 2009. 유준기, 「김마리아의 생애와 독립운동」, 『한국보훈논총』8-1, 2006. 박용옥, 「김마리아의 망명생활과 독립운동」, 『한국민족운동사연구』22, 1999. 이현희, 「김마리아의 생애와 애국활동」, 『韓國史論叢』, 성신여자사범대학, 1978. 김영란, 『조국과 여성을 비춘 불멸의 별

국내에서 전개했던 독립운동에 대해 살펴고자 하며, 이 과정에서 그의 근대 의식의 형성과 성장과정의 일면에 대해서도 확인하고자 한다. 또한 당시 국내언론에 나타난 기록을 정리하여 김마리아의 독립운동에 대한 일제의 탄압에 대해서도 정리해 보고자 하며, 이는 김마리아의 독립운동과 독립의식의 근대적 측면을 이해하는데 일정하게 기여할 수 있을 것으로 생각된다.[7]

II. 기독교의 수용과 근대적 독립운동 가계에서의 성장

1892년 김마리아가 출생한 황해도 장연군 송천리의 소래마을은 우리나라 최초의 교회인 소래교회가 설립된 지역이었으며, 인근에는 기독교계의 선각자인 徐相崙과 徐景祖형제가 살고 있었다.[8] 마을사람들은 1895년 교회 附設로 金世學堂[9]을 설립하고 남녀 학생들에게 한글, 성경도설, 구약발췌, 천자문 등을 가르쳤다. 마리아의 막내고모인 金畢禮는 '뒷날 서울에 올라와 연동여학교를 다닐 때에도 이 학교에서 배운 공부가 큰 보탬이 되었다고 회고하였다.[10] 마리아도 이 학교를 다니면서 근대적인 학교교육과 기독교 신앙을 배울 수 있었다.

1906년 4월 서울로 이주한 김마리아는 언니와 친지들의 도움을 받으며 학업을 이어나갔으며, 가족들의 활동 역시 마리아의 근대적 민족의식

김마리아』, 북산책, 2012.

7) 앞의, 『한국 항일여성운동의 대모 김마리아』, 12~13쪽.

8) 전택부, 「소래마을과 기독교와 김마리아 일가」, 『나라사랑』30, 외솔회, 1978.

9) 김세학당은 이후 海西第一學校로 발전하여 황해도지역 신교육의 중심지가 되었다. 김영삼, 『김마리아』, 한국신학연구소, 983, 15~17쪽.

10) 앞의, 『김마리아ㅡ나는 대한의 독립과 결혼하였다』, 85쪽.

형성에 영향을 큰 영향을 끼치고 있었다.

첫째 작은아버지 金容淳은 황해도 지역의 개화 지식인으로 西友學會의 발기인으로 활동하는 한편, 이동휘, 안창호, 박은식 등과 함께 西北學會에 참가하여 총무원이 되었으며, 1902년 도산 安昌浩가 미국으로 떠나려 할 때 약혼녀 金惠蓮과의 결혼을 적극적으로 주선하기도 하였다. 또한 김용순은 동생 김필순과 함께 세브란스병원 바로 앞에 '김형제상회'를 차렸는데 2층로 되어 있는 건물의 위층은 新民會의 중요 거점으로서 안창호를 비롯한 민족지도자들 집합소이기도 하였다.[11]

백범 김구와도 절친한 사이였는데 백범이 如玉이라는 처자와 아버지 상을 벗은 지 1년 뒤에 혼약하기로 하였으나 그녀가 죽자 백범이 애통해하며 손수 염습을 하고 장례를 치른 후 如玉의 어머니를 김용순에게 부탁하기도 했다고 한다.[12]

셋째 작은아버지 김필순은 17세에 서울로 올라와 언더우드의 권유로 배재학당을 졸업하였으며, 1899년 濟衆院의 책임자였던 샤록스 박사의 통역과 조수로 일하면서 의학도의 길을 걸었다. 1911년 초에는 세브란스병원 시약소의 책임자이자 의학학교 교장직을 맡기도 하였으며, 이 무렵 안창호와 의형제를 맺고 많은 독립운동가들과 교류하였다.[13]

김마리아는 사촌언니인 김세라와 가깝게 지냈는데 세라는 언더우드의 중매로 소래마을 출신의 기독교인 청년의사 高明宇와 결혼하였으며, 그

---

11) 윤병석 · 윤경로 역음, 『안창호 일대기』, 역민사, 1985, 38~50쪽
12) 김구, 『백범일지』, 백범김구선생기념사업회, 1971, 172쪽, 박용옥, 앞의 책, 64~65쪽.
13) 「桂圓 노백린 편」, 『獨立血史』, 85쪽. 앞의, 『한국 항일여성운동의 대모 김마리아』, 13~14쪽. 김필순은 1997년 건국훈장 애족장을 받았다. 국가보훈처, http://www.mpva.go.kr/main.asp 참조.

는 세브란스병원에 근무하면서 병보석으로 풀려난 김마리아의 주치의를 담당하였다.[14] 첫째 고모 具禮는 서병호와 혼인한 후 상해로 망명하여 독립운동에 참가했는데 서병호는 新韓靑年黨의 결성을 주도하는 등 임시정부의 항일독립운동에 참가하고 있었다.[15]

둘째 고모 淳愛는 정신여학교를 거쳐 남경대학을 수료하고 尤史 김규식과 혼인하였으며, 셋째 고모 弼禮는 세브란스 의학전문학교 3회 졸업생으로 YWCA의 창설자 중 한 사람인 의사 崔永旭과 결혼하였다. 언니인 함나는 南宮赫과 결혼했는데 그는 미국 프린스턴 대학에서 신학박사 학위를 받고 광주신학교와 평양신학교에서 교수를 역임한 신학자였다.

따라서 이상의 내용을 종합해 보면 김마리아는 황해도 지역 개화지식인의 집안에서 출생하여 일찍부터 기독교를 수용하였으며, 근대적 가정환경에서 성장하면서 자연스럽게 근대적 지식인으로서의 독립운동가의 길에 들어섰다고 할 것이다.

III. 근대 교육을 통한 민족의식의 성장과 3 · 1운동 참여

1910년 6월 김마리아는 연동의 정신여학교를 졸업하였으며, 당시 洪恩喜, 劉花俊, 金美林, 吳玄觀, 李慈卿, 兪珏卿, 禹鳳云, 朴鳳鍊 등 22명이 함께 졸업하였다.[16] 정신여학교는 1887년 6월 여의사이자 미국 북장로교 선교사인 엘러스(A. J. Ellers)가 여성계몽을 목적으로 서울 중구 정동에

---

14) 앞의,『김마리아―나는 대한의 독립과 결혼하였다』, 264~265쪽.
15) 서병호는 1990년 건국훈장 애국장을 받았다. 국가보훈처, http://www.mpva.go.kr/ main.asp 참조.
16)「여교졸업」,『황성신문』1910년 6월 19일.

있던 제중원 사택에서 설립한 학교이며, 성경, 역사, 지리, 산술, 체조, 음악, 위생, 가사, 침공, 도화, 습자, 한문 등을 교육하였다. 학생들은 학교 옆에 있는 연동교회에서 매일 예배를 보았으며, 교훈은 '하느님을 믿자, 바르게 살자, 이웃을 사랑하자'였다. 1909년 학부(學部)로부터 정식 인가를 받았으며,[17] 이 학교에서 마리아는 노백린의 딸 노숙경·노순경, 이동휘의 딸 이의순·이인순 등과 함께 공부하였다.[18]

학교를 졸업한 후 김마리아는 광주 수피아여고에서 2년 동안 교사로 재직하였으며, 1912년 1년 동안 일본에 유학하여 廣島 고등여학교에서 공부하였다.[19] 유학을 마친 마리아는 정신여학교의 제9대 교장인 루이스(Margo Lee Lewis)의 부름을 받고 모교에 부임할 수 있었다. 1915년 5월 다시 루이스의 주선으로 東京女子學院으로 유학하였으며, 유학생 사회에서 두각을 나타내기 시작했던 것으로 보인다. 김마리아는 3·1운동에 대한 재판 과정 중에 '그대는 貞信女學校에서 유학시켜 주고 있는가'라는 검사의 질문에 '아니다. 미스 루이스가 학교에 보내 주었다'라고 대답하였다.[20]

유학 중 마리아는 朝鮮女子留學生親睦會(이하—친목회)의 활동을 주도하였는데 이 단체는 1915년 4월 金貞植의 집에 金淑卿·金貞和·김필례·최숙자·나혜석 등이 조직한 일종의 친목단체였다. 초대회장은 마리아의 언니인 김필례였으며,[21] 田榮澤·李光洙가 고문이었다. 모임에서는 주로

---

17) 김영삼,『정신 75년사』, 정신여자중학교, 1962.
18) 앞의,『한국 항일여성운동의 대모 김마리아』, 25쪽.
19) 정일형,「김마리아론」,『우리키』6, 1935년 1월, 69쪽.
20)「金瑪利亞 신문조서(제2회)」,『한민족독립운동사자료집』14권, 국사편찬위원회, http://db.history.go.kr 참조.
21)「우리 消息」,『學之光』5, 1915, 64쪽.

조선의 근대화 문제, 제1차 세계대전 전후의 문제 및 민족문제와 여성해방론 등이 논의되었을 것으로 짐작된다.[22]

1916년 봄 마리아는 회장이던 언니 필례가 모교인 정신여학교 교사로 부임하게 되자 언니를 대신해 회장직을 代行하게 되었으며, 1917년 10월 17일 개최된 임시총회에서 서기 鄭子英, 부서기 金忠義, 회계 玄德信 등과 함께 정식으로 회장에 선출되었다.[23]

친목회에서는 雜誌 『女子界』를 발간했는데 1918년 하순에 『여자계』 제2호가 발행되자 『學之光』에서는 '여자 여러분들의 심각한 사상과 미묘한 문장은 남자로 하여금 仰面의 여지가 없으리 만큼 그 내용이 풍부하고 그 보무가 당당하더라'라고 하였다.[24]

<표 1> 『여자계』에 원고를 게재했던 중요 인물 기사 제목[25]

구분	姓名/號	기사 제목
제2호 1918.3.22	(田榮澤)/秋湖	社說, 覺醒하라 新春이로다
	(李光洙)/春園	어머니의 무릎
	秋湖 田榮澤	家庭制度를 改革하라
	金德成	새로 어머니가 되신 H형님께
	朴淳愛	大門을 나선 兄弟들에게
	金燁	新舊衝突의 悲劇
	(廉想涉)/霽月	婦人의 覺醒이 男子보다 緊急한 所以
	(崔南善)/六堂先生	靑春에서 女子界에게
	(金明淳)/望洋草	初夢

---

22) 독립운동사편찬위원회, 『독립운동사자료집』 13, 13쪽, 박환, 앞의 논문, 176쪽.

23) 『女子界』 2호, 「消息」 참조.

24) 『學之光』 제13호, 1917년 7월, 84쪽.

25) 국사편찬위원회 홈페이지(http://db.history.go.kr/item/level.do?itemId=ma&setId=464627&position=56)참조. 괄호 안에 표기된 이름은 필자가 정리한 것이다. 같은 사이트에 『학지광』의 목차도 게재되어 있으며, 본고에서는 이를 참조하였다.

	洪基瑗	家庭과 學校
	岡山醫學士 韓興教	兒育에 對한 二大注意
	(羅蕙錫)/HS生	빛
	金雨英	女子界를 祝하야
	(田榮澤)/秋湖	東京에서 釜山까지
	(羅蕙錫)/晶月	경희
제3호 1918.9.10	(李光洙)/春園	어머니의 무릅(詩)
	玄德信	卒業生諸兄에게 들임
	(金明淳)/望洋草	XX언니에게
	(吳天錫)/天園	少女歌劇 － 初春의 悲哀
	(羅蕙錫)	回生한 孫女에게

　그런데 <표 1>에서 보면『여자계』는 일본 여자유학생계를 대표하는 잡지임에도 불구하고 전영택, 이광수, 최남선, 한흥교, 김우영, 오천석 등 남학생들의 글이 더 많은 것으로 나타고 있으며, 나혜석의 글이 3편이나 실리는 등 잡지의 전체적 구성에 나름 문제가 있었던 것으로 보인다. 그러나 '家庭制度를 改革하라(전영택)', '婦人의 覺醒이 男子보다 緊急한 所以(염상섭)', '兒育에 對한 二大注意(의학박사 한흥교)', '家庭과 學校(홍기원) 등의 글은 친목회의 여성들이 일본유학을 통해 근대적 신지식을 적극적으로 수용해 가고 있었음을 보여주고 있으며. 이는 김마리아의 경우도 마찬가지였을 것으로 판단된다.

　한편 남자유학생들이 발행하던『학지광』의 경우는 보다 적극적인 사회변혁의 요구와 신지식으로서의 서구문화를 수용하고 있었는데『여자계』와『학지광』의 교류가 활발하게 이루어지고 있었다는 점을 가만하면 당시 일본 유학을 통해 김마리아가 수용했던 근대적 지식의 폭은 매우 넓고 다양했을 것으로 보인다.

<표 2> 『학지광』에 원고를 게재했던 중요 인물

구분	姓名/號	원고 제목	姓名/號	원고 제목
제3호 1914.12	張德秀	學之光 第三號 發刊에 臨하여	玄相允	求하는 바 靑年이 그 누구냐?
	金永燮	理想的 人物의 實力과 修養	李周淵	人보다 己를 知함이 必要함
	崔承九	情感的 生活의 要求(나의 更生)	崔斗善	文學의 意義에 觀하야
	羅蕙錫	理想的 婦人	閔圭植	英美人 及 佛國人의 子女敎育法 比較(譯)
	鄭魯湜	뿌르타스의 雄辯(譯)	安廓	偉人의 片影
	崔素月/ (崔承九)	南朝鮮의 新婦	小星生/ (玄相允)	寒菊
제4호 1915.2	張德秀	新春을 迎하여	安廓	今日 留學生은 如何
	玄相允	말을 半島靑年에게 붙임	文義天	我學友思想界를 論함
	金利峻	半島靑年의 覺悟	金世光	人生의 一大戰鬪
	李景俊	非常時代와 결예	朱鐘建	新年을 當하야 留學生諸君에게 呈함
	鄭忠源	余의 新年祝辭	安廓	朝鮮語價値
	斗南公民/ (羅景錫)	科學界의 一大革命	庾錫祐	西洋哲學史 序論
	金瓚永	프리	素月/ (崔承九)	벨지엄의 勇士
	文義天	古詩	小星/ (玄相允)	申 朝君을 보냄
	小星/ 玄相允	생각나는 대로		
제5호 1915.5	宋鎭禹	思想改革論	崔承九	너를 혁명하라
	李相天	새 道德論	玄相允	社會의 批判과 밋 標準
	盧翼根	半島 今後의 金融과 生活改新의 急務	安廓	二千年來留學의 缺點과 今日의 覺悟
	尹顯振	學之光 第五號에 寄함	金銖洙	新衝突과 新打破
	文義天	生活인가 싸홈인가	張德秀	意志의 躍動
	安廓	朝鮮의 美術	金億	夜半, 밤과 나(散文詩), 나의 적은 새야
	朴夏徵	懷友, 偶吟	小星/ (玄相允)	비오는 저녁
	流暗/ 金輿濟	山女	韓世復	天使의 微笑
제6호	朴珥圭	余의 直觀的 所感	申錫雨	歸路에 臨하여

	金利埈	出陣하는 勇士諸君에게	吳秉殷	우리의 의무
	鄭忠源	아아 兄弟여	姜周漢	卒業生이 되어 諸君에게 希望하는 바
	河相昱	青年의 活躍	金敎玹	때와 卒業生
	金泳濬	送春有感	玄相允	强力主義와 朝鮮青年
1915.7	李康賢	朝鮮産織獎勵契에 對하여	盧翼根	經濟振興에 對한 余의 意見
	金億	藝術的 生活(H君에게)	李應南	吾人의 特有한 力의 價値를 發揮하여라
	安廓	朝鮮의 文學	崔承九	不滿과 要求
	流暗/ (金興濟)	한곳		
	金孝錫	나의 敬愛하는 留學生여러분에게	金錠洙	勞働者에 關하여
제10호 1916.9	金天經	人格權을 論함	盧翼根	富를 增加함에 對하여
	李仁	永生法	田榮澤	獨語錄
	瞬星/ (秦學文)	寫眞帖	小星/ (玄相允)	清流壁
	李光洙	天才야! 天才야!	崔八鏞	成功의 要素와 實行
	田榮澤	全的 生活論	朴勝喆	朝鮮青年의 奢侈를 論함
	崔瑗浩	朝鮮人의 生活과 産業組合의 必要	李光洙	婚姻에 對한 管見
제12호 1917.4	吳祥根	朝鮮史의 各時代	李丙燾	閨房文學
	金道泰	우리의 일홈	晶月/ (羅蕙錫)	雜感
	秋湖/ (田榮澤)	나의 斷片(日記에서)	孤舟/ (李光洙)	二十五年을 回顧하여 愛妹에게
	瞬星/ (秦學文)	부르지즘		
	李光洙	卒業生諸君에게 들이는 懇告	雪山/ (張德秀)	社會와 個人
	盧翼根	經濟界를 不振케 하는 三大原因	崔八鏞	사람과 生命
	金明植	雁去鶯來	金永燮	生의 實現
제13호 1917.7	朴勝喆	우리의 家庭에 在한 新舊思想의 衝突	徐椿	우리의 渴과 基督을 讀함
	田榮澤	舊習의 破壞와 新道德의 建設	玄相允	人口增殖必要論
	崔承萬	求하라	CW/ (羅蕙錫)	雜感(K언니에게 與함)

	兪萬兼	支那鐵道論 附滿洲總覽	李仁	懷春五首
	兪萬兼	九年星霜	金良洙	社會問題에 對한 觀念
	盧炳瑞	回春을 누가 禁할까	全翼之	學問을 生命으로 睹하라
	朴昇洙	東渡之感想	覺泉/ (崔斗善)	卒業試驗을 마치고서
	李光洙	우리의 理想	田榮澤	宗教改革의 根本精神
	徐椿	歐洲戰亂에 對한 三大疑問	金明植	道德의 墮落과 經濟의 不振
제14호 1917.11	小星/ (玄相允)	自己表彰과 文明	盧翼根	現下의 經濟界와 及 其今後의 變遷에 對하여
	金燁	朝鮮鑛業을 論함	春園/ (李光洙)	極熊行
	小星/ (玄相允)	朝鮮青年과 覺醒의 第一步	崔八鏞	滿洲에 對하야
제15호 1918.3	徐椿	比較하라	盧翼根	銀行當局者諸公에게 告함
	梁源模	朝鮮青年의 經濟的 覺醒	李丙燾	讀書偶感
	玄相允	李光洙君의 우리의 理想을 讀함	徐尙一	文壇의 革命兒를 讀하고
	崔鶴松	雨後庭園에 月光		

　　親睦會 회장이 된 김마리아는 1919년 동경에서 거행된 2·8독립선언식에 참여하였다. 동경의 神田에 있는 朝鮮基督教青年會館에서 개최된 선언식은 약 400여명의 유학생이 모인 가운데 거행되었으며, 황에스더, 盧德信, 劉英俊, 朴貞子, 崔濟淑 등 6명의 여학생이 함께 참석하고 있었다.[26]
　　2·8독립선언식이 끝난 후 김마리아는 일본 유학생계를 대표하여 2·8독립선언의 상황을 국내에 전하는 한편, 독립운동의 새로운 전기를 마련하기 위해서라도 국내로 들어갈 필요를 느끼고 있었다. 이는 여타 동지들

---

26)「金瑪利亞 신문조서」(제2회),『한민족독립운동사자료집』14권, 국사편찬위원회, http://db.history.go.kr 참조. 일단 학교로 돌아온 김마리는 당일(2월 8일) 학교에서 동경 경시청에 끌려갔는데 선언서에 서명한 尹錫昌이 취조를 받는 과정에서 동경 여자침목회로부터 30원을 받았으며, 이는 김마리아에게 물어보면 잘 알 것이라고 했기 때문이었다. 이로 인해 마리아는 경찰에 구인되어 여러 시간 동안 취조를 받은 후 풀려났다.

의 요구이기도 하였으며, 따라서 그의 귀국은 일본 유학생계를 대표하는
활동이기도 하였다. 그러나 당시 동경유학생들의 귀국은 이미 일제의 엄
중한 감시 대상이었음으로 마리아는 일본 여인으로 변장하고 일본 옷에
매는 커다란 '오비(띠)'속에 미농지에 베껴 쓴 2·8독립선언서를 숨겨 국
내로 들어왔으며, 이때 요코하마에서 유학하고 있던 후배 車敬信이 동행
하였다.[27]

모교인 정신여학교에서도 김마리아의 귀국을 원하고 있었는데 이는
다른 사람들에게 의심을 덜 받으며, 국내로 돌아갈 수 있는 좋은 명분이
되었다.

> 문 東京을 떠나 京城에 온 것은 언제인가.
> 답 2월 21일이다.
> 문 무슨 볼일로 왔는가.
> 답 貞信女學校 교장이 돌아오라고 편지를 보냈기 때문이었다. 그
> 속에는 학교가 복잡하여 내년 졸업까지는 기다릴 수 없으니 빨
> 리 돌아오라고 쓰여져 있었으므로 三谷民子선생에게 그 편지를
> 보였더니 귀국하는 것이 좋을 것 같다고 하여 東京을 17일에 출
> 발, 光州의 언니에게 잠시 들렀다가 2월 21일에 京城에 도착했
> 던 것이다.[28]

정신여학교 교장 루이스로부터 학교가 복잡하여 내년 졸업까지 기다
릴 수 없으며, 빨리 귀국하는 것이 좋을 것 같다는 요청을 받은 마리아는
2월 17일 동경을 출발하여 함나 언니가 사는 광주를 거쳐 21일에 서울에

---

27) 박화성, 『송산 황신덕 선생의 사상과 생활 — 새벽에 외치다』, 휘문출판사, 1966,
   78쪽.
28) 위의, 「金瑪利亞 신문조서」(제2회)

도착하였다.[29)]

서울에 도착한 김마리아는 2월 26일 우선 천도교계의 민족지도자 李鍾
一과 면담했는데 그는 보성사의 사장으로 독립선언서를 인쇄한 인물이었
다. 이종일은 마리아와 면담에서 '우리도 이미 계획을 세우고 실천 중이
며, 10년의 질곡을 벗어 버리고 압박으로 신음하는 기운을 모두 축출해
버릴 것'이라고 했다고 한다.[30)] 이 면담에서 마리아는 국내에서 전개되고
있던 3 · 1운동의 기운을 확인했을 것으로 보인다.

이후 김마리아는 고향인 황해도로 가서 장선희의 오빠와 義兄 方合信
을 만나는 등 독립운동 기운의 확산과 자금모집을 노력하였으며, 3 · 1운
동이 발발하자 급거 서울로 돌아왔다. 서울로 돌아온 김마리아는 3월 2일
과 4일 정동교회와 이화학당 기숙사에 나혜석, 박인덕, 황애스더 등 10여
명의 여학생들과 3 · 1운동에 대한 대응책을 논의하였다.

---

29) 김마리아의 신문조서에서도 '돌아와서 미스 루이스를 찾아보고 어떤 이야기를 하
였는가'라는 검사의 질문에 '李太王이 훙거하셔서 학생들이 상장을 달았는데 조선
인 선생이 總督府의 통지가 있을 때까지 그대로 있는 것이 좋겠다고 하였기 때문에
학생들이 반감을 가졌고, 그것이 도화선이 되어 학교에는 나쁜 선생 뿐이라 곤란하
다고 하여 담판을 신청하여 곤경에 처해 있다고 하면서 아무쪼록 나에게 학생들을
說論하여 학생들이 진정하도록 해 달라고 하였다'고 답하였다. 위의, 「金瑪利亞 신
문조서」(제2회), 앞의, 『김마리아ー나는 대한의 독립과 결혼하였다』, 148∼152쪽.
30) 김창수, 「3 · 1運動과 沃坡 李鍾一『沃坡備忘錄』을 中心으로ー」, 『中央史學ー上岩金
鎬逸教授定年紀念特輯ー』21, 韓國中央史學會, 2005. 비망록의 내용은 다음과 같다.
'동경에서는 남녀 유학생들의 구국적인 애국열기가 대단하여 지난 2월 8일에 독립선
언서를 발표하고 대한독립만세를 불렀습니다. 세계정세가 크게 변하고 있습니다. 지
금이 독립의 좋은 기회입니다. 국내에서도 거국적인 독립운동을 전개해야 합니다. 우
리들도 이미 계획을 세우고 실천 중에 있어요. 또 지난 갑인년(1914) 이래로 암암리에
독립을 모색해 왔어요. 민중들이 모두 일거에 일어나 일제의 10년 질곡을 부숴버리고
압박으로 신음하는 기운을 모두 축출해 버릴 것입니다. 말씀을 들으니 정말 기뻐요.
천도교에서 수행하는 원대한 이념을 진실로 격려합니다. 앞의, 『김마리아ー나는 대
한의 독립과 결혼하였다』, 158∼159쪽.

3월 2일의 회의에서는 첫째, 부인단체를 만들어 독립운동을 할 것, 둘째, 여자단체와 남자단체 사이에 연락을 취할 것, 셋째, 남자단체에서 활동할 수 없을 때는 여자단체가 그것을 대신할 것을 결의하였다. 또한 4일의 모임에서는 동맹휴학과 5일에 있을 만세시위에 참여하는 문제가 논의되었다.

> 그날 오후 4시경 梨花學堂 어느 기숙사에 있는 사람에게 갔더니 이미 아침부터 모여서 의논을 정했다는 것으로, 그것은 同盟休學과 내일 5일에 남학생들의 독립운동에 참가하느냐, 하지 않느냐에 대해서 그 중 휴교 쪽은 정했으나 5일에 참가하는 것은 아직 정하지 않았다는 것이었는데, 나는 5일에 나가서 한번 만세를 불러도 독립이 되는 것은 아니므로 나가지 않는 것이 좋겠다고 말했으나 만약 나가고 싶은 사람은 나가도록 해서 각각 별개의 행동으로 나가는 것이 좋겠다고 하여 그렇게 하도록 되었다. 그때 貞信女學校에서 2인과 進明女學校에서 2인이 참가하였으나, 이름은 모른다. 그리고 羅蕙錫은 오지 않았었다.[31]

위의 내용에서 보면, 4일의 경우는 이화학당 기숙사에서 아침부터 회의가 계속되고 있었는데 同盟休學 문제는 정해졌으나 5일 남학생들이 주도하는 만세운동에 참여할 것인가 하는 문제에 대해서는 쉽게 결론을 내리지 못했던 것으로 보인다.

이때 김마리아는 '한번 만세를 부른다고 독립이 되는 것이 아님으로 나가지 않은 것이 좋겠다'고 주장했으며, 이는 김마리아가 3·1운동이 폭발적으로 전개되던 시기에도 독립운동을 위해서는 보다 체계적인 단체 혹은 조직의 필요하다는 인식을 갖고 있었음을 보여주는 것이었다고 하겠

---

31) 위의, 「金瑪利亞 신문조서」(제2회)

다. 이후 3월 5일에는 정신, 이화, 진명 등 시내 여학교 학생들이 참여하는 대규모 시위가 있었고, 3월 6일 김마리아는 이 시위의 주동자로 지목되어 경찰에 체포되었다.

일경에 체포된 김마리아는 감옥에서 가혹한 고문을 견뎌야 했다. 실제로 김마리아는 '그대가 귀국하는 것이 좋은 기회이므로 東京에 있는 학생과 조선에 있는 학생 사이에 연락이 통하도록 해달라고 부탁을 받았다는데, 어떠한가'라는 3·1운동 전후의 행적을 묻는 검사의 질문에, '형사가 너무 고문하였으므로 견디지 못하여 거짓말을 했던 것이다'라고 답변하기도 했다[32] 김마리아는 고문 후유증으로 코뼈 속에 고름이 생기는 고질병인 乳樣突起炎에 걸려 출소 후 세브란스병원에 입원 치료를 받아야 했다.

김마리아는 8월 4일 경성지방법원에서 예심종결 결정이 내려지면서 서대문형무소에서 출옥하였다. 일제는 김마리아에 대해 출판법과 보안법 위반 혐의를 적용하였으며, 조선의 독립을 목적으로 하는 인쇄물을 작성 배포하여 치안을 방해했다는 혐의는 인정되지만, 이를 충분히 증빙할 수 없게 되자 하는 수 없이 석방을 결정하였던 것으로 보인다.[33]

IV. 대한민국애국부인회의 결성과 김마리아

1919년 4월 상해에서 대한민국임시정부가 조직되고 국내와 연결된 활발한 활동을 전개하게 되자[34] 임시정부에서는 국내와 연결한 조직망의

---

32) 위의, 「金瑪利亞 신문조서」(제2회)
33) 앞의, 『한국 항일여성운동의 대모 김마리아』, 52~53쪽.
34) 황민호, 「1920년대 초 국내언론에 나타난 임시정부의 항일독립운동」, 『한국민족운동

확충이 절실한 과제로 요구되고 있었고 이시기 국내에서 활동하고 있던 대표적인 여성단체로는 血誠團愛國婦人會가 있었다. 이 단체는 1919년 3월 중순부터 활동한 것으로 보이는데 결성 초기의 현황은 다음과 같다.

중인 오현주에 대한 예심판사 신문조서 중, 나(오현주-필자)는 大正 8년 3월 조선 각지에 있어서 조선 독립 운동이 일어나 다수의 남녀가 그 때문에 감옥에 투옥되었는데 나의 友人이며 나의 母校인 정신여학교의 생도 등도 그 속(감옥 속)에 있어 私食이며 의복 등의 差入도 마음먹은 대로 안 되고 곤란한 자가 있음을 알고 구하고 싶은 감이 있어 慈善團을 조직하여 나의 妹인 吳玄觀 외 友人 1명의 찬동을 얻어 정신여학교 생도 · 기타의 知人 등에 그 취지를 告하여 응분의 의연금을 모집하고 일을 하고 있었다. 그리하여 동년 6월경까지의 사이에는 명칭을 정함도 없었고, 또 조선 독립운동에는 전연 관계없었다.[35]

동 부인회는 3 · 1운동 과정에서 많은 여학생들이 투옥되자 이를 돕기 위해 오현주와 오현관 姉妹와 정신여학교 출신들이 주도하여 조직한 일종의 자선단체적 성격을 갖고 출발하였다.

따라서 이 부인회는 1919년 6월까지는 특별한 명칭도 없었으며, 활동 내용도 본격적인 독립운동과는 일정하게 거리가 있었던 것으로 보인다. 회원들은 매월 1원 이상의 회비를 납부하여 구제사업을 전개하였으며, 회원이 늘자 李誠完의 제의를 그 명칭을 혈성단애국부인회라고 하였으며, 회령, 정평, 군산, 목포, 진주, 광주, 황해도 수홍 등지에 지회를 설립하였다.[36]

사연구』 60, 한국민족운동사학회, 2009.

35) 「金馬利亞 判決文」, 大正十年 京城覆審法院, 5월 23일.

36) 앞의, 『김마리아-나는 대한의 독립과 결혼하였다』, 184~185쪽. 한편 일제는 '愛

그러나 혈성단애국부인회의 존재를 알지 못했던 임정부에서는 여성단
체의 조직을 위해 통신원 林昌俊을 국내로 파견하였다. 그는 기왕에 친분
이 있었던 大韓民國靑年外交團(이하-청년외교단) 총무 李秉澈과 함께
金元慶·金熙烈·金熙玉 등 약 60여명의 女子高普 졸업생을 규합하여 4
월 경 大朝鮮獨立愛國婦人會를 조직하고 이병철을 고문으로 추대하였다.
그리고 5월경 金元慶을 대표로 임시정부에 파견하고자 했는데 이때 혈성
단으로부터도 대표를 겸해 달라는 依囑받고 두 단체가 통합되게 되었던
것으로 나타나고 있다.37)

한편 혈성단애국부인회의 존재를 알게 된 임시정부에서는 오현주에
게 感謝狀을 보냈으며, 감사장에서 단체의 명칭을 대한민국애국부인회
(이하-애국부인회)라고 지칭하게 되자 통합단체의 이름도 이를 따르게
되었다.38)

통합 이후 애국부인회에서는 약 3개월 동안 총 747원의 회비를 징수하
여 이중 300원을 임시정부에 송금하였다.39) 그러나 새로 결성된 대한민

國婦人會는 처음 載寧明神女學校 敎師 吳玄觀과 群山메리불덴女學校 敎師 吳玄洲
(吳玄觀의 妹) 및 京城세브란스病院 看護婦 李貞淑 等이 萬歲事件으로 入監된 者와
그 家族을 救濟할 目的으로 4月 上旬 京城에 血誠團愛國婦人會를 組織하고 會寧,
定平, 群山, 木浦, 全州, 光州, 興水 等地에 支部를 結成하였는데...'라고 파악하고 있
었다. 경상북도 경찰부,「大韓民國靑年外交團 및 大韓民國愛國婦人會事件判決書」,
『高等警察要史』, 1934, 192~193쪽 http://www.history.go.kr.

37) 이후 통합조직으로 결성된 대한민국애국부회에서는 吳玄洲를 會長兼財務主任, 吳
玄觀을 總裁兼財務部長, 金熙烈을 副總裁, 崔淑子를 副會長, 李貞淑을 評議員, 張善
禧를 外交員, 金熙玉을 書記, 李秉澈을 顧問으로 選任하고, 平壤, 開城, 大邱, 機張,
晋州, 密陽, 居昌 및 從前의 連絡處(支部)에 支部를 두고 兪仁卿을 居昌, 統營, 密陽
을 統轄하는 大邱支部長에 任命하고, 梁山, 馬山, 蔚山, 釜山의 統轄을 各各 委任하
였다. 경상북도 경찰부,「大韓民國靑年外交團 및 大韓民國愛國婦人會事件判決書」,
『高等警察要史』, 1934, 192~193쪽 http://www.history.go.kr.

38)「金馬利亞 判決文」, 大正十年 京城覆審法院, 5月 23일.

39) 앞의, 『김마리아-나는 대한의 독립과 결혼하였다』, 186·190쪽.

국애국부인회의 활동은 기대에 못 미치는 상황이었고 이를 알게 된 김마리아는 조직의 강화에 나섰던 것으로 보인다.

구(舊) 7월 25일경 김마리아와 황애시덕 등이 와서 會의 양상을 물어 보길래 회원의 수도 회비 등도 잘 모르겠다고 대답하니, 김마리아는 그처럼 일을 하여서는 아니된다. 금후는 일층 그 회를 확장하고 각 도에 지부를 설치하고 독립의 목적을 달하게 함이 여 如何. 그럴려면 현재의 지부 회원을 소집코 그 회의 방침을 듣고 싶으니 오는 10월 19일 자택에 집합하기로 통지하라고 말하는 고로 알아듣고 언니(오현관)에게도 말하여 통지를 발하였다. 마리아는 황애시덕에게 통지하겠다고 말하였습니다. 19일에는 14명이 김마리아의 댁에 모였읍니다. 그 석상에서 동인(마리아)은 일동에 대해서 종래 오 현주가 회장으로 되어 부인회를 조직하고 독립을 위해 진력하였으나 동년에는 조선의 일부의 사람을 회원으로 됨에 멈췄기 때문에 이번은 조선 각 도에 지부를 설치하고 대대적으로 회원을 모집하고 독립을 위해 진력하면 여하라고 말하는 고로 일동은 이에 찬성하여 내가 하고 있던 회를 인계하고 각 도에 지부를 두고 大大히 회원을 모집할 것으로 했었다.[40]

위의 내용에서 보면 김마리아는 10월 19일 자신의 집에 14명의 회원을 모이게 한 후 기존의 조직을 개편하여 각도에 지부를 두고 대대적으로 회원을 모아 독립운동에 진력할 것을 결의했던 것으로 나타나고 있다.

이날 중요 임원도 구성되었는데 회장은 김마리아, 부회장은 이혜경, 총무 및 편집부장 황에스더, 서기 신의경 · 김영순, 재무부장 장선희, 교제부장 오현주, 적십자부장 이정숙 · 윤진수, 결사부장 백신영 · 이성환이

---

40) 「金馬利亞 判決文」, 大正十年 京城覆審法院, 5월 23일.

선출되었다.

또한 본부규칙 제22조에서는 '본회의 목적은 대한민국 國憲을 확장하는데 있다'고 하였으며. 지부규칙 제2조에서는 '본회의 목적은 대한민국의 의무를 성취함에 있다'라고 명시하여 조직의 성격을 명확히 하였다.[41) 김마리와 함께 3·1운동에 참여했던 여학생들은 보다 적극적인 독립운동의 길에 들어섰으며, 당시로서는 급진적이라고 할 수 있는 대한민국임시정부와 민주공화제를 적극적으로 수용하고 있었던 것으로 판단된다.

그런데 김마리아의 애국부인회가 적십자부와 결사부를 두었던 것은 향후 임시정부가 추진하고 있던 독립전쟁이 전개될 경우 이를 적극적으로 지원하기 위한 노력의 일환이었다고 할 것이다. 실제로 임시정부에서는 독립전쟁에 즈음하여 이를 구호하는 임무를 수행할 대한적십자회의 총지부를 京城에 설치하고 동지를 규합하기 위해 통신원 李鍾郁을 파견하여 경성 授恩洞 3番地에 사무소를 두었다.

그리고 1919년 9월 李秉澈을 간사 및 명예회원에 추천하고 각도에 支部를 두고 義金을 모집하는 한편, 同會의 선언서 500장을 頒布하는 등의 활동을 전개하였다. 이에 <표 1>에서 보는 바와 같이 애국부인회와 청년외교단의 중요 인물들이 대거 참여하고 있었다.

<표 1> 大韓赤十字會 大韓支部 관계자 명단[42)

성명	연령	본적	주소	역원	직원
李秉澈	21	충북 충주군 앙성면 영죽리	경성부 합동170	청년단 총무, 부인회 고문, 적십자 간사 겸 명예회원	무직

41) 위의 「金馬利亞 判決文」
42) 앞의, 『高等警察要史』, 192~195쪽.

安在鴻	29	경기 진위군 고덕면 사릉리	좌동	청년단 총무	동상
金寅祐	26	경기 고양군 연희면 연희리	경성부 세브란스병원	청년단 외교부원	사무원
金弘植	25정도	함남 정평군	중국 상해	청년단 간사장	무직
金泰圭	23정도	충북 괴산군 읍내	좌동	재무부장	동상
李儀徹	22	황해도 해주군 해주면 서영정96	경성부 안국동18	청년단 편집원	학생
趙鏞殷	40정도	경기 연천군	프랑스 파리	외교특파원	무직
趙鏞周	35정도	동상	중국 봉천 동래상회	외교원	사무원
延秉昊	27정도	충북 괴산군 청안	중국 상해	외교원	무직
鄭洛倫	35정도	충북 충주군 노은면	경성부 수은동3	특별단원	동상
龍昌憲	25정도	강원 평창군 월정사	부정	동 단원	승려
羅昌憲	24정도	평북 성천군	경성	특별단원	학생
李康夏	23정도	충남 대전군 파성면 가수원	중국 상해	동상	동상
柳興煥	22정도	충북 충주읍	동상	동상	동상
柳興植	27정도	동상	동상	동상	동상
李敬夏	28	평북 정주군	경성부 합동	동상	동상
鄭錫熙	19	충북 충주군 노은면	중국 상해	동상	동상
宋世浩	30정도	경북 선산군 해평면	경성감옥	청년단 상해지부장	승려
羅大化	30	함북 회령	좌동	청년단 회령지부장	무직
李鎬承	30	충남 대전군 파성면 가수원	좌동	동 대전지부장	만주일보 지국장
尹宇榮	42	충북 충주군 신미면	좌동	동 충주지부장	서당 교사
李鍾郁	40정도	강원 평창군	경성부 수은동3	상해가정부통신원, 적십자특파원	승려
安祐璿	39	경성부 종로6정정	대구감옥	청년단 단원	전 의사, 측량사
李日宣	24정도	불상	경성부 세브란스병원	동상	사진사
李元熙	20	충북 대전군 파성면 가수원리	좌동	동상	정미업
徐相一	30정도	불상	부정	동상	불명
鄭泰榮	32정도	충북 충주군 가금면	경성부 합동170	적십자 명예회원	雇人

李炳奎	33	경성부 연건동202	좌동		정미소 雇人
申愛只	28	동상	좌동		무직
李炳浩	28	동상	좌동		雇人
金瑪利亞 (여)	26	경성부 낙원동	경성부 연건동136 정신여학교	구 정신여학교 내 회원 11명 대표자 신회장	교원
李惠卿(여)	30	경성부 효제동44	원산부 상동22 일진여학교	신 부회장	동상
吳玄觀(여)	31	경성부 연지동27	좌동	구 회장 겸 재무주임, 신 교제원	무직
吳玄洲(여)	28	경성부 연지동243	좌동	구 총재 겸 재무부장, 적십자회원	동상
黃愛施德 (여)	26	평남 평양부 대찰리135	경성 종로6정목 20 方萬榮 방	신 총무 겸 편집원	동경여자 의전 2년생
崔淑子(여)	불상	경성 립정정	좌동	구 부회장	불상
金熙玉(여)	20	경성부 장교정3	좌동	구 서기	유치원 교원
李貞淑(여)	22	함남 북청군 양가면 초리동	경성 세브란스병원	구 평의원 경성 지부장, 신 적십자장 적십자회원	간호부
金熙烈(여)	불상	경성 낙원동	좌동	구 평의원	불상
朴玉信(여)	불상	경성 세브란스병원	좌동	구 평의원, 적십자회원	간호부
張善禧(여)	24	황해 재령군 재령면	경성 연지동136 정신여학교 내	구 평의원, 신 재무원	교원
朴德惠(여)	불상	이원	불상	구 평의원	불상
李順吉(여)	동	전북 옥구군 지경역전 몽자산	좌동	구 통신원	동상
金白全(여)	동	경남 울산	경성부 이화학당 내	구 통신원	학생
李信愛(여)	동	황해	동상	동상	동상
金元慶(여)	동	불상	중국 상해	구 대표원, 상해 파견	무직
成慶愛(여)	40	경성부 죽첨정 3정목8	좌동 聖學院 내	구 성경학원내 회원대표자, 적십자회원	생도

金泰福(여)	34	경성부 정동32	좌동 이화학당 내	동대문병원내 회원20명 대표자	교원
朴仁德(여)	22	경성부	경성부 동대문 내 사립부인병원 내	이화학당내 회원20명 대표자	간호부
李瑪利亞 (여)	불상	경기 인천부	좌동	구, 신 인천지부장	불상
李誠完(여)	23	함남 정평군 부내면 애홍리	경성 교동151 배화여학교 내	배화학교 내 회원15명 대표자, 신 決死長	교원
李致壽(여)	불상	경성부 이하 불상	좌동	여자성경학원 대표자	불상
金英順(여)	25	경성부 효제동35	경성 연지동136 정신여학교 내	신 서기	교원
辛義敬(여)	22	경성부 과목동	경성 연지동136 정신여학교 내	부서기	동상
尹進遂(여)	불상	경성 세브란스병원	좌동	신 적십자장	간호부
洪恩烈(여)	동	경성 이하 불상	좌동	신 재무원	불상
鄭根信(여)	동	동상	동상	동상	동상
李瑪利亞 (여)	22	황해 황주군 황주면 제안리	전북 옥구군 개정면 구암리	구, 신 군산지부장	메리홀덴 여학교 교원
權明範(여)	불상	경성 이하 불상	좌동	개성지부장	불상
朴寶○(여)	23	경남 진주군 진주면 평안동	좌동 광재여학교 내	구, 신 진주지부장	교원
朴順福(여)	32	동상	동상	동 회원	무직
朴德實(여)	19	동상	동상	동상	동상
金仁覺(여)	불상	경남 기장읍	좌동	구, 신 기장지부장	불상
柳寶(여)	21	전북 전주군 전주면 완산정294	좌동 기전여학교 내	구, 신 전주지부장, 신 재무원	교원
李有喜(여)	24	전북 옥구군 개정면 귀암리	경남 마산부 상남리	구, 신 군산지부장	의신여학교 교사
金五仁(여)	불상	함북 회령	좌동	구, 신 회령지부장	불상
李孝敬(여)	동	동상	좌동 야소교회 내	동 회원	동상
金致順(여)	동	경성	경성여자고등보통 학교 내	구, 신 정평지부장	교원

李恩師(여)	동	경기 개성	개성 고려병원 내	구, 신 개성지부장	불상
辛愛均(여)	동	함북 성진	좌동	구, 신 성진지부장	동상
柳仁鄕(여)	25	경북 대구부 남산정342	좌동	구 부인회 대구지부장	무직
李今禮(여)	26	경북 군위군 소보면 위성동80	경북 대구부 명치정2정목39	신 대구지부장, 재무원	동상
白信永(여)	31	경남 부산부 초량동313	좌동	구 부산지부장, 신 결사장	전도사
李信聖(여)	불상	평북 평양	좌동	구, 신 평양지부장	불상
林得山	동	자칭 평양 이하 불상	중국 상해	상해 통신원	무직
朴鳳雨(여)	동	함북 정평	좌동	구 정평특별회원	불상
林昌俊	동	불상	중국 상해	상해 통신원	무직

또한 김마리아는 직접 작성한 애국부인회의 취지문에서는 유무식을 막론하고 빈부귀천 차별 없이 이기심을 다 버리고 국권확장 네 글자만 굳건한 목적 삼고 성공할 줄 확신하며, 장애물을 개의치 말고 더욱 더욱 진력하며 일심 합력하자고 역설하였다.[43] 뿐만 아니라 1919년 11월 1일에는 대한민국임시정부 대통령 이승만 앞으로 군자금 2천원과 부인회 취지서를 김마리아의 異名인 金槿圃 명의로 송부하였다.[44]

김마리아와 동지들이 애국부인회를 새롭게 정비하고 임시정부와 연결된 보다 적극적인 독립운동을 준비해 가고 있던 상황에서 부인회는 동지 오현주의 배신으로 1919년 11월 대대적인 검거선풍을 맞게 되었다.[45] 오현주의 남편 강낙원의 YMCA검도 선생이 경상북도 대구경찰서의 형사 유근수였는데 독립운동에서 손을 뗀 강낙원이 자신의 신변 보장을 확보

43) 雩南 李承晩文書編纂委員會編, 『梨花莊所藏 雩南李承晩文書』19, 延世大學校 韓國學研究所, 1998. 408~413쪽.
44) 앞의, 『김마리아―나는 대한의 독립과 결혼하였다』, 494쪽.
45) 『新東亞』1932년 10월호.

하기 위해 애국부인회에 대한 정보를 그에게 제공하였던 것이다.[46] 오현주는 남편의 강압에 못 이겨 서기인 김영순에게 회원명단과 회칙을 받아 유근수에게 제공하였으며, 이에 진행과정에서 오현주만 自首調書를 제출하여 실형을 면하였으며, 정보제공의 대가로 3,000원을 받았다는 소문이 돌기도 하였다.[47]

사건이 발생하자 『매일신보』에서는 1919년 12월 16일 경상북도 제3부의 발표를 인용하여 '可驚할 秘密結社, 男女의 獨立陰謀團, 大韓獨立青年外交團, 大韓獨立愛國婦人會, 畢竟은 其根據根絶'이라는 제목 하에 사건의 내용을 대대적으로 보도하였다. 일제로서는 3·1운동의 여운이 진정되지 않은 상황에서 임시정부와 연계된 독립운동단체가 국내에서 활동하고 있었다는 점에 적지 않은 충격을 받았던 것으로 보인다. 『매일신보』에서는 양 단체의 회원과 관련자를 합하면 그 수가 약 2,000명에 이른다고 보도하였다.[48]

김마리아는 1919년 11월 28일 정신여학교에서 김순영, 장선희, 신의경

---

46) 1969년 2월 22일부로 최은희에게 보낸 편지에서 '상해에서 귀국한 남편은 과거 자기의 스승으로 조국의 앞날을 걱정하면서 자기의 나아갈 길을 걱정해 주던 유근수라는 분을 5년만에 만났습니다. 유근수는 그때 대구에서 대구애국부인회를 크게 조직하여 독립운동을 한다고 하면서 나에게 대구애국부인회와 합해서 좀더 큰 목적을 가지고 일해 보자 하므로 나와 남편은 스승을 옛날 그 사람으로만 믿었고 조국을 위한 일이라고 그와 모든 의논을 하던 중 그는 애국부인회의 모든 내용을 알아냈던 것입니다. 대구에 내려가 연락이 오기를 기다리던 중 나중에 알고 보니 대구 고등계 형사로서 우리 부부를 속여왔음을 알았습니다'라고 하였다. 최은희, 『조국을 찾기까지』(중), 탐구당, 1973, 501쪽.
47) 유준기, 「김마리아의 생애와 독립운동」, 『한국보훈논총』8－1, 2006.
48) 『매일신보』1919년 12월 19일. 이 기사에서는 사건의 중요 내용을 '靑年外交團의 有力關係者, 주모자는 耶蘇敎徒와 僧侶, 상해로부터 歸鮮하여 동지를 糾合함, 필경 排日의 巨魁인 安在鴻이 출동, 妄動의 經過槪要, 李承晚에게 건의서를 발송, 米人宣敎師의 家宅二階의 密會, 決死長을 含한 新組織成立, 布哇로부터 現金 이천원, 各支部及地方會員의 犯情, 愛國婦人會 證據物目錄'으로 구분하여 보도하였다.

과 함께 종로경찰서원들에게 체포되었으며, 다음날 대구지방법원 검사국으로 이송되었다. 전국에서 체포된 애국부인회의 임원 및 회원 중 52명이 심문을 받았으며, 이 중 43명은 불기소로 방면되었으며, 김마리아, 황애스더, 장선희, 이정숙, 김명순, 유인경, 신의경, 백신영, 이혜경 등 9명이 대구감옥으로 송치하였다.[49]

일제는 애국부인회원들에 대한 검거와 취조가 끝난 후 『매일신보』 1920년 1월 19일의 보도를 통해 이 사건에 대한 일제의 인식을 보여주었다.

> 이미 보도한 바와 갓치 대한애국부인회원 『大韓愛國婦人會員』에 대하야는 대구지방법원 검사국과 기타에서 자세히 취조를 맛치엇는데 그들의 계획은 매우 큰 규모이니 죠직이 대단히 정돈되야 13도에 잇는 본부 지부가 서로 척응하야 큰 활동을 하면 그 화해는 실로 말할 슈업섯슬 것이다. 그들은 실로 큰 죄를 범한 것이오. 더욱히 그들은 모두 여자의 몸으로서 여러 가지를 생각하야 이러한 계획을 꿈이엇다하나 그 대부분은 李秉哲 등이 교묘히 그들의 감정을 자극하야 홀연히 이럿케 큰일에 가담한 것이다.
>
> 또 당시 사회의 샹태는 이러한 운동에 종사하는 자를 열녀와 갓치 칭찬함으로 허영심으로 일시 이럿케 된 것이니 소위 시세의 경우 가진 죄도 적지 안이하다 제등 총독각하는 관후하며 부인의 죄과에 대하야 통심 우려함이 매우 크며 그리고 사법당국자들 또한 그들의 죄상을 진실로 미우나 그 심사는 대단히 가련한 점이 잇슴을 헤아리고 그들에게 대하야 형벌을 매임에는 상당이 고려를 할 여지가 잇다하고 자비심으로써 너그럽게 처치하기로 하얏다. 곳 金瑪利亞, 黃愛施德 등 구명의 죄상이 가장 현져함으로써 기소하고 다른 사람은 범죄의 사실이 명백하나 특별히 용서하기로 하얏다. 그리하야 본건은 부인의 범죄 체포할 적에는 물론이오 심문할 때에도 주의하야 친절히 대우하고

---

49) 앞의, 『김마리아—나는 대한의 독립과 결혼하였다』, 495쪽

온당히 심문하야 임의로 말을하게 하얏다.(중략)

　이상과 갓흐니 피고의 대부분의 외국인의 지도나 또는 고용을 밧는 쟈 이 사실을 봅은 나의 가장 유감으로 생각하는 바이다. 나는 금후로 외국인이 조선인을 지도함에 당하야 더욱 더욱 간절히 하야 그들로 하여금 안녕질서를 문란케 함이 업도록 특별히 바라며 다시 다른 방편으로 이를 보면 피고부의 전부가 거의 긔독교 신도임으로 나는 긔독교 선교사와 목사는 제국이 장래에 그 교도를 훈화할 적에 그 나라에 들어서는 그 국법을 직히어 선량한 백성을 양육하기에 노력하기 바란다.50)

일제는 첫째, 애국부인회가 전국적으로 13도에 있는 지부와 본부가 대단히 잘 정된 조직이었으며, 큰 계획을 가지고 있었는데 그것이 실행되었다면 그 禍害는 이루 말할 수 없었을 것이라고 하여 사건이 주는 충격이 상당했음을 보여 주었다.

둘째, 모두가 여자의 몸으로서 이러한 계획에 참여한 것은 청년외교단 회원이었던 이병철 등이 감정을 자극하여 홀연히 가담하게 된 것이며, 또한 조선 사회가 이러한 일에 종사하는 것을 烈女와 같이 칭찬함으로 허영심을 갖게 된 것이라고 하여, 애국부인회의 항일정신을 극단적으로 폄하하였다.

셋째, 총독 齋藤實은 부인들의 죄과에 대해 우려함이 크고 사법당국도 그 죄상이 진실로 미우나 총독의 寬厚함과 부녀자들의 가련함을 고려하여 김마리아와 황애시덕 등 죄상이 가장 현저한 9명을 제외하고는 특별히 용서하였다고 함으로써 일제가 이 사건에 대해 상당히 관대한 처분을

---

50) 「大韓愛國婦人會員의 檢擧와 取調 終結, 대한애국부인회원의 검거와 취조 종결, 황애스터 마리아 등 구명 이외에 모다 특히 용서해, −감읍하고 총독각하의 인자−」, 『每日申報』1920년 1월 19일.

내렸음을 강조하였다.

뿐만 아니라 기사에서는 부인들을 체포할 때는 물론이요, 심문할 때도 주의하여 친절히 대우하였으며, 온당히 심문하고 임의로 말하게 했다고 하여 김마리아에 대한 혹독한 고문이 심각한 사회적 문제가 되고 있는 상황을 의식하고 있었음을 나타내고 있었다.

넷째, 검거된 애국부인회 회원들의 대부분이 외국인의 지도나 고용을 받고 있는 인물이며, 기독교신자임을 지적하면서 향후 국내에서 활동하고 있는 선교사들이나 목사들은 교도들을 지도함에 있어 '國法'을 지키게 해야 할 것임을 강조하기도 했다.

그런데『매일신보』이러한 논조는 3 · 1운동 직후부터 국내에서 전개되고 있는 독립운동과 항일적 분위기가 국내인들의 자주적 역량에 의해서 이루진 것이 아니라, 선교사 등 외국인들의 사주나 보호 아래 이루진 것이라는 총독부의 선전정책의 일면을 반영하는 것이었다.[51]

또한 이 기사에서는 애국부인회사건으로 인원과 소속에 대해서도 정리하고 있는데 이를 통해서 보면 검거된 총 인원은 80명이었으며, 그 대상자들은 세브란스 병원관계자(29명), 정신여학교(11명), 함남원산진성여학교(1명), 성배학원(1명), 이화학당(1명), 동대문○인병원(13명), 배재학당(1명), 경남진주광림여학교(3명), 전북전주기전여학교(1명), 함북성진조신여학교(2명), 함북성진제동병원(1명), 함북성진영생소학교(1명), 진명여학교(1명), 기타 학교 교사 상해거주자 등이었던 것으로 나타나고 있다.

검거된 인원 중에 세브란스병원의 29명, 동대문○인병원 13명, 함북성진제동병원 1명 등 43명의 병원관계자들이 포함되어 있었으며, 이는 애

---

51) 황민호,「매일신보에 나타난 3 · 1운동의 전개와 조선총독부의 대응」,『한국독립운동사연구』제26집, 한국독립운동사연구소, 2006 참조.

국부인회가 임시정부가 추진하고 있던 독립전쟁론을 뒷받침하고자 하는
분명한 노선을 갖고 있었음을 보여주는 것이라고 할 것이다.[52]

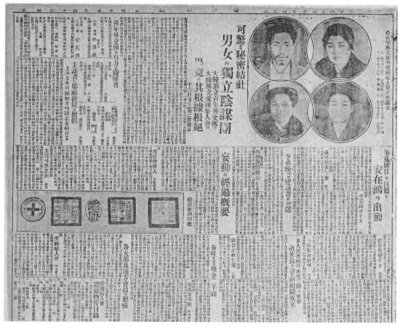

대한민국애국부인회와 대한독립청년외교단의 검거사건을 보도한
『매일신보』(1919. 12. 19)

이밖에 김마리아에 대한 재판을 담당했던 檢事 河川는 1920년 6월 7일
오전 9시부터 대구지방법원 제1 소법정에서 진행된 재판에서 김마리아
에 대해 '이정숙과 백신영을 결사대원으로 추천했는데 전쟁에 나가지 않
는 이상 결사대가 무슨 필요가 있는가? 이는 듣지 않아도 독립운동의 불
온단체인 것이 분명하며, 그들의 소행을 보건데 독립과 배일사상이 격렬

---

52) 앞의, 『每日申報』 1920년 1월 19일.

한 것이 명료하니 이들에게 은혜를 베풀 필요도 없다고는 취지의 論告를 하였다.[53]

따라서 이상의 내용을 종합해 보면 김마리아가 조직한 애국부인회는 기존의 여성 독립운동단체와는 다른 차원에서 임시정부의 국내활동을 적극적으로 지원하는 한편, 향후에 전개될 독립전쟁에도 보다 구체적으로 대비하는 적극적인 독립운동을 염두에 둔 조직이었다고 할 것이다. 그리고 이는 당시 김마리아와 국내의 여성독립운동계가 독립운동 진영의 전체의 투쟁 전략과 노선을 정확하게 파악하고 이를 운동선상에서 반영하고자 했음을 보여주는 것이었다고 할 것이다.

V. 혹독한 拷問과 上海로의 탈출

경상북도 경찰부로 압송된 김마리아는 일제 경찰로부터 혹독한 고문을 당해야 했다.

일경은 이미 오현주와 통해 애국부인회에 대해 중요한 증거를 확보하고 있었고 김마리아와 이병철의 가택을 수색하는 과정에서 많은 중요 문서들을 확보했기 때문에 그 연관관계를 밝히는 과정에서 김마리아는 핵심인물일 수밖에 없었다. 『매일신보』에서는 '蓮建洞 李秉奎의 집에 대한 가택수사를 행하야 土中에 深히 鍋內에 埋葬한 ○力한 증거 물건 비밀문서의 다수를 발견 압수하얏더라'라고 보도하고 있었다.

일제는 애국부인회와 관련하여, 1.李東寧으로부터 愛國婦人會代表 金

---

53) 「대한청년외교단과 대한민국애국부인단의 제1회 공판방청 속기록」, 『동아일보』 1920년 6월 11일.

元慶에 對한 感謝狀(1통), 2.金員領收證 正副共十枚式 申貞均 李德○○張 支部 大邱支部 咸興支部 城津支部 愛國婦人會 會計課長, 3.會員人名記(1매), 4.우리 消息을 同胞의게 告함 石版○(1매), 5.上海派遣 金元慶의 通信(1매), 6.愛國婦人會 趣旨(1매), 7.大韓民國愛國婦人會 本部 規則(2통· 4매), 8.大韓民國愛國婦人會 支部 規則(3매), 9.請願書(1매), 10.朝鮮愛國婦人會 幹事部 規則(8매), 11.會員名簿(6매), 12.愛成이라 刻한 契印(1개), 13.大韓民國愛國婦人會 中央部之印(1개), 14.大韓民國獨立愛國婦人會 中央部之印(1개), 15.安昌浩及孫貞道與國內有志書(1통 13매), 16.領收書 請願書 紀章及 赤十字會分布 等(2매), 17.會長 李喜儆의 書簡(1통 2매), 18.大韓赤十字 大韓總支部之印(1개) 등의 증거를 확보하고 있었다.[54]

일제로서는 김마리아를 통해 애국부인회와 청년외교단과의 관계 및 임시정부의 국내조직의 연계 상황과 대한적십자회 대한지부의 현황 및 설립목적 등에 대해 명확하게 알고 싶었을 것이며, 김마리아로서는 그 어떤 것도 알려줄 수 없었을 것이다. 따라서 김마리아에 대한 경상북도 경찰부의 가혹한 고문은 계속되었으며,[55] 고문은 일본인 니시오카(西岡) 경

---

54) 『每日申報』1919년 12월 19일.
55) 고문과정에서 일제는 김마리아에 대해 성고문도 자행한 것으로 보이는데 이와 관련해 遲耘 金綴洙(1893~1986)는 다음과 같이 증언한 바 있다. '김마리아 삼일운동 때 애국부인회 회장 아니여? 그리고 세상의 악형을 다 받아 미쳤어. 그런 마리아여. 그런데 미라이가 왜놈한테 악형을 어떻게 당했던지. 다들 입으로 말이 많은디. 그 말을 내가 안 하느디. 그럴 것 없다. 왜놈한테 이제 나 말해 버리고 형을 안 당할란 다. 결심을 했대. 그렇게 말해 버릴라고. 아 그랬는디 여자를 데려다가 이놈들이 음부에다 불 달궈 가지고 화침질을. 아! 데려다 여기다 화침질을. 이러구서 이렇게 문대면 이것이 뱃겨질 거 아니여? 그것은 군산서도 그랬네. 왜놈들이. 그런디 종 로경찰서에서 음부에다 화침질을 했네. 헌 것을 보고서는 그냥 혼절을 했어 마리 아가. 아주 그냥 머리를 때리고 터지는 소리를 지르고 그냥 욕을 하구. 미쳐 버렸 어. 영영 참말로 미쳤어. 왜놈들이 치료할라다 못한 게 나가서 치료하고 오니라 하 는데 미쳐 버렸어' 한국정신문화원 현대사연구소(편), 『遲耘 金綴洙』, 한국정신문

부보와 조선인 형사 박준건에 의해 자행되었다.[56]

김마리아에 대한 일제의 고문 사실은 언론 보도 등을 통해 세간에 알려지면서 사회적 반향을 일으켰다.

먼저 이병철부터 취조를 시작하려 하다가 오미 재판장은 의자에 기대앉은 피고 중 병인 김마리아, 백신영에게 대하여 두 피고는 병인이라 이병철의 심문하는 소리를 듣기에 몹시 곤란하거든 나가 있으라. 만일 과히 곤란치 아니하거든 앉아서 듣는 것이 어떻겠느냐 고 물었다. 이때 김마리아는 모기 소리만한 소리로 나가게 하여 주시면 감사하겠소. 그리고, 원래 우리 애국부인단은 남자 피고 이병철과 아무 관계가 없으니까 들을 필요도 없다고 대답한다. 이때에 백신영도 역시 김마리아와 같이 대답하므로, 제중원 간호부장 되는 서양 부인과 또 한 사람의 조선 청년이 김마리아를 떠메어 내어 가는데 김마리아는 전신에다가 담요를 두르고 얼굴에는 보기도 흉한 흰수건으로 가리웠는데, 하얗게 세인 마리아 턱이 겨우 보이는 것이 마치 죽은 사람 같이 참혹하였고, 겨우 내놓은 두 손은 뼈만 남아서 차마 볼 수 없었다. 죽은 송장같이 축 늘어진 두 피고를 떠메어 내어 갈 때에 방청석의 부인네들은 모두 홀쩍홀쩍 우는 소리로 한참 동안 그 음산한 법정은 눈물세상이 되고 말았다. 어떠한 부인은 차마 보기 싫은 듯이 고개를 돌리며 에이고 애처러워라 하고 그만 쏟아지는 눈물을 금치 못하였다.[57]

위의 내용은 『동아일보』가 1920년 6월 9일에 보도한 애국부인회사건에 대한 공판 기사인데 이를 통해서 보면 재판장에 출두한 김마리아는 얼굴을 보기도 흉한 흰수건으로 가린 채 앉아있기도 힘겨운 모습이었으며,

<hr />

화연구원, 1999, 194쪽.

56) 앞의, 『김마리아—나는 대한의 독립과 결혼하였다』, 226쪽.

57) 「大韓愛國婦人團의과 大韓靑年外交團 第一回公判傍聽速記錄」, 『동아일보』 1920년 6월 9일.

보다 못한 재판장이 재판에 참석하기 곤란하면 나가도 좋다고 할 정도의 상황이었다.

또한 제중원 간호부장의 부측을 받으며 재판정을 나가는 김마리아의 모습은 마치 죽은 송장같이 축 늘어진 참혹한 모습이었고 뼈만 남은 두 손은 차마 볼 수가 없었다고 한다. 그리고 이 모습을 본 부인들은 모두 훌쩍이며 눈물을 흘려 법정은 한동안 눈물바다가 되었고 부인들 중 차마 볼 수 없었던 사람은 고개를 돌리며 애처러워하였고 쏟아지는 눈물을 금치 못하였다고 보도하였다. 김마리아는 재판정을 나면서도 '애국부인단은 남자 피고와 아무런 관련이 없으니까 들을 필요도 없다'고 하여 관련자들을 보호하고자 하는 자신의 의지를 명확히 하였다.

『동아일보』는 5월 24일자 기사에서도 김마리아를 면회를 하고 온 친지들을 증언을 인용하여 그의 건강 상태를 보도하였다.

大韓愛國婦人團首領 金瑪利亞는 대구 감옥에서 예심중 중병이 생겨 음식을 전폐하고 자못 위독한 상태에 있다함은 이미 보도한 바이지만 이 참혹한 소문을 듣고 일전에 어느 친지 몇 사람이 면회를 청하여 김마리아의 병상과 그 현상을 자세히 보고 온 사람의 말을 들은 즉 김마리아는 감옥에 들어간 이후로도 몹시 신체가 건강하지 못하고 <u>더구나 예심 중에 머리를 몹시 맞아서 정신이 혼미하게 되었든 중 암흑하고 갑갑하고 음습한 감방에 여러 달 동안을 고통으로 지낸 까닭에 병은 점점 심하여 지금은 전신을 수습하지 못하고 밤낮으로 그 신음하는 슬픈 소리에 다른 방에 있는 여러 사람들도 잠을 이르지 못하고 오히려 그 고통으로 앓는 소리에 몸이 다 마를 지경이라 하며 길고 긴 삼사월 요사이에도 조금도 음식은 먹지 못하고 몸은 점점 파리하여 도저히 회생할 희망은 없다하며</u> 면회하러 간 사람을 만날 때도 몸을 가누지 못하고 그 자리에 넘어져 실신한 사람같이 간신히 입을 열어 두어 마디 말을 하는데 "나는 지금 어떠한 데 있는 지도 모르겠고 또

정신이 있는지 없는지도 알 수 없다"고 전연히 ㅁㅁ한 꿈속에 있는 사람의 말과 같이 힘없이 숨이 찬 음성으로 간신히 두어 마디를 다 못하여 다시 혼미한 상태에 있다. <u>이러한 광경을 보고 있는 면회하는 사람들은 그 가엾고 불쌍한 광경을 보고 같이 더운 눈물을 흘리었다.</u>[58]

김마리아는 예심 중에 머리를 심하게 맞아 정신이 혼미하던 중, 갑갑하고 음습한 감옥에서 여러 달 동안 고생한 결과 병이 더 심해졌으며, 밤낮으로 앓는 소리를 내어 다른 방에 있는 사람들이 잠을 이루지 못할 지경이라고 하고 있음을 볼 수 있다. 음식은 먹지도 못하고 몸은 점점 파리해져서 회생할 가능성이 없다고 하였으며, 면회한 사람들이 그 가엾고 불쌍한 광경을 보고 다 같이 뜨거운 눈물을 흘렸다고 하였다.

한편 대구에서 병보석을 풀려난 김마리아를 면회하고 온 나혜석은『동아일보』에 기고문에서 학교의 기도시간에 어떤 선생이 김마리아의 병세가 위중하여 3일 동안 미음 한 수저를 먹지 못했는데 만일 그가 죽으면 얼마나 아깝겠는가라고 하며, 눈물을 글썽이자 학생들도 모두 일제히 고개를 숙였고 집합장은 잠시 고요해졌다고 하였다.[59]『조선일보』에서도

---

58) 「북극 같은 감방에 실낱 같은 목숨이 오날인가 또는―」,『동아일보』는 5월 24일. 이밖에『동아일보』1920년 5월 19일자 기사에서는 '大邱獄中의 金瑪里亞危篤, 절식한 지가 이틀, 위태한 그의 목숨'이라는 기사를 보도하기도 하였다.

59) 三―月, 「대구에 갓든 일을 金利亞兄에게」,『동아일보』1920년 6월 12일. '나는 兄님들의 後援者로 貞信女學校에 敎鞭을 잡게 되엿소. 그러함으로 兄님들의 消息은 恒常 祈禱時間에 集合場에서 듯게 되엿고 異口多言으로 別別말이 다 만핫섯스나 고지를 납직한 말이 업기로 늘 지나는 말노 드러오다가 畢竟은 어느날 아침 기도시간에 某先生님 報告에 依한즉'兄의 病勢가 重하야 三日에 미음 한 수저 못 먹엇다' 하며'그가 萬一 죽는 날이면 얼마나 앗갑고 얼마나 불상하겟소'하며 눈물이 핑 돕네다. 先生의 얼굴을 처다보고 안젓든 學生一同의 머리는 일제이 숙일 때에 敎師席에 參席하엿든 나의 등어리에는 찬물을 족족 뿌리는 것 갓고 진저리를 첫나이다. 集合場은 暫間 고요하엿섯고 다 각각 자기의 심장 뛰는 소리만 듯고 잇섯슬 뿐이엿나이다'

김마리아의 病氣가 심중하다고 하거나, 심중한 신병에도 불구하고 생사를 무릅쓰고 급행열차로 대구로 가게 되었다고 보도하기도 하였다.[60] 실제로 김마리아는 인력거를 타고 법원에 入廷해야할 정도였던 것으로 보인다.[61]

한편 김마리아의 옥중 상황에 대해서는 『매일신보』에서도 보도하고 있었는데 그 보도 경향을 크게 다른 느낌이었다.

> 방년 29인 김마리아는 작년의 독립사건으로 인연하야 동원에 꽃피이고 북뫼에 수양버들이 나부끼는 좋은 때에도 거친 바람만 잇는 철창 속에서 외로히 지나다가 무정하고 야속한 무서운 병마가 거듭하야 그 생명이 경각에 잇게됨에 필경은 보석이 되어 반죽음이 된 김마리아가 대구병원에 누어 연명만 기다리고 잇게 되엿다. 일즉 부모를 여의고 표류ㅁ서한 이 김마리아의 기왕과 현재를 보라.

『매일신보』에서는 김마리아에 대해 '독립사건'과 연루 되어 동원에 꽃이 피고 북뫼에 수양버들이 나부끼는 좋은 때에 철창 속에 외로이 지내다가 무정하고 야속한 병마가 거듭되어 필경은 반죽음으로 대구병원에 누어 영면만 기다리고 있게 되었다고 하였다. 뿐만 아니라 이 기사에서는 '虛無한 人生의 常事이냐, 金瑪利亞 病 드럿네, 최후의 사형선고가 병일 줄을 누가 생각하얏스리, 병원에서 신음하는 소리를 듣는가, 뼈의 뼈 속까지 든 이 병을 엇지하나'라는 표제를 달기도 하였다.[62]

---

60) 「15일 朝 급행열차로 김마리아가 대구로 往. 심중한 신병을 불고하며 생사를 무릅쓰고 떠났다」, 『조선일보』 1920년 12월 16일. 「애국부인단 사건 피고인 金瑪利亞 병기 심중」, 『조선일보』 1920년 7월 3일.

61) 「金瑪利亞 控訴公判, 김마리아는 병으로 인력거로 입정했다, 방청자 二百名」, 『每日申報』 1920년 12월 18일.

62) 이밖에 이 기사에서는 '철창에서 병원에, 대구병원에 길게 누어 인사불성 하는 마

그러나 『매일신보』 조차도 김마리아의 옥중 상황에 대한 사회적 파장을 외면만 하고 있는 어려웠던 것으로 보인다.

나는 귀보 제4495호 제3면을 보다가 감정도 나고 눈물도 절로 나서 신문을 모두 찌젓습니다. 볼 것이업서 그런 것이 안이라 여러분이 아는 바와 갓치 애국부인단 김마리아라하면 우리 이천만 동포가 다 알다십히 대구경찰서에 잡혀 심문을 당하엿는데 오늘까지 무서운 악형을 당한 사실은 신문에 보앗지요만은 생명이 위태하야 대구병원에 입원케 하엿다는 긔사를 보고 아모리 죄는 것기로 남자도 아닌 여자의 연약한 몸에 그리 몹시 악형을 하여 죽이면 속이 시원할가요 참불상하여요 귀보에 난 것을 보고 원통한 눈물 설움이 쏘다 것습니다.(동창생)63)

동창생이라는 익명을 사용한 투고자는 대구경찰서에서 악형을 당해 병원에 누어 있는 김마리아에 대한 기사를 읽고 아무리 죄를 겼어도 연약한 여자에게 그런 몹쓸 악형을 가하여 죽이면 속이 시원한가요 라고 반문하며, 원통한 눈물이 쏟아져 신문을 모두 찢어버렸다는 기고문을 게재하였다.

1920년 5월 22일 병보석으로 대구 감옥에서 풀려난64) 김마리아는 초기에는 대구에서 치료를 받았으나 적절한 치료가 불가능한 상황이라 서울의 세브란스병원으로 옮겼으며, 의사와 간호원들의 정성스러운 치료에 힘입어 '청신한 정신'으로 병세가 호전되어 대구와 서울을 오가며 재판을

리아, 혼수상태에 빠진 마리아는 오직 하늘만 부르짖는 그의 심정, 그 기구한 팔자 그 만병 드러 죽고 말려나 그 파란중첩한 생활을' 등을 소제목으로 하고 있었다. 『每日申報』1920년 5월 27일.

63) 「讀者俱樂部」, 『每日申報』1920년 5월 29일.

64) 「金瑪利亞保釋, 백신영과 함께 보석 리뎡숙도 족부에 병」, 『동아일보』1920년 5월 26일.

받았던 것으로 보인다.[65]

세브란스병원에 치료 받는 동안 김마리아의 망명계획이 구체화되었다. 김마리아는 1921년 4월 일제의 감시를 약화시키고 요양을 위해 성북동의 한적한 농가를 얻어 생활하고 있으며,[66] 이 시기부터 김마리아의 상해로의 망명계획이 추진되었던 것으로 보인다. 그녀의 망명 계획은 선교사 맥퀸의 제자 윤응념의 권고와 조력에 의해 이루어졌다. 그는 임시정부 교통국 參事로『독립신문』과『신한공보』를 국내로 들여와 선전하는 활동을 전개하였으며, 김마리아와 임시정부 경무국장 도인권의 가족과 의정원 의원인 김붕준의 가족 등을 국내로 탈출시키는데 결정적인 역할을 하였다.[67]

망명을 결심한 김마리아는 1921년 6월 28일 오후 4시 세브란스병원에서 퇴원한 후 밤을 기다려 윤응념이 준비한 인력거를 타고 인천으로 출발하였다. 도중에 중국인 요리점에 들려 중국인 옷으로 변장하였으며, 자동차를 타고 인천에 도착하였다. 중국인 교회에서 일주일을 머물며, 신병을 조섭한 후 배편으로 인천을 떠났다.[68]

김마리아가 탈출에 성공하자 당황한 일제는 1921년 8월 1일 경성복심법원 佐藤檢事長의 명으로 入獄 명령을 내리기도 하였으나 이미 북경을 거쳐 상해 임시정부로 망명에 성공했다는 소문이 널리 퍼져있는 상황이

---

65)「病이 快하야 金瑪利亞退京, 작일 아츰에 대구로 출발 대한애국부인단의 수령 김마리아」,『동아일보』1920년 9월 2일.

66)「金瑪利亞의 轉地療養. 동소문 성복동으로 가서 약수를 먹는다」,『조선일보』1921년 3월 29일.

67) 유준기, 앞의 논문, 180~181쪽.「仁川을 中心으로 한 重大事件의 眞相, 십구일오전발표, 軍資募集에 專力, 상해가정부와 교통하고자 배 한척을 사다가 발각테포, 犯人尹應念은 前에는 交通部參事로 김마리아를 상해로 호송한 것도 이 사람의 일이다」,『동아일보』1923년 5월 20일.

68) 박용옥, 앞의 책, 283쪽.

었다.[69] 국내언론에서 이 사건에 대해 '인천중대사건'이라고 명명하기도 하였다.[70]

인천을 출발한 김마리아는 1921년 7월 21일 중국 산동반도의 항구도시 威海衛에 도착하였으며,[71] 그로부터 2주 후에는 6월 3일 경 이모부인 서병호가 임시정부의 영접대표로 김마리아를 찾아왔으며, 8월 10일경 상해에 도착한 김마리아는 친지들의 극진한 간호를 받았다. 건강을 회복한 김마리아는 1922년 2월 경 미국 선교사가 설립한 기독교계 사립대학인 남경 금릉대학에 입학하여 학업에 정진하였다.

> 혼춘 연통랍자에는 원래 祖先愛國婦人會라는 것이 있어서 이미 세상을 떠난 黃丙吉이가 수령이 되어 혼춘현과 왕청현에 비상한 세력을 가지고 勸學會일파와 기맥을 통하여 여러 가지 배일운동에 종사하는 중 재작년에 간도에 일본군사가 출병하였을 때 모두 해산되었는데 근일 김마리아라는 여자가 다시 애국부인회를 부흥하여 전기 연통랍자 야소교 회당에서 발회식을 거행하고 스스로 회장이 되어 혼춘지방은 다시 배일단의 근거지가 되었음으로 향○ 新乾原을 독립단이 습격한 일과 함께 매우 주목할 가치가 있다더라.[72]

---

69) 「金瑪利亞 脫走說에 對하여, 問노니 爾今 安在哉오, 金瑪利亞 脫走說에 對하여, 問노니 爾今 安在哉오. 상해를 갓다고도하나 자세한 보고가 업서서 아직몰라」, 『每日申報』 1921년 8월 6일.

70) 「인천 중대 사건의 顚末, 교통부 參事가 된 동기, 제1회 임무는 성공, 金 마리아를 비밀 渡호(상해), 동지를 규합, 자금모집의 제1착, 모집금액으로 선박 구입. 金有根과의 관계, 尹應念의 담대한 언동」, 『조선일보』 1923년 5월 20일.

71) 「金瑪利亞孃 朝鮮 脫走顚末(一) 學生을 政治運動, 罪囚로 變裝出境, 중병으로 인하야 일시 보석출옥 입원 치료 하다가 변장하야 탈주(讀者와 記者 欄)」, 『동아일보』 1925년 8월 15일. 「金瑪利亞孃 朝鮮 脫走顚末(二) 仁川서 上海까지, 經路는 滄海 萬里, 강산아 잘잇거라 인제서 배타고 바람과 물결과 병으로 이십여일(讀者와 記者 欄)」, 『동아일보』 1925년 8월 16일.

72) 「琿春에 愛國婦人會, 김마리아라는 여자가 중심이 되야, 애국부인회를 다시 이르

위의 내용은 북간도 혼춘지역에서의 김마리아의 활동을 보도한 『동아일보』 1922년 2월 4일자의 기사이다. 이를 통해서 보면 혼춘의 연통랍자에는 원래 애국부인회가 있었는데 최근 '김마리아라는 여자'가 이 지역의 유력한 독립운동 지도자였던 황병길 계열의 勸學會세력과 연결하여 다시 애국부인회를 '發會'하는 등 적극적인 활동을 전개하고 있다고 보도하였다.

그런데 『동아일보』의 이 같은 보도는 당시 김마리아의 상황을 정확하게 파악하고 있는 것은 아닌 것으로 보이지만, 적어도 국내에서는 김마리아가 일제의 감시망을 극적으로 탈출하여 다시 독립운동을 전개할 수 있게 된 상황과 관련하여 일정한 사회적 반향을 표현하고 있었던 것으로 생각된다고 하겠다.

VI. 맺음말

본고에서는 지금까지 김마리의 국내에서의 민족운동에 대해 독립운동가 집안으로서의 가족관계와 민족교육, 동경유학과 여자유학생친목회 회장으로서의 활동과 2·8독립선언 참여여와 3·1운동 참여과정에 대해 살펴보았다

특히 본고에서는 3·1운동 이전 근대적 학교 교육과 일본 유학을 통한 민족의식의 성장에 대해 검토해 보았다. 또한 후 출옥한 김마리아가 대한민국애국부인회를 조직하는 과정에서 그의 투쟁노선이 임시정부의 독립전쟁론을 조직적으로 후원하기 위한 것이었음을 보다 분명히 하였다.

컸다고」, 『동아일보』 1922년 2월 4일.

체포 이후 김마리아가 조직과 동지들을 보호하기 위해 견뎌냈던 고문의 고통과 그 사회적 영향력에 대해 당시의 언론기록을 통해 정리하였으며, 이는 그의 투쟁이 단지 여성 개인의 투쟁을 넘어 3·1운동 이후 일제의 극심한 언론통제가 이루지고 있는 상황에서도 국내 민중들의 독립의식을 고양시키는 의연한 투쟁이었다고 할 것이다.

병보석으로 석방된 김마리아가 임시정부의 국내 연결조직인 교통국의 도움으로 상해 무사히 탈출하는 과정에 대해서도 살펴보았다. 이는 김마리아의 탈출이 역시 여성독립운동가로서의 결단력 있는 결행이었음을 보여주는 것이었으며, 임시정부 국내조직의 활약상의 일면을 보여주는 의거였음을 확인하고자 하였다.

따라서 김마리아는 3·1운동을 전후하여 국내외를 통해 가장 활발하게 독립운동을 전개했던 여성독립운동가의 대표적 인물이었으며, 그녀가 상해로 탈출하기 이전 국내에서 전개했던 3·1운동과 애국부인회의 활동 및 3·1운동의 촉매제가 되었던 일본에서의 활동과 국내로의 귀국, 그리고 일제의 모진 고문 속에서도 의기를 꺼지 않고 견뎌냈던 고통의 시간들은 김마리아의 민족정신과 투쟁의지의 강인함을 보여주는 것이었다고 할 것이다.

제4장

나혜석의 3·1운동 참여와
근대의식

I. 머리말

晶月 羅惠錫(1896~1948)은 우리나라 최초의 여성화가로 널리 알려져 있다. 최근에는 소설가와 여성해방운동의 선구자로서도 연구되고 있어서 그녀의 삶과 사회활동의 근대성 및 역사성에 대한 다양한 접근이 이루어지고 있다. 그리고 이러한 노력을 바탕으로 주로 1910년대부터 1920년대를 중심으로 나타나는 나혜석의 민족의식과 민족운동에 대해서도 그 성격의 일면이 밝혀지고 있다.[1]

나혜석은 일본 유학시절인 1915년 朝鮮女子留學生親睦會를 조직하고 기관지인『여자계』의 발행을 주도하였으며, 3·1운동 때에는 김마리아·

---

[1] 구대열,『애미는 선각자였느니라』, 동화출판공사, 1974; 최홍규,「나혜석의 가족사와 민족의식」,『나혜석 바로알기 제1회 국제심포지움』, 나혜석 기념사업회, 1999; 박환,「羅惠錫의 민족의식 형성과 민족운동」, 박용옥,『여성: 역사와 현재』, 2001; 서굉일,「민족과 함께한 晶月 羅惠錫」, 앞의,『나혜석 바로알기 제4회 심포지움』, 2001; 이상경,『인간으로 살고싶다』, 한길사, 2000; 서정자,『정월 나혜석 전집』, 국학자료원, 2001.

朴仁德·黃愛施德 등과 함께 운동에 참가하여 자금 모집 활동을 전개하다 투옥되었다.[2] 1922년에는 남편인 김우영이 중국 遼寧省 安東縣 부영사로 부임하게 되자 그 곳에서 여자야학을 개설하였으며,[3] '義烈團' 단원들을 비롯하여 압록강을 넘나들며 활동했던 독립운동가들을 돕기도 하였다.[4]

1920년 1월에는 조선공제회의 기관지인 『共濟』창간호에 版畵 '早朝'를 발표하였으며, 1921년 7월에는 『開闢』창간호에도 油畵『開拓者』를 발표하는 등 미술작품에 있어서도 당시의 사회의식을 반영하는 경향을 보이고 있었다.[5] 이밖에 나혜석은 각종 언론을 통해 사회 개량적 성격의 글을 발표하거나 문학작품, 혹은 인터뷰 등을 통해 자신의 견해를 피력함으로써 한국 여성은 물론, 한국사회의 사회적 개량을 선도하고자 하였다.[6]

따라서 본고에서는 기존의 연구성과를 바탕으로 나혜석 관련자료들을 정리해 봄으로써 식민지시기 나혜석의 민족의식과 사회활동이 보여주었던 역사적 긍정성에 대해 보다 구체적으로 접근해 보고자 한다. 그리고 이러한 검토는 궁극적으로 식민지시기의 시대적 한계를 다양한 모습으로 극복해 보고자 했던 나혜석의 삶에 대한 이해의 폭을 넓히는데 기여할 수 있을 것으로 생각된다.

---

2) 앞의,「羅惠錫의 민족의식 형성과 민족운동」참조.
3)「安東縣 女子夜學」,『東亞日報』1922년 3월 22일.
4) 서굉일, 앞의 논문.
5)「早朝」1920년, 1월,『共濟』창간호,「개척자」1921년 7월,『開闢』13호.
6)「婦人衣服改良問題」,『東亞日報』1921년 9월 29일~10월 1일,「생활 개량에 대한 여자의 부르짖음」,『東亞日報』1926년 1월 24~30일.

II. 근대적 민족의식의 형성과 성장과정

나혜석은 일제의 조선강점이 본격화되고 있던 高宗 연간인 1896년 4월 28일[호적 날짜] 水原에서 羅基貞과 崔是議의 5남매 중 4째, 딸로는 2째로 태어났다.[7] 그녀의 집안은 아버지 나기정이 1900년에 관직에 진출하기 시작하여 1915년 12월 10일 별세할 때까지 시흥군수와 용인군수를 지냈으며, 수원 인근에서 '나부자집'이라고 불리고 있었던 것으로 보아 일정하게 財力을 갖춘 관료형 지주의 집안에서 태어나 성장했던 것으로 보인다.

그런데 이러한 환경 속에서 자란 나혜석이 일정하게 민족의식을 갖게 된 것은 크게 보아 국내에서의 학교생활과 일본유학 생활에서의 경험, 그리고 오빠인 羅景錫[公民]과 약혼자였던 崔承九[素月]로부터 영향 받은 바 큰 것으로 생각된다. 나혜석은 1910년(15세) 6월 수원의 삼일여학교를 졸업하였는데, 이 학교는 사촌 오빠인 羅重錫이 수원의 유지들과 힘을 모아 설립한 민족적 성격의 사립학교였다. 삼일학교의 교직원과 졸업생들은 3·1운동을 비롯하여 수원지역의 민족운동 전개에 일익을 담당하였는데[8] 삼일학교의 민족교육은 어린 나이의 나혜석에게 긍정적인 영향을 끼쳤을 것으로 생각된다.

1913년 3월 28일 진명고등보통학교를 최우등으로 졸업한 나혜석은 나경석의 도움으로 동경여자 미술전문학교에 진학하여 서양화를 전공하면서 유학生活을 시작하였다. 이미 일본유학을 시작하고 있던 나경석은 1914년 7월 東京高等工業學校를 졸업한 후 귀국하지 않고 1915년부터 1918년까지 아나키즘사상에 영향을 받으면서 일본에 있는 조선인노동자

---

7) 앞의, 『정월 나혜석 전집』(연보), 739쪽.
8) 최홍규, 앞의 논문, 88쪽.

들의 생활향상을 위한 사회운동을 전개하는 선진적 지식인의 면모를 보여주고 있었다.[9]

1915년 1월 나경석은 大阪에서 조직된 在阪朝鮮人親睦會의 총간사로서 활동하였는데 이 조직은 친목회라는 명칭에도 불구하고, 조선인노동자들간의 조직화에 주력했던 단체였다. 또한 나경석은 1915년 2월『學之光』제4호에 발표한「低級의 生存慾」이라는 글을 발표하였는데 이 글에서 그는 窮乏한 조선의 농민이 현실을 상황을 극복할 수 있는 방법이 제너럴 스트라잌과 시보타즈 밖에 없는 상황에서 누가 '브나로드'하면서 깃발을 높이들 사람이 있겠소" 라고 함으로써 사회주의적 농민운동의 실천과 이를 위한 지식인의 역할을 강조하였다. 이 시기에 나경석은 일본의 생디칼리즘과 공산주의적 무정부주의를 지향했던 일본의 지식인들과 교류하고 있었으며, 일본경찰로부터 '排日鮮人'으로 지목 받고 있었다.[10]

나경석은 1920년대에 들어서면 무정부주의적 사회주의사상을 보다 강하게 수용해 가는 모습을 보였다. 1920년에『共濟』창간호를 통해 발표한「世界思潮와 朝鮮農村」,「露西亞의 敎育과 列强」이라는 글에서 당시를 계급투쟁의 시기로 상정하고, 노동자의 자각을 촉진하고 이들의 상황을 개선할 수 있는 대안으로 소비조합의 경영과 상호보조 및 교육을 제시하였다.[11] 그런데『공제』는 1920년 4월 서울에서 창립된 사회운동단체

---

9) 羅景錫,『公民文集』, 正宇社, 1980, 261쪽. 나경석은 1910년 동경 正則英語學校를 2년 수학한 뒤 東京高等工業學校로 옮겨 3년 간 수학한 후 1914년 7월에 졸업하였다. 그리고 이때 나경석은 조선인노동자들과 함께 빈민굴에서 생활하였다고 한다.

10) 유시헌,「나경석의 생산증식론과 물산장려운동」,『역사문제연구』제2호, 1997, 296~299쪽. 이때 나경석은 일본의 무정부주의자였던 長谷川市松과 생디칼리스트인 橫田宗次郎 및 사회주의적 경향을 지닌 大杉營·逸見直造 등과 교유하고 있었다. 박환, 앞의 논문, 109~110쪽.

11) "소위 지식계급이 일정한 主義下에서 노동자의 장래의 自覺을 촉진케 할 현재의 窮

인 勞動共濟會의 기관지였다. 노동공제회에는 노동자 출신의 車今奉을 비롯하여 金明植 등 사회주의적 성향의 지식인들이 다수 포함되어 있었고, 조선의 노동현실에 대해 적극적인 관심을 표명했던[12] 당시로서는 상당히 진보적인 성격의 사회단체였다.[13] 그리고 『공제』 창간호에 나경석이 2편의 글을 동시에 싣고 있다는 것은 이 시기의 지식인운동에 있어서 나경석의 활동이 비교적 활발하였음을 보여는 것이라고 하겠다. 따라서 오빠 나경석의 이러한 사상과 활동은 동생인 나혜석에게 적지 않은 영향을 주었을 것으로 여겨진다.

일본유학생활은 나혜석의 민족의식 성장에 중요한 영향을 끼쳤던 것으로 보인다. 나혜석은 오빠인 나경석 이외에 약혼자였던 최승구로부터 일정하게 영향을 받았을 것으로 생각된다. 최승구는 1892년 경기도 始興에서 출생하였으며, 보성전문학교를 졸업하고 1910년 일본으로 건너가 유학하였다. 일찍이 崔南善으로부터 높은 평가를 받았으면서 이광수 등과 함께 在日留學生 사회의 대표적 지식인의 일원으로 활동하고 있었다. 그는 재일 유학생 단체인 학우회의 기관지 『學之光』의 인쇄인으로 활동

츤을 구제하려 하려하면 都市에 있어서는 생활의 필요품을 공급하는 消費組合을 경영하야 이해가 공통된 계급의 단결의 습관을 작성하고 상호부조의 덕의를 함양하야 세계적 사회운동에 응합케 함이 제일 적합한 방법…"라고 하고 있다. 나경석, 「世界思潮와 朝鮮農村」, 『共濟』 제1호, 1920, 54~55쪽. 公民, 「露西亞의 敎育과 列强」, 『共濟』 제1호, 94쪽.

12) 『공제』 창간호의 創刊辭에서는 '我, 可悶的 同胞 아 可憐的 同胞 아 年豐에 啼飢 冬暖에 泗寒함은 滿天下 民衆에 惟我勞動者 뿐이로다'라도 하여 그들이 조선의 노동문제에 깊은 관심을 갖고 출발하고 있음을 보여주고 있다. 「創刊辭」, 『共濟』, 1920. 8. 4쪽.

13) 그러나 勞動共濟會가 진정한 의미의 노동단체 혹은 사회주의운동단체로 보기는 어려우며, 대체로 좌·우익의 지식계급이 모두 참여하고 있었던 것으로 보인다. 金俊燁·金昌順, 『韓國共産主義運動史』2, 청계연구소, 1986. 62~65쪽, 참조.

하였으며, 이 잡지에 1편의 詩와 수필 · 평론을 발표하기도 하였는데 그는 대체로 강력한 민족의식의 소유자였던 것으로 파악된다.[14]

최승구는 1915년 2월 28일『학지광』제4호에 발표한 '벨지움의 용사'를 통해서는 독일의 벨기에 침공에 맞선 벨기에의 용사들에게 끝까지 저항할 것을 요구하고 있으며, 이를 통해 당시 일제에게 강점 당해 있던 조선의 민족적 현실에 대해서도 강력한 저항의식을 나타낼 것을 빗대어 강조하였다. 또한 그는 1916년 1월『近代思潮』에 발표한 '긴 熟視'에서는 '沙漠'으로 표현되는 식민지로 전락한 조선의 현실이 암담함에도 불구하고 熱漏(뜨거운 눈물과) · 苦汗(비지땀)과 寶血로서 毒沙[독기 있는 모래]를 파냄으로서 사막을 '沃土'로 바꾸어야 하며, 이를 위해 '집념'을 갖고 현실을 개척해야 한다고 강조하였다.[15]

한편, 이 시기에 나혜석은 일본에서 朝鮮女子留學生親睦會(이하— 여자친목회)의 활동을 주도하고 있었다. 1915년 4월 나혜석은 金貞和와 함께 조선여자유학생친목회를 조직하였는데 이 단체는 주로 在東京 여자유학생 간의 친목 도모와 지식계발 및 국내여성을 지도 계몽하는데 그 목적을 두고 있었다. 창립 당시 여자친목회는 全榮澤 · 李光洙가 고문이었으며, 金喆壽 · 白南薰 · 金度演 · 申翼熙 · 張德秀 등 항일적 인사들과 관련을 맺고 있었던 것으로 보아 여자친목회 역시 항일적 성격을 갖고 있었던 것으로 파악된다.[16] 여자친목회에서는 정기 연3회 또는 임시총회를 열어

---

14) 박　환, 「나혜석의 민족의식형성과 민족운동」, 앞의 책, 171쪽.
15) 최승구, 「긴숙시」,『近代思潮』, 1916. 1. 중요한 부분만 옮겨보면 다음과 같다.
　　저의 보이는 지금 사막은 전의 사막이 아니다. 전에는 옥토였다. … 저는 또 부르짖는다."너희들이여 파거라! 그 독사(毒沙, 독 기있는 모래)를 파거라. 그 독사를 헤치거라. 너희들의 熱漏와 苦汗과 寶血을 짜내어서 독사를 적시어라. 파거라. … 오 卿이어 저희들에게 능력을 주거라. "집념을 굳세게 하여라"고 김상경, 앞의 책, 114쪽에서 재인용.

시사에 관한 사항을 논의하였는데 주로 조선의 근대화문제 · 제1차세계대전문제 · 민족문제 · 여성해방론 등의 논의되었을 것으로 짐작된다.[17]

나혜석은 1917년 10월 17일 동경의 조선교회당에서 개최된 임시총회에서 회장 김마리아, 서기 鄭子英, 부서기 金忠義, 회계 玄德信 등과 함께 총무로 선출되었으며, 許英肅 · 黃愛施德과 함께 『女子界』의 편집위원으로 활동하였다.[18] 『여자계』는 여자친목회의 기관지로서의 성격을 갖는 잡지였으며, 나혜석은 이 『여자계』 통해서 적극적인 집필활동을 하였던 것으로 보인다. 1917년 7월 창간호를 발행한 후 『여자계』는 경비문제로 휴간하고 있었는데 나혜석은 전형택과 함께 적극적인 모금활동을 전개하여 1918년 하순 『여자계』 제2호를 발행할 수 있게 되었으며, 여기에 소설 「경희」를 발표하였다.[19]

나혜석은 『여자계』 제3호의 발행에 있어서도 적극적인 찬조를 아끼지 않았으며,[20] 제3호에는 소설 「回生한 孫女」를 발표하였다.[21] 나혜석은 『여자계』의 편집 · 집필 · 발간에 있어서 가장 적극적인 활동을 전개하였으며, 이는 『여자계』의 「消息」에서도 '본지를 위해 금옥 같은 옥고를 늘 쓰시고 본지의 유지와 발전을 위하여 참 분골쇄신 자기를 잊어버리고 헌신적으로 힘써주시던 羅晶月씨'가 병에서 빨리 회복되기를 바란다고 한 내용에서도 알 수 있다. 즉 일본 유학시절 나혜석은 유학생사회의 중심에

---

16) 독립운동사편찬위원회, 『독립운동사자료집』 13, 13쪽, 박환, 앞의 글, 176쪽.

17) 박환, 앞의 논문, 176쪽.

18) 『女子界』 2호, 「消息」 참조.

19) 『여자계』 제1권 제2호 참조.

20) 나혜석은 김덕성이 15圓을 기부한 것에 이어 金子信 · 崔義卿 등과 함께 5圓을 기부하였으며, 황애시덕 · 具順善 등은 3원을 기부하였다고 한다. 박환, 앞의 글, 119쪽 참조.

21) 『여자계』 제3호 참조.

서 활발한 활동을 전개하고 있었으며, 그녀가 交遊했던 인사들의 성격을 고려한다면 이 시기 나혜석의 활동은 그녀의 민족의식이 성장하는데 크게 기여했을 것으로 생각된다.

나혜석은 일본유학을 통해 근대적 여성운동가로도 성장하고 있었다.[22] 1917년 4월 『學之光』 12호에 발표한 「雜感」을 통해서 보면 그녀는 조선여자도 미국 · 독일 · 프랑스 여자들과 비교하여 늦은 감이 있지만 사람다운 사람, 혹은 여자다운 여자가 되어야 함을 강조하였다. 1917년 7월 『學之光』 13호에 발표한 「잡감(K언니에게 與함)」에서는 '내가 여자요 여자가 무엇인지 알아야겠소. 내가 조선사람이요 조선사람이 엇더케 해야 할 것을 알아야 겠소' '우리도 배운 학문을 내 소유로 만들어야 겠소. 朝鮮化시킬 욕심을 가져야 겠소'라고 함으로써 여자로서, 인간으로서의 자주의식과 조선사람으로서 민족의식을 동시에 보여주고 있었다.[23]

뿐만 아니라 나혜석의 민족의식은 1918년 9월 『여자계』 3호에 게재한 소설 「回生한 孫女에게」에서도 그 일단이 보이고 있다. 나혜석은 '깍두기'로 대표되는 조선 음식을 먹고 손녀가 회생하는 상황을 강조함으로서, 그리고 그러한 손녀를 '너는 할 수 없이 깍두기의 딸'이라고 함으로써 자주적 문화의식을 보여주기도 하였다.[24]

---

22) 나혜석은 일본에서 유행하고 있던 여성해방론에 영향을 받은 바가 큰 것으로 생각된다. 井上和伩, 「나혜석의 여성해방론의 특색과 사회적 갈등」, 『나혜석 바로알기 제1회 국제심포지움』, 71쪽.

23) 나혜석과 관련된 글은 서정자, 『원본 정원 나혜석 전집』, 국학자료원, 2001으로 정리 출간되었으며, 본고에서는 이 책을 참고하였다.

24) 나혜석의 이러한 의식은 「回生한 손녀에게」의 다음과 같은 부분에서 확인할 수 있다. 그러쯤 넌 그 깍두기 맛으로 回生한 너로구나 오냐 너는 죽기 전에는 그 깍두기가 너의 정신을 반짝하게 해주는 인상을 잊을 래야 잊을 수 없게 되는 구나 … 너는 할 수 없이 깍두기의 딸이다. 너도 이젠 꼭 그런 줄을 알았을 줄 믿는다. 까두기로 영생하는 내 기특한 손녀여!

1918년 4월 일본 유학을 마치고 귀국한 나혜석은 1920년대에 들어 『共濟』, 『開闢』 등에 사회성이 짙은 미술작품을 발표하였는데 『공제』 창간호에 발표한 판화 '早朝'25)는 농민이 밭을 갈며 일하는 현장을 묘사하고 있으며, 일터의 지평선에서 해가 솟아오르는 장면을 담고 있어서 소재적으로 농민이 새날을 맞게 된다는 내용을 암시하고 있었다.26) 또한 『開闢』에 발표한 油畵 '開拓者'는 곡괭이질을 하고 있는 농부의 모습을 묘사하고 있는데 이것 역시 내용상 성장하고 있던 민중의 역동성을 묘사하는 주제의식이 강한 작품경향을 나타내고 있는 것이라고 하겠다.27) 따라서 이러한 작품의 내용을 통해서 볼 때 나혜석은 1920년대에 들어 본격적으로 성장하는 한국사회의 노동문화와 농촌의 사회현실에 대해 나름대로의 이해와 관심을 갖고 있었던 것으로 보인다.28)

그런데 잡지 『개벽』은 1920년 6월 天道敎靑年黨이 주도하는 開闢社에 의해 창간된 잡지로서, 천도교의 이념을 전파하면서도 민족의식을 고취하고 독립운동의 方略 제시를 위해 노력했던 대표적 민족언론의 하나였다.29) 따라서 나혜석이 1920년대에 들어 『공제』와 『개벽』에 각각 사회성이 짙은 미술작품을 발표하였다는 것은, 물론 오빠 나경석의 활동과 맞물려서 이루어진 측면이 있다고 하겠으나 궁극적으로는 유년기와 일본유학, 그리고 3·1운동을 거치면서 성장해 갔던 그녀의 민족의식이 당

---

25) 羅惠錫, 「早朝」, 『공제』 창간호, 1920. 8.
26) 蔡弘基, 「민족의 독립을 잃어버린 선각적 근대의식의 旅程」, 『나혜석 바로알기 제3회 심포지움』 2000, 1. 112~113쪽.
27) 羅惠錫, 「개척자」, 『개벽』, 13호, 1921. 7.
28) 이상경, 앞의 책, 223~227쪽. 그러나 나혜석이 당시의 노동문화나 노동운동에 대해 구체적으로 어떠한 생각을 갖고 있었는지에 대해서는 확인하기 어렵다.
29) 白淳在, 「日帝의 言論政策과 筆禍事件-開闢誌를 중심으로-」, 『新東亞』 1967. 5 월호 참조.

시의 시대정신을 반영하면서 직접적으로 표현되고 있었음을 보여주는 것이라고 하겠다.

이상의 내용을 종합해 보면 나혜석의 민족의식은 외연적으로는 나경석과 최승구의 영향과 삼일학교와 일본유학을 거치면서 경험하게되는 교육과 사회적 환경 속에서 형성되었던 것으로 보이며, 내면적으로 여성으로서의 '自意識'을 기반으로 하여 민족의식과 사회의식을 동시에 공유하면서 성장하였던 것으로 보인다.

III. 3·1운동과 나혜석

나혜석이 3·1운동에 참가한 것은 2·8독립선언서에 참가했던 조선여자유학생친목회의 회장 김마리아와 황애시덕이 1919년 3월 2일 나혜석을 만나 일본에서의 만세운동을 이야기하고 함께 활동할 것을 권유한 것이 계기가 되었다. 이에 동의한 나혜석은 김마리아와 함께 이화학당 기숙사 朴仁德의 방에서 황애시덕·박인덕·김하르논·孫正順·安秉淑·申체르뇨(申俊勵)·朴勝一·安炳壽 등 모두 11명이 회합을 갖고 향후의 운동방향에 대해 의논하였던 것으로 보인다. 즉 일본에서 2·8독립선언에 참가했던 김마리아와 황애시덕 등이 국내로 들어와 여성들을 중심으로 한 만세운동을 조직화하고자 하였으며, 일본에서 이들과 함께 활동한 바 있던 나혜석은 자연스럽게 3·1운동에 합류하였던 것으로 생각된다.[30]

김마리아와 박인덕 등 11인이 모인 회의에서는 '부인단체를 조직하여

---

30) 나혜석이 3·1운동에 참여하게 되었던 상황에 대해서는 박환, 앞의 논문에서 이미 상세하게 밝히고 있으며, 본고는 이 논문을 참조하였다.

조선의 독립운동을 전개할 것, 남자단체와 여자단체와의 사이에 연락을 취할 것'[31] 등 황애시덕이 제안한 운동방향에 대해 동의한 후 적극적인 활동을 전개하였는데 나혜석은 주로 운동자금의 모집에 주력했던 것으로 보인다. 활동자금에 대한 문제가 논의되자 나혜석은 3월 3일 오후 8시경 자금 조달을 위하여 자신과 연고가 있는 開城과 平壤으로 출발하였다.

한편 서울에서는 각 학교가 휴교할 것, 3월 5일 남학생의 독립운동에 가담할 것 등을 결의하였으며, 박인덕·신준려 등이 학생들을 동원하기로 하는 등 만세운동을 일으키기 위한 준비작업에 박차를 가하고 있었다.[32]

개성에 도착한 나혜석은 貞華女塾의 李正子를 방문하였는데, 이는 경성의 여자보통학교에 다니던 이정자의 姪女가 나혜석의 이웃에 살고 있던 인연 때문이었다. 그러나 이정자는 서울에서 전개되고 있는 상황에 대해 기본적으로는 그 뜻에 동의는 하지만, 교장으로서 참가할 수 없다는 답변을 받았다. 또한 평야에서는 貞進여학교 선생인 朴忠愛를 만났다. 박충애는 평양에서 만세운동에 참여했으며, 수원삼일학교 동창생이었는데 그녀는 자신이 일제 경찰로부터 감시를 받고 있는 상황이기는 하지만 가능한대로 만세운동에 참가하겠다는 의사를 밝혔던 것으로 보인다.[33] 이처럼 나혜석은 3월 2일 회의 이후 개성과 평양을 방문하여 동지들을 규합하고 자금을 모집하는 활동을 적극적으로 전개하였던 것으로 보이며, 이것은 나혜석이 3·1운동 이후 서울에서 전개된 여성들의 만세운동에서 주도적인 활동을 했음을 보여주는 것이라고 할 것이다.

3월 4일 아침에 경성에 돌아온 나혜석은 3월 8일 황애시덕으로부터 자

31) 국사편찬위원회, 『한민족독립운동사자료집』 41, 1991.
32) 앞의, 「황애시덕」 신문조서.
33) 앞의, 「나혜석」 신문조서.

신이 3월 4일의 회의에서 만세운동을 지도하기 위해 결성된 조직에서 김마리아 · 황애시덕 · 박인덕 등과 함께 간사로 선출되었다는 사실을 알았으며, 3월 8일 아침 이화학당 식당에서 아침식사 도중 학생들에게 만세를 부르도록 지도한 사건에 연루되어 체포되었다. 당시 나혜석은 김마리아 · 황애시덕 · 박인덕 등과 함께 체포되었으며, 3월 18일 경성지방검사국에서 신문을 받았다.[34] 나혜석은 서대문 감옥에서 이아주 · 어윤희 · 권애라 · 신관빈 · 심명철 · 신진심 · 강기정 등을 만났으며, 이들은 체포된 후 취조를 받는 과정에서도 애국가를 부르거나 만세를 부르며, 일경에게 저항하였다고 한다. 나혜석은 8월 4일 증거 불충분으로 면소되어 석방될 때까지 5개월간 옥고를 치렀다.[35]

오빠인 나경석도 3 · 1운동에 적극적으로 참가하였다. 1918년 귀국한 그는 3 · 1운동이 일어나자 독립선언서 1,000부를 만주 길림성에서 민족운동에 종사하고 있던 孫貞道목사에 전달하였으며, 돌아오던 길에 무기 10자루를 구입하여 국내로 반입하려다 安東縣에서 발각되어 빼앗기기도 하였다. 이 일로 나경석은 블라디보스토크에서 1921년까지 망명생활을 하였다.[36] 또한 나경석은 1923년 국내에서 물산장려운동이 일어나자 이사로 활동하면서 이 운동의 성공을 위해 이론가로 활동하였다.[37]

따라서 이상의 내용을 종합해 보면 나혜석은 2 · 8독립선언을 경험하고 그 연장선상에서 3 · 1운동에 참가했던 여자친목회 출신의 在日留學生들과 함께 3 · 1운동에 참가하였다. 3 · 1운동을 위해 결성된 조직 내에서 간사로 선임되는 한편, 자금모집 활동에 적극적이었던 것으로 보인다. 그

---

34) 박환, 앞의 논문 참조.
35) 서굉일, 앞의 논문, 62~63쪽 참조.
36) 앞의, 「公民文集」, 261쪽.
37) 유시헌, 앞의 논문 참조.

런데 이러한 정황은 나혜석이 3·1운동에 주체적으로 참여하고 있었음을 보여주는 것이라고 할 수 있으며,[38] 이것은 그녀의 민족의식이 3·1운동을 통해 일정하게 실천적 의지를 나타내는 것이라고 할 것이다.

IV. 1920년대 이후의 활동과 근대의식

3·1운동을 통해 민족적 저력을 확인하고 5개월 간의 옥고를 치렀던 나혜석의 경험은 그녀에게 보다 구체적인 민족적 저항의식을 성장시키는 계기가 되었던 것으로 보인다. 우선 앞에서도 언급한 바와 같이 나혜석이 1920년대 초반 『공제』와 『개벽』에 발표한 '早朝'와 '開拓者'는 '3·1운동을 통해 민중의 힘을 새롭게 인식'한 그녀가 조선의 청년 지식인 사회와 호흡을 같이 하면서 예술활동의 사회적 의의에 대해 뚜렷한 자각을 가지고 있었음을 보여주는 것이라고 할 수 있을 것이다. 그리고 이것은 1919년 1월 21일부터 2월 7일에 걸쳐 『每日申報』에 연재한 만평과 비교해 보아도 전혀 다른 경향의 작품인 것으로 평가되고 있다.[39] 이러한 경향은 나혜석의 글에서 나타나는데 1920년 『신여자』 4호에 발표한 수필 「4년전의 日記」에서는 일본 유학시절인 1917년 여름방학을 이용하여 京城으

---

38) 앞의, 「나혜석」 신문조서. 한편, 나혜석은 3·1운동과 관련된 혐의로 체포되어 취조를 받는 과정에서 '그대는 총독정치에 대해 어떻게 생각하는가?' 라는 신문 검사의 질문에 대해 '정치에 대해서는 모른다고 답변'하고 있는데 이것은 나혜석의 민족의식에 나타나는 한계라기보다는 검거된 상황에서 자신과 동료들을 보호하기 위한 방편으로 이해하는 것이 바람직할 것으로 생각된다.

39) 이상경, 앞의 책, 223~224쪽. 이상경은 이러한 경향에 대해 1919년 『매일신보』에 연재한 만평과 1920년 『신여자』에 실은 목판화는 여성화가의 눈을 뚜렷이 한 것이라면 「早朝」와 「개척자」는 나혜석이 '힘의 예술' '민중을 위한 예술'을 요구하는 시대의 흐름에 호흡을 같이 하고 있음이 분명했음을 보여주는 것이라고 평가하였다.

로 돌아오던 기차 안에서 보았던 '상스러운' 일본 여성에 대해 '저것들이 우리나라에 가서 땅을 잡고 주름을 잡고 제노라 놀겠구나' 라고 비난함으로서 일본인에 대한 강한 불쾌감을 직설적 語法으로 표현하고 있었다.[40]

한편 나혜석의 이러한 민족적 자각은 구체적인 행동화로 나타나기도 하였다. 1922년 만주 安東縣에서의 女子夜學의 開校와 義烈團에 대한 지원 활동 등이 대표적인 예라고 할 수 있다. 1921년 10월 남편인 김우영이 일본 외무성으로부터 만주 안동현 부영사 부임하게 되자 나혜석은 만주에 이주하여 사택에서 생활하면서 1922년 3월부터 여자야학을 개교하고 조선인 학생들을 대상으로한 교육활동을 전개하였던 것으로 보이며, 이는 당시『東亞日報』를 통해 국내에 알려지기도 하였다.

安東縣女子夜學

우리 朝鮮女子界를 위하여 熱心 盡力하는 羅惠錫女史는 今番 當地
八番通 泰誠醫院內에 女子夜學을 설립하고 每週 三日間 午後 七時부터
同 十時까지 單獨히 熱誠으로 敎鞭을 執한다 하며, 入學支援者가 逐日
踏至한다더라(安東).[41]

이 기사 내용을 통해서 보면 나혜석은 당시 사회적으로 '조선여자계를 위해 진력'을 다하는 인물로 평가되고 있었으며, 안동현 태성의원 내에서 개설된 여자야학은 나혜석이 '單獨히 熱誠으로' 개설한 야학이었으며, 하루에 오후 7~10시까지 3시간씩, 주 3일 정도 수업이 진행되었던 일종의 '簡易夜學'이었던 것으로 생각된다.

---

40) 나혜석,「四年 前의 日記 중에서」,『新女子』, 1920년 6월. 앞의,『정월 나혜석 전집』, 115~216쪽.
41)「安東縣女子夜學」,『東亞日報』1922년 3월 22일.

나혜석은 부영사의 부인으로서의 특권을 이용하여 의열단 단원 등 독립운동자들의 활동을 후원하였다. 의열단은 1919년 3·1운동 이후 강력한 의열투쟁이 아니고서는 독립이 불가능하다고 판단한 金元鳳을 비롯한 일단의 독립운동가들이 1919년 11월 10일 만주지역 길림성에서 조직한 단체로 일제 식민통치 기관의 파괴와 요인의 암살을 중요 목표로 활동한 조직이었다. 의열단 단원들은 殖産·東拓의 파괴를 비롯하여 경찰서의 파괴에 이르기까지 다양한 의거를 주도하였다.[42]

나혜석과 김우영부부와 관련 있는 의열단의 활동을 정리해 보면 다음과 같다. 우선 『동아일보』부산지국 기자로 의열단에 가담하여 자금모집을 결의하고 上海에서 귀국하던 문시환이 안동현에서 압록강을 건너기 직전 일제 경찰에 체포되자 동향이었던 김우영은 그의 석방을 위해 노력하였으며, 문시환은 무사히 입국할 수 있었다고 한다.[43]

나혜석은 1923년 3월의 의열단이 주도한 '黃鈺 경부 폭탄사건'에서도 의열단 단원들을 도와주었다. 이 사건은 의열단이 1923년 5월을 기하여 조선총독부·조선은행·경성우체국·경성전기회사 등에 대한 폭파는 물론, 사이토(齋藤)총독과 미스노(水野) 정무총감을 대상으로 한 대규모의 암살계획을 실행에 옮겨 일제에게 결정적인 타격을 주고자 추진하였던 독립운동 사건이었다. 이를 위해 의열단에서는 북경에서 폭탄 36개, 권총 5정,[44] 그리고 신채호가 작성한 「조선혁명선언」 등의 문서와 전단 3,000매를 국내로 반입하여 거사를 도모하고자 했으나 일제 경찰에게 발각되어 실패하였으며, 金始顯·朴基弘·黃鈺[45] 백영무 등이 각각 12년에

---

42) 국사편찬위원회, 『한민족독립운동사』4, 1988, 470~476쪽. 朴泰遠, 『若山과 義烈團』, 白楊社, 1947, 202쪽.
43) 서굉일, 앞의 논문, 66~67쪽.
44) 국가보훈처, 『독립유공자공훈록』, 제8권, 1990, 196~197쪽.

서 6年의 징역을 받았다.[46]

그런데 사건의 전개과정에서 나혜석 부부는 의열단 단원들에게 여러 가지 편의를 제공해 주었으며,[47] 나혜석은 투옥된 의열단 단원들을 찾아가 건강을 걱정해 주고 정신적으로 용기를 북돋아 주었고 劉鉉錫이 출소한 후에는 비밀리에 보관하고 있던 권총 2자루를 돌려주기도 하였다.[48] 그리고 이러한 인연 때문인지 朴泰遠의 『若山과 義烈團』에는 '동지가 아니면서도 의열단에 대하여 은근히 동정을 표하여 온 사람은 그 수가 결코 적지 않으며, 그 가운데 여류 화가로 이름이 높던 나혜석이 있다'고 되어 있다.[49]

나혜석과 김우영의 의열단과의 관계에 대해서는 의열단 단원이었던 유자명의 다음과 같은 회고록에서도 확인되고 있다.

> 김우영의 부인 나혜석은 애국부인회의 김마리아와 친한 사이었는데 김마리아가 애국부인회사건으로 대구 일본감옥에 갇혀 있을 때 나혜석이 대구로 찾아가 철창밖에서 김마리아를 보고 뜻깊고 감정 있는

---

45) 사건은 거사에 참여했던 金在震이 평북경찰부 고등과 金惠基에게 매수되어 계획을 밀고함으로써 발각되었으며, 黃鈺의 경우도 의심스러운 점이 많은 것으로 보인다. 앞의, 『한국인물대사전』, 「劉錫鉉」항에서는 황옥을 밀정을 보고 있다. 앞의, 『한민족독립운동사』, 488~490쪽 참조.
46) 앞의, 『한민족독립운동사』 4, 1988, 489~490쪽.
47) 나혜석의 남편 김우영은 황옥과 김시현 등에게 편의를 제공했던 것이 문제가 되기도 하였으나 평소 친분이 두터웠던 마루야마(丸山) 경찰국장의 호의로 위기에서 벗어났다고 한다. 金雨英, 『靑邱回顧錄』, 新生公論社, 1953, 79~86쪽.
48) 劉錫鉉, 「잊을 수 없는 사람들 金雨英−羅惠錫 부부」, 『한국경제신문』 1984년 11월 6일. 이 사실에 대해 朴泰遠, 『若山과 義烈團』, 白楊社, 1947. 208쪽. 에서는 나혜석이 '朴基弘'이 맡긴 권총 1자루를 의열단의 비밀을 유지하기 위해 자신의 배게 속에 보관하였다가 이후 박기홍에게 돌려주었다고 되어 있다.
49) 朴泰遠, 앞의 책, 208쪽. 박태원(1909~1987)은 호는 丘甫이며, 1930년대의 대표적인 소설가이다. 한국정신문화연구원, 『한국인물대사전』, 1999.

『김마리아방문기』를 써서 신문에 발표한 일이 있었다. 나도 서울에
있을 때 이 글을 읽고 깊은 감동을 받은 적이 있다.
　나혜석은 이와 같이 애국사상을 갖고 있었기에 남정각과 박홍기를
자기의 친동기와 같이 대해주고 자기의 집에서 숙식케 하였다.[50]

위의 내용을 통해서 보면 나혜석은 1920년대까지 김마리아 등 과거 3·1
운동에 함께 참여했던 애국적인 인물들과 계속적인 공감대를 유지하고
있었으며, 의열단 단원들로부터는 애국사상을 갖고 적극적으로 자신들을
도와주는 인물로 평가되었던 것으로 보인다. 이 밖에 나혜석은 1923년 8
월에는 독립자금의 모집을 위해 국내에서 활동하다가 중국으로 들어가려
던 아나키스트 '鄭華岩'이 압록강을 무사히 건널 수 있도록 도와 주기도
하였다.[51]

뿐만 아니라 이 시기의 나혜석은 사회적으로 '婦人의 衣服改良問題'에
대해서도 관심을 보이고 있었다. 그녀는 1921년 9월 28일~10월 1일까지
『東亞日報』[52]발표한 글에서 부인의복의 합리적 개량이 필요함을 역설하
였다. 나혜석은 최초로 이 문제를 제기했던 金元周가 여자 한복이 가슴을
졸라매는 것은 건강에 해로움으로 이를 개선할 것과 여름옷이 아닌 경우

---

50) 유자명 저, 『나의 회억』, 요녕인민출판사, 1983. 이 글은 일제시대에 아나키스트로
　활동했던 유자명의 회고록인 『나의 회억』에 있는 글로 이 회고록은 1983년 요녕인
　민출판사에서 간행되었다. 유자명은 중국지역에서 활동했던 대표적인 아니키스트
　로 1920년대에는 義烈團에서 활동하였으며, 이후 중국 내 최초의 아나키즘 조직인
　在中國無政府主義者聯盟에 참여한 것을 시작으로 東方無政府主義者同盟, 南華韓人
　靑年聯盟, 朝鮮無政府主義者聯盟 등 중국 내 중요 한인무정부주의 단체에서 주도적
　인 활동을 전개하였다. 독립기념관, 『유자명 수기 한 혁명자의 회고록』, 1999.
51) 鄭華岩, 『몸으로 쓴 근세사』, 자유문고, 1992, 46~47쪽. 이 원고는 1966년 9월 이
　후 정화암선생에 대한 녹취문을 출간한 것이다.
52) 羅惠錫, 「婦人衣服改良問題─金元周 兄의 意見에 대하여」, 『東亞日報』 1921년 9월
　20일~10월 1일.

검은 색을 사용하여 빨래를 줄이자고 한 주장에 찬성하면서도 다름대로의 견해를 피력하였다. 그리하여 나혜석은 조선옷의 특색이 무시되지 않는 상태에서의 '개량'이 필요하며, '손수건 하나 정도를 넣을 수 있는 주머니'를 만들 것과 미술 전공자답게 어린이들에게는 '형형색색의 옷을 입는 것이 좋을 듯하다는 의견을 제시하였다. 따라서 나혜석의 이러한 글은 그녀가 조선사회의 생활개량 문제에 대해서도 일정한 관심을 갖고 있었음을 들어내는 것이라고 하겠다. 한편, 조선총독부의 기관지였던 『每日申報』에서도 1921년 8월 21일자 신문을 통해 '朝鮮人의 衣服制度를 改善하라'는 제목의 기사를 싣고 있는 것으로 보아 당시 조선인의 의복개량문제는 사회적 관심사에 하나였던 것으로 보이며, 나혜석은 이 문제에 대한 자신의 견해를 분명히 함으로써 조선사회의 사회개량에 적극적인 태도를 보였던 것으로 생각된다.[53]

그러나 나혜석은 1930년 11월 김우영과 이혼하게 된 후 개인적인 어려움에 부딪쳤던 것으로 보이는데 이러한 상황에서도 나혜석은 여전히 근대적 여성으로서의 여성의식과 민족의식을 유지하고 있었던 것으로 파악된다. 단편적이 기는 하지만 『三千里』 1934년 7월에 실린 인터뷰에서는 '내가 서울 女市長이 되면, 女性團體를 조직하여 時勢 思想 矯風에 對하여 統一的 思想과 行動을 갖도록 하겠습니다'[54] 라고 하였으며, 1935년 2월의 글에서 '한사람으로 이만치 되기에는 '朝鮮의 恩惠'를 많이 입었다.[55]

---

53) 金相敏, 「朝鮮衣服制度를 改善하라」, 『每日申報』 1921년 8월 12일. 이 기사에서는 一. 부인의 上衣는 남자의 上衣와 同一 寸法의 제도를 취할 사. 二. 幼兒의 의복은 腹部를 노출치 아니케 할 사. 三. 일반의 의복은 狹小에 失치 않도록 할 사. 四. 白色의 衣服은 其不經濟됨이 甚大하니 黑色 또는 기타 적당한 者로 染色할 사. 등을 주장하였다.

54) 「내가 서울 女市長이 된다쪽?」, 『三千里』 1943년 7월.

55) 羅惠錫, 「新生活에 들면서」, 『三千里』, 1935년 2월.

나는 반드시 報恩할 使命이 있어야 할 것이다 무엇을 하나 朝鮮을 위하여 補助치 못하고 어데로 간다는 것은 너무 利己的이 아닌가' 라고 한 것 등에서 볼 때 이 시기에도 나혜석은 여전히 여성문제와 민족문제에 대해 고뇌하는 지식인이었음을 알 수 있다고 하겠다.

따라서 이상의 내용을 종합해 보면 1920대의 나혜석의 민족의식과 민족운동은 야학운동의 전개와 의열단 및 여러 독립운동자들에 대한 지지와 후원, 그리고 근대적 생활개량운동과 다양한 작품활동에 이르기까지 여러 가지 형태로 표출되고 있었음을 알 수 있다고 하겠다. 그리고 이것은 식민지시대의 여성 지식인으로서의 나혜석이 나름대로의 민족의식을 갖고 자신의 역할에 수행해 가고자 노력하였음을 보여주는 것이라고 생각된다. 그러나 나혜석은 김우영와 이혼한 후 개인적 한계와 사회적 편견의 벽에 부딪쳐 좌절해야 했으며, 당시의 한국사회는 나혜석에게 보다 넓고 자유로운 공간을 허락할 수 있는 사회적 기반을 갖지 못했던 것으로 생각된다.56) 이러한 상황에서 성장해가던 나혜석의 민족의식과 민족운동은 분명한 좌표를 만들지 못하고 일정한 한계를 露呈할 수밖에 없었던 것으로 보인다.

---

56) 이러한 분위기는 다음과 같은 나혜석의 글을 통해서도 확인할 수 있다고 하겠다. 한 사람이 이만치되기에는 朝鮮의 恩惠를 많이 입었다. 나는 반드시 報恩할 使命이 있어야 할 것이다. 敎育界로 産業界로 商業界로 言論界로 文藝界로 美術界로 인물을 기다리는 이 때가 아닌가. 무엇을 하나 조선을 위하여 輔助치 못하고 어대로 간다는 것은 너무 利己的이 아닌가
아니다 아니다 아니다. 내가 있음으로 모든 사람이 沈着性을 잃게 된다.크게 말하면 朝鮮 社會 獨身 異性者들에게 未婚 前 女性들에게 작게 말하면 靑邱氏에게 그의 後妻에게 四男妹 兒孩들 양쪽의 親戚들에게 親友 사이에 불안을 갖게되고 沈着性을 잃게 된다. 그러므로 내가 있는 거슨 害毒物이 될 지언정 이로운 物이 되기 어렵다. … 四男妹 아해들아 애미를 원망치 말고 社會制度와 道德과 法律과 因習을 원망하라 에미는 過渡期의 先覺者로 그 運命의 줄에 犧牲된 者이었더니라.

V. 맺음말

지금까지 본고에서는 정월 나혜석에 대해 그녀의 민족의식의 성장과 민족운동의 내용 및 성격에 대해 살펴보았으며, 이상의 내용을 정리해 보면 다음과 같다. 우선 나혜석은 삼일학교를 비롯한 어려서의 학교 교육과 일본유학시절 조선여자유학생친목회 내에서의 활동과 오빠인 나경석, 약혼자인 최승구와 중심으로 한 교유관계 속에서 민족의식을 성장시켜 나갔던 것으로 보인다. 이러한 민족의식의 성장은 나혜석으로 하여금 주체적으로 3·1운동에 참여하는 밑거름이 되었던 것으로 생각된다.

또한 3·1운동을 통해 성장하는 민족의 현실을 성찰하고 민중의 역동성을 확인한 나혜석은 1920년대에 들어 보다 적극적인 민족운동을 전개하였던 것으로 보인다. 『공제』와 『개벽』에 발표된 미술작품과 수필 「4년 전의 일기」 등은 변화하던 그녀의 민족의식을 반영하고 있었던 것으로 파악된다.

나혜석은 여자야학의 설립과 의열단 단원을 비롯한 여러 독립운동가들에 대한 헌신적인 지원 및 의복개량 논쟁에 대한 적극적인 참여 등을 통해 자신의 근대적 민족의식의 성장을 표출해 가고 있었던 것으로 생각된다.

그러나 1920년대에 들어 김우영과 이혼한 나혜석은 사회적·현실적 한계와 편견의 벽에 부딪쳐야 했다. 개인적으로는 이 시기에도 '조선의 恩惠'에 대해 성찰하는 여성 지식인의 모습을 견지하려는 의지를 보여주었다. 그러나 당시의 한국사회는 나혜석에게 보다 넓고 자유로운 공간을 허락할 수 있는 사회적 진보를 이룩하지 못하고 있었으며, 이러한 상황에서 성장하던 나혜석의 민족의식은 불가피한 한계를 드러낼 수밖에 없었

던 것으로 생각된다. 나혜석의 이러한 한계는 그녀가 살았던 시대적 한계
인 동시에 나혜석 개인의 한계라는 측면도 동시에 반영하고 있는 것이었
던 것으로 생각된다.

제2부

3 · 1운동의 전개와 지역

제1장

서울에서의 독립운동과
3 · 1운동의 전개

Ⅰ. 머리말

1910년 8월 조선을 강제로 병합한 일제는 통감부를 대신하여 조선총독부를 설치하고 식민통치를 시작하였다. 육군대장 가운데 임명된 조선총독은 행정권은 물론, 입법 · 사법 · 군통수권까지 한손에 쥐고 이른바 武斷統治를 실시하며, 국내의 민중들을 도탄의 수렁으로 몰아갔다. 초기의 총독부는 총무 · 내무 · 탁지 · 농공상 · 사법의 5部와 9局을 두었으며, 부속기관으로는 중추원과 경무총감부 · 재판소 · 철도국 · 전매국 · 토지조사국을 두었다. 이중 중추원은 총독의 자문기구로 친일분자들이 임명되었으며, 慣習調査 업무를 담당하였다.

무단통치를 집행했던 기구로는 경무총감부가 있었다. 헌병사령관이 겸임한 경무총감은 전국의 헌병과 경찰을 지휘하였으며, 지방 각도에는 헌병대장으로 임명된 경무부장이 경찰서와 憲兵分遣隊를 지휘하였다. 이들은 형사령과 보안법 및 집회취체령 등을 통해 강력한 권한을 가지고 한국인들에 대한 일상적인 탄압을 자행하였다. 무단통치 하에서 민중들은 정치적 집회와 결사는 물론, 단순한 집회도 금지되었으며, 언론과 교육 및 심지어는 종교 활동에 이르기까지 거의 모든 일상이 감사와 탄압의 대상이 되고 있었다.

1910년대 국내에서의 독립운동은 한말의 의병전쟁과 애국계몽운동이 추구했던 국권회복운동을 계승하고 있었고 나아가 1919년의 3 · 1운동은 전 민족적 항일독립운동으로 발전되어 이후 줄기차게 전개된 민족운동의 근간이 되었다. 그리고 그 중심에 서울이 있었다.

이 글에서는 이 같은 관점에서 1910년대 조선총독부가 실시했던 무단통치의 내용과 성격에 대해 살펴보고자 하며, 아울러 서울을 중심으로 진행되었던 항일독립운동의 전개과정과 3 · 1운동의 전 과정에 대해 정리해 보고자 한다. 따라서 본고는 궁극적으로 1910년대 국내에서 전개되었던 항일독립운동과 3 · 1운동의 역사적 성격과 의의를 서울이라는 지역적 혹은 사회 · 문화적 공간을 통해 보다 분명하게 이해하는데 도움을 줄 수 있을 것이다.

II. 일제의 무단통치와 서울

1910년 8월 22일 「한일병합조약」이 조인되면서 대한제국은 지역 명칭인 조선으로 변경되었으며, 8월 29일 「조선총독부 설치에 관한 칙령」이 공포된 후 일제의 식민통치가 본격화되면서 대한제국의 한성부는 지방명칭인 경성부로 격하되었다. 이후 서울에는 식민지권력의 최고 기구인 조선총독부와 조선헌병사령부 및 고등법원이 설치됨에 따라 일제 식민통치의 중심지가 되었다. 1910년 10월 1일에는 초대 조선총독으로 데라우찌 마사타게[寺內正毅]가 임명되었으며, 1916년에는 제2대 총독으로 하세가 와요시미치[長谷川好道]가 임명되었다.

일제의 무단통치의 핵심은 헌병경찰제도였는데 1910년 12월 3일에는 「犯罪卽決令」을 제정하여 헌병경찰에게 즉결처분권과 강제집행권 및 태형의 권한을 부였다.[1] 조선태형령은 조선의 구관습을 존중한다는 명목 하에 조선인들에게만 적용되는 법률이었다. 3개월 이하의 징역 또는 구류에 처해야 하는 자, 100원 이하의 벌금 또는 과료에 처해야할 자가 조선 내에 일정한 주소가 없거나 무산자라고 인정될 경우 형 1일 또는 벌금 1원을 태 1로 환산하여 시행되었으며, 1920년 4월까지 지속되었다.[2]

1910년대에 무단통치를 주도했던 경무총감 아카시겐지로[明石元二郎]는 자서전에서 일제가 조선에서 무단통치를 성공시킬 수 있었던 것은 '碁布星散'에 있다고 회고한 바 있다. 이는 바둑판에 바둑알을 깔아 놓듯, 가을 하늘에 무수히 떠 있는 별들처럼 한반도 전역에 경찰서와 헌병분견소를 설치하여 철저한 강압통치를 실시했기 때문이라는 것이었다.[3] 이 같은 상황에서 조선인들의 저항은 급격하게 증가하여 일제 경찰에 검거되는 인원 수가 격증하고 있었으며, 1912년에는 50,000명이었던 것이 1918년에 이르면 무려 140,000명에 달하였다.[4]

일제는 조선에서 경제적 수탈체제를 강화하기 위한 작업의 일환으로 1908년 12월 東洋拓植株式會社를 설치하였다. 국내에서는 서울에 거주하는 금융계 인사와 귀족 및 고위 관리 趙鎭泰·白完爀·韓相龍·李根培 등 7인과 지방 각도에서 지주 2명씩 모두 33인이 참여하였다. 그러나 조선인들의 참여는 형식에 불과하였으며, 실제로는 일본 동경에 있는 설립

---

1) 서울시사편찬위원회, 『서울항일독립운동사』, 1999, 222쪽.
2) 「조선태형령」, 『조선총독부관보』, 1912년 3월 19일.
3) 小森德治, 『明石元二郎』(上), 臺北臺港日日新報社, 1928.
4) 서울시사편찬위원회, 『서울600년사』 4권, 1981, 23쪽.

준비사무소의 일본인들에 의해 제반 사무가 결정되었다.5) 동척은 전국 각지에서 헐값으로 토지를 사드렸으며, 토지조사사업이 완료된 뒤에는 驛屯土를 불하받는 등의 방법으로 소유 토지의 규모를 늘렸으며, 개간 가능한 황무지나 草地 등도 불하나 매입 대상이었다.

또한 일제는 1910년 9월 30일에는 임시토지조사국 관제를 공포하고 1912년 8월에는 土地調査令을 공포하여 토지조사사업을 본격화하였다. 신고에 의해 토지 소유권만을 인정하는 상황에서 신고하지 않은 많은 사람들의 토지가 주인 없는 땅으로 간주되어 약탈되었다. 1918년 11월에 완료된 토지조사사업은 조선총독부와 일본인, 그리고 친일지주의 토지 소유를 증대시킨 반면, 농민과 지주의 토지소유 관계를 악화시켰으며, 총독부는 지세수입을 확대하고 지주경영을 강화하여 지주층을 식민지지배 체제 안으로 끌어드릴 수 있었다.6)

1910년 12월에는 會社令이 시행되었으며, 이로 인해 조선 내에서 회사를 설립하거나 조선 밖에서 설립한 회사의 본점이나 지점을 조선에 설치할 경우 총독부의 허가를 받아야 했다. 또한 총독의 허가 없이는 회사를 설립할 수 없으며, 총독의 명령이나, 공공질서, 미풍양속을 해치거나 어기길 경우 회사를 폐쇄·해산시킬 수도 있었다. 따라서 회사령의 시행은 조선총독이 민간의 경제활동을 간섭할 수 있는 막강한 권한을 갖고 있었음을 의미하는 것이었다. 회사령의 실시 이후 조선인 기업의 설립과 성장 및 전통적 도시의 발전은 저해되는 한편, 개항장이나 철도연선 및 군사기지 등 일제의 침략과 연결된 신흥도시의 발전은 상대적으로 가속화되었

---

5) 『東洋拓殖株式會社三十年誌』, 東洋拓殖株式會社, 1939.
6) 권대웅, 『1910년대 국내독립운동』, 독립기념관 한국독립운동사연구소, 2008. 1910
   년대 무단통치기 민족운동의 동향과 관련해서는 이 책의 도움을 많이 받았다.

고 이들 도시에서의 일본자본은 점차 확대되는 상황이었다.

회사령 실시 이후 1919년까지 조선인 회사의 증가 수는 36개로, 180개였던 일본인 회사에 비해 상대적으로 그 수가 크게 적었다. 반면에 1911년에서 1920년까지 조선공업에서 일본인이 차지하는 비중을 보면, 공장 수는 185개에서 1,125개로 약 6배, 자본금은 982만 6,000원에서 1억 4,022만 9,000원으로 14.25배, 종업수는 1만 613면에서 4만 1,772명으로 3.9배, 생산액은 1만 6,920원에서 15만 4,100원으로 약 10배가 증가되었다.[7] 반면에 조선의 공업은 약간의 제철과 광산업을 제외하면 주로 방적업, 정미업, 농수산물가공업, 경공업 등이 주류를 이루고 있었다.[8]

일제는 조선인들의 근대적 정치의식의 성장을 가로막고 민족의식을 말살하기 위한 수단의 일환으로 「사립학교령(1908.8.26)」과 「서당에 관한 훈령(1908.8.26)」을 공포하였으며, 1911년 8월 23일에는 조선교육령을 공포하였다. 일제의 식민지교육은 보통교육이나 실업교육을 통해 일왕에게 충성하는 인간의 육성을 목표로 하고 있었다. 이는 '조선인에게 高遠한 교육을 실시함은 허영심을 유발하여 패가망신할 뿐임으로 불필요하다'고 한 조선총독 데라우찌의 생각을 반영하는 것이기도 했다.[9] 일제는 선교사들이 운영하고 있던 기독교계 학교에 대한 통제를 강화했는데 같은 해 10월 「사립학교규칙」을 공포하여 사립학교를 설립할 때에는 총독의 인가를 받도록 하였다. 또한 1911년 7월에는 각도 장관회의에서 총독이 직접 선교사가 운영하는 기독교계 학교에서의 불온한 교육에 대해 그 문제점을 지적하고 종교와 교육을 분리할 것을 지시하기도 했다.[10] 뿐

---

7) 박경식, 『日本帝國主義の朝鮮支配』, 청목서점, 1973, 108~109쪽.
8) 서민교, 『1910년대 일제의 무단통치』, 독립기념관 한국독립운동사연구소, 2008, 72~73쪽.
9) 『매일신보』 191년 7월 19일.

만 아니라 1915년 3월에는 「개정사립학교규칙」(총독부령 제24호)[11]이 공포하여 기독교계 학교에서 성서를 가르치거나 예배를 드리지 못하게 하고, 교수용어도 일본어를 사용하게 함으로써 선교사들을 교수직에서 배제하고자 하였다.

기독교 교육이 천황제 이데올로기를 주입하고 있는 식민지교육과 배치된다고 판단되는 상황에서 일제는 새로운 개정 법률을 통해 사립학교와 기독교를 탄압하고자 했던 것이다. 이는 법률 개정의 2대 요점이 종교와 교육의 분리와 교원 자격의 강화라고 밝힌 조선총독부 학무국장 關屋貞三郎의 언급에서도 드러난다고 하겠다.[12] 총독부의 이러한 정책은 조선선교연합회(Federal Council of Missions)의 강력한 반발 속에서 기독교계와 총독부의 관계를 악화시키는 결과를 가져왔으며,[13] 1910년에는 2,080개교였던 사립학교는 1915년에는 1,154개교, 1923년에는 649개로 감소하였다.[14]

교과서의 경우도 감사와 통제의 대상이었다. 한국역사와 지리교과서는 판매가 금지되었으며, 『초등본국역사지지』·『중등역사본국지지』·『동국사략』·『여자국문독본』·『대한지지』·『대한역사』 등을 비롯하여, 『유년필독』·『국민수지』·『을지문덕전』·『이순신전』 등은 교과서로 사용하지 못하도록 하였다. 외국사에 있어서도 독립, 혁명, 망국사 등과 관련된 서적은 교과서로 사용하지 못하도록 했는데『월남망국사』, 『미국독립사』, 『서사건국지(瑞士建國誌)』, 『이태리독립사』, 『법국혁명

---

10) 윤선자, 『한국근대사와 종교』, 국학자료원, 2002, 21쪽.
11) 『朝鮮總督府官報』 1915년 3월 24일자.
12) 『朝鮮彙報』 4월호, 1915, 22~27쪽.
13) Pratt, C. H. "The Federal Council", The Korean Missionfield, 1915. 11, 309쪽.
14) 손인수, 『한국근대교육사』, 연세대학교출판부, 1992, 130쪽.

사』, 『애굽건국사』 등이 이에 속하였다.15)

박은식의 『한국통사』에 따르면 일제는 학교에서 한국사를 가르치는 것에 대해 철저하게 탄압하고 있었던 것으로 보인다.

> 우리의 역사·국어·국문에 대해서는 엄중히 금지한다. 어느 학교의 교사 최창식(崔昌植)이 몰래 국사를 편저하여 서랍에 감춰 교재로 사용한 일이 있었는데 마침 일본인에게 탐지되어 금고 1년의 형을 받았다.16)

이밖에 금서의 종수는 1910년에서 1914년 사이에 대략 100종에 이르고 있었으며, 1905년부터 1910년 전까지 출간되어 『대한매일신보』나 『황성신문』에 광고된 서적이 171종임을 감안한다면 사실상 대한제국 시기에 사회적으로 주목받던 서적의 절반 이상이 금서처분된 것이었다.17)

일제는 유교나 불교 및 천도교 등에 대해서도 강도 높은 탄압 정책을 실시하였다. 종교행정은 조선총독부 사무분장에 따라 중앙에서는 내무부 지방국 지방과에서, 각도에서는 내무부 학무계에서 담당하도록 하였으며, 이후 약간의 직제 변동은 있었으나 총독부 내무부에서 담당하는 것에는 변화가 없었다. 그런데 총독부에서 1910년대의 종교행정을 내무부에서 담당하게 했다는 것은 종교의 교화 기능보다는 종교에 대한 통제에 정책의 중심이 있었음을 의미하는 것이었다.

1910년 8월 寺內正毅는 '한일병합'이 공포되던 날 발표한 諭告에서 '신앙의 자유는 문명국이 다 인정하고 있지만 종교를 빙자하여 정사를 논하

---

15) 서민교, 앞의 책, 202~203쪽.
16) 박은식, 『한국통사』, 109~110쪽.
17) 김봉희, 『한국 개화기 서적문화 연구』, 이화여대출판부, 1999.

거나 다른 기도를 하는 것은 풍속을 해치고 안녕을 방해하는 것으로 인정하여 처단하겠다'고 경고하였다. 다만 유교 · 불교 · 기독교가 총독의 시정목적과 배치되지 않는다면 평등하게 포교 · 전도에 보호 편의를 제공하겠다고 약속하였다. 이는 일제가 종교에 대한 탄압과 회유정책을 동시에 실사하여 식민통치에 유리하게 길들이겠다는 취지의 메시지였다고 하겠다.[18]

일제는 신종교에 대한 탄압도 강화했는데 天道敎, 侍天敎, 大倧敎, 大同敎, 太極敎, 圓宗宗務院, 孔子敎, 敬天敎, 大成宗敎 등에 대해 종교적인 내용뿐만 아니라, 정치적인 내용도 포함하고 있어서 순수한 종교로 보기 어렵다고 규정하고 규제 방침을 세우고 있었다.[19] 일제는 그나마 회유가 가능하다고 판단되던 불교와 유교에 대해서는 '개혁'이라는 미명하에 통제를 가하였다. 불교에 대해서는 1911년 6월 사찰령을 공포하여 총독의 관할 하에 두었다. 특히 사찰은 전법, 포교, 법요집행 및 승려의 거주목적 이외에는 사용할 수 없었으며, 신자들이 신앙생활을 위해 사찰에 머물 때에도 지방장관의 허락을 받아야 했다. 일제는 독립운동가들이 사찰에 은신하는 것을 미연에 방지하고 했던 것으로 보인다.

1911년 6월에는 '경학원규정'을 공포하여 성균관을 폐지하고 경학원을 신설하여 사회교육적 기능만을 담당하게 하였다. 경학원 직원들은 '천황폐하봉도식예배전' · '황태후폐하대상의요배' · '명치천황일주년제' · '천황즉위대례식' 등 일본 왕실의 모든 추도식과 애도식에 참석해야 했다. 대례식에는 대제학이 직접 일본으로 가서 참석해야 했으며, 왕실의 경사에는 頌文을, 喪祭에는 조문을 바쳐야 했다. 또한 지방순회 강사들의 경우

---

18) 『조선총독부관보』 1910년 8월 29일.
19) 조선총독부, 『조선총독부시정연보』, 1911, 77쪽.

는 총독부 新施政의 취지를 주지시키는데 노력해야하는 임무를 부여받고 있었다.

총독부가 종교에 대한 탄압을 보다 적극적으로 강화한 것은 1915년 8월 '포교규칙'을 공포한 이후부터였다. 대체로 규칙 제1조에서는 '본령에서 종교라 함은 神道나 불도 및 기독교를 일컫는다'라고 하여 이들 종교에 한해서만 공인종교로 인정하고 포교자는 자격 및 이력서를 갖추어 총독에게 신고하도록 하였다. 포교 행위는 총독의 인가를 받아야 했으며, 교회당, 설교소, 강의소 등을 설립·변경할 때도 반드시 총독의 허가를 받아야 했다. 뿐만 아니라 필요한 경우 유사종교단체에도 포교규칙을 준용할 수 있도록 함으로서 사실상 조선인들의 종교적 자유를 극단적으로 제한하고 있었다.[20]

일제의 언론 통제정책은 1904년 러·일전쟁을 기점으로 본격화었지만, 1898년 이후 조선정부에 대해 자신들에게 불리한 기사 내용에 대해 訂正을 요구하거나 <신문조례>를 제정하여 반일언론에 대해 통제해 줄 것을 요구하고 있었다. 이후 전쟁이 발발하자 1904년 7월 20일에는 조선 주차군사령관 명의로 국내언론에 대해 직접 통제를 가할 수 있는 <군사경찰훈령>을 발표하였으며, 10월 9일에는 <軍政施行에 관한 內訓>을 통해 집회·신문·잡지·광고 등이 치안을 방해한다고 인정될 때에는 이를 해산 정지 또는 금지시킬 수 있도록 하였다.[21] 그리고 그 연장선상에서 『제국신문』에 대해 '정간명령'을 내렸으며,[22] 이듬해인 1905년 11월

---

20) 서민교, 앞의 책, 78~80쪽.
21) 일제는 '軍政 施行에 관한 內訓'을 통해 집회, 신문, 잡지, 광고 등이 치안을 방해한다고 인정될 때에는 이를 해산 정지 또는 금지시킬 수 있도록 하였다. 張錫興, 「일제의 식민지언론 정책과 총독부기관지 每日申報의 성격」, 독립기념관 『한국독립운동사연구』 6, 1992.

20일에는 '是日也放聲大哭'을 게재한 『황성신문』을 정간시켰다. 乙巳勒約이 체결되자 일제는 법률적으로 보다 강화된 형태의 언론 탄압을 실시하였다. 1906년 통감부에서는 통감부령 제10호로「보안규칙」을 발표하고 제9조 2항을 통해 '신문지 및 기타 인쇄물의 기사가 외교 또는 군사기밀에 저촉되거나, 안녕질서를 방해하거나 또는 안녕 질서를 방해하는 것으로 인정될 때는 그 발매·반포를 금지할 수 있다'라고 명시하였다.[23]

1907년 7월 24일에는 이른바 '신문지법'을 공포하였다. '광무신문지법'이라고도 불리는 이 법은 첫째, 신문 발행의 허가제와 보증금제도를 두어 새로운 신문의 출현을 억압하였으며, 둘째, 발행인·편집인·인쇄인에 대해 당국의 허가를 받도록 함으로써 당국이 신문종사자에 대한 '實査權'을 갖도록 하였다. 셋째, 신문은 매회 발행에 앞서 발간한 신문 2부를 관할 관청에 納本하도록 하고 문제가 있는 사항은 게재를 금하게 함으로써 사전검열을 가능케 하였다. 이밖에 당국에서는 신문이 발행된 뒤에도 행정처분은 사안의 경중에 따라 기사의 삭제, 신문발매의 금지, 압수 및 발행정지와 발행금지 처분을 가할 수 있도록 하였으며, 벌금 또는 3년 이하의 징역에 처하는 것 이외에도 인쇄시설까지 몰수할 수 있도록 하였다.[24]

그런데 조선인들의 신문발행이 철저하게 통제 받고 있었던 것과는 달리 일본인들에게 적용된「신문지규칙」에서는 단지 신고만 하면 신문이나 잡지의 발행을 허가받을 수 있도록 되어있었으며, 일본인들은 전국 각처에서 20여 개의 신문 또는 잡지의 발행하고 있었다.[25] 『漢城新報』는 일본 외무성의 기관지로서 매월 170원의 보조비와 주한 일본외교관들의 기

---

22) 崔起榮,「帝國新聞의 刊行과 下層民 계몽」,『大韓帝國時期 新聞研究』, 1991.

23) 정진석, 앞의 책, 247쪽.

24) 崔起榮,「光武新聞紙法研究」,『大韓帝國時期新聞研究』, 一潮閣, 1991, 266~280쪽.

25) 朝鮮總督府 警務局,『朝鮮に於ける出版物概要』, 1930, 18~20쪽.

부금으로 운영되었는데 일본인에 의한 최초의 국문 신문으로 발행되기도 하였으며, 1906년 통감부의 기관지로 『京城日報』가 발행되자 이에 흡수되었다.[26) 이밖에 일진회의 기관지였던 『國民新報』와 이완용 내각의 기관지였던 『大韓新聞』 등도 발행되고 있었다. 1909년에는 지금까지 조선 정부에서 관장하고 있던 신문 검열권을 통감부로 이관해 옴으로써 언론통제를 위한 모든 절차를 마무리하였으며, 1910년 5월 소위 신문압수처분에 관한 새로운 기준이 적용되자 민족언론의 활동은 원천적으로 봉쇄당할 수밖에 없게 되었다.[27)

조선총독부의 한글판 기관지였던 『매일신보』는 『京城日報』와 함께 일제의 언론정책의 연장선상에서 발간되고 있었다.[28) 일제가 언론통제에 각별한 관심을 보였던 것은 영국인 베델(Ernest Thomas Bethell)과 양기탁이 발행했던 『大韓每日申報』의 영향력을 견제할 필요성을 느끼면서였다. 1904년에 7월에 창간된 『대한매일신보』는 국한문신문 이외에도 한글판과 영문판인 'The Korea Daily News'를 발간하며 한국인들 사이에서 강력한 영향력을 발휘하고 있었다. 이에 일제는 1909년 5월 1일 베델이 사망하자 그의 후임 발행인이 된 영국인 만함(Alfred Marnham)에 대한 회유공작에 힘을 기울였으며, 만함은 1910년 6월 9일 신문사를 李章薰에게 팔고 영국으로 돌아갔다. 그리고 지금까지 『대한매일신보』의 제작을 주도했던 총무 양기탁은 신문이 이장훈의 손으로 넘어간 그날부터 자신이 신

26) 崔埈, 「軍國日本과 大韓言論政策」, 『韓國新聞史論考』, 1976, 218~222쪽. 鄭晉錫, 「韓國侵略을 위한 日本의 機關紙 漢城新報」, 『韓國言論史硏究』, 1988, 一潮閣, 6~11쪽.
27) 『大韓每日申報』 1910년 5월 14일.
28) 정진석, 「조선총독부의 매일신보」. 『마당』, 1982. 4. 1906년 9월 『경성일보』는 통감으로 부임해 있던 伊藤博文이 '對韓 보호정책의 정신을 내외에 선양하고 日鮮 융화의 대의를 창도할 것'을 내세우며 발행하였다.

문에서 손을 떼었음을 '廣告'로 게재하였으며,[29] 이로써『대한매일신보』
는 더 이상 민족지로서의 역할을 수행할 수 없는 상황이 되고 말았다.

이후 일제는 신문의 이름을『每日申報』로 고쳤으며, 그럼에도 불구하
고 紙齡은『대한매일신보』를 이어받아 국한문판은 1,462호, 한글판은
393호로 발행하였고 이는 1945년 일제가 패망할 때까지 지속되었다.[30]
따라서『매일신보』는 경술국치 다음날인 1910년 8월 30일부터 일제가
패망할 때까지 발간된 조선총독부의 일간지로서 총독정치의 선전기관으
로서의 역할을 수행하며 일제 식민지정책의 최일선에 서 있었다.

III. 1910년대 항일독립운동과 서울

1. 신민회와 105인사건

1910년대 항일독립운동은 크게 네 갈래의 방향에서 추진되고 있었다.
첫째는 독립군투쟁과 항일무장투쟁을 위한 준비로서 해외독립운동기지
건설운동이 전개되고 있었다. 둘째는 국내에서 일제의 경제적 수탈에 저
항하며 전개되었던 생존권투쟁운동이었다. 셋째는 주로 시민계급에 의한
합법적인 실력양성운동으로의 교육 · 문화운동과 넷째로 다양한 형태의
비밀결사운동이 전개되고 있었다. 신민회운동은 이 같은 형태의 민족운동
가운데 1910년에 전개되었던 가장 대표적인 항일 비밀결사 조직이었다.

신민회는 대체로 1907년 4월에 출범하여 1911년과 1912년의 105인
사건을 통해 그 실체가 세상에 알려졌다. 1907년 2월 安昌浩가 미국에서

---

29) 정진석, 앞의 책, 248~249쪽.
30) 張錫興, 앞의 논문, 411~412쪽.

돌아오자 국내의 민족지도자들은 梁起鐸, 李東輝, 全德基, 李東寧, 柳東說, 李甲 등 7인이 신민회를 조직하기 위한 준비위원이 되었다.[31] 이들은 양기탁 등의『대한매일신보』를 중심으로 한 애국계몽운동 세력과 전덕기 · 이동녕 등 尙洞敎會 산하의 상동청년학원 세력, 李昇薰, 安泰國, 金九 등 서북지방 기독교세력과 서울 등지의 신흥 시민세력, 그리고 이동휘, 이갑 등 무관 출신세력과 안창호 계열의 미주 共立協會의 국내세력 등으로 이들이 신민회의 주도세력이 되었다고 할 수 있었다. 이밖에 신민회에는 盧伯麟, 崔光玉, 李始榮, 李會榮, 李商在, 尹致昊, 李剛, 曺成煥, 申采浩, 朴殷植, 林蚩正, 李鍾浩, 朱鎭洙 등에 참가하고 있었다.

신민회의 창립 목적과 취지는 「대한신민회 취지서」와 「대한신민회 통용 장정」에 나타나고 있는데 '장정'에서 밝힌 궁극적인 목적은 첫째, 국권을 회복하여 자유 독립국을 세우고, 정치체제는 共和政體로 할 것, 둘째, 이 목적을 달성하기 위해 국권을 회복할 수 있는 실력 양성에 온 힘을 쏟아야 한다고 밝혔다. 또한 신문 · 잡지 · 서적을 펴내 국민의 지식을 계발할 것, 우수한 학교를 설립하여 인재를 양성할 것, 국외에 무관학교를 설립하여 독립전쟁에 대비할 것 등을 강조하고 있었다.[32]

신민회는 합법운동으로 첫째 교육구국운동이 활발하게 전개하였다. 1908년에는 평양에 대성학교가 설립되었으며, 정주에서는 이승훈이 오산학교를, 의주에서는 최광옥이 양실학교를, 함경북도 鏡城에서는 이종호가 경성학교를, 그리고 서울에서는 이갑에 의해 五星學校가 설립되어 민족교육을 위해 노력하였다. 1907년 7월에는 서울, 평양, 대구에 태극서관을 설립하고 이승훈을 館主로 하여 처음에는 책과 문방구를 파는 서적

---

31) 愼鏞廈,「新民會의 創建과 그 國權恢復運動」上 · 下,『韓國學報』8~9, 1977.
32) 尹慶老,『105人事件과 新民會研究』, 一志社, 1990.

상 정도를 출발했으나 장차는 정기간행물과 도서를 인쇄 출판할 계획이었으며, 신민회의 중요한 연락 거점으로 활용되기도 하였다. 서울의 태극서관은 안국동에 있었다.[33]

서울을 중심으로 한 신민회의 활동으로 주목되는 것은 靑年學友會의 결성이었는데 이는 신민회 중앙본부가 1909년 8월에 조직하였으며, 윤치호는 재판과정에서 자신이 이승훈의 제안을 받아들여 신민회의 선발대로 결성하였다고 밝히기도 하였다. 청년학우단의 취지서는 신채호가 작성되었으며, 잡지『소년』과『대한매일신보』를 통해 공포되었다.

上으로 選民의 遺書를 讀하여 其 短을 棄하고 其 長을 保하며, 下으로 同胞의 先驅를 作하여 其 險을 越하고 其 夷를 就할 者는 卽 我 一般 靑年이 其人이라. 故로 靑年은 一國의 司令이오 一世의 導師이어늘 然而 我國은 邇來로 恬淡退守를 道德이라 하며 偏僻孤陋를 學術이라 하고 詐僞無實을 能事라 하며 魚散決裂이 成習되어 風俗이 日頹하고 人心이 日腐하여 靑年社會에 一點 太陽이 不照하므로 其齡은 靑年이로되 其 氣力의 病廢는 老年과 同하며 其 貌는 靑年이로되 其 知識의 蒙昧는 幼年과 同하니 靑年 靑年이오 是가 어찌 靑年이리오

目下 文明의 猛潮가 閉戶의 頹夢을 打驚千里에 芨을 負하고 來頭 程途를 〇하는 자가 多하니 腐敗한 舊俗을 改革하고 眞實한 風紀를 養成하려면 學術技能으로만 其 效를 奏할 바 아니오 不可不 有志 靑年이 一大 精神團을 組織하여 心力을 一致하며 知識을 互援하여 實踐을 勉하고 前進을 策하여 險과 夷에 一視하며, 苦와 樂이 相濟하고 流俗이 狂瀾을 障하며 前途의 達運을 求하여 維新의 靑年으로 基를 尋할지라. 故로 本會를 확립코자 趣旨書를 發하여 我靑年界에 布하노라.[34]

33) 윤경로,「105事件에 연루된 商工業者의 活動」,『韓國史硏究』56, 1986, 124쪽.
34) 앞의,『서울600년사』4권, 53쪽, 재인용.

위의 내용에서 보면 신채호는 청년들에게 구국 개화의 중대한 임무가 지워져 있음을 강조하며, 청년학우단의 결성과 적극적인 활동이 필요함을 역설하였다. 이후 1910년 3월에는 한성연회가 조직되었으며, 6월에는 평양연회와 의주연회가 조직되었고 정주·곽산·선천·용천·진남포 등에서도 연회의 조직이 추진되었다. 한성연회에서는 4월 16일에는 옥관빈이 '練辯의 필요'·최남선이 '學에 관하여'라는 제목으로, 5월에는 김원식이 '우리의 業으로'라는 제목으로 강연을 하였으며, 음악회를 개최하여 애국가요을 보급하였고, 圖書縱覽所를 설치하여 청소년들과 시민들에게 열람하도록 하였다.35)

일제는 이른바 105인 사건을 날조하여 신민회에 대한 대대적인 탄압을 가하였다. 1910년 12월 7일 압록강 철교 낙성식에 참석하기 위해 경성을 출발한 데라우찌 총독이 宣川驛에 잠시 하차는 것을 기회로 총독에 대한 암살음모를 계획했다는 구실을 붙여 신민회 회원들에 대한 대대적인 검거 선풍에 돌입했던 것이다.36) 사건이 발생하자 윤치호·양기탁·유동열 등 신민회 간부 600여명이 체포되었으며, 이중 123명을 공판에 회부되었으며, 1912년 10월 18일 윤치호를 비롯하여 105명이 징역형을 선고받았다. 심문과정에서 일제는 무려 72가지에 달하는 혹독한 고문을 가하는 만행을 저질렀으며, 金根瀅·鄭希淳은 심문과정에서, 全德基는 고문여독으로 사망하였다. 105인사건으로 신민회는 일대 타격을 받지 않을 수 없었으며, 외각사업도 모두 중단되고 말았다.

---

35) 신용하, 「新民會와 靑年學友會」, 『汕耕史學』 제3집, 1989.
36) 『韓國現代史』4, 新丘文化社, 1969, 180쪽. 이 사건은 총독이 선천역에 하차했을 때 선교사 맥퀸(G. S. McCune, 윤산온)과 악수하는 것을 신호로 기독교인들이 권총으로 총독을 암살하고자 했다고 사건 내용을 조작하였다.

2. 천도교구국단

天道敎救國團은 1914년 8월 31일 보성사 사장 李鐘一[37]이 독립운동의 중추적 역할을 수행할 수 있는 비밀결사로 조직한 독립운동단체로 손병희를 명예총재로 하였다. 1912년 보성사 사원을 중심으로 조직한 천도교의 비밀결사였으며, 민족문화수호운동본부를 확대·발전시킨 것으로 파악된다.[38]

이종일은 1914년이 甲寅年이라는 점에 착안하여 갑오(1984)–갑진(1904)–갑인(1914)으로 이어지는 독립운동을 三甲運動으로 명명하고 구체적인 활동에 착수하였다. 1911년에는 보성사를 중심으로 汎國民新生活運動을 전개하고 거족적인 독립만세시위운동을 계획하였는데 1898년 3월 결성한 大韓帝國民力會의 회원을 규합하고, 비정치적인 국민집회를 통해 독립운동을 계획하였다. 그는 1912년 7월 15일을 거사일로 정하고 국민집회의 취지문·건의문·행동강령을 직접 기초하였으나 일제에 발각되어 실패하였다.

이후 이종일은 천도교구국단을 조직했는데 이는 7월 28일 제1차 세계대전이 발발하고 8월 23일 일본이 대독선전포고를 하는 등 국제정세의 변화에 따른 조선의 독립에 대한 기대 때문이었다. 천도구국단은 손병희와 이종일 외에 부단장에 김홍규, 총무는 장효근, 섭외에 신영구, 행동대장에 박영신이 각각 임명되었으며, 본부는 보성사에 두었고 회원은 약 50명이었던 것으로 나타나고 있다. 천도구국단은 1914년 제1차 세계대전에 따른 국제정세를 분석하여 일제가 곧 패전할 것이라고 판단하였으며, 이

---

37) 이종일, 「묵암비망록」, 한국사상연구회, 『한국사상』 18, 1989.
38) 박걸순, 「옥파 이종일의 사상과 민족운동」, 『한국독립운동사연구』 9, 한국독립운동사연구소, 1995.

러한 유리한 국면에 대비하여 시국선언문을 마련해 두었으나 선언문은 1915년 9월 7일 일제에게 발각 압수되었다.

천도구국단은 민중봉기를 계획하기도 했는데 1916년 2월에는 南廷哲, 李商在, 韓圭卨, 朴永孝, 尹用求, 김윤식 등 찾아가 대중동원에 대해 논의하였다. 그러나 이상재만이 "천도교 측에서 나선다면 나는 기독교도들을 동원해 주겠다."는 약속을 했을 뿐 모두 거절하여 실행에 옮길 수 없었다. 11월에는 손병희를 찾아가 민중봉기에 앞장 설 것을 요청하기도 했으나 확답을 얻지 못하였다.

그러나 1918년 초 미국의 윌슨 대통령이 민족자결의 원칙을 천명하고 이에 따라 리투아니아와 에스토니아가 2월에 독립을 선언하고 5월에 체코와 유고·폴란드 등이 민족자결을 선언하자 천도구국단의 활동을 보다 구체화되었던 것으로 보인다. 5월 말 이종일은 손병희를 찾아가 민중봉기계획을 설명하고 그로부터 공감을 받았으며, 6월 1일 이후부터는 오세창·권동진·최린 등과 연합하여 거사를 추진하였다. 천도구국단은 1918년 1월 다른 종교단체와 연합하여 大漢門 앞 혹은 탑골공원에서 3월 3일 시위를 일으킬 것을 계획하였으나 손병희의 만류로 보류하였으며, 9월 9일에는 권동진·오세창·이종훈 등과 협의하여 손병희를 중심으로 하는 만세시위운동을 추진하였으나 좌절되었다. 그러나 천도구국단의 활동은 3·1운동의 모태가 되었고 특히 이종일은 삼갑운동을 제창하여 동학운동을 계승한 대중운동을 주장함으로써 1910년대 민족운동에서 중요한 위치를 차지하고 있었다.[39]

---

39) 권대웅, 앞의 책, 218~221쪽 참조.

3. 조선산직장려계

조선산직장려계는 일제의 경제수탈에 저항하여 경제적 자립을 표방한 청년지식인들의 조직체였다. 1915년 3월 京城高普敎員養成所 재학생 이용우 등이 민족의 경제적 자립을 꾀하여 국권을 회복하자는 취지로 조직하였다.[40] 경성고보교원양성소 4년생 이용우의 발기로 동기생 6명이 모여 발의하였으며, 1914년 10월 일본에 수학여행을 갔다가 일본의 문물제도의 발달을 보고, "조선인이 이제 각오하는 바 없이는 영구히 일본인의 노예됨을 감수하지 않을 수 없을 것"이라는 데 의견 일치를 본 가운데 구체적인 활동에 착수했던 것으로 보인다.

이들은 1915년 1월 성경연구회 회합에서 "훈도로 취직한 뒤 학동 및 청년에 대하여 朝鮮魂을 고취하고 정신적 결합을 도모하여 일본인에게 빼앗긴 각종 사업을 조선인 스스로 興하게 할 會를 설립하여 民族回興으로 나아가자"는 이용우의 역설하여 찬동하여 활동을 시작하였다. 이용우는 이 문제를 徽文義塾 교사 남형우와 상의하였고 그의 소개로 崔南善을 만나 자문을 구하여 찬동을 얻었다. 그러나 생도들만으로는 회의 설립이 곤란하였기 때문에 남형우를 중심으로 각 중등학교 교사들과 협의하여 마침내 1915년 3월 조선산직장려계를 조직하였다.

창립 당시 조선산직장려계는 전국의 교원과 신교육을 받은 인사, 그리고 직물업에 대한 지식과 실무경험이 있는 인물 등 모두 137명이 계원으로 가입하였다. 계정 崔奎翼(중앙학교 교사), 총무 洪昶植, 회계 최남선 · 閔溶鎬, 서기 李鎭石(보성중학 졸업) · 嚴柱東, 협의원 金德昌 · 柳瑾 · 吳

---

40) 조선산직장려계를 비밀조직이 아닌 것으로 보는 견해도 있다. 박찬승, 『한국근대 정치사상사연구』, 역사비평, 1992, 142쪽.

相鉉(한성병원 사장)·金斗奉·白南震·安鐘健·李康賢·金駟(보성학교 교사) 등이 중심인물이었다.[41] 조선산직장려계는 운영방식을 주식제로 했는데 1주 20원으로 하였으며, 계원 한사람이 10명의 주주를 모집하기로 하였다. 계원 137명 중 44명이 보통학교 및 사립학교 교원이었고, 17명이 교원양성소 학생이었다. 그 중 직물업에 대해 실무경험을 갖고 있었던 최규익·김덕창·이강현 등이 산직장려계를 이끌었다. 조선산직장려계는 일본에 수학여행을 다녀와서 보고 느낀 것을 기록한『東遊誌』90부를 간행하여 배포하였으며, 미국 하와이에서 간행된『國民報』를 비밀리에 반입하여 구독하기도 했다.

창립 당시 협의원이며 중앙학교 교사였던 이강현은『학지광』에 기고한 글에서 "조선의 원료로 조선에서 조선인이 紡績하여 조선인이 製織하여 조선인이 착용하자 함"이라 하여 산직장려계의 창립 동기를 밝히기도 하였다. 따라서 이 조직은 민족의 자주독립을 지향하면서도 체제 부정적인 혁명전략을 취하지 않은 계몽적인 온건적 비밀결사체라고 할 수 있었다.[42] 그리고 1920년대 초의 조선물산장려운동과 그 취지와 목적에서 궤를 같이 하는 특징을 보여주고 있었다고 하겠다.

일제 1917년 3월 조선산직장려계가 토착자본의 성장, 더 나아가 국권회복을 목표로 하고 있다는 사실을 파악하고 강제 해산조치를 취하였으며, 교원양성소 출신의 일부 회원들을 불온책자 배포 혐의의 보안법 위반으로 구속하였다.[43]

---

41) 경상북도경찰부,『고등경찰요사』, 260쪽.
42) 조동걸,「1910년대 독립운동의 변천과 특성」,『한국민족주의 성립과 독립운동사연구』, 지식산업사, 1989, 380~381쪽.
43) 경상북도경찰부,『고등경찰요사』, 260쪽.

4. 배달모음과 흰얼모

배달모음은 1911년 한글학자 周時經의 제자들이 주축이 되어 결성한 비밀결사이며, 일제하 국내 최초의 사회주의 정당으로 알려진 社會革命黨의 연원으로 간주되고 있다.[44)]

배달모음은 1916년 일본 동경에서 결성된 新亞同盟團을 거쳐 1920년 6월 경성에서 개최된 제5차 대회를 기점으로 사회혁명당으로 전환되었던 것으로 보인다. 당시 선언서에서 사회혁명당은 "계급 타파와 사유재산제도의 타파, 무산계급 전제정치와 전국 인구의 10분의 7되는 무산자들과 함께 혁명운동을 실행할 것"을 주장했던 것으로 나타나고 있다. 사회혁명당 창립대회에는 최팔용 · 이봉수 · 주종건 · 이증림 · 도용호 · 김종철 · 최혁 · 김달호(김달현) · 洪燾 · 엄주천 · 張德秀 · 金喆壽 · 김일수 · 최굉 · 허헌 등 30명 정도가 참여하였다.

1921년 12월 15일 배달모음은 고려공산당 상해파의 李東輝와 홍도가 이르쿠츠크의 고려혁명군여단 내 공산당지부에서 고려혁명군인들을 대상으로 한 보고를 통해서도 주목을 받았다. 고려공산당 연합중앙간부였던 홍도는 이동휘와 함께 고려혁명군인들을 대상으로 코민테른 집행부에서 내린 상해 · 이르쿠츠크 양당 통일에 관한 결정을 보고하는 집회를 개최하였다. 그런데 이 집회에서 홍도는 사회혁명당의 연원과 관련하여 '1911년 고려 국어학자 주시경의 발기로 배달모음이라는 단체가 일어났는데 그 宗旨는 고려에 정치혁명을 실현하고 풍속개량과 기타 여러 가지 혁명 사업이었다고 하였다. 또한 1916년에 일본 동경에서 고려 · 중국 · 안남 등 각국 유학생들이 신아동맹단을 조직하였는데 그 종지는 일본제국

---

44) 이현주, 『한국 사회주의 세력의 형성』, 일조각, 2003, 158~159쪽.

주의 타파와 서로 도움과 민족평등 및 국제평등 등 여러 가지인데 고려배달모음은 신아동맹단의 (조선)지부로 행사하였고' 하고 있었다.[45]

한편 신아동맹단의 결성이 추진된 것은 1915년 가을 일본 메이지대학 전문부의 김철수와 崔益俊, 외국어학교 河相衍이 중국인 유학생들과 함께 반제국주의운동을 결의하면서 시작되었다. 이들은 여러 차례 논의 끝에 한국측에서는 최익준·하상연·윤현진·정노식·장덕수·金明植·김양수 등이, 중국측에서는 黃介民·鄧潔民·謝扶雅·羅割·彭華營 등이 모여 아시아 민족의 반제민족해방운동을 추진할 결사단체를 만들 것을 합의하였다. 이 자리에서 베트남 출신 유학생들도 참여했다고 한다. 이리하여 1916년 조선·중국·베트남 등 동아시아 각국의 유학생들이 동경에서 조직한 신아동맹단은 일본제국주의를 타도하고 상부상조하며, 민족내부의 평등 및 국가 간의 평등을 달성하는 것을 목표로 하였다.

신아동맹단에 참여했던 각국 학생들은 각처에서 항일운동을 전개하였다. 중국 유학생들은 상해에서 大同團을 조직하고, 중국 국민당과 연계하여 신강 서역까지 활동 범위를 넓혔다. 또 황개민은 산동문제와 일제의 21개조 요구에 반대하는 반일운동단체로 구국단 또는 구국동맹을 조직하고 학생들과 연대하여 기관지 『救國日報』를 발행하여 이를 구심점으로 항일운동을 전개하였다.

배달모음은 신아동맹단의 조선지부 역할을 수행했는데 창립 당시 배달모음의 강령은 '조선의 정치혁명을 실현하고 풍속개량과 기타 여러 가지 혁명사업을 수행'하는 것이었다. 배달모음은 1911년 9월 3일 國語研究學會 제4회 총회에서 주시경의 발기로 명명된 '배달말글몬음'을 지칭하는 것인데, 표면상 한글강습소를 운영하면서 민족운동의 비밀결사로 기

---

45) 『붉은 군사』2, 1921년 12월 24일.

능하면서 많은 국어학자와 민족운동가들을 배출하였다.

배달말글몯음은 1913년 4월 명칭을 '한글모음'로 변경하였으며, 1914년 7월 27일 주시경이 사망하자 김두봉이 승계하였고, 1916년 11월부터는 남형우가 운영하였다 배달모음의 구성원들은 모두 일정한 정치적 견해를 가진 것은 아니었지만, 그 구성원들은 1909년에 조직된 대동청년단과 1913년 조직된 흰얼모[白英社], 1915년 3월 결성된 조선산직장려계와도 연관을 맺고 활동하였다.46)

흰얼모[白英社]는 1913년 서울에서 배달모음의 張志暎 · 李秀三 · 白南一 · 趙奎秀 · 金廷燮 · 丁範鎭 · 申卿雨 · 盧大奎 · 李源行 · 吳義善 · 洪憙裕 · 金容喆 · 金容復 등이 조직한 비밀결사였다. 尙洞靑年學院의 呂準 · 이동녕 · 이회영 등이 국외로 망명하자 국내와의 연락 등을 목적으로 결성된 것으로 보인다. 1919년 3 · 1운동 이후에는 상해의 대한민국임시정부와의 연락을 위해 白英社라는 명칭을 사용하기도 했다.47) 흰얼모는 결성 직후 비밀결사를 유지하면서 표면적으로는 1915년 4월 이용우 등 교원양성소 생도, 柳瑾 · 白南奎 · 安在鴻 등 국내의 명망가를 망라하여 조선산직장려계에 참여하기도 하였다.

이들의 활동은 1919년 3 · 1운동을 계기로 본격화되었는데 장지영 · 조규수 · 김정섭 · 신경우 · 노대규 등은 서울 종로 교남동 장지영의 집에 모여 조규수가 격문을 작성하고 2,000장의 격문을 인쇄 · 배포하기도 하였다. 또한 1919년 2월 28일 새벽에는 남대문 · 을지로 · 동대문 방면, 서대문일대 등 서울시내 주요지점에 이른바 국민대회 명의의 격문을 살포하였다.

---

46) 이현주, 『한국 사회주의 세력의 형성』, 144 · 156쪽.
47) 이현주, 앞의 책, 148 · 156쪽.

파리강화회의에 있어서 민족의 독립을 제창함에 대하여 저 교활한 일본의 간계는 '韓族은 일본의 정치에 悅服하여 分立을 원치 않는다'는 증명서를 제출하여 만국의 이목을 속이고 가리려 하였다. 그리하여 李完用은 귀족대표, 金允植은 유림대표, 尹澤榮 조척대표, 趙重應·宋秉畯 사회대표, 申興雨는 교육·종교대표라 가칭하여 서명 날인하고 황제께 서명을 억지로 청하여 그 흉계가 지극하였다. 황제께서 매우 분노하여 꾸짖으며 물리치자, 흉계가 드러나 뒷일이 두려웠던 尹德榮과 韓相鶴 두 적은 반찬을 담당한 두 궁녀로 하여금 밤참으로 먹는 식혜에 독약을 타서 올리게 하였다. …명심하라. 우리 동포여! 오늘은 세계 정치에서 망국이 부활할 좋은 기회다. 거국 일치 단결하여 일어나면 이미 잃은 국권을 회복할 수 있으며 이미 망한 민족도 구할 수 있을 것이다. 先帝先后 양 폐하의 큰 원수 큰 원한도 깨끗이 씻을 수 있을 것이다. 일어나라. 우리 2천만 동포여!

융희 기원 13년 정월 일 앙고

국민대회[48]

국민대회 명의로 발표된 이 격문에서는 민족자결의 세계사조와 '윤덕영과 한상학 두 敵은 반찬을 담당한 두 궁녀로 하여금 밤참으로 먹는 식혜에 독약을 타서 올리게 하였다'라고 하여 고종의 독살설을 전면에 제기하기도 했다. 또한 흰얼모의 구성원들은 3·1운동 뒤 복벽주의의 퇴조와 민족운동의 분화, 그리고 사회주의 이념의 수용이라는 격심한 사상적 격변 속에서 조선민족대동단·한글연구·社會革命黨 등 다양한 분화를 경험하면서 민족운동에 참여했던 것으로 보인다.

따라서 이상의 내용을 종합해 보면 1910년 일제의 국권침탈을 전후하여 국내의 독립운동세력은 서울을 중심으로 하여 살펴보더라도, 국내와

---

48)「獨立宣言書發見의 件」, 梶村秀樹 姜德相 編,『現代史資料』25, みすず書房, 1972. 283~284쪽. 이현주, 앞의 책, 148~156쪽 참조.

해외를 연결하는 민족운동단체들을 결성하고 다양한 독립운동을 실천적으로 전개하고 있었으며, 이들은 언제든 3·1운동과 같은 대규모의 항일 독립운동을 전개할 수 있는 조직적 역량과 군건한 민족의식을 갖추고 있었다고 하겠다.

IV. 3·1운동의 준비와 서울

1. 3·1운동의 태동과 각 운동세력의 동향

3·1운동은 개항 이후 다양하게 전개되었던 항일 구국운동이 전 민족적 차원으로 확장되어 우리나라의 근대적 민족주의를 한 차원 높게 승화시킨 일대 사건이었다. 그리고 3·1운동은 일제시기 전 기간에 걸쳐 국내외를 통해 가장 치열하게 전개되었던 대표적인 항일 독립운동이었다.

3·1운동의 태동과 관련해서는 천도교 교단에서 가장 먼저 구체적인 움직임을 표출하고 있었다. 천도교에서는 제1차 세계대전이 막바지에 이른 1916년부터 교인들을 동원해 민중봉기를 일으킬 것을 손병희에게 요청하고 있었으며,[49] 1917년에도 구체적인 움직임이 있었는데 이는 협상국에 가담한 일본의 패전을 전제로 한 것이었다.[50] 그러나 제1차 세계대전이 일본의 승전으로 마무리되자 이에 실망했던 것으로 보인다.

그러나 독일의 패전 이후 1919년 1월 18일 파리에서 평화회의가 개최되고 1월 8일 미국대통령 윌슨이 연두교서에서 발표한 민족자결주의 원칙에 의해 식민지문제가 해결될 것이라는 것이 알려지면서 3·1운동의

---

49) 『張孝根日記』 1916년 11월 16일(『한국사논총』 제1집, 1976, 성신여자사범대학).
50) 『張孝根日記』 1917년 8월 27일.

기운은 새로운 전기를 맞고 있었다. 천도교 측에서 이 같은 국제정세의 동향을 구체적으로 파악하고 논의를 시작한 인물은 權東鎭이었다.[51] 그는 1918년 1월 하순부터 12월 중순사이에 吳世昌, 崔麟 등과 상황을 의논하고 있었고, 손병희도 韓龍雲 등으로부터 독립운동을 일으킬 것을 권고 받았다[52]

1919년 1월 상순 일본유학 중이던 宋繼白이 서울에 도착하여 중앙학교 교사인 玄相允에게 유학생들이 작성한 독립선언서 초안을 보여주었으며, 宋鎭禹와 최남선 · 최린 · 권동진 · 오세창 등이 이를 열람하고 유학생들의 계획에 동조하였다. 특히 권동진과 오세창은 국내에서도 적극적인 독립운동을 전개할 것을 주장하였다.[53] 1월 20일에는 권동진 · 오세창 · 최린 등이 손병희를 찾아가 독립운동을 전개할 것에 대한 문제를 논의하였으며, 손병희는 '형들에게 이미 여사한 계획이 있다면 나는 하등의 異意가 있을 수 없다. 반드시 신명을 걸고 조국을 위해 노력하겠다'고 밝혔다. 그리고 일본 유학생들의 거사계획에 대해서도 '젊은 학생들이 이같이 의거를 감행하려는 이때에 우리 선배로서는 좌시할 수 없다고도 하였다.

이 무렵 천도교 교단에서는 '독립운동은 대중화하여야 할 것, 독립운동은 일원화하여야 할 것, 독립운동의 방법은 비폭력으로 할 것'이라는 3대 원칙을 확정하고 있었다. 천도교측에서는 향후 권동진과 오세창은 천도교 내부의 일을 맡고 최린은 외부와의 관계를 맡기로 합의했던 것으로 보인다.[54]

---

51) 日本憲兵隊司令部, 「朝鮮3 · 1獨立騷擾事件」, 『독립운동사자료집』 제6권, 1973, 862쪽.
52) 金法麟, 「3 · 1운동과 불교」, 『新天地』 제1권 제3호, 1946년 3월.
53) 서울특별시사편찬위원회, 『서울항일독립운동사』, 2009, 287쪽. 서울 3 · 1운동을 정리하면서 이 책을 도움을 많이 받았다. 현상윤, 「3 · 1운동과 불교」, 『新天地』 제1권 제3호, 1946년 3월.

기독교계열의 움직임도 구체화되고 있었다. 평양지역에서는 1919년 2월 6일 上海에서 新韓靑年黨員의 자격으로 국내에 들어온 鮮于爀이 기독교계의 지도자들을 만나 독립운동의 준비를 종용하였다. 또한 李承薰은 1918년 9월 평북 선천에서 제7회 장로교 총회가 개최되자 상해 교민 대표로 참석한 呂運亨과 만나 파리강화회의를 계기로 궐기하는 문제에 대해 논의하였다. 12월에는 동경유학생 徐椿이 모교인 오산학교에 들러 이승훈·曹晩植·朴賢煥 등에게 동경유학생들의 동향에 대해 설명하고 독립운동의 방법을 논의하였다. 이 자리에서 이승훈은 여운형과의 계획을 밝히고 국내·상해·동경에서 각각 독립선언서를 발표하는 방법을 제시하였다고 한다. 이승훈은 선우혁을 도와 그가 길선주·변인서 등 평양지역의 기독교계 유력인사들과 접촉할 수 있도록 주선하였다.

이후 이승훈, 梁甸伯, 尹愿三, 安世桓 등은 평양의 崇實大學校과 숭실중학교 및 定州와 宣川의 교회 등을 중심으로 독자적인 시위운동과 독립선언을 계획하고 있었다. 이때 이승훈은 천도교 측의 연락을 받고 상경하여 각 세력의 연합 문제를 논의하였다.[55] 그리고 이러한 노력은 향후 평양은 물론 평안도 전역과 주변 지역에서의 3·1운동이 대대적인 독립운동의 형태로 전개되는 밑거름이 되었다.[56]

서울에서의 기독교세력의 움직임은 기독교계와 청년단의 움직임이 서로 연합한 형태로 전개되고 있었다. 朴熙道는 3·1운동 준비의 동향을 鄭春洙·董錫璣 목사 등과 논의했던 것으로 보이며, 기독교청년회(YMCA)

---

54) 앞의, 『서울항일독립운동사』, 288쪽 재인용.

55) 「朝鮮3·1獨立騷擾事件」, 독립운동사편찬위원회, 『독립운동사자료집』 제6권, 1973. 891~892쪽.

56) 황민호, 「매일신보에 나타난 평양지역의 3·1운동과 기독교계의 동향」, 『숭실사학』31, 2013.

회원을 중심으로 세력을 확장해 가고 있었다. 그는 경성의학전문학교 2학년에 재학 중인 韓偉健과 연희전문학교 학생인 金元璧과 함께 기독교 學生靑年團을 조직하여 독립운동을 일으킬 계획을 구체화시켰다. 이후 이들은 보성법률상업학교의 康基德를 비롯하여 尹滋英·金炯璣·朱鍾宜·李公厚·朱翼·尹和鼎·李容卨 등 서울지역 여러 학교의 학생들을 포섭하여 3·1운동의 준비에 박차를 가하였다. 그리고 1월 28일 경 관수동에서 개최된 회의에서는 "동경에 있는 우리 유학생도 이미 독립운동을 기획하고 선언서 발표를 꾀하고 있는 때이므로 조선에 있는 우리들 청년학생도 선언서를 발표하여 소리를 크게 해서 일반 여론을 환기시켜 세계의 여론에 호소해야한다"[57]는 것에 합의하였다.

李甲成도 학생들을 규합하고 있었는데 그는 2월 12일과 14일 세브란스 의학전문학교 구내에 있던 자택에서 김원벽·강기덕·윤자영·한위건·김형기·金文珍·裵東奭·金成國 등과 함께 3·1운동의 구체적인 방안에 대해 논의했던 것으로 보인다. 당시 강기덕과 김원벽 등은 전문학교 학생들을 조직화하는 것이 급선무라고 보고 경성전수학교는 金性得과 윤자영, 경성의학전문학교는 김형기와 한위건, 세브란스 의학전문학교는 김문진과 이용설, 경성공업전문학교는 金大羽, 보성법률상업전문학교는 강기덕과 韓昌桓, 연희전문학교는 김원벽이 대표가 될 것을 약정하였다.[58] 학생단 독립선언서의 기초는 주익이 담당하기로 하였다.[59] 이갑성과 박희도의 3·1운동 계획에는 대체로 학생계를 대표하는 인물들이 공동으로 참여하고 있었다.

---

57) 앞의, 「朝鮮3·1獨立騷擾事件」, 868쪽.
58) 「豫審終結決定書(金炯璣 등 學生團)」, 독립운동사편찬위원회, 앞의 책, 제5권, 69쪽.
59) 「1919년 3월 9일 京城地方法院 檢事局에서의 金元璧取調書」, 李炳憲, 『3·1運動秘史』, 삼일동지회, 1966, 701~702쪽.

이밖에 이갑성은 李商在 · 咸台永 · 孫貞道 등 기독교계의 유력 인사들을 만나 독립운동에 관한 문제를 논의했는데 반대하는 사람은 없었으며, 손정도는 적극적인 지지를 표명하였다.[60] 그러나 학생계의 거사 움직임은 그 뒤 기독교와 천도교의 제휴가 이루어지고 독자적인 행동보다는 거족적인 단일행동이 바람직할 것이라는 논의가 대두되자 일단 상황을 관망하는 쪽으로 기울어졌던 것으로 보인다.

2. 민족대표의 활동과 연합전선의 형성

3 · 1운동의 초기단계에서의 민족대연합전선을 형성하기 위한 노력은 천도교와 기독교계에 의해 주도되었으며, 민족대표의 활동이 주효하였다. 1월 20일 경 만세시위를 시작하는 것에 원칙적으로 합의한 천도교에서는 최린 · 최남선 · 송진우 등을 중심으로 尹用求 · 韓圭卨 · 朴泳孝 · 尹致昊 등 유력인사들과 접촉하였으나 한규설만 긍정적인 반응을 보였을 뿐, 별다른 진전을 이룰 수 없었다.[61]

이후 천도교에서는 기독교와의 연합을 시도하였는데 최남선은 최린에게 그 적임자로 평안북도 정주의 오산학교 교장으로 있던 이승훈을 추천하였다.[62] 최남선은 이승훈을 상경시킬 방법에 대해 현상윤과 논의했는데 그는 2월 8일경 서울에 있는 정주 출신 鄭魯湜에게 이승훈의 상경 방법을 문의하고 부탁하였다. 이에 정노식은 자기 집에 유숙하고 있는 오산학교 출신인 金道泰에게 부탁하여, 오산학교의 경영을 위한 좋은 기회가

---

60) 유준기, 「최연소 3 · 1운동 민족대표 이갑성」, 『春潭 劉準基博士 停年退任記念論叢』 2009.
61) 玄相允, 「3 · 1운동의 회상」, 『新天地』 제1권 제3호, 1946년 3월, 167쪽.
62) 大正 9년 11월 8일, 「宋鎭禹 調書」

있으니 이승훈이 즉시 상경하여 최남선을 만나 달라고 전언하였다. 이에 이승훈은 2월 11일경 서울에 도착하였으며,[63] 송진우를 만나 천도교 측의 독립운동 계획에 대해들은 후 기독교 측에서도 동지들을 규합하여 독립운동에 합류해 줄 것을 요청받았으며, 흔쾌히 수락하였다.

이후 이승훈은 2월 12일 선천으로 가서 장로교 목사 양전백에게 서울에서의 동향을 설명하고 동의를 얻었으며, 양전백의 집에서 李明龍과 劉如大·金秉祚 등과도 회합하고 3·1운동 참여에 대해 동의를 얻었다. 또한 이승훈은 2월 14일에는 평양으로 가서 일부러 기홀병원에 입원하여 그를 문병 온 吉善宙·申洪植 목사 등에게도 상황을 설명하고 동의를 얻었다.[64]

2월 16일 이승훈은 신홍식과 함께 밤차로 다시 서울에 왔는데 그가 감리교 목사 신홍식을 대동하고 서울에 온 것은 서울에서 큰 세력을 갖고 있던 감리교와의 연합을 위한 것이었다.

2월 20일 신홍식과 이명룡의 주선으로 기독교청년회(YMCA)의 간사 박희도가 이승훈을 방문하여 기독교세력 단독으로라도 거사를 준비하는 문제에 대해 의논하였다. 그리고 이날 밤 박희도의 집에서는 이승훈과 감리교회 목사 吳華英·鄭春洙·신홍식 등이 천도교와의 연합을 단념하고 기독교 단독으로 독립운동을 추진할 것, 독립운동의 방법은 독립청원서를 제출하는 방법으로 할 것, 기독교 동지의 모집은 연고에 따라 각 지역별로 분담할 것을 등을 결의하였다.[65] 뿐만 아니라 이날 저녁 장로교파 함태영의 집에서는 이갑성·안세환(평양기독교서원 총무)·玄楯 등이 역시 기독교 중심의 독립운동에 대해 논의하였다. 그러나 21일 아침 이승훈

---

63) 「1919年 7月 18日 京城地方法院 豫審에서의 崔南善·鄭魯湜 對取質訊問調書」, 李炳憲, 앞의 책, 705쪽.
64) 「1919年 3月 1日 警務總監部에서의 李昇薰警察訊問調書」, 李炳憲, 앞의 책, 340~343쪽.
65) 「豫審終結決定書」(孫秉熙 등 48人) 앞의, 『독립운동사자료집』 제5권, 18쪽.

이 동지규합의 일환으로 함태영을 찾아가 독립운동과 관련된 문제를 논의하자 두 사람은 지금까지 각기 별도 추진되고 있던 기독교계의 움직임에 대해 논의하게 되었고 이후 두 회합이 자연스럽게 하나로 합류되는 계기가 되었다.

한편 2월 17일에 송진우를 만났던 이승훈은 그의 태도가 전과 달리 모호하였으며, 최남선을 만날 방도도 여의치 않자 실망하고 있었고 이 같은 상황에서 기독교세력을 중심으로 한 독자적인 3·1운동의 추진이 진행되고 있었던 것으로 파악된다. 당시 송진우 등은 미리 접촉했던 대한제국 고관 출신들이 독립운동에 회의적인 반응을 보이자 낙담하고 있었다. 그런데 별다른 진전이 없던 천도교와 연합문제는 21일 오후에 최남선이 이승훈의 거처를 방문하여 최린과 만날 것을 권고하면서 급진전 되었다. 이후 최남선과 함께 최린을 만난 이승훈이 기독교계의 동향에 대해 설명하자 최린은 '독립운동은 민족전체에 관한 대사업임으로 종교를 불문하고 합동해야' 한다고 역설하였으며, 이승훈도 이에 전적으로 찬성하였다.

이 같은 상황에서 기독교계의 독자적인 독립운동을 추진하고 있던 이승훈은 동지들과 의논의 통해 최종적인 방안에 대해 통지하기로 약속하는 한편, 긴급한 독립운동자금으로 5,000원을 빌려줄 것을 요청하였다. 이 자금은 손병희의 허락 하에 곧바로 기독교계에 제공되었으며, 두 종교가 서로 협력하는 계기를 만드는데 기여하였다.

상황이 급진전되자 이승훈은 최린을 만난 당일인 21일 밤에 이갑성의 집에서 기독교계의 확대회의를 개최하였으며, 함태영·이승훈·安世桓·金世煥·金弼秀·吳祥根 등 장로교측의 인사와 박희도·오화영·신홍식·오기선 등 감리교측의 인사들이 모였다. 이 모임에서는 청원서의 草案을 작성하는 문제가 논의되었으며,[66) 독립운동의 형태가 종파를 초월한 거족적인 운동이 되어야 한다는 함태영·안세환 등의 의견이 주효하여 천도교와의 제휴에 대한 상당한 진척이 있었다. 또한 국제정세와 강화회의에 대한 정확한 정보를 파악하기 위해 현순을 상해에 파견하기로 결정하였으며, 이갑성·김세환·신홍식·이승훈을 지방순회위원에 추가로 임명하였다.67)

22일 저녁 무렵 기독교계의 교섭위원으로 위임된 함태영과 이승훈은 최린을 방문하여 기독교계의 합의 사항을 설명하였으며, 향후 거사는 비폭력적인 방법으로 수행할 것과 '독립청원'이 아니라 '독립선언'으로 할 것에 합의하였다. 그리고 그날 밤 기독교계의 대표들은 함태영의 집에서 이승훈과 함태영의 교섭 결과를 듣고 천도교측과의 합의를 확정하는 회의를 가졌다.

이후 24일에 다시 만난 3인은 선언서의 작성과 인쇄에 관한 일은 천도교측에서 담당하며, 미국 대통령 및 강화회의 참전국 대표들에게 청원서를 전달하는 일은 기독교측에서, 일본정부에 제출하는 것은 천도교측에서 맡기로 하는 운동의 기본적인 방침에 합의하고 양측의 연합을 확정하였다.68)

---

66) 大正 8년 11월 15일, 「吳華英 調書」, 「豫審終結決定書」(孫秉熙 등 48人), 『독립운동사자료집』제5권, 19쪽
67) 유준기, 앞의 논문, 207쪽.
68) 앞의, 『서울항일독립운동사』, 296~307쪽. 재인용. 이때 합의된 내용은 다음과 같다. 1) 거사일은 3월 1일 오후 2시로 정하고 이 때에 파고다공원에서 독립선언서를 낭독하여 독립을 선언할 것. 2) 독립선언서는 이를 다수 비밀리 인쇄하여 서울에서는 독립선언 당일 이를 군중에게 배포하여 만세를 부르도록 하고 각 지방에는 이를 분송할 것. 3) 독립선언서를 각 지방에 분송할 때 서울에서의 독립선언 일시 및 독립선언 배포절차를 전달하여 각 지방에서도 서울에 따르게 할 것. 4) 독립선언서 기타 문서의 기초와 독립선언서의 인쇄는 천도교측에서 담당할 것. 5) 독립선언서의 배포와 분송은 천도교측과 기독교측에서 각각 담당할 것. 6) 일본정부와 일본귀족원·중의원 양원 등에 보내는 통고문은 천도교측에서 담당하여 보내고 청원서

기독교와의 연합을 성사시킨 최린은 24일 밤에 한용운을 찾아가 불교와의 연합을 공식적으로 요청하였으며, 시일이 촉박한 상황에서도 한용운과 백용성이 불교측의 대표로 3·1운동에 참여할 수 있었다. 또한 최린은 한용운을 통해 지방유림과의 접촉을 시도했던 것으로 보인다. 당시 지방의 유림으로서는 艮齋 田愚와 俛宇 郭鍾錫이 이름 높았는데, 곽종석으로부터 참여하겠다는 회보가 있었으나 인쇄물이 완료되었음으로 서명되지 않았다고 한다.[69] 김창숙의 경우도 독립선언과 관련하여 사전에 연락을 받았으나 모친의 병환 때문에 연서의 기회를 잃었으며, 독립선언서에 유교의 대표가 한사람도 없음을 개탄했다고 한다.[70]

한편 2월 20일 경 전문학교 학생대표들은 승동교회에서 제1회 학생간부회의를 개최하고 독자적인 3·1운동 계획을 수립하였다.[71] 그러나 이 계획은 2월 24일 천도교와 기독교 교단의 연합전선의 형성이 이루어지고 3월 1일을 기해 독립선언과 시위운동이 전개될 것임이 확정되자 변경되

는 기독교측에서 담당하여 보낼 것. 7) 조선 민족대표로서 각 서면에 연명할 사람은 천도교와 기독교측에서 각각 십수명을 선정하도록 할 것, 8) 독립운동에 참가를 요구하고 있는 불교도도 연명에 가입시킬 것.

69) 金法麟, 「3·1운동과 불교」, 『新天地』 제1권 제3호, 1946년 3월, 75~76쪽.

70) 김창숙, 『心山遺稿』, 국사편찬위원회 편, 1973, 309쪽.

71) 당시 회의에서는 다음과 같은 논의가 결정되었던 것으로 보인다. 1) 각 학교의 제1선 대표자로서 金性得(경성전수학교)·金炯璣(경성의학전문학교)·金文珍(세브란스 의학전문학교)·金大羽(경성공업전문학교)·康基德(보성법률상업전문학교)·金元璧(연희전문학교)을 선정하여 각각 그 학교를 대표하도록 하였다. 2) 위의 각 학교 대표자가 일제 관헌에 체포되는 경우 후사를 담당하고 독립운동을 지속하기 위하여 제2선 책임자로서 李容尙(세브란스의학전문학교)·韓偉鍵(경성의학전문학교)·尹滋瑛(경성전수학교)·韓昌桓(보성법률상업전문학교)을 선임하였다. 3) 위의 제1선 각 학교 대표와 제2선 책임자는 각 학교별로 각각 동창 학생을 규합하여 독립운동을 추진하기로 하였다. 「豫審終結決定書」(金炯璣 等 學生團), 『독립운동사자료집』 제5권, 69쪽.

었다. 학생대표들은 2월 25일 밤 정동교회 안에 있던 李弼柱 목사의 집에서 회의를 열고 기독교와 천도교의 연합전선에 참여할 것, 각 전문학교 및 중등학교 학생들은 3월 1일 정오까지 파고다공원에 집합하여 일대 시위운동을 전개할 것 등에 합의하였다. 이로써 천도교 · 기독교 · 불교 · 학생단의 연합전선이 완성되었다.72)

뿐만 아니라 학생들은 민족대연합전선의 형성에 만족하지 않고 3 · 1운동 전 기간에 걸쳐 전위대로서의 역할을 수행했다고 할 것이다.73) 여학생들도 조직적으로 3 · 1운동에 참가하였는데 2 · 8독립선언 이후 귀국한 일본여자유학생들이 주로 이화학당 등의 여학생들을 중심으로 학생단에 합류하였다. 2월 17일 귀국한 김마리아와 2월 18일 귀국한 동경의학교 학생 黃愛施德이 주축이었으며, 이들은 이화학당 교원인 朴仁德의 방에서 김마리아 · 황애시덕 · 박인덕 · 김하르닌 · 孫正順(이화학당 학생) · 安秉淑(동경여자미술학교 졸업생) · 申俊勵(申체르뇨) · 羅蕙錫(동경여자미술학교 졸업생) · 朴勝一 · 安炳壽(예수교 중앙예배당 교사) 등 모두 11명이 회합을 갖고 '부인단체를 조직하여 조선의 독립운동을 전개할 것, 남자단체와 여자단체와의 사이에 연락을 취할 것'74) 등을 결정하였으며, 이후 여학생들의 조직화를 위해 적극적으로 활동하였다.75)

---

72) 이날 이필주목사의 집에는 전성득 · 김형기 · 김문진 · 김대우 · 강기덕 · 김원벽 · 한위건 · 한창환 · 윤자영 등이 모였다. 앞의, 『서울항일독립운동사』, 306~307쪽.
73) 황민호, 「매일신보에 나타난 3 · 1운동의 전개와 조선총독부의 대응」, 『한국독립운동사연구』 제26집, 한국독립운동사연구소, 2006.
74) 국사편찬위원회, 『한민족독립운동사자료집』 41, 1991.
75) 황민호, 「나혜석의 민족의식과 민족운동의 전개」, 『水原文化史研究』 5, 수원문화사연구회, 2002.

V. 3 · 1운동의 전개와 서울

1. 민족대표의 '독립선언'과 서울에서의 초기 3 · 1운동

천도교와 기독교, 불교 및 학생단의 연합전선이 결성되자 3 · 1운동이 본격화되었다. 우선 민족을 대표해 독립선언서에 서명해 줄 것을 요청받았던 구한말의 명사들이 이를 거절하자 독립선언서에 서명해야 할 새로운 대표의 선출이 필요하였다. 이는 각 교파별로 이루어졌는데 천도교를 대표하여 손병희가 가장 먼저 서명하였으며, 장로교의 길선주, 감리교의 이필주, 불교의 백용성의 순위로 서명하였으며, 그 이하는 성명의 가나다순으로 배열하여 나열하였다. 또한 거사일과 관련해서는 국장일이 3월 3일인 상황에서, 3월 2일은 일요일이어서 기독교 측에서 이날을 반대하였고 국장일보다 앞당겨서 거사를 진행한다는 원칙하에 3월 1일로 정해졌다. 민족대표들은 국장 당일에 만세시위운동을 전개하는 것은 불경이며, 만일 국장 당일에 폭동이 일어날 경우 독립운동의 계획에 차질이 발생할 수 있을 것이라고 생각하고 있었다. 독립선언서는 최남선에 의해 작성되었으며, 일본정부와 일본귀족원, 일본중의원, 조선총독부에 보내는 독립통고서와 파리강화회의와 미국대통령 윌슨에게 보내는 독립청원서도 준비되었다. 독립선언서의 인쇄는 오세창이 총책임을 맡고 천도교의 인쇄소 普成社 사장 이종일이 담당했며, 배포는 각 연합세력이 분담하여 진행하였다.

천도교측의 독립선언서 배포 활동과 관련해서는 총독부 기관지『매일신보』의 다음과 같은 기사를 통해 확인할 수 있다.

항차 소요사건에 관하여 전주에서 반포된 불온문서의 배포상황이 아래와 같더라, 3월 1일 오전 11시 30분 전주역 도착의 열차로 경성 수송동 天道敎 보성사 사무원 이종익이 하차하여 천도교 전주 교구장 김봉년의 집에 간즉 김봉년은 국장에 참여키 위하여 상경하고 없음으로 신도되는 피창근에 대하여 그 가졌던 선언서 1,800매를 교부하여 즉시 각 교구에 배포하고 3일 새벽까지 각처에 부치라고 부탁함에 피창근은 그 교구 재무계 전재옥에게 약 600매를 주고 전재옥은 다시 임실 천도교 교구당 한영태에게 약간을 교부한바 동인의 손으로 또 신도의 손을 거쳐 남원군, 익산군 각 방면에 산포하고 이리, 옥구, 논산, 부여, 김제, 청주에 모두 운동케 하여 3일까지 사이에 모두 준비 행동을 마친 듯하고 수모자와 운동자는 거의 다 잡혔는데 발견된 선언서는 195매라더라.[76]

위의 내용에서 보면 서울의 천도교 교단에서는 수송동에 있던 교단 산하의 보성사에서 인쇄한 1,800매의 독립선언서를 사무원 이종익이 3월 1일 11시 도착의 열차편으로 전주의 천도교인 피창근에게 전달하고 3일 새벽까지는 각지에 배포할 것으로 부탁하였다. 피창근은 교구 재무원 전재옥에게 그 절반인 600매를 주었고 전재옥은 임실 교구의 한태영에게 약간을 교부하였으며, 선언서는 남원·익산 등지에 전달된 것으로 나타나고 있다. 또한 이리, 옥구, 논산, 부여, 김제, 청주 등에 연락하여 3일까지는 3·1운동 준비를 마치도록 했던 것으로 알 수 있다.

서울에서 독립선언서를 배포한 것은 주로 학생 측이었는데 이갑성과 金文珍은 이종일로부터 독립선언서 1,500장을 받아와서 金成國을 통해 康基德에게 전달하였다. 강기덕은 2월 28일 밤 정동예배당으로 선언서를 가져와서 각 학교 학생 대표자들에게 분배하였는데 경성고등보통학교의 金柏枰, 보성고등보통학교의 張彩極·金玉玦, 선린상업학교의 李奎完,

76) 「전라북도 전주 선언서 배포」, 『每日申報』 1919년 3월 14일.

중앙학교의 張基郁, 사립조선약학교의 金東煥 및 李龍在 외 십 수명에게 독립선언서를 각각 100~300매씩 분배하였으며, 학생을 탑골공원에 모이도록 하였다.

파리강화회의와 윌슨대통령에게 보내는 청원서는 기독교 측의 金智煥이 중국의 안동현으로 건너가 상해에서 기다리고 있던 현순에게 문건을 우편으로 전달하는 일을 담당하였다. 일본 측으로 보내는 독립통고서의 전달은 천도교 측의 林圭가 담당하였으며, 기독교 측에서도 안세환을 일본으로 파견하여 일본정부에 대해 조선독립의 필요성을 전달하기로 하였다.

3·1운동에 대한 준비가 갖춰진 가운데 민족대표들은 군중들이 많이 모이는 탑골공원을 피하여 음식점인 泰和館으로 변경하였는데 이는 독립선언식이 민족대표와 학생·시민으로 분리되어 진행되는 결과를 야기하였다. 태화관에 모여 독립선언식을 거행한 민족대표들은 출동한 일제 경찰에 의해 전원 연행되었으며, 상해로 탈출한 김병조 외에 식장에 늦게 도착한 길선주·유여대·정춘수 등도 모두 검거되었다.

탑골공원에서 민족대표를 기다리던 학생과 시민들은 별도의 독립선언식을 거행하였다. 2시가 되자 학생대표 한위건이 독립선언서를 낭독하고 대형 태극기가 게양되었으며 독립선언서 낭독이 끝나자 학생과 시민들은 '독립만세'를 외치며 만세시위를 시작하였다.시위가 시작되자 군중들은 삽시간에 늘었으며, 시간이 지날수록 격렬해졌다.

국어학자인 이희승은 이날의 시위에 대해 '서울 거리는 열광적인 독립만세를 연달아 부르는 군중들로 가득찼다. 어느 틈에 만들어졌는지 태극기의 물결, 대열 앞의 학생들이 선두에 섰으며, 서울 시민과 지방에서 올라온 시골사람들이 이에 호응하였다.(중략) 해가 저물어도 만세소리는 여기저기서 산발적으로 들려왔다. 이때부터 일본관헌들의 잔인한 보복이 시작되었다. 평화적인 시위군중에 대하여 창과 칼을 꺼리김없이 사용하였다. 안국동 부근에서는 손을 들고 만세를 부르는 여인에 대해 일경이 환도로 팔을 내리쳐 잘라버렸다. 여기저기서 이러한 일들이 생겨났다. 라고 하였다.[77]

또한 경성여자고등보통학교 학생이었던 최은희도 당시를 다음과 같이 회상하였다.

> 독일영사관에서 회정하여 의주통을 지나갈 적에는 길가에 냉수동이가 즐비하게 놓이고, 평양수건을 쓴 할머니들이 지켜 서서 바가지로 물을 떠주다가 바가지 째 두손을 번쩍 들고 만세를 부르는 것이 퍽 인상적이었다. … 우리 일대는 거기서 숭례문까지 내려갔다가 다시 돌아 진고개 골목으로 돌아섰다. … 물샐 틈 없는 좁은 골목이라 본정2정목에 이르러서부터는 몽땅 체포되기 시작했다. 일제 상가가 모두 떨쳐나와 협력했다. … 수갑이나 포승을 사용할 겨를이 없었다. 헌병들이 양편 손에 한 사람씩 손을 잡고 남산 밑에 있는 경무총감부로 연행해 갔다. 군중들은 끌려가는 길에서도 힘차게 만세를 불렀고, 총감부 마당에 꿇어앉은 사람들도 새 사람이 잡혀올 적마다 마주들 바라보며 만세를 불렀다.[78]

이밖에 경성부윤과 경찰국의 보고에 의하면 종로통에서 출발한 시위대는 학생들을 중심으로 되어 여러 대로 나뉘었는데 일대는 종로·광교·경성부청 앞·남대문 등을 거쳐 의주통·프랑스공사관으로 행진하였다.

---

77) 이희승, 「내가 겪은 3·1운동」, 『3·1운동50주년기념논문집』, 동아일보사, 1969, 402쪽.
78) 최은희, 『조국을 찾기까지』(중), 담구당, 1973, 100~101쪽.

그리고 다른 일대는 종로에서 덕수궁 대한문에서 만세를 부른 후 구리개 [현 을지로]로 향하였다. 여기서 다시 나뉘어져 일대는 미국영사관으로 향하였으며, 다른 일대는 광화문을 지나 경복궁 앞에서 만세를 불렀다. 이외에도 시위대는 창덕궁에서, 또 다른 일대는 조선헌병사령부로 행진하였다. 이밖에 시위대는 소공동을 거쳐 총독부로 향하려고 진고개(현 충무로)로 행진하였고, 육조 앞 일대[현 세종로]에서도 만세시위대로 가득 찼다. 만세시위는 해가 저물자 교외에서도 전개되었는데 저녁 7시경 서울 중심가에서는 일단 시위가 끝났지만 밤 8시경 마포전차 종점에서 전차에서 내린 사람들이 모이기 시작하여 약1,000명의 사람들이 만세시위를 하였고, 밤 11시경에는 신촌 연희전문학교 부근에서 학생 약 200명이 집결하여 시위를 하였다고 한다.

조선총독부는 서울 중심가의 군경을 총동원하는 한편, 용산의 일본군 보병 3개 중대와 기마병 1개 소대를 시위해산에 투입하였다. 평화적인 학생·시민들의 시위에 손을 쓸 방법을 몰라 하다가 해가 저물고 난 뒤부터 경찰·헌병·군인들이 일본 진고개 상점가 점원들의 도움을 받으며, 그곳을 통과하는 시위대원들을 모조리 검거했다.

3월 2일에도 만세시위는 계속되었는데 전날과 마찬가지로 주요 거리마다 시위대로 가득 메워졌으며, 종로에서는 노동자와 학생이 중심이 된 400여 명이 모여 만세를 부르며 종로경찰서로 향하였다. 이날의 시위에서는 高熙俊·金永鎭 등 주동자 20여 명이 종로경찰서에 검거되었다. 3월 3일은 고종황제의 장례식으로 만세시위는 자제되었으나 3월 4일부터 만세운동은 다시 전개되었다. 그러나 이날은 만세운동의 중심적 역할을 하였던 학생들이 지방의 만세운동을 위해 귀향하였기 때문에 만세시위보다는 이를 고취시키는 각종 격문 등을 시내 요소요소에 부착하였다.79)

3월 5일에는 3월 1일 이전에 학생단이 기획했던 대규모의 독립만세 시위운동이 전개되었다. 수천 명의 학생들이 오전 8~9시 경에 미리 연락을 받고 남대문역(현 서울역) 광장에 모여들자 학생대표 김원벽 · 강기덕 등이 선두에 서서 태극기를 흔들고 독립만세를 연창하면서 시위를 시작하였다. 여기에는 중학교 학생들이 가담하였으며, 평양에서 상경한 약 200명의 학생도 포함되어 있었고, 세브란스병원 간호원도 섞여있었다. 또한 수많은 시민들과 고종황제의 국장을 보고 귀향하려던 지방민이 합세하여 시위군중은 1만 명이 훨씬 넘게 되었다. 시위 과정에서 일제 경찰은 학생 대표 50명을 연행해 갔으나 학생들은 경찰의 저지선을 뚫고 제1대는 남대문시장과 조선은행 앞을 거쳐 종로로 향했으며, 다른 1대는 남대문 안에서 태평동 · 대한문 앞 · 을지로 1가(황금정 1정목)을 거쳐 종로로 향해 종로 보신각 앞에서 합류하였다.

이날 시위대는 보신각 부근에서 대검을 빼들고 저지하는 일제 경찰대와 충돌하여 많은 학생들이 부상을 당했으며, 75명이 종로경찰서에 연행되었다. 시위에 참여했던 학생들은 주로 경성의학전문학교 · 경성전수학교 · 경성공업전문학교 · 세브란스의학전문학교 · 연희전문학교 · 보성법률상업학교 · 조선약학교 · 배재고등보통학교 · 경성고등보통학교 · 보성고등보통학교 · 경신학교 · 중앙학교, YMCA영어학교 · 중동학교 · 정신여학교 · 이화학당 · 성서학원 · 선린상업학교의 학생들이었으며, 이밖에 학적 미상의 학생들과 일반인들이 포함되어 있었다. 그런데 서울역 광장 앞에서 시작된 이날의 시위는 고종의 국장을 마치고 귀향하려는 지방의 유지들에게 영향을 끼치면서 3 · 1운동이 전국적으로 확산되는 촉매제가 되었다.[80]

79) 김정인 · 이정은, 『국내 3 · 1운동 I −중부 · 북부』, 독립기념관, 2009, 8~9쪽.

2. 서울에서의 3·1운동의 확산과 한성정부

　3·1운동이 발발 직후 급속하게 전국화 되어 가고 있는 가운데 일제는 서울에서의 평화 시위에 대해 폭력적인 방법으로 진압하는 만행을 자행하였다. 그러나 일제는 3·1운동의 확산을 막는데 실패하였으며, 3월 6일 이후에는 언론을 통해 전국적으로 일어나는 3·1운동 관련 소식과 함께 그에 대한 총독의 입장을 밝히지 않을 수 없었다.

　조선총독부의 기관지였던 『매일신보』에서는 3월 6일 '社說'을 통해 윌슨의 민족자결주의가 제1차 세계대전에서 승리한 연합국과 중립국에게 대해서는 取扱할 일은 아님을 강조하였다. 뿐만 아니라 이 사설에서는 일본으로서는 '誤認한 민족자결주의의 전파로서 대일본제국의 기초를 震撼케 할 것이라고 信치 아니하노라. 然이나 만약 如此 한 사상에 醉하여 무모한 擧를 기도하는 자가 有한다면 국가의 치안을 保하기 위하여 容赦없는 고압수단을 執하여 근저로부터 此를 絶滅할 필요가 有함을 信하노라'라고 하였다.[81]

　또한 3월 7일에는 총독의 諭告를 통해 일부 不逞徒輩의 妄動으로 서울과 지방에서 소요가 일어난 것은 유감이며, 조선의 독립은 파리 강화회의에서 열강이 승인한 바라 하나 이는 전혀 無根流說이며, 非違를 일으키는 자는 一步라도 가차 없이 엄중히 처분 중이라는 경고하였다.[82] 이후 일제는 『매일신보』를 통해 각 지역에서 발생한 3·1운동의 상황을 비교적 상세하게 전하면서 여론의 방향을 총독부에 유리하게 이끌고자 노력하였다.[83] 친일인사들 중에도 3·1운동에 대한 반대의사를 표명하는 경우도

---

80) 앞의, 『서울항일독립운동사』, 309~329쪽.
81) 『民族自決主義의 誤解』, 『每日申報』 1919년 3월 6일.
82) 「諭告」, 『每日申報』 1919년 3월 7일.

있었는데 閔元植은 3·1운동의 무모함과 부당성을 강조하는 논설을『매일신보』에 게재하였으며,[84] 高義駿·尹孝定·金明濬 등 30여명의 인사들은 모임을 갖고 3·1운동 발발의 심각성에 대해 의논하는 한편, 전국에 경고문을 발표하기도 하였다.[85]

그러나 서울에서의 시위는 걷잡을 수 없는 규모로 확산되고 있었다. 3월 8일 오후 6시에는 용산의 조선총독부 인쇄소에서 노동자 약 20명이 독립만세를 선창하자, 야간작업을 위하여 남아 있던 약 200명이 합세하여 시위를 전개하였으며, 이중 19명이 출동한 일본군에게 체포되었다. 3월 9일에는 서울의 전기회사의 차장과 운전수 120명이 '파업'을 단행하여 전차의 운전을 중지되었으며, 9일에는 서울의 동아연초회사의 유년노동자들이 독립만세 시위운동을 전개하였다. 3월 22일에는 봉래동에서 아침식사를 하러 모이던 노동자들 300~400명이 태극기를 세워 놓고 시위를 시작하자 부근의 노동자들과 시민들이 합세하여 700~800명의 군중이 독립문까지 행진하면서 대대적인 시위를 전개하였다.

3월 26일 밤에는 서울시내 20여 곳에서 시위가 벌어졌는데 이중 옥동지역의 시위대 100여명은 이완용의 집에 돌을 던지며 시위를 전개하기도 하였다. 이날의 시위는 중림동·삼성동·홍제원 부근·동막방면·마포부근·한양공원·안국동·한강방면·하동·루하동·뚝섬·금계동·와룡동·재동·종로·일정목·탑골공원·용산·동대문 밖·종로 사정목·독립문 앞·종로 이정목 등에서 동시다발적으로 전개되었다.[86]

---

83) 황민호,「매일신보에 나타난 3·1운동의 전개와 조선총독부의 대응」,『한국독립운동사연구』제26집, 한국독립운동사연구소, 2006.

84)『每日申報』1919년 4월 27·28·29일.「更히 騷擾에 대하야」이외에도 친일적 경향의 논설은 여러 곳에서 보이고 있다.

85)「全道警告文」,『每日申報』1919년 4월 19일.

3월 27일에는 滿鐵 경성관리국 용산 철도공장 노동자 약 800명이 동맹파업을 단행하고 시위운동을 전개했으며, 숭삼동·경성공업전문학교 앞·종로네거리·광화문동·서대문·안감천 부근·돈암리·미창동에서 시민들의 격렬한 독립만세 시위운동이 있었고, 재동파출소가 다시 습격당하였다.

상인들은 撤市투쟁을 전개하였는데 서울에서는 3·1운동이 발발하자 곧바로 철시에 들어갔으며, 3월 9일부터 본격적인 철시가 시작되어 3월 11일 현재에는 상점이 한 곳도 열리지 않았다고 한다. 경성상업회의소에서는 상인들에게 開店할 것을 종용하기 위한 회의를 개최하였으나 상인들은 자신의 자식과 子姪들이 끌려가는 것을 보기 싫고 市街의 경계가 엄중하여 상점을 개점하여도 영업이 안 됨으로 첫째, 당국에서 이번에 잡혀간 사람들을 놓아주고 도시 내의 경계를 풀어주면 문을 열게 다고 하여 결국 아무런 합의에 이르지 못하기도 하였다.[87] 서울지역 상인들의 철시는 3월말까지 지속되었다.[88]

경기도 장관 松永武吉은 4월 1일 서울시내의 유력 상인 40여명을 불러 開市할 것을 설유하는 한편, 『매일신보』를 통해 경기도장관과 경기도 경무부장 連名으로 '開市命令을 戒告' 하였다.[89] 그런데 경기도 경찰부에서는 '계고서'를 집집마다 돌린 후 이를 받고도 상점을 열지 않을 경우에는 엄벌에 처한다고 였다.[90]

학생들의 등교거부도 계속되었는데 서울의 정동공립보통학교와 어의

---

86) 「京城附近又復騷擾, 26일밤에 20여처 소요」, 『每日申報』 1919년 3월 28일.
87) 「상점 대부분철시, 협박으로 인하야」, 『每日申報』 1919년 3월 11일.
88) 앞의, 『서울항일독립운동사』, 336쪽.
89) 「開市命令의 戒告」, 『每日申報』 1919년 4월 2일.
90) 「各商店의 開門」, 『每日申報』 1919년 4월 3일.

동공립보통학교 학생들은 3월 24일 졸업식장에서 만세시위운동을 전개하기도 하였다.[91] 경성공업전문학교의 경우는 3월 25일 조선인 학생들이 1명을 제외하고는 전혀 등교하지 않아 일본인 학생들을 대상으로 하는 졸업식만을 거행하기도 했다.[92] 경성여자고등보통학교의 경우는 3월 17일 총 204명의 학생 중에 37명만이 출석하였고 나머지 학생들은 모두 결석하였다고 한다.[93]

서울과 지방에서는 『獨立新聞』 또는 『조선독립신문』·『覺醒號回報』 또는 『각성』·『國民會報』·『自由民報』·『독립운동뉴스』 등 각종 신문과 선전문·격문·경고문·전단 등을 배포함으로써 3·1운동을 고취하였다. 특히 『조선독립신문』은 보성전문학교 교장 尹益善이 천도교 측의 이종일 등과 의논하여 그 제1호를 3월 1일에 약 1만 장을 인쇄하여 발간하였다. 이 신문은 1919년 4월 10일까지 총 26호가 발행되었는데 8월 29일 국치일에는 '국치기념호'를 내기도 하였다.

또 다른 지하신문으로는 『자유신종보』의 발행을 들 수 있는데 1919년 6월 초순부터 본격적인 간행작업이 시작되어 10월 28일 사이에 1호에서 16호까지 간행되었다. 이 신문의 제작과 배포에는 柳基元과 朴玟悟 등 중앙학교 학생들과 朴世永과 宋影 등 배재고등보통학교 학생들이 참여하고 있었다. 이들은 신문을 통해 첫째, 3·1운동 직후 대두된 이른바 自治論에 대한 비판, 둘째, 항일 투쟁의식의 고취, 셋째, 일본제국주의에 대한 냉소적 고발, 넷째, 국제사회의 관심과 지원에 대한 기대감, 다섯째, 미국사회의 지원에 대한 기대감, 여섯째, 상해 임시정부에 대한 관심과 성원을 중

---

91) 「졸업식일에 學童이 呼萬歲」, 『每日申報』 1919년 3월 26일.
92) 「工專의 졸업식 조선인 학생은 연기하고 일본인 학생만」, 『每日申報』 1919년 3월 26일.
93) 「출석한 생도가 37명 뿐」, 『每日申報』 1919년 3월 19일.

요 내용으로 하고 있었다.94)

경상북도 밀양에서는 윤소령이 독립신문 남선지국장으로 활동하면서 '독립호외'를 만들고 '누구든지 독립을 위해 분투하라'고 역설하는 격문을 게시하였다.95) 함흥에서는 金淳鐸이 '독립신문'을 발행하였고,96) 진남포에서는 吳秉烈, 金永周, 金秉植 등이 한국의 독립과 관련한 문건을 발행하여 시내에 배부한 일로 경찰에 검거되었다.97)

서울의 3·1운동은 임시정부 수립계획을 운동 초기부터 기획하고 있었으며, 漢城政府수립 운동으로 구체화되었다. 1919년 3월 3일에 발간된 『조선독립신문』제2호에서는 "假政府 組織說. 일간 國民大會를 개최하고 가정부를 조직하며 假大統領을 선거한다더라. 안심 不久에 호소식이 存하리라"98)고 보도하였다.

이 기사를 통해서 보면, 당시 임시정부는 '국민대회'를 개최하는 방법을 통해 조직될 예정이었으며, 대통령중심제에 입각한 공화제정부의 수립을 분명히 하고 있었다. 3·1운동의 주체세력들 중, 일제 관헌의 체포를 모면한 인사들은 3월 상순부터 '국민대회'를 개최하여 임시정부를 수립하기 위해 노력하고 있었으며, 洪震·洪冕熹·李奎甲·韓南洙·金恩國 등이 중심이 되어 논의를 진전시키고 있었던 것으로 파악된다. 3월말까지 일정한 합의를 달성한 이들은 1919년 4월 2일 각계 대표들이 인천 萬國公園에 모여 '임시정부수립' 문제를 결정키로 결의하였다.

---

94) 한상도, 『한국독립운동의 시대인식 연구』경인문화사, 2011, 130~131쪽.
95) 「경상북도 밀양, 불온문서 배포」, 『每日申報』1919년 3월 17일.
96) 「함흥 독립신문 발행자 자수」, 『每日申報』1919년 4월 21일.
97) 「선동자 체포됨」, 『每日申報』1919년 5월 13일.
98) 『朝鮮獨立新聞』제2호, 1919년 3월 3일, 국사편찬위원회, 『韓國獨立運動史』자료편, 1979, 2쪽.

실제로 4월 2일 천도교 대표 安商悳과 기독교 대표 朴用熙·張鵬·李奎甲, 불교대표 李鐘旭, 유교대표 金奎 및 13도 지방 대표 등 약 20여명의 대표들은 인천의 만국공원에 집합하여 부근의 음식점에서 비밀회의를 열고 가까운 시일 내에 서울에서 국민대회를 개최하여 '임시정부의 수립'을 국내외에 선포하고 파리평화회의에 임시정부의 대표를 파견할 것을 결정하였다. 또 이들은 준비위원으로 한남수·홍진·이규갑 등을 선출하였다.

준비위원들은 '국민대회취지서'와 '선포문'·'임시정부 約法' 등을 기초하여, 약 1,000장 목판으로 인쇄하였으며, 국민대회 개최일시와 장소를 1919년 4월 23일 서울 시내 서린동의 중국음식점 奉春館으로 정하였다. 4월 23일 준비위원들은 전국 13도 대표인 曹晩植·李容珪·康勳·金鐸·崔銓九·李東秀·柳植·金明善·朴漢永·李鐘旭·柳槿·朱翼·金顯峻·朴章浩·宋之憲·姜芝馨·洪性郁·李容俊·李東旭·張根·朴樫·鄭潭教·奇寔·金鎏 등 25인은 봉춘관에 모여 극비리에 국민대회를 개최하고, 국민대표취지서·선포문·임시정부 약법을 채택했으며, 임시정부의 각료와 評政官을 선출하고, 파리평화회의에 파견할 임시정부와 국민대표를 선출하였다.

이날 국민대회에서는 집정관총재 李承晩, 국무총리총재 李東輝, 외무부총장 朴容萬, 내무부총장 李東寧 차장 韓南洙, 재무부총장 李始榮, 군무부총장 盧伯麟, 법무부총장 申奎植, 학무부총장 金奎植, 교통부총장 文昌範, 노동부총장 安昌浩, 참모부총장 柳東說·차장 李世永을 선출하여 정부 조직을 갖추었다. 국민대회에서는 約法을 발표하였는데 약법은 제1조 국체는 民主制를 채용함. 제2조 정체는 代議制를 채용함. 제3조 국시는 국민의 자유와 권리를 존중하고 세계평화의 행복을 증진함. 제4조 임시정부는 좌의 권한이 유함. 1. 일체 내정. 2. 일체 외교. 제5조 국민은 좌의 의무를 유함. 1. 납세. 2. 병역. 제6조 본 약법은 정식 국회를 소집하여 헌법을 발표할 때 까지 적용함이었다.[99]

한성임시정부를 조직한 국민대회의 대표자들은 4월 23일 정오를 기하여 학생과 시민대표와 서울시민 3,000명을 서울 종로 보신각 앞과 서대문 및 동대문·남대문 등 네 곳에 보내어 태극기를 들고 독립만세를 부름과 동시에 '국민대회·공화만세'를 외치고, 국민대회취지서·임시정부선포문·임시정부약법·임시정부령 등의 전단을 뿌리며 시위운동을 시작하였다. 그러나 출동한 일제 군경에 의해 큰 시위로는 발전하지 못하였으나 이를 통하여 국내의 민중들은 한성정부의 수립을 알게 되었으며, 세계적 통신사인 UP(United Press)통신을 통해 전세계에 보도되기도 하였다.

한편 한성임시정부는 의회를 만들지 않고 평정관제도로 대신함과 동시에 대통령 대신 '執政官總裁'의 용어를 사용함으로써 강력한 대통령 중심제의 특수한 민주공화제를 상정했던 것으로 보이며, 서울에서 수립된 한성임시정부는 그 후 1919년 9월 13일의 3개 임시정부를 통합한 대한민국임시정부의 통합의 기준이 되었다고 하겠다.

따라서 이상의 내용을 통해서 보면 서울의 3·1운동은 국내 3·1운동 전체를 기획하고 조직했으며, 독립선언서를 작성하고 전국에 배포하여, 3·1운동이 전 민족적 항일투쟁으로 발전하는데 결정적인 원동력이 되었다고 하겠다. 운동의 주체세력은 천도교 교단의 적극적인 활동이 이루

---

99) 이밖에 평정관으로는 趙鼎九·朴殷植·玄尙健·韓南洙·孫晉衡·申采浩·鄭良弼·玄楯·孫貞道·鄭鉉湜·金晉鏞·曺成煥·李奎豊·朴景鐘·朴瓚翊·李範允·李奎甲·尹海였으며, 파리평화회의에 국민대표로는 이승만·閔瓚鎬·안창호·박용만·이동휘·김규식·盧伯麟을 선출하였다. 또한 한성정부에서는 '임시정부령' 제1호와 제2호를 발표했는데 제1호 조세를 거부하라. 제2호 적의 재판과 행정상의 모든 명령을 거부하라였다. 앞의, 『서울항일독립운동사』, 344쪽.

지고 있는 가운데 이승훈 등 기독교세력과 학생세력들의 노력이 탄력을 받으면서 성과를 거둘 수 있었다.

또한 서울에서의 3·1운동은 운동의 역량을 전국적으로 확산시키는데 결정적으로 기여하였으며, 만세운동과 파업투쟁 및 철시 투쟁, 각종 선전문 및 격문의 발행 등은 3·1운동의 전국적 확산에 크게 기여하였다. 뿐만 아니라 3·1운동은 1920년대에 들어 활발하게 전개된 항일무장투쟁과 의열투쟁의 밑거름이 되었으며, 국내의 독립운동세력들이 언론·출판·집회·결사에 대한 최소한의 자유를 어느 정도 쟁취한 후, 민족 보존을 위한 민족문화운동과 실력 양성운동을 전개할 수 있는 어느 정도의 공간을 마련할 수 있게 하였다.

따라서 서울에서의 3·1운동은 구한말 일제의 침략을 받고 자주적 근대화에 실패하여 식민지지배라는 가혹한 고통을 받고 있던 한민족에게 독립운동의 역량을 강화시켜주는 결정적 계기가 되었음은 물론, 3·1운동이 우리민족의 독립에 대한 강한 의지와 능력을 확인시켜 주는 거족적인 민족운동으로 발전하는데 결정적인 역할을 했다고 할 것이다.

VI. 맺음말

일제가 조선을 강점한 이후 국내의 민족운동은 서울을 중심으로 전개되었는데 신민회와 105인사건을 비롯하여 천도교구국단과 조선산직장려계 및 배달모음과 흰얼모 등의 조직이 서울에서 활동하면서 적극적인 독립운동의 기틀을 마련하였고 이들의 활동은 3·1운동 전개의 기반이 되었다고 하겠다. 특히 천도교구국단의 활동은 천도교 교단이 3·1운동

이전에 이미 대중을 동원한 대규모의 항일독립운동을 적극적으로 계획하고 있었음을 보여주고 있는 것이라고 하겠다. 또한 무단통치와 토지조사사업으로 대표되는 일제의 가혹한 탄압과 수탈이 3·1운동 발발의 결정적 요인이 되었음은 두말할 필요가 없는 것이라고 하겠다.

1919년 3월 1일 서울을 중심으로 발발한 3·1운동은 일제하 우리민족의 독립운동사에 있어서 가장 강력한 항일투쟁이었으며, 세계사적으로도 전 세계 약소민족의 민족해방운동에도 커다란 영향을 끼친 일대사건이었다. 서울에서 전개된 3·1운동의 의의에 대해 살펴보면 다음과 같다. 서울의 3·1운동은 국내 3·1운동 전체를 기획하고 조직했으며, 독립선언서를 작성하고 전국에 배포하여, 3·1운동이 전 민족적 항일투쟁으로 발전하는데 결정적인 원동력이 되었다고 하겠다. 운동의 주체세력은 천도교 교단의 적극적인 활동이 이루지고 있는 가운데 이승훈 등 기독교세력과 학생세력들의 노력이 탄력을 받으면서 성과를 거둘 수 있었다.

뿐만 아니라 서울에서의 3·1운동은 운동의 역량을 전국적으로 확산시키는데 결정적으로 기여하였으며, 서울에서 줄기차게 전개되었던 만세운동과 파업투쟁 및 철시와 학생들의 등교 거부투쟁, 그리고『조선독립신문』과『자유신종보』등의 지하신문발행은 3·1운동의 전국적 확산에 기여하였다.

또한 3·1운동은 1920년대에 들어 활발하게 전개된 항일무장투쟁과 의열투쟁의 밑거름이 되었으며, 국내의 독립운동세력들이 언론·출판·집회·결사에 대한 최소한의 자유를 어느 정도 쟁취한 후, 민족문화운동과 실력 양성운동을 전개할 수 있는 일정한 공간을 마련할 수 있게 하였다.

따라서 이상의 내용을 종합해 보면 서울에서의 3·1운동은 구한말 일제의 침략을 받고 자주적 근대화에 실패하여 식민지 지배라는 가혹한 고통을 받고 있던 한민족에게 독립운동의 역량을 강화시켜주는 결정적 계기가 되었다고 할 것이다.

제2장

경기도 안성 읍내와
죽산에서의 3·1운동

Ⅰ. 머리말

일제하 항일독립운동사에 있어서 3·1운동은 우리나라 독립운동사의
일대 획을 긋는 중대한 사건이었으며, 많은 연구자들로부터 다양한 연구
가 이루어지고 있다. 3·1운동에 대한 지역별 사례연구를 비롯하여 천도
교·기독교·불교·유교계의 3·1운동과 운동에 대한 국제여론이나 중
국·만주·미주 등지에서의 운동 등에 대한 다양한 연구가 이루어지고
있으며 경기도지역만 하더라도 각 지역을 중심으로 한 지역사로서의 연
구가 활발하게 진행되고 있다.[1]

---

1) 윤병석, 『증보 3·1운동사』. 국학자료원, 3004. 김진봉, 『3·1운동사연구』, 국학자
   료원, 2003. 신용하, 『3·1독립운동』, 독립기념관 독립운동사연구소, 1989. 이정은,
   「화성군 우정면·장안면 3·1운동」 독립기념관 한국독립운동사연구소, 『한국독립
   운동사연구』9, 1995. 박환, 「용인지역 3·1운동」, 『한국민족운동사연구』42, 2005.
   조성운, 「매일신보에 나타난 경기지방의 3·1운동과 일제의 대응」, 『한국민족운동
   사연구』42, 2005. 성주현, 「수원지역 3·1운동과 천도교인의 역할」, 『수원지방 민
   족운동사의 역사적 위상』, 2003.

따라서 이러한 영향 하에서 안성지역의 3·1운동사도 지역사연구의 한 부분으로 연구되고 있으며, 특히 원곡·양성지역의 3·1운동은 우리나라 3·1운동사에 있어서 3대 항쟁지의 하나로 주목받고 있다.2) 그러나 원곡·양성지역의 3·1운동의 전개과정이 비교적 상세하게 밝혀져 있는 것에 비하면, 안성 읍내와 죽산지역에서의 3·1운동에 대해서는 그 연구가 소략하거나 사실관계에 있어서 보다 명확한 규명을 필요로 하는 부분이 있는 것으로 보인다.3)

현재 자료상으로 보면, 『매일신보』에 보도된 안성지역 3·1운동 관련 기사 및 3월 31일의 안성읍내 지역 시위에 참여했던 朴容泰에 관한 '公判始末書'와 4월 2일 죽산 시장에서의 만세시위를 주도했던 朝鮮藥學校 학생 李寅永의 '訊問詔書'를 검토해 보면 읍내지역과 죽산지역의 만세운동 상황에 대해 보다 구체적으로 이해 할 수 있을 것으로 생각된다.4)

또한 조선총독부의 재판기록인 '판결문' 중에는 안성 읍내와 죽산지역 3·1운동과 관련된 인물의 형량과 활동에 관한 내용의 일부가 나타나고 있는데 이를 정리해 보면 읍내와 죽산지역 3·1운동의 상황을 보다 폭넓은 이해할 수 있을 것으로 생각된다.5)

뿐만 아니라 본고에서는 3·1운동이 발발하기 이전 일제가 안성지역

---

2) 이정은, 「安城郡 元谷·陽城의 3·1運動」, 독립기념관 한국독립운동사연구소, 『한국독립운동사연구』1, 1987.

3) 안성읍와 죽산지역에서의 3·1운동의 전개과정에 대해 다루고 있는 개별논문은 없으며, 부분적으로 언급하고 있는 연구로는 안성군, 『安城郡誌』, 안성군지편찬위원회, 1990. 경기도, 『경기도 항일독립운동사』, 경기도사편찬위원회, 1995. 주세돈, 「경기 안성지역 3·1운동」, 교원대대학원 석사학위논문, 2003.

4) 앞의, 『安城郡誌』과 『경기도 항일독립운동사』에서는 李寅永에 대한 언급이 없다. 이인영은 본적은 충청남도 아산군 屯浦面 屯浦里이며, 당시 19세로 조선약학교 학생이었다.

5) 독립운동사편찬위원회, 『한국독립운동사자료집』5, 1973. 410~422쪽.

을 대상으로 실시했던 '慣習調查'와 관련된 기록 및 안성군의 사회·경제적 상황을 이해할 수 있는 몇 가지 내용을 언급해 봄으로써 안성지역 3·1운동의 배경에 대해서도 부분적으로 인식의 폭을 넓히고자 하였다. 따라서 본고의 이러한 노력은 궁극적으로 안성읍내와 죽산지역에서의 3·1운동이 지금까지 알려진 것 보다는 훨씬 공세적이고 적극적으로 전개되었던 3·1운동의 한 사례였음을 분명하게 확인하는데 일정하게 기여할 수 있을 것으로 생각된다.

II. 안성지역 3·1운동의 배경

3·1운동 발발 이전 안성군은 1914년 3월에 실시된 일제의 행정구역 개편안에 따라 안성군과 양성군, 죽산군이 통합되고, 3개 군 산하의 面들도 12개면으로 통합·개편되었다. 즉 기존의 안성군은 邑內面, 寶蓋面, 金光面, 瑞雲面, 薇陽面, 大德面으로, 죽산군은 一竹面, 二竹面, 三竹面으로, 양성군은 陽城面, 孔道面, 元谷面으로 개편되었다.6) 이밖에 안성지역에는 光武 9년(1905)에 安城郵便所가 설치된 이후 죽산우편소와 양성우편소가 차례로 설치되었으며, 1920년대의 기록이기는 하지만, 1925년 3월 현재 郡廳 및 12개 面의 일반행정관서 이외에 경성지방법원 안성출장소가 읍내면 東里에 있었으며, 경찰서는 安城警察署 1개와 8개의 駐在所가 설치되어 있었고 1909년에는 안성일본인회가 조직되는 등 빠르게 식민지체제로 편입되어가고 있었다.7)

---

6) 越智雄七, 『新旧府照朝鮮全道府郡面里洞名稱一覽 上』, 『韓國地理風俗誌叢書』 189, 1990, 130~137쪽.
7) 김해규, 「일제하 안성지역의 사회운동」, 공주대학교 대학원 석사학위 논문, 8쪽.

안성은 우리나라 3대 시장의 하나라고 불릴 정도로 상업이 발달하고 있었으며, 안성시장을 중심으로 대규모의 상권을 형성하고 있었는데[8] 안성지역의 활발한 경제활동은 일찍부터 일제에 의해 관심의 대상이 되고 있었던 것으로 보인다.

일제는 1908년 5월부터 1910년 9월까지 統監府 法典調査局의 주관 하에 우리나라의 민법과 상법에 대한 관행을 조사하는 이른바 '慣習調査'[9]를 실시하였는데 안성지역의 상업 활동에 대한 관습조사는 중요한 관심 사항이었던 것으로 보인다.

> 안성은 경부철도 선로의 成歡驛에서 동북으로 4里餘 떨어져 있는 鳳飛山의 산록, 安城川 연안에 위치해 있다. 산수가 밝고 아름다우며, 민정이 순박하고, 호수가 1천여인 이름난 읍이다. 논밭이 멀리 개간되어 있고, 지질이 비옥하여 미곡의 생산액이 많다. 공업은 鍮鑄器, 짚신 제조가 저명하다. 특히 시장은 인근과 비교할 수 없을 정도로 성대하여 시장이 열리는 날에는 4,5리 떨어진 촌락에서도 모여든다. 그러나 외국인 재류자는 얼마 안 되어 일본인 21호, 청국인 9호, 불란서인 1호가 있을 뿐이다. 이는 아직 세상에 알려지지 않은 데서 기인하는 것으로 앞으로 번화한 지역이 될 것은 필연적이다.[10]

위의 내용은 1908년 12월 6일부터 29일까지 실시되었던 관습조사 이

---

8) 金台榮, 『安城記略』, 1925, 158쪽.

9) 정긍식 편역, 『慣習調査報告書』, 한국법제원, 2000. 「초판 간행사」.

10) 중추원조사자료, '隆熙二年 조사보고서(安城), 이 자료는 국사편찬위원회의 '홈페이지' 탑제 내용을 활용한 것이며, 보고서는 융희 2년 12월 30일에 작성되었고 당시 안성군은 面이 24개, 洞이 159개, 호수가 5,406호, 인구가 25,894명이며, 이 가운데 남자는 13,845명, 여자는 12,049명이었다고 한다. 안성지역에 대한 慣習調査를 담당했던 것은 柳鎭爀 번역관보였으며, 조사를 끝내고 중추원에 결과를 보고했던 것으로 파악된다.

후 中樞院에 보고된 내용의 일부인데, 당시 일제는 안성에 대해 산수가 밝고 아름다우며, 미곡이 많이 생산될 뿐 아니라, 공업은 鍮鑄器와 짚신 제조가 유명하며, 시장은 인근지역과 비교할 수 없을 정도로 성대하여 앞으로 번화한 지역이 될 것은 필연적이라고 파악하고 있었다.

또한 '관습조사'에서는 물권, 채권, 친족과 상속에 관한 민법상의 관습과 會社, 商行爲, 어음 등 商法에 관한 관습이 조사되었다. 특히 상행위와 관련해서는 중계영업, 도매상, 운송취급인, 상인의 금전거래에서 이자를 청구할 수 있는 권리, 여객운송, 물품운송 등에 대한 상세한 조사가 있었다.[11] 그런데 당시의 안성지역에 대한 일제의 호의적 평가와 상업 활동에 대한 면밀한 조사는 역으로 안성지역이 한일합방 초기부터 일제 의해 경제적으로 강도 높은 피해를 입었을 가능성이 있었음을 의미하는 것이라고 하겠다.

안성시장에서의 일본인들의 불법적인 상업행위에 대한 이 지역 상인들의 불만은 한인합방 이전부터 누적되고 있었던 것으로 보인다. 이는

---

11) 관습조사 일자 및 응답자 성명은 다음과 같다. 12월 8일 齋任 趙鐘億, 同 孫永根, 同 權明壽, 12월 9일 客主 金成五, 同 朴舜瑞, 商 金天浩, 12월 10일 商 朴承志, 同 鄭士弘, 同 朴舜若, 12월 11일 西里面 面長 李華榮, 東里面 面長 權鐘大, 場基里長 嚴祐永, 12월 12일 典當業 李基恒, 同 李圭琓, 水春主 朴承元, 2월 13일 郡主事 朴勝友, 客主 朴雲三, 商 金重權, 12월 14일 竹村面面長 趙秉均, 立長面 面長 趙載凞, 居谷面 面長 李九淳, 12월 15일 前正尉 尹錫祐, 金谷面 面長 金享培, 居谷面 面長 李九淳, 12월 16일 商 張敬集, 農 崔秉純, 同 崔元溥, 12월 17일 客主 문학박사 伸肅凞, 前中樞院議官 鄭耆朝, 客主 金重權, 12월 18일 郡主事 朴勝友, 客主 문학박사 申肅凞, 前中樞院議官 金重權, 12월 19일 前參奉 朴泰秉, 前郡主事 李瑢儀, 商 朴桂玩, 12월 20일 前安城郡守 李承鉉, 前參奉 李源世, 士人 洪在益, 12월 21일 出身 李旭薰, 교원 崔弘燮, 水春主 朴源元, 12월 22일 前郡主事 李瑢儀, 商 柳南秀, 農 李龍夏, 12월 23일 前中樞院議官 金泓, 前參奉 朴泰秉, 前抱川郡教官 任成鎬, 12월 24일 前咸鏡北道 觀察道主事 朴弼秉, 前安城郵遞司主事 李善儀, 前忠州觀察府主事 李鎬臣, 12월 25일 前參奉 李源世, 齋任 孫永根, 農 南啓恒, 12월 26일 객주 문학박사 申肅凞, 前中樞院議官 鄭耆朝, 객주 金成五, 12월 27일 客主 金重權, 同 金成五, 商 朴承志

1906년 3월 5일 경기도관찰사 李完鎔이 議政府 外事局에 보낸 문서에서
도 확인되고 있다.

　　安城郡守 李鎬濬에 第十九號報告書을 接準ᄒ온즉 內開에 本郡場市
　에 來駐ᄒ 日人三四員이 頗入官房ᄒ야 要請以邑底民有之地數三處에
　建屋設棧ᄒ고 商業興販이다 屢屢爲言이오나 租界地段外에 不得許居
　區域은 各國章程所載라 ᄒ옵고 一直牢却이오되 一直要求이옵기 玆에
　報告ᄒ오니 査照轉報ᄒ오셔 卽爲指令之地伏望等因故로 以卽當轉報
　待指令知委矣니 勿爲許施之意로 指飭ᄒ옵고 玆에 報告ᄒ오니 査照ᄒ
　신 후 卽爲指令ᄒ시믈 爲望.[12]

　　위의 내용을 통해서 보면 안성군수 李鎬濬이 안성 시장에서 행해지고
있는 일본인상인들이 불법적인 상업 활동에 대해 租界地 이외에서는 외
국인들의 거주를 허락하지 않은 것이 '各國章程'의 내용임을 들어 견제하
고 있던 상황에서 이후의 보다 확실한 대응책을 경기도 관찰사에게 문의
했던 것으로 보이며, 경기도 관찰사는 이를 다시 議政府 外事局에 문의했
던 것으로 나타나고 있다. 그리고 이러한 문의에 대해 議政府 外事局에서
는 '婉辭高辦ᄒ야 毋得違越約章케 홀 事'라고 하여 완곡한 말로 約章을 어
기지 않도록 하라는 정도의 답변을 하고 있는데 이러한 내용을 통해서 보
면 안성지역 상권에 대한 일본인들의 침탈과 도전은 1905년 을사보호조
약 체결을 전후하여 본격화되었던 것으로 보인다.[13]

---

12) 報告書 第一號, 「京畿觀察使署理水原郡守 李完鎔」, 光武十年三月七日 接受 第一百
　　十二號, 이 문서의 발송일은 光武十年三月五日이었으며, 수신자는 議政府外事局
　　閣下로 되어 있다. 李完鎔은 경기도관찰사 대리 수원군수였던 것으로 보인다.
13) 앞의, 報告書 第一號, 「京畿觀察使署理水原郡守 李完鎔」, 光武十年三月七日 接受
　　第一百十二號

안성지역에 대한 일본의 진출은 상당히 일찍부터 이루어졌던 것으로 보인다. 1909에는 이미 安城日本人會가 조직되어 있었고, 1911년에는 일본인들에 의해 安城學校組合이 설립되었다.[14]

이밖에 1905년에 경부선 철도가 개통되면서 안성지역의 상권은 크게 위협 받고 있었던 것으로 보인다. 철도가 개통되고 인근 평택 등에 驛이 설치되는 한편, 각종 물산이 철도로 운송되자 안성의 상권이 급속히 쇠퇴하여 폐업하는 객주가 늘어나고 있었으며, 한인합방 이후에는 '시장세' 등이 신설되었고, 특히 값싼 日製 도자기 제품이 대량으로 유통되면서 유기공업으로 대표되던 안성의 상공업도 크게 쇠퇴하고 있었다.[15]

따라서 이러한 내용을 종합해 보면 을사보호조약을 전후로 한 일제의 안성상권에 대한 사회·경제적인 위협과 도전 및 이에 대한 안성지역 상인들의 불만의 증가 등은 안성읍내를 중심으로 다양한 직업의 상인들이 3·1운동에 적극적으로 참여하는 배경이 되었을 것으로 생각된다.

한편 안성지역은 한말의 의병운동에 있어서도 강력한 항일의식을 나타내고 있었다. 1895년 10월 을미사변을 계기로 을미의병이 일어나자 안성에서는 閔承天 의병장이 활동하고 있었는데 募軍過程에서만도 竹山, 陰竹 등지에서 300명의 火砲軍과 100명의 지원자를 모집하는 등의 성과를 거두고 있었다. 이후 閔承天 의병은 利川지역으로 이동하여 다른 의병부대와 연합한 의병부대를 편성하였으며, 倡義隊長이 된 민승천은 1896년 1월 17일 魄峴戰鬪에서 승리하기도 하였다. 또한 1907년 고종황제가 강제로 퇴위 당한 후 고종이 일본천황에게 사죄하러 간다는 소식이 전해지자 姜泰榮, 林根洙, 金明起 등은 결사대를 조직하고 친일단체인 一進會

---

14) 앞의, 「1920년대 안성지역의 社會經濟相硏究」, 607~608쪽.
15) 오일환, 『안성의 얼과 맥』, 1993, 168~169쪽.

안성사무소를 습격하여 일본인 1명과 일진회 회원 1명을 살해하기도 하였다.16)

군대해산 이후에는 보다 강력한 의병투쟁이 전개되었는데 이러한 경향은 1907년 8월 5일 正午 대한제국의 군대해산 조칙에 따라 '安城鎭衛隊'가 해산된 후 더욱 본격화되고 있었다.17) 진위대가 해산된 후 해산군인들은 1907년 9월 30일 안성의 서쪽 玉山에서 의병 70여명을 거느리고 일본군과 교전하였으며, 10월 2일에는 해산군인 100여명을 포함한 300여명의 의병부대가 안성부근에서 3시간에 거친 교전을 통해 일본군에게 막대한 피해를 입히기도 하였다.18) 실제로 <표 1>에서 보면 1906년 이후 안성지역에서의 의병운동이 비교적 활발하게 전개되었음을 알 수 있다고 하겠다.

<표 1> 안성지역 의병장과 활동지역19)

의병장	활동지역	의병장	활동지역
吉賛宰	양성	林五敎	죽산, 광주
金卞(大)植	죽산, 양지	林玉汝	이천, 광주, 양근, 안성, 죽산
南相憲	안성	鄭元玉	죽선, 용산
金賢(顯)壁	죽산, 지평, 영주, 양근, 음죽	鄭泰和	죽산
安生寅	양성	鄭興玉	죽산

---

16) 앞의, 『安城郡誌』, 258~260쪽. 이밖에 이 의병부대는 광주군수 朴基仁을 처단하는 등의 성과를 거두었으나 2월 13일 利峴戰鬪에서 패하여 조직이 흩트러지는 피해를 입었던 것으로 나타나고 있다.

17) 「安城·平壤·海州鎭衛隊解散 報告 件」, 明治四十年 八月 六日, '安城鎭衛隊는 五日正午 平壤鎭衛隊는 六日午前八時 海州鎭衛隊 同十一時四十五分에 無事解散되었다' 통감부에 보고되었을 것으로 생각되는 이 내용의 보고자와 수신자는 松江 副官印, 古谷 秘書官 殿으로 되어 있다.

18) 앞의, 『安城郡誌』, 262~263쪽.

19) 앞의, 『安城郡誌』, 263쪽.

安德敬	양성, 양지	韓聖寬	지평, 음죽, 양근, 여주, 죽산
朴舜載	양성, 양지	鄭周榮	양성, 안성
尹官文	안성, 용인	鄭周源(元)	양지, 양성, 안성, 죽산
尹錫圭	죽산	吳寅根	안성
千河駿	양성, 수원, 서울	吳章煥	안성
李仁楚	죽산	元容八	안성

1910년대를 전후하여 안성지역에서는 근대적 교육운동이 일정하게 성과를 거두고 있었다. 1902년부터 1906년까지 사립안성소학교를 비롯하여 천주교 재단에 설립한 安法學校(1909)와 海星學校(1907), 赤城學校(1910), 山倉學校(1910), 德山學校(1916) 등이 운영되고 있었는데 이러한 근대적 교육활동의 발전도 안성지역 3·1운동의 발발과 전개에 일정하게 영향을 끼쳤을 것으로 생각된다.[20]

Ⅲ. 읍내지역 3·1운동의 전개

1. 읍내지역 시위운동의 전개 양상

1919년 3월 1일 서울을 중심으로 3·1운동이 발발하자 운동의 기세는 급속히 전국적으로 확산되어 갔으며, 안성에서는 3월 11일에 읍내면에서 최초로 평화적인 만세운동이 시작되어 4월 2일까지 계속되었던 것으로 나타나고 있다. 그 중요한 내용을 정리해 보면 다음과 같다. 3월 11일 8시

---

20) 앞의, 『安城郡誌』, 249쪽. 이밖에 안성지역에는 1925년 현재 총 67개의 서당이 있었으며, 전체 교원 수는 73명이었고 학생 수는 남자가 645명, 여자가 31명이었다고 한다. 또한 안성, 죽산, 공도, 일죽, 삼죽보통공립학교 등이 한국인 학생들의 교육을 담당했던 것으로 보인다. 이기만, 앞의 논문, 607~608쪽.

경 京城의 소식을 전해들은 약 50명의 상인들이 일제히 철시하고 시장에 집결하여 독립만세를 외쳤으나 별다른 출동은 발생하지 않았으며, 주모자 3명이 체포되었다.[21] 3월 12일에도 시위 움직임이 있었으나 사전에 탐지되어 별다른 상황이 발생하지는 않았다.[22] 그런데 초기 안성지역 3·1운동의 동향과 관련해서는 총독부기관지였던 『毎日申報』의 기록을 통해서 보면 그 분위기가 다르게 나타나고 있다.

> '11일 한때가 무슨 일인지 획책하는 듯 하며, 또 연화를 올리고 조선독립만세를 불러 시위운동을 하였는데 13일은 동리 장날이므로 만일을 경계하야 관헌은 주야로 경계에 노력하며, 민간측도 자위상의 논의가 있었더라'[23]

위의 내용은 『毎日申報』 1919년 3월 15일자에 수록된 것인데 이를 통해서 보면 안성지역에서는 11일에 시위가 있었고 13일에는 장날이라 대규모의 시위가 발생할 것을 우려하여 일본인 민간측에서는 '自衛'策을 논의해야 할 정도였다고 하고 있는 것으로 보아 일제는 안성지역 3·1운동에 대해 그 초기부터 심각하게 받아드리고 있었던 것으로 여겨진다. 3월 28일에는 東里의 徐順玉이 약 20명의 시위대와 함께 동리의 山에 올라 만세를 부르기도 하였으며,[24] 안성읍내 지역에서의 본격적인 만세운동은 3월 29일부터 4월 1일까지 진행되고 있었다.[25]

---

21) 국회도서관, 『한국민족운동사료』(3·1운동편 期3), 국회도서관, 1979, 46쪽.
22) 국회도서관, 앞의 책, 362쪽.
23) 『毎日申報』 1919년 3월 15일. 「엄중경계 중」.
24) 독립운동사편찬위원회, 『한국독립운동사자료집』제5집, 1984, 411~412쪽.
25) 주세돈, 「京畿 安城地域의 3·1운동」, 교원대학교 석사학위 논문, 2003. 운동의 전개 양상에 대해서는 비교적 상세하게 정리되어 있다.

한편 읍내면의 시위 상황에 대해서도 역시 『每日申報』에 의해 비교적 상세히 나타나고 있다.

> 3월 29일 오후 8시경 군중 약간 명이 시위운동을 시작하야 군청 앞으로 가서 만세를 부르고 해산 하였더라
>
> 30일 하오 7시 쯤에 안성군 읍내면에서 군중 약 100여명이 구한국 태극기를 들고 시위를 시작하더니 그로부터 동면 도긔리, 장기리, 동리 서리에서 다수의 군중이 모여 일시에 1,000명이 단체를 지어 안성 경찰서 앞에 가서 만세를 부름으로 관헌이 간곡히 설유하여 해산을 시키고자 하였으나 종시 듣지 아니하고 읍내 면사무소를 습격하여 유리창을 파괴하며, 불온한 상태로 군청으로 들어가 군수에게 만세 부르기를 청하였는데 마침 신양이 불편한 때임으로 그대로 청하지 못하였으나 고성으로 만세를 부르매, 경관이 진력하야 진압해산 시켰더라
>
> 31일 오후 4시쯤되어 안성조합 기생일동이 만세를 부르며 시위운동을 시작하매, 안성부내 각처서 일시에 소동되야 군중 천여명과 같이 연합하여 일시에 기를 흔들고 군청과 경찰서와 면사무소에 들어가서 만세를 부르고 그로부터 동리동산에 올라 일제히 구한국 태극기를 들고 산이 진동하도록 소동한 후에 일제히 안성부내 일대를 방방곡곡히 돌아다니면서 고성으로 만세를 부르다가 오후 6시경 진정된 모양인 듯 하더니 그 날밤 7시 반쯤 다시 소동이 되어 군중 약 3,000명이 각각 등에 불을 켜들고 소동하매, 면장 민영선씨가 보통학교로 집합케하고 간곡히 설명하여 즉시 해산케 하였더라(안성분국 통신)[26]

위의 기사는 3월 29일부터 31일까지의 읍내 지역의 3·1운동에 대해 『每日申報』가 '안성분국 통신'이라는 명의로 취재하여 보도한 것이다. 그

---

26) 『매일신보』 1919년 4월 3일, 「소요 사건의 後報(安城)」.

런데 이 내용을 통해서 보면 우선 읍내 지역에서는 29일부터 31일까지 만세운동이 계속되고 있었으며, 30일 오후 7시부터 100여명의 군중이 태극기를 흔들며 시위를 시작하자 다수의 군중이 모여 시위대가 1,000명에 이르렀으며, 안성경찰서 앞에서 만세를 불렀으며, 관헌의 제지에도 불구하고 면사무소를 습격하여 유리창을 파괴하였고 군청으로 들어가 군수에게 만세를 부를 것을 요구하였던 것으로 나타고 있다. 또한 시위대가 고성으로 만세를 부르니 경찰이 전력으로 진압하여 해산시킨 것으로 나타나고 있는데 이러한 내용을 통해서 보면 30일의 만세운동은 상당히 과격한 분위기에서 전개되고 있었다고 하겠다.

한편, 30일의 시위에 대해서는 4월 4일자 경기도 장관 보고에서도 그 상황이 언급되고 있었다.

> 동일(3월 30일－필자) 오후 8시경부터 안성읍내 시장 부근에 군중이 집단을 이루어(群集衆團)을 이루어 경찰서에 이르러 만세를 칭하였는데 점차 군집이 증가하여 약 4~5백명에 달하였을 제에 同署에 대하여 자갈을 던져 순사보 1명에게 작은 부상을 입히고 이로부터 읍내 면사무소에 쇄도하여 의자 1개, 유리창 5장을 파괴하고 다음 안성군청에 이르러 만세를 부름으로 설류하여 해산케 하니 때는 오후 11시 30분이다.[27]

위의 기록에서는 시위대 400~500명이 경찰서와 면사무소에 돌을 던지며 만세운동을 전개하여 순사보 1명이 가벼운 부상을 입었으며, 면사무소의 기물이 파손된 것으로 나타나고 있다. 그리고 경기도 장관의 보고

---

27) 국사편찬위원회, 『한국독립운동사』2, 1966, 679쪽. 「경기도 장관 보고」, 密制232號(1919.4.4). 앞의, 『경기도 항일독립운동사』, 331쪽, 재인용.

는 『매일신보』의 보도 내용에 비해 시위 참가 인원은 적게 나타나고 있는 반면에 시위의 과격성에 대해서는 상대적으로 상세히 서술하고 있었던 것으로 보인다.

또한 31일의 시위에 대해서는 오후 4시쯤에 안성조합 기생들이 만세를 부르며 시위를 시작하자 일시에 1,000여명의 군중이 연합하여 태극기를 흔들며 경찰서와 면사무소에 들어가 만세를 불렀다. 이들은 동리의 동산에 올라가 산이 진동하도록 만세를 부른 후 다시 안성부내를 돌아다니며 곳곳에서 고성으로 만세운동을 전개했던 것으로 나타나고 있다. 이후 오후 7시 30분경에는 다시 3,000명의 군중이 각각 등에 불을 켜고 시위를 전개하였으나 면장 민영선이 보통학교에 집합케 하여 간곡히 설유하니 해산한 것으로 나타나고 있다. 따라서 전체적으로 30일과 31일 안성읍내에서 전개된 시위의 양상은 대규모의 조직적이고 공세적인 시위였음을 알 수 있다고 하겠다.

한편, 안성읍내에서 일어난 3월 31일의 시위와 관련해서는 이날의 시위에 참여한 것으로 보이는 박용태에 관한 『매일신보』의 기록과 '公判始末書'를 통해서 보면 그 윤곽을 짐작할 수 있다.

① 被告 朴容泰는 今年 3月 1日 京畿道 安城郡 安城邑 內에서 數萬의 群衆이 參集ᄒᆞ야 右同樣의 意思로써 群衆의 威力을 藉ᄒᆞ야 朝鮮獨立의 目的을 遂ᄒᆞ랴고 獨立萬歲를 高唱ᄒᆞ야 同邑內를 狂奔홀 際 此와 同히 群衆과 共히 獨立萬歲를 高唱ᄒᆞ야 써 治安을 妨害ᄒᆞᆫ 것이라.[28]

---

28) 『每日申報』 1919년 9월 11일. 「這這히 判明된 彼等의 罪狀」. 이 '예심종결결정서' 와 관련하여 『매일신보』는 "京城地方法院에서 그동안 豫審 中이던 京城獨立萬歲 運動 關聯者 金炯璣 以下 210명, 李桂昌 以下 30명 및 尹益善 以下 8명에 대한 豫審이 終結決定되어 公判에 回附키로 되었는데 그 豫審終結決定書는 다음과 같다"라고 보도하였다.

② 피고 朴容泰에게

문 피고는 원래부터 조선독립을 바라고 있었는가.

답 마음으로 바라고 있었다.

문 대정 8년 3월 31일 安城郡 읍내에서 수만의 군중이 참가하여 조선독립만세를 고창했다는데 어떤가.

답 나는 만세를 부른 일은 없다.

문 그 시위운동에 참가한 것은 틀림이 없는가.

답 참가하지 않았다. 安城 읍내에서의 만세소요는 3월 28일이었는데 어른들이 말리므로 집에 있었고 외출하지 않았다.

문 피고는 검사정에서 3월 31일 安城邑에서 2,000여명의 군중과 함께 독립만세를 불렀다고 말하지 않았는가.

답 그것은 安城 지방에 만세소요가 있었다는 의미이다.

문 더구나 몇번 불렀느냐는 물음에 대하여 여러번 불렀으므로 모르겠다고 하지 않았는가.

답 군중이 몇번 불렀는지 모른다고 했던 것이다.

중 제416호를 보이다.

문 그러나 피고가 다른 사람에게 보낸 편지에 의하면 安城에서는 사상자 30여명, 구류자 60명, 집이 소실된 것이 10호로 1만여명의 군중이 만세를 부르고 자기도 또한 만세를 불러 목이 쉬어서 크게 곤란하다고 씌어 있는데 그와 같지 않은가.

답 그것은 安城의 명예를 위하여 거짓말을 편지에 쓴 것이며, 또 조선민족으로서 부끄럽기 때문에 거짓말을 썼던 것이다.

문 그 뿐 아니라 검사에 대해서도 2,000명의 사람과 함께 만세를 불렀는데 몇번 불렀는지 모른다고 말하지 않았는가.

답 그것은 安城 지방의 일을 말한 것이었다.

문 安城경찰서의 수모자 억류의 건이라는 서면에 의하면, 피고는 면민을 선동한 자이므로 엄중히 억류해 달라고 되어있는데 어떤가.

답 학생들이 鮮學團이라는 단체를 조직하고 있었으므로 그 회원이 아닌가 하고 의심을 받았기 때문이다.[29]

위의 내용에서 보면 박용태와 관련이 있는 안성 읍내의에서의 시위가 『매일신보』에는 3월 1일로 나타나 문제가 되기도 하지만, 대체로 '공판시말서'의 내용과 비교해 보면 이 시위는 대체로 3월 31일의 상황을 의미하는 것으로 보인다. 또한 읍내 지역의 시위는 3월 28일에도 일어난 것으로 보인다. 특히 31일의 경우 '公判始末書'에서는 시위에 참가한 인원을 2,000명이라고 하고 있지만, 박용태가 외부로 보낸 편지에서는 사상자가 30여명, 구류자가 60명이며, 소실된 호가 10호이고 10,000여명의 군중이 만세를 불렀으며, 자신도 목이 쉬어서 크게 곤란을 겪고 있다고 하고 있다. 그리고 이 일로 박용태는 징역 6월에 처해 졌다.[30]

뿐만 아니라 『매일신보』의 기사에서는 31일 읍내에서는 數萬의 군중이 參集'하여 독립만세를 高唱한 것으로 나타나기도 하는데 이러한 내용을 종합해 보면 30일과 31일의 시위는 상당히 조직적이고 체계적으로 전개된 대규모의 시위였던 것으로 생각된다.

뿐만 아니라 '公判始末書'에 의하면 안성경찰서에서는 '鮮學團'이라는 학생조직의 일원으로 3·1운동에 참가하고 있는 학생들을 수모자로 인식하고 있었던 것으로 보이는데, 이는 안성지역 3·1운동에 학생조직이 보다 조직적으로 관여했을 여지가 있음을 보여주는 것으로 생각되기도 한다. '공판시말서'에 의하면 박용태와 죽산시장에서의 시위를 주도했던 李寅永은 서로 알고 지내던 사이였으며, 죽산시장의 시위에서 이인영은 죽산공립보통학교 학생과의 협력 하에 만세운동을 전개했던 것으로 나타나고 있다.[31]

---

29) 국사편찬위원회, 『韓民族獨立運動史資料集』18(三一運動 VIII),「三·一 獨立宣言 關聯者 公判始末書」(피고 朴容泰에게), 106~107쪽.

30) 朱世暾, 앞의 논문, 65쪽.

31) 박용태는 李寅永을 아는가라는 판사의 질문에 대해 1918년 10월 경에 만난적이 있

이밖에도 『매일신보』에는 안성지역의 자산가들 중에는 '일본인[내지인]에게 빌려준 집과 돈을 내놓으라고 핍박'하는 중이라는 기사가 보도되고 있었다.[32] 경기도 장관의 보고에서도 3월 30일부터 안성지역의 조선인 상점들이 일제히 폐쇄하여 당분간 開店할 가능이 없기 때문에 이에 대한 선후책을 강구하고 있다고 하고 있었는데 이러한 정황은 모두 읍내지역에서 전개된 3·1운동이 상당히 공세적으로 전개되었음을 나타내는 것이라고 하겠다.[33] 안성 읍내에서는 4월 1일에도 여전히 500명이 모여 만세 시위를 전개하였으며, 일본 헌병의 발포로 2명이 사망하고 1명이 체포되는 희생을 냈으며,[34] 4월 2일과 3일에도 대규모의 만세 시위가 계속되었던 것으로 보인다.[35]

따라서 이상의 내용을 종합해 3월 11일부터 본격적으로 전개되었던 안성읍내 지역에서의 3·1운동은 3월 28일-31일을 전후하여 상당한 규모의 조직적 시위 양상을 나타내고 있었던 것으로 보이며, 31일에는 그 시위가 절정에 이르렀던 것으로 생각된다. 그리고 읍내에서의 대규모의 시

다고 답변하였다. 앞의, 『韓民族獨立運動史資料集』18(三一運動 VIII),「三·一 獨立宣言 關聯者 公判始末書」(國漢文) 박용태는 경성지방법원에서 징역 6개월을 구형 받았다.

32) 『每日申報』1919년 3월 11일.「경기도 안성 자산가의 오해」

33) 국사편찬위원회, 앞의 책, 679쪽. 실제로 경기도지역 상인들의 撤市鬪爭이 완강해지자 경기도 장관 松永武吉은 4월 1일 서울시내의 유력 상인 40여명을 소집하여 개시할 것을 설유하는 한편, 『每日申報』를 통해 경기도장관과 경기도 경무부장은 連名으로 '開市命令을 戒告'하기도 하였다. 그리고 경기도 경찰부에서는 開市를 위해 '戒告書'를 집집마다 돌린 후 계고서를 받고도 상점을 열지 않을 경우에는 엄벌에 처했던 것으로 나타나고 있다. 『每日申報』1919년 4월 2일.「開市命令의 戒告」, 『每日申報』1919년 4월 3일.「各商店의 開門」.

34) 국사편찬위원회, 앞의 책, 265쪽.

35) 4월 2일에는 東里 尹順哲, 高成俊, 韓國初와 朱東燮이 주도한 대규모의 시위가 있었으며, 4월 3일에는 일제의 유혈 탄압으로 金顯周와 黃世熙 등이 부상당하였다고 한다. 앞의, 『安城郡誌』273쪽, 앞의, 주세돈 석사학위 논문, 13쪽 참조.

위는 이후 죽산지역의 3·1운동에 일정하게 영향을 끼쳤을 가능성이 있는 것으로 생각되기도 한다.

2. '판결문'에 나타난 중요 인물의 활동

안성지역에서의 3·1운동이 적극적으로 진행되자 일제는 시위대에 대해 극단적인 탄압을 가했으며, 이로 인해 다수의 사망자가 발생하였으며, 구속되거나 검거된 인원만도 300명이 넘었다.

> 안성군에 대한 소요범인은 삼백명의 다수에 달한 바 지난번 래로 수원 개성 두 지청에서 검사 서기 한명씩 안성경찰서에 출○하야 주야 겸행으로 예심중인데 동서에서는 이와 같은 다수의 죄수를 수용할 여지가 없음으로 안성공회당을 쓰게 되었으나 그래도 어떻게 좁은 지 편안히 앉질 수도 없는 모양이라 그래서 예심을 마친 자는 매일 삼십명 적어도 팔구명씩 경성으로 압송하여 오나 각 파출소에서 인치되어 매일 안성서로 오는 자가 육칠명씩이 있다는데 지금도 오히려 240여명의 소요범이 있다더라.[36]

위의 내용에서 보면 안성지역의 3·1운동으로 검거된 인원이 300명을 훨씬 넘으며, 현재 안성경찰서는 장소가 좁아 예심이 끝난 관련자들은 매일 20~30명씩 京城으로 압송하고 있지만, 계속해서 다른 파출소에 引致되어 있는 관련자들이 하루에 6~7명씩 안성경찰서로 보내지고 있다고 함으로써 3·1운동과 관련하여 검거된 안성출신 인물들이 상당히 많았음을 나타내고 있다. 따라서 안성지역 3·1운동과 관련하여 자세한 상황

---

36) 『每日申報』 1919년 5월 19일. 「安城의 騷擾犯, 날마다 경성으로 이삼십명식 온다」

을 알기 위해서는 보다 많은 개인별 재판기록이나 개별문건의 발굴이 필
요할 것으로 생각된다.

<표 2> 안성 읍내지역 3 · 1운동 중요 관련자[37]

성명	주소	직업	나이	형량	비고
李敬洙	安城郡 邑內面 西里	생선장수	28	징역 1년 6월	3/30, 4/1일 시위에 참여
陳公弼	安城郡 邑內面 場基里	음식점	40	징역 8월	3/29일 시위
金正鉉	安城郡 邑內面 西里	망건상	44	징역 8월	3/31일 시위
金在龍	安城郡 邑內面 場基里	자전거 수선업	22	징역 8월	·3/31일 시위
金鑲洙	安城郡 邑內面 東里	미곡상	34	징역 8월	3/30일 시위
金成文	安城郡 邑內面 金石里	구두상	29	징역 8월	4/2일 시위
徐順玉	安城郡 邑內面 東里 221	날품팔이	36	징역 8월	3/28, 4/1일 시위
林一奉	安城郡 邑內面 東里	담뱃대 직공	28	징역 8월	3/31, 4/1일 시위
吳貴男	安城郡 邑內面 東里 262	고용인	32	태90	3월말 시위
洪先奉	安城郡 邑內面 西里	고용인	18	태90	4/1일 시위
李成玉	安城郡 邑內面 西里	음식점	33	징역 3년[38]	3/30, 4/1일 시위

안성 읍내 지역에서 3 · 1운동을 전개한 혐의로 체포되어 경성지방법
원에서 재판을 받고 현재 판결문이 남아 있는 사람은 <표 2>에서 보는
바와 같이 11명이며, 이들의 특징을 살펴보면 읍내지역 3 · 1운동에 대한
보다 구체적인 정황을 알 수 있을 것으로 보인다. 대략적인 특징을 살펴
보면 다음과 같다. 첫째, 이들은 주로 3월 28일부터 4월 2일의 시위에서
검거되었던 것으로 보이는데 이는 상대적으로 읍내지역의 시위가 이 시
기에 가장 활발하게 전개되었음을 의미하는 것으로 생각된다. 둘째, 검거
된 인물들의 직업과 연령이 다양하게 나타나고 있는데 이는 3 · 1운동에

---

37) 독립운동사편찬위원회, 『독립운동사자료집』5권, 1973 참조
38) 주세돈, 앞의 논문, 65쪽에서는 李成玉의 형량이 1년 6개월인 것으로 나타나고 있다.

참여했던 계층이 그만큼 다양했음을 의미하는 것으로 생각된다. 이들의 직업이 생선장수, 음식점, 망건상, 미곡상, 구두상, 날품팔이 등 상업과 관련된 경우가 많은 것은 상업 활동이 발달했던 안성 읍내 지역의 지역적 특성과 관련이 있는 것으로 생각된다.

셋째, 판결문에 나타나는 개인별 시위 양상을 정리해 보면 그 특징을 확인할 수 있다. 생선장수 李敬洙의 경우는 1년 6개월의 비교적 중형에 처해졌는데 그는 3월 30일 약 5~600백명의 군중과 함께 읍내면 東里, 西里, 場基里를 돌며, 만세시위를 주도하였다. 4월 1일에는 장기리 주민 10여명에게 '조선독립만세'를 부를 것을 권유하는 한편, 구 한국기를 흔들며 만세운동을 주도하였다.[39]

진공필, 김정현, 김재룡, 김진수, 김성문은 함께 재판을 받았는데 이들은 3월 29일부터 4월 2일사이의 읍내에서의 3·1운동에 참가하였다. 진공필은 3월 29일 장기리에서 수십명의 군중과 함께 만세시위를 주도하였으며, 김진수는 3월 30일에, 김재룡과 김정현은 31일에, 김성문은 4월 2일에 각각 장기리 시장에서 다수의 군중과 함께 '조선독립만세'를 외치며 시위를 주도했던 것으로 보인다. 그런데 이들의 활동을 통해서 보면 일반적으로 알려진 바와 같이 안성 읍내의 시장은 3·1운동이 지속적으로 전개되는 투쟁의 공간으로 활용되고 있었던 것으로 보인다.[40]

서순옥, 임일봉, 오귀남, 홍선봉도 함께 재판을 받았는데 이들은 3월 28일부터 4월 1일까지의 시위에서 체포된 경우이다. 서옥순은 3월 28일

---

39) 앞의, 『독립운동사자료집』5, 410쪽. 이경수는 법정에서 무명천으로 제작한 구한국기의 존재를 인정하였으며, 5월 2일 경성지방법원 판사, 有澤作治로부터 판결을 받았다.

40) 앞의 『독립운동사자료집』5, 410~411쪽, 이들은 5월 9일 경성지방법원 판사 新井胖로부터 판결을 받았다.

그가 거주하는 東里에 있는 산위에 주민 20명과 함께 올라가 만세를 '절규'하였으며, 4월 1일에는 다수의 군중들과 함께 東里, 西里, 장기리를 돌아다니며 시위를 주도하였다. 임일봉은 3월 31일과 4월 1일 군중들과 같이 읍내면 각 동내를 돌며 만세운동을 전개하였고, 오귀남과 홍선봉도 각각 3월말과 4월 1일에 다수의 군중과 함께 읍내 각 지역을 돌며 만세를 부른 것으로 나타나고 있다. 그리고 경찰이 작성한 '고발서'에서도 3월 28일부터 3월 31일까지의 사이에 이들 4명은 50~60에서 1,500~1,600의 군중들과 같이 읍내면 동리, 서리, 장기리, 石井里 등을 돌아다니며 만세를 부른 것을 확인하였다고 하고 있다. 홍선봉의 신문조서에서는 그가 4월 1일 밤 1,000명 정도의 군중과 함께 만세를 불렀으며, 그 시위 현장에 오귀남과 임일봉도 있었다고 하였다.[41]

한편 이성옥의 경우도 형량이 높은 것으로 나타나고 있다. 그는 3월 30일 석정리에 있는 산에 올라 혼자서 독립만세를 외쳤으며, 이후 西里 길가에서 만세 시위를 주도하여 수백명의 군중이 모이자 솔선하여 시위대를 이끌고 안성경찰서와 군청 앞으로 가면서 만세시위를 주도하였다.

31일 3시 경에는 마을 사람들에게 '모두 함께 조선독립만세를 외치라고 권유'하는 한편, 읍내면 東里에서 自動車業을 하는 李宅承의 집으로 가서 자동차로 일본군 수비대를 운반하는 것은 조선민족의 독립운동을 방해하는 것이니 영업을 중지하라, 그렇지 않으면 집을 불태우겠다고 협박하였다.

장기리에서 음식점을 운영하고 있던 이성옥은 중국인 王壽山의 가게에

---

41) 앞의, 『독립운동사자료집』5, 411~412쪽, 이밖에 경찰 신문조서에는 이들 4명이 각 동리를 만세를 부르며 돌아다니는 것이 목격되었다고 하고 있다. 이들은 5월 13일 경성지방법원 판사 鏡一以로부터 판결을 받았다.

돌을 던지며, 가게문을 닫고 독립만세를 외칠 것을 요구하기도 하였으며, 4월 1일에는 수비대가 안성읍내에 도착하여 만세를 부르는 사람이 없자 이에 분개하여 수비대가 도착했다고 독립운동을 중지하는 것은 마땅치 못하다고 하면서 운동에 참가하여 진력을 다할 것을 역설하였다.[42]

따라서 이러한 내용을 통해서 보면 읍내지역에서의 시위는 3월 28일부터 4월 2일까지 1,000여명이 넘는 대규모의 시위와 수십명이 산발적으로 전개하는 소규모 시위가 읍내 각지의 거리와 시장, 혹은 산위에서 지속적으로 전개되었음을 알 수 있으며, 운동의 전개과정도 시위대가 자발적으로 모일 정도로 적극적인 호응이 있었던 것으로 보인다.[43] 그리고 '判決文'이 일제의 공식문서라는 측면을 감안한다면 안성 읍내지역에서의 시위 상황은 보다 다양하고 적극적인 형태로 전개되었을 것으로 생각된다고 하겠다.

IV. 죽산지역 3 · 1운동의 전개와 중요 인물의 활동

죽산지역의 3 · 1운동은 안성읍내 지역의 3 · 1운동이 3월 31일에 절정에 달하고 난 후 4월 1일부터 4월 3일까지 치열하게 전개되었던 것으로 나타나고 있다. 현재 남아있는 관련자 27명의 '判決文'을 검토해 보면

---

42) 앞의,『독립운동사자료집』5, 413쪽, 왕수산의 신문조서에 의하면, 3월 31일경 이성옥이 자신의 가게에 와서 '빨리 문을 닫으라고 하면서 돌을 던짐으로 곧 가게를 닫았다'고 한다.

43) 앞의,『독립운동사자료집』5, 413쪽. 판결문에는 이성옥이 읍내면 서리 길가에서 '조선독립만세를 외쳤더니 마침내 이민 수백명이 모였음으로 스스로 솔선하여 이 동리 사람들과 안성경찰성와 동 군청 앞 등으로 가면서 모두 함께 독립만세를 외쳤다'라고 기록되어 있다.

<표 3>에서 보는 바와 같이 모두가 4월 1일과 2일시위에서 검거되었으며, 4월 2일의 시위에 참가했다 검거된 인원이 상대적으로 많은 것을 알 수 있다고 하겠다.

<표 3> 주산지역 3·1운동 중요 관련자[44]

성명	주소	직업	나이	형량	비고
梁在玉	二竹面 鑛村里	죽산공립보통학교 생도	20	징역 1년 6월	4/1일 교내 시위
安在憲	二竹面 長院里	죽산공립보통학교 생도	20	징역 1년 6월	4/1일 교내 시위
文在弘	二竹面 竹山里 563	농업	25	징역 1년	4/2일 밤 시위 참가
李起勳	二竹面 斗峴里	농업	54	징역 10월	4/1일과 4/2일 시위 참가
趙元京	二竹面 長溪里	농업	37	징역 6월	4/1일 시위 참가
尹商求	二竹面 長溪里	농업	34	징역 8월	4/1일과 4/2일 시위 참가
李應植	二竹面 長溪里	농업	42	징역 10월	4/1일과 4/2일 시위 참가
崔昌達	二竹面 長溪里	농업	24	징역 10월	4/1일 시위 참가
李壽赫 李斗炳	二竹面 長院里	농업	23	징역 6월	4/2일 밤 사위 참가
柳春三	二竹面 長院里	농업	25	징역 10월	4/2일 밤 시위 참가
李康七	二竹面 長院里	농업	30	징역 10월	4/2일 밤 시위 참가
李英根	二竹面 長院里	농업	34	징역 6월	4/2일 밤 시위 참가
朴光順	二竹面 長院里	농업	43	징역 10월	4/2일 밤 시위 참가
崔昌赫	二竹面 長溪里	농업	26	징역 10월	4/2일 죽산시장 시위 참가
金容珪	二竹面 竹山里	농업	24	징역 10월	4/2일 죽산시장 시위 참가
尹奎熙	二竹面 竹山里	농업	38	징역 1년 2월	4/2일 죽산시장 시위 참가
曹文三	二竹面 梅山里	농업	39	징역 10월	4/2일 밤 시위 참가
金起銀	二竹面 梅山里	농업	37	징역 10월	4/2일 밤 시위 참가
李朱男	二竹面 龍舌里	농업	28	징역 10월	4/2일 밤 시위 참가
李元先	二竹面 長陵里	농업	41	징역 10월	4/2일 밤 시위 참가
趙聖行	一竹面 上北里 34	농업	27	무죄	4/2일 밤 시위 참가

---

44) 독립운동사편찬위원회, 『독립운동사자료집』5권, 1973 참조

柳永昌	一竹面 當村里	잡화상	27	태50	4/2일 밤 시위 참가
朴秉德	一竹面 和谷里473	농업	27	태50	4/2일 밤 시위 참가
吳順景	一竹面 松川里13	해산물 잡화상	37	징역 8월	4/2일 밤 시위 참가
郭大鎔	一竹面 長岩里192	농업(시천교도)	25	징역 1년	4/2일 주천경찰서 시위 주도
石東聖	一竹面 注川里469	대금업	37	징역 6월	4/2일 주천경찰서 시위 참여
李壽奉	一竹面 注川里465	학생	23	징역 8월	4/2일 주천경찰서 시위 참여

　죽산지역에서의 3·1운동은 죽산공립보통학교 학생 50여명이 4월 2일 梁在玉과 安在憲의 주도 하에 교내 시위를 전개하면서 시작되었다.[45] 이날 이죽면 斗峴里에서도 李起勳, 李應植, 崔昌達 등이 두현리에 부역을 나와 도로를 수리하고 있던 인부들에게 '조선독립만세'를 부르라고 권유한 후 尹商求, 趙元景과 함께 주민들 수백명을 모아 죽산리 경찰관 주재소와 이죽면사무소 앞에서의 독립만세 시위를 주도하였다. 그리고 양재옥, 안재헌, 이기훈과 이응식, 윤상구 등은 4월 2일 1,000여명이 참여한 죽산 시장의 시위에도 참가 했던 것으로 보인다.[46]

　한편 4월 2일 죽산지역의 시위는 오전 10부터 시작된 죽산 시장에서의 시위를 시작으로 4월 3일까지 새벽까지 계속된 것으로 보이는데 <표 3>에서 보는 바와 같이 이죽면 사람들은 대부분 이날의 시위와 관련하여 구속된 것으로 나타나고 있다. 또한 이날 시위에 대해서는 안성경찰서에서 작성한 李寅永에 대한 '訊問詔書'에 비교적 자세히 언급되고 있다.[47]

---

45) 앞의, 『독립운동사자료집』5, 414쪽.
46) 앞의, 『독립운동사자료집』5, 416~417쪽. 이응식, 최창달, 윤상구, 조원경 등은 법정에서 자신들은 조선독립운동 취지에 찬성한 결과 4월 1일 수백명의 군중과 함께 죽산 경찰관주재소와 이죽면 사무소에 몰려가 조선독립만세를 부렀다는 취지의 공술을 하였다.
47) 『韓民族獨立運動史資料集』13(三一運動 III), 「三·一 獨立宣言 關聯者 訊問調書(一般 示威者調書, 李寅永に關する件」

[별지] 피고 李寅永은 대정 8년 4월 11일 安城郡 二竹面 竹山시장에서 장날임을 이용하여 조선독립운동에 대하여 선동적 연설을 하기를 전후 8회에 걸쳤고, 또 이곳 보통학교 생도를 선동하여 경고문을 배부함으로써 군중으로 하여금 독립만세를 고창하게 한 자인데, ……
(中略-필자)

一, 전일에 온 경성약학교 학생 李寅永의 선동에 의하여 동일 오전 10시경에 竹山공립보통학교 생도 약 20명은 손에 구한국기를 들고 일제히 한국독립만세를 부르면서 장터에 모이자 점차로 각 동리에서 모여들어 오전 11시경에는 약 5백명에 이르렀다, 선동자 李寅永은 쌀시장에 있던 소달구지 위에 서서 우리들은 철쇄에서 벗어났다. 한국은 완전히 독립했다. 여러분은 만세를 불러라. 그러나 관공서 및 일본인에게는 아무런 관계가 없으니 폭행 또는 위해를 가해서는 안된다고 부르짖으니 모두 일제히 만세를 고창하고, 이어서 二竹면사무소, 竹山공립보통학교, 竹山경찰관주재소, 竹山우편소를 순차로 만세를 부르면서 돌고 장터에 이르러 일부 군중은 오후 4시에 해산했으나 李寅永 기타 학생들의 1단은 남아서 사람을 각 동리로 보내서 모이도록 선동하는 듯하더니 드디어 오후 8시가 되자 각 동리에서 모여든 인원이 실로 2천 명이나 되었다. 여기에서 각 군중은 李寅永 등 1파의 선동으로 한국독립만세 를 부르면서 전기의 순서로 일본인 및 각 관공서로 몰려갔는데 특히 당소로 몰려왔을 때에는 각원의 설유에 복종하지 않고 쉽사리 해산하지 않았다. 그중의 어떤 1단은 손에 곤봉 또는 돌을 들고 주재소를 파괴하라. 일본인 순사를 죽여라 하고 부르짖으니 더욱 형세가 험악에 빠져서 도저히 소수의 인원으로는 진압할 수가 없는 상태가 되었으므로 순사보를 군중 속으로 들어가게 하고 본직은 일부러 보기 쉬운 곳에 정지하여 군중의 감시에 맡겼다. 그런데 1단 중의 한 사람은 사무소에 투석하여 유리 4장을 파괴하게 되었다. 마침 와 있던 竹山里 구장 朴德賢의 제지로 중지했으나 군중은 아직도 퇴산하지 않으므로 그 구장과 함께 극력 퇴산하도록 설유하여 겨우 퇴산하게 되었으나 다시 그 1단은 우편소로 가서 전화실 유리 2장을 부수고 만세를 부르고 물러갔는데 군중은 다시 장터에 모여서 주재소 및 일본인의 각 집을 파괴하고 또 방화하고, 그리고 다 죽이라는 동의를 하는 자도 있었으나 성립되지 못하고 오전 1시에 각자가 해산하게 되었다.

二, 이보다 앞서 밤중 12시에 본직의 응원 청구에 의하여 본서에서 파견한 병사 1대는 다음 오전 1시 40분에 도착했는데 도중에 竹山里 들머리에서 그 일행이 타고 있는 자동차에 대하여 약 1백 50명의 1단은 그것에 투석하고 폭행하기 때문에 일행은 곧 하차하고 그것을 격퇴시켰다. 당시에 즉사 3명, 부상 7명이 나왔다.

三, 다음 오전 5시경에 三竹面 德山里 방면에서 몰려온 1단 약 1백 명은 한국만세를 고창하면서 二竹면 사무소로 왔는데 곧 해산하라고 설유했으나 퇴산하지 않았을 뿐 아니라 도리어 폭행을 하려고 하며 불온한 행동으로 나오려고 하므로 응원대의 응원으로 그것을 격퇴시켰다. 당시 즉사 2명, 부상 4명을 냈다.

三, 安城에서 응원을 왔다는 말을 듣자 李寅永은 그 모습을 감추고 3일에 서울로 도망쳤다.

四, 이상 상황이었으므로 재류 일본인은 통신기관을 제외하고 남자 8명, 여자 10명은 주재소에 수용하고 보호 경계하도록 했다.

위의 내용을 정리해 보면, 우선 이인영은 4월 2일 오전 10시에 죽산공립보통학교 생도 20명에게 손에 태극기를 들고 한국독립만세를 부르며 장터에 모이게 하는 한편, 「알리는 말씀」이라는 제목의 경고문을 배부함으로써 죽산시장에서의 시위를 사실상 주도한 것으로 나타나고 있다. 이때 배포한 경고문[48]은 '독립의 목적을 수행하려면 영구히 일본인과 동화하지 말라'는 취지의 내용이 있었던 것으로 보인다.[49] 그런데 이인영은

48) 국사편찬위원회, 『韓民族獨立運動史資料集』18(三一運動 VIII), 「三·一 獨立宣言 關聯者 公判始末書」(피고 李寅永에게) 105~106쪽

이미 서울에서 전개되었던 3월 5일 남대문 앞에서의 시위에도 참가했던 인물이며, 이후 재판과정에서 10개월의 징역형을 선고받았다.[50]

오전 11시경 시위대가 약 500명에 이르자 이인영은 쌀시장에 소달구지 위에 서서 한국은 완전히 독립했으니 여러분들은 만세를 부르라고 시위대를 격려하는 한편, 관공서와 일본인은 아무런 관계가 없으니 폭행 또는 위해를 가해서는 안 된다는 취지의 연설을 하였다. 이후 시위대는 이죽면사무소, 죽산공립보통학교, 죽산경찰관주재소, 죽산우편소 등을 차례로 돌며, 만세시위를 계속하였으며, 오후 4시경 다시 장터에 이르러 일부 군중은 해산하였다.

이인영과 학생들은 각 동리에 사람을 보내 사람들을 다시 모았으며, 오후 8시에 약 2,000명의 시위대가 각 관공서로 몰려갔는데 죽산경찰관 주재소에 이르러서는 돌을 던져 유리창 4장을 파괴하였으며, 우편소에서는 전화실 유리 2장을 부수고 3일 새벽 1시에 자진 해산하였다. 그런데 새벽 1시 40분에 죽산경찰서에 도착했던 경찰 응원대는 竹山 山里 입구에서 경찰 트럭을 향해 투석을 하는 一團의 시위대 150명을 향해 발포하여 3명이 죽고 7명이 부상당하였다. 다시 3일 오전 5시 경에는 三竹面 德山里

---

49) 『每日申報』1919년 9월 11일. 「這這히 判明된 彼等의 罪狀」. 경고문의 내용과 관련해서는 다음과 같은 내용이 『每日申報』에 수록되어 있다. '被告 李寅永은 今年 4月 2日 京畿道 安城郡 二竹面 竹山市場에서 市日을 當ᄒ야 多數群衆이 參集홈을 好機로 ᄒ야 告文이라 題ᄒ고 朝鮮獨立의 目的을 遂ᄒ랴 ᄒ면 永久히 日本人과 同化치 못홀 旨를 記載ᄒ야 朝鮮獨立의 思想을 鼓吹혼 不穩文書를 配布ᄒ야 煽動ᄒ고 前後 8回에 亘ᄒ야 群衆에 對ᄒ야 演說을 行ᄒ얏슴으로 群衆은 擧皆 獨立萬歲를 高唱ᄒ고 多衆의 威力에 依ᄒ야 朝鮮獨立의 目的을 遂ᄒ랴 ᄒ고 竹山市場을 中心으로 ᄒ고 狂奔홈에 至ᄒ다. 萬歲를 唱和ᄒ야써 治安을 妨害혼 것이라'.

50) 국사편찬위원회, 『韓民族獨立運動史資料集』19, 「三·一 獨立宣言 關聯者 公判始末書(判決)」 그는 부친의 권유로 죽산 梅山里에 있는 친척집에 보내진 것으로 나타나고 있다.

방면에서 100명의 군중이 이죽면사무소에서 만세시위를 전개하자 발포하여 2명이 죽고 4명이 부상을 당했던 것으로 나타나고 있다.

한편 이죽면의 시위에 대한 경기도장관의 보고에서는 4월 2일 이죽면 죽산에서 2,000명의 군중이 소요를 일으키자 부득이 발포하여 3명이 죽고 8명이 부상한 것으로 나타나기도 하였다.[51] 『每日申報』에서도 '죽산에서 수백명의 군중이 소요를 일으켰음으로 관헌이 진압하던 중 10여명의 사상자를 내었다'고 보도하고 있었다.[52]

이밖에 이날 검거된 인물 중에 文在弘은 4월 2일 죽산리에 있는 일본인 森市次의 가게에서 물건을 산 보통학교 학생에게 '지금 조선독립운동 중에 일본인과의 관계를 끊기로 되어 있으니 일본인에게 물건을 사지 말라고 하였으며, 독립운동을 치열하게 하기 위하여 군중이 보는 앞에서 일본 지폐(10전)를 찢어 자신의 의지를 명백하게 나타내기도 하였다.[53]

한편, 일죽면과 삼죽면에서도 3·1운동이 전개되었는데 4월 2일 새벽 1시 일죽면 장암리의 구장이었던 시천교도 郭大鎔은 조선독립 시위운동을 하기 위해 다른 지역의 경우를 본떠서 시위대 200명을 이끌고 경찰관주재소로 가서 만세운동을 전개하였다. 柳永昌, 朴秉德, 吳順景과 石東聖, 李壽奉의 경우도 이 시위에 참가하여 각각 경찰관주재소와 일죽면사무소의 유리창을 부수거나 깃발을 휘두르며 만세시위를 전개하였던 것으로 보인다.[54] 이밖에 삼죽면에서는 4월 3일 오전 5시 주민 약 300여명이

---

51) 경기도사편찬위원회, 『경기도항일독립운동사』, 1995, 355쪽. 이날 순국하거나 부상당한 사람들의 숫자에 대해서는 기록마다 약간씩 차이가 있는 것으로 보인다. 이날 시위에서 40여 명이 몰살당했다는 기록도 있다. 尹貞重, 『安城天主教會史』, 1980, 25~26쪽.

52) 『每日申報』 1919년 4월 8일. 「死傷者 10여명」

53) 독립운동사편찬위원회, 『독립운동사자료집』 5권, 415쪽. 이 내용은 문재홍에 대한 '訊問調書'의 일부이다.

眞村里에 있는 삼죽면사무소를 습격하고 만세시위를 격렬하게 전개였으며, 일본 경찰의 발포로 사망 2명, 부상 5명의 희생자를 내기도 했다.[55]

따라서 이상의 내용을 종합해 보면 죽산지역의 3·1운동은 안성 읍내지역의 3·1운동이 절정에 이른 후 그 뒤를 이어 전개되었다는 성격이 있었던 것으로 보이며, 죽산지역의 농민과 학생들이 중심이 되어 비교적 조직적으로 전개되었던 만세운동이었을 가능성이 높다고 하겠다.

V. 맺음말

지금까지 본고에서는 안성읍내와 죽산지역을 중심으로 전개되었던 안성지역 3·1운동의 전개 과정과 성격에 대해 『매일신보』와 몇 가지의 재판기록에 나타나는 내용을 중심으로 살펴보았으며 그 내용을 정리하면 다음과 같다.

첫째, 우리나라 3대 시장의 하나를 형성하고 있던 안성지역은 한일합방 이전부터 경제활동이나 상권보호라는 차원에서 보면, 일제 혹은 일본인들로부터 일정하게 피해를 입고 있었으며, 경부선철도가 개통된 이후에는 유기공업의 급속한 쇠퇴와 상권의 축소 등으로 어려움을 겪고 있었던 것으로 보인다. 뿐만 아니라 안성은 한말에 鎭衛隊가 주둔하던 곳으로 의병운동이 활발하게 전개되었던 지역이기 때문에 이 지역은 상대적으로

---

54) 독립운동사편찬위원회, 『독립운동사자료집』5권, 420~422쪽. 석동성과 이수봉은 자기 동리 사람 100명과 함께 일죽면사무소와 주천리경찰관주재소 앞에서 만세시위를 하였다.

55) 국회도서관, 『한국민족운동사료』(3·1운동편 期2), 국회도서관, 1966, 46쪽. 朱世曒, 앞의 논문, 19쪽.

항일의식이 일찍부터 성장했을 가능성이 높았을 것으로 생각된다.

둘째, 읍내 지역 3·1운동의 전개과정에 대해서는 조선총독부의 기관지였던 『매일신보』에 상세하게 보도되고 있으며, 3월 31일의 시위에 참여한 것으로 보이는 박용태의 '公判始末書' 등을 통해서 보면 그 윤곽을 확인할 수 있다. 안성지역의 3·1운동은 적어도 3월 28이나 29일부터 적극적으로 전개되어 31일에 절정을 이루었던 것으로 보이는데 박용태의 기록에 의하면 '鮮學團'이라고 하는 학생조직이 안성지역의 '만세운동'에 적극적으로 가담하고 있었다.

셋째, 안성 읍내 지역에서의 만세운동이 30일과 31일을 지나면서 대규모의 인원이 참가한 공세적인 시위로 진행되었다는 것은 이 지역에서의 만세 시위가 4월 2일에 발발한 죽산지역의 만세 시위에도 일정하게 영향을 끼쳤을 가능성이 있는 것으로 생각된다.

죽산시장에서의 만세시위를 주도했던 이인영과 박용태가 서로 알고 지내던 사이이며, 이인영의 '訊問調書'를 통해서 보면 죽산시장의 시위에는 죽산고등보통학교 학생들이 만세운동 분위기의 고취와 인원동원, 경고문의 배포 등에 있어서 조직적인 활동을 하고 있는 것으로 나타나는데 이러한 점은 통해서 보면 안성지역 3·1운동의 조직화에는 학생들의 조직적인 활동이 있었을 가능성이 높았던 것으로 생각되기도 한다.

넷째, 읍내와 죽산지역 3·1운동 관련자들의 재판기록을 검토해 보면 3·1운동 참여했던 개인들의 활동에 대해 보다 정확하게 확인할 수 있는 것으로 생각되지만, 안성지역에서 예심종결을 받은 인원이 300명을 훨씬 넘는 것으로 추정되는 상황에서 이들에 대한 보다 많은 자료의 발굴이 필요한 것으로 보인다.

경기도 광주군에서의
3 · 1운동

Ⅰ. 머리말

1919년 3 · 1운동이 발발하자 경기도 광주군지역에서도 경기도의 다른 지역과 마찬가지로 郡內의 여러 지역에서 만세시위가 전개되었으며, 특히 3월 27일 西部面에서의 만세시위에서는 1,000여명의 군중이 참여한 가운데 郡內에서 최초로 일제 헌병의 총격으로 사망자가 발생하였다.[1] 이후 계속된 3월 28일 五浦面과 慶安面의 시위에서는 1,500이 넘는 군중이 태극기를 앞세우고 군청 앞에서 독립만세를 외쳤으며, 역시 헌병의 발포로 6명이 사망하고 10명이 부상당하였다.[2] 광주군에서의 3 · 1운동은 각 지역에서의 횃불 시위와 함께 격렬한 만세시위가 주류를 이루고 있었으며, 천도교를 중심으로 한 종교 세력과 학생의 참여가 있었던 것으로 보인다.[3]

---

1) 경기도사편찬위원회, 『경기도항일독립운동사』, 1995, 433쪽.
2) 金正明, 『朝鮮民族運動』Ⅰ, 原書房, 1967, 525쪽, 「騷擾事件に關する狀況」, 朝特報第9號.
3) 廣州郡誌編纂委員會, 『廣州郡誌』, 1990, 358쪽.

그런데 기존의 광주군의 3·1운동에 대한 연구에서는 일부지역에서의 3·1운동에 대해서만 간단하게 언급[4]하거나 운동의 전개과정을 지역별[5] 혹은 날짜별 日誌의 형태[6]로 정리한 연구가 있을 정도이다. 또한 만세운동의 양상을 서술하는 과정에서는 서로 다른 내용을 강조하고 있는 경우도 있어 전체적으로 광주군의 3·1운동을 명확하게 이해하는데 방해가 되는 듯한 느낌마저 주고 있다.

따라서 본고에서는 첫째, 광주군의 3·1운동에 대한 기존의 연구 성과를 검토해 봄으로서 광주군지역의 3·1운동을 이해하는 과정에서 나타나는 혼선의 내용과 문제점에 대해 검토해 보고자 한다.

둘째, 광주군지역에서 전개된 의병전쟁과 항일전통에 대해 살펴봄으로서 광주군에서의 3·1운동이 경기도 내의 다른 지역에 비해 상대적으로 강력하게 전개될 수 있었던 역사적 배경에 대해 검토해 보고자 한다.

또한 광주군지역의 3·1운동에 대해 당시의 재판기록[7]과 일본군 참모부의 상황보고 등을 중심으로 정리해 봄으로써 궁극적으로 광주군지역에서의 3·1운동의 전개와 확산과정에 대해 보다 객관적으로 살펴보고자 한다.

특히 본고에서는 현재 하남시가 속하는 동부면과 서부면에서의 만세시위가 광주군지역 3·1운동과정에서 나타내고 있었던 역사적 위상과 성격에 대해 강조해 보고자 하는데 본고의 이러한 노력은 궁극적으로 3·1운동 지역사연구의 한 부분을 보다 명확하게 재구성하는데 기여할 수

---

4) 하남시사편찬위원회, 『역사도시하남』, 2001, 참조.
5) 앞의, 『경기도항일독립운동사』, 1995, 참조.
6) 이병헌, 『三·一運動秘史』, 시사일보사, 1959, 874쪽. 앞의, 『廣州郡誌』, 1990, 참조.
7) 국사편찬위원회, 『한민족독립운동사자료집』, 10·12·27집, 1989. 독립운동사편찬위원회, 『독립운동사자료집』4, 1973.

있을 것으로 생각된다.

II. 광주군 지역 3 · 1운동사 서술에 대한 검토

광주군의 3 · 1운동에 대한 독립운동 진영의 최초의 언급은 박은식이
『韓國獨立運動之血史』(1920)에서 일제의 삼엄한 통제 때문에 상세하고
확실한 조사 자료를 얻기는 어려웠다는 전제 하에 작성한 <표 1>의 일
람표[1919년 3월 1일부터 5월 말일]에서였다. 그런데 <표 1>을 통해서
보면 광주군은 경기도 24개 지역 가운데 집회 횟수로는 5번째, 집회 참가
인원수로는 6번째에 해당하는 것으로 나타나고 있다.

<표 1> 『韓國獨立運動之血史』의 경기도 3 · 1운동 일람표

지명	집회횟수	집회인수	사망자수	부상자수	투옥자수	소실교회	소실학교	소실민가
京城	57	570,000	5	692	1,200			
開城	28	3,800		140	76			
廣州	21	7,500						
高陽	19	2,500	3		158			
平澤	7	800	64	100	7			
加平	28	3,200	23	50	25			
江華	2	400	7	51				
富平	6	950		52	98			
始興	6	1,950			37			
抱川	4	1,00						
仁川	8	9,00			15			
龍仁	13	13,200	35	139	500			
利川	7	2,300	80	87	62			
振威	8	5,000		74	250			
漣川	3	1,200	12	48				
楊平	4	1,900	21	76	50			

驪州	2	1,000	26	125					
水原	27	11,200	996	889	1,365	15			
竹山	6	3,000	25	160					
長湍	2	700							
安城	13	1,800	51	50	300				
金浦	13	15,00		120	200				
坡州	7	5,000		71	212				
陽城	7	3,500	124	200	125				

또한 <표 2>는 주로 일제측의 자료를 이용하여 1919년 3월 26일부터 28일까지의 광주군 내에서의 3·1운동의 상황을 정리한 것인데 이를 통해서 보면 광주군에서의 시위는 26일부터 28일 사이에 집중된 것으로 나타나고 있다. 3월 27일 오포면8)에서는 1,500명의 농민들이 시위에 참여한 가운데 일본헌병의 발포로 사망 6명, 부상 10명이 발생한 것으로 보인다.

<표 2> 3월 26일~28일까지의 광주군의 시위상황9)

지역	날짜	인원(명)	운동상황	피해(명)	비고
松坡里	26일	300	농민이 주도하여 면사무소와 헌병출장소를 襲擊		
水西里	26일	300	면사무소에 殺到		
寺岩里	26일	500	示威		
樂生面	27일	600	示威		
五浦面	27일	1,500	농민이 주도하여 示威	사망 6, 부상 10	발포
中部面	27일	300	면사무소 襲擊		
東部面	27일	300	면사무소 襲擊		
西部面	27일	1,000	면사무소 襲擊	사망 2, 부상 10	발포

---

8) 3월 27일의 오포면에서의 시위는 뒤에서 살펴보겠지만 3월 28일 경안면 군청에서 전개되었던 오포면과 경안면의 연합시위를 의미하는 것으로 보인다.

邑内	28일	2,000	농민이 주도하여 郡廳 습격	사망 7, 부상 9	발포
	3월~5월	75,000	21회의 시위가 있었음		

그런데 이 같은 피해는 朝鮮軍參謀部가 3월 26일부터 4월 5일까지 전국에서 일어난 230여건의 시위에 대해 조사한 통계와 비교해 보아도 3월 31일 양주군 搔接面에서의 死傷 20여명, 4월 1일 평북 定州에서 사상 30여명, 4월 1일 충남 倂川 死13, 傷 약간, 4월 1일 충남 병천 死14, 傷2, 4월 3일 강원도 洪川郡 道寬里 死7 傷2, 정도를 제외하면 비교적 큰 피해가 있었던 것으로 나타나고 있다.[10]

광주군지역의 3·1운동에 대한 자료의 수집은 1970년을 전후하여 본격적으로 이루어졌는데 문제는 각각의 내용이 서로 다른 설명을 하고 있는 경우가 있어서 검토의 여지가 있는 것으로 보인다. 1969년에 출간된 李龍洛의 『3·1運動實錄』에 수록된 '廣州郡 實村面 의거'에서는 당시 운동을 주도했던 晚仙里의 李秉昇의 증언을 수록하고 있는데 그는 당시의 상황을 아래와 같이 증언하고 있다.

　　즉시 의거할 것을 결심하고, 당시에 유명한 재사요 훌륭한 청년인 봉현리鳳峴里 문홍규文鴻圭를 찾아가서 서울서 보고 온 현상을 이야기하고, 독립선언서를 보인 후 거사할 것을 모의하니, 鴻圭는 곧 응낙하였다. 그러므로 분발하여 한적한 鴻圭 집에서 선언문도 등사하고 격려문도 작성하여 등사한 후, 鴻圭로 하여금 격려문을 배포하는

---

9) 국사편찬위원회, 『한국독립운동』2, 1970, 270쪽·287쪽. 이 자료에 대해 본서에서는 '본문에 이용 혹은 참조한 자료 중에서 운동의 발생과 그 月日 및 운동의 형태 등이 거의 확실하다고 생각되는 것을 골라 정리 작성한 것이며, 앞으로 자료의 보완에 따라 표도 보완이 필요할 것이다. 라고 하였다'.

10) 「3月26日より4月5日に至朝鮮騷擾事件に關する狀況報告の件(202, 附錄)」. 김정명, 앞의 책, 528~541쪽.

동시에 동지를 많이 규합하였다. 그 격려문 내용은『조국 광복 운동에 면민이여 빠짐없이 총궐기하자!』고 게재하였다. 준비가 완료된 후 거사일은 三月 十二일로 결정하고, 집합 장소는 實村面所 앞 광장으로 지정하였다. 그날 李秉昇은「대한 독립만세」라고 쓴 큰 기를 높이 들고 선두에서 동민을 인솔하고 지정 장소로 향하는 도중에, 미리 吳呂添의 연락받은 각 동리 사람들이 점점 증가되어 수백명의 군중이 면소 앞에 집합하였다. 병승秉昇은 선언문을 낭독하고 독립에 대한 취지를 一장 설유한 다음, 힘차게 대한 독립만세를 三창하니 군중은 따라 모두 호응하여 만세소리가 진동하였다. 그러나, 면직원은 한 사람도 현장에 대한 참가하지 않으므로 대단히 유감으로 생각했던 文鴻圭는 면소에 드어가서 면장 具然福에게『당신이 비록 일정한 공직에 있을지라도 본래 한국 혈족이라 우리 독립운동에 좌시하고 있어야 할 것인가?』고 꾸짖고 참가하라고 권유하니, 그때야 具 면장은 각오했던지, 사과하고 직원 일동을 인솔하고 시위운동에 나섰다. 관민이 단합하여 만세를 부르며 한길로 행진할 때 독립만세 소리에 五香山이 진동하였다. 이 때 표리가 부동한 구 면장은 자기 신변만 생각하고 군중의 눈을 피해서 비밀히 소사를 시켜 昆池岩 헌병대로 밀통한 것을 깜쪽같이 몰랐던 군중은 의기양양하게 곤지암을 향하였다. 그러나, 도중 별안간 총소리가 들리고 헌병들이 들이닥쳤다. 이쯤에 군중은 적소공권이라 대항할 수 없어 산곡으로 피신하였다. 따라오는 헌변들은 총탄을 무차별 난사하여 총살, 또 부상자가 많이 났다.[11]

위의 내용에서 보면 실촌면에서의 만세운동은 이병승이 鳳峴里의 文鴻圭와 李仙里에 吳呂添과 함께 만세운동을 계획·지도하였으며, 3월 12일 실촌면 면사무소 앞에서 시작된 만세시위는 수백명의 주민이 참여한 가운데 이루어졌던 것으로 나타나고 있다. 또한 시위과정에서, 면장 具然福과 직원들은 문홍규의 권유로 마지못해 시위에 참여하였고 군중들이 곤

---

11) 李龍洛,『3·1運動實錄』, 1969. 431~434쪽.

지함을 향해 진출하던 도중 면장의 신고로 출동한 헌병이 발포하면서 수 많은 사상자가 발생한 것으로 나타났다고 하고 있다.

따라서 위의 내용대로 라면 광주군의 3·1운동은 3월 12일에 촉발되 었으며, 시작부터 상당히 과격한 양상을 나타내고 있었다고 하겠다. 그러 나 현재 이 증언을 객관적으로 입증하기는 어려운 상황이라는 것이 일반 적 견해이다.12) 일제의 다른 기록에서는 1919년 4월 6일 吳壽植의 주도 로 전개된 실촌면 시위에서 약 400명의 시위대가 면사무소에 이르러 면 장을 협박하여 만세를 부르게 하였다고 하고 있어서 서로 다른 기록이 있 는 것을 확인할 수 있다.13) 따라서 실촌면의 만세운동에 대해서는 보다 객관적인 자료의 검토가 필요할 것으로 생각된다.14)

독립운동사편찬위원회가 출간한 책, 『독립운동사─삼일운동사(상)』 (1971)에서는 광주군 일대가 3월 23일 이후 서울의 영향을 받아 밤에는 봉화를 올리고 만세를 불렀으며, 낮에는 시위행렬을 만들어 면사무소와 군청 등으로 몰려가 만세시위를 하였다고 서술하였다.15)

『廣州郡誌』(1990)에서는 구체적인 전거를 밝히지 않은 채 3월 19일 경

---

12) 증언에 따르면 오여첨은 당시 구장으로 연락원이 되었다고 하여 서대문형무소에 서 1년 6개월 동안 옥고를 치뤄다고 증언하고 있다. 그러나 이병승과 문홍규 및 오 여첨의 활동을 객관적으로 증명할 만한 자료가 없으며, 특히, 『三·一運動實錄』은 그 서문에서도 '체계를 세워 학술적으로 정리한 것이 아니며, 필자 자신도 '이 책의 기록이 완전한 事實 그것과는 다소 거리가 있을 수 있을 것임을 말해두는 수밖에 없다'고 하여 그 신빙성에 문제가 있는 것으로 생각된다. 또한 앞의, 『경기도항일 독립운동사』, 443쪽에서도 같은 이유로 이병승의 증언에 문제있음을 지적하고 있 다. 실제로 국가보훈처의 공훈전자사료관에서도 이들의 기록을 찾을 수 없었다.
13) 김정명, 앞의 책, 593쪽.
14) 앞의, 『廣州郡誌』 355~356쪽. 아밖에도 광주군지에는 광주지역의 3·1운동의 전 개와 관련하여 다양한 내용들이 서술되어 있는데 검토가 필요한 것이 아닌가 하는 생각이 든다.
15) 독립운동사편찬위원회, 『독립운동사─삼일운동사(상)』제2권, 1971. 141쪽.

안면 소재지에서 1,000여명의 주민들이 모여 만세시위를 전개하였으며, 헌병과 경찰의 무차별 총격으로 사망 5명, 상해 5명, 피검 77명에 이르는 등 큰 규모의 피해가 있었다고 하였다. 뿐만 아니라 『광주군지』에서는 27일 경안면의 천변에서 수천명이 모여 만세를 불렀으며, 이날 시위로 사망 5명, 사상자가 10명이 났다고 하였다.16) 그러나 이 경우도 1959년에 간행된 이병헌의 『三 · 一 運動秘史』에서는 경안면 천변에서 수천명이 모여 만세를 부른 것으로만 정리되어 있다.17)

이밖에 <표 2>로 제시했던 국사편찬위원회의 『한국독립운동』2(1970)에서는 3월 28일 광주군 읍내18)에서도 2,000명의 농민이 군청을 습격하는 시위를 전개하였으며 일제 군경의 발포로 7명이 사망하고 9명이 부상당한 것으로 되어 있다.19)

따라서 이상의 내용을 종합해 보면 3 · 1운동 당시 광주군에서의 만세운동에 대한 기록은 비교적 다양하게 정리된 측면이 있는 것으로 보이는데 각각의 내용이 보여주는 기록상의 차이에 대해서는 보다 객관적인 자

---

16) 앞의, 『廣州郡誌』356쪽. 이 책에서는 광주군의 시위운동과 관련하여 다양한 내용을 서술하고 있으나 정확한 전거를 밝히고 있지 않아서 보다 정확한 사료상의 검토가 필요할 것으로 생각된다. 실제로 『광주군지』에 따르면 또한 3월 29일 南終面에서도 시위가 벌어질 예정이었으나 일본 경찰에 의해 미연에 방지되었으며, 30일에는 退村面 光東里의 주민들이 중심이 되어 시위를 전개하려 했으나 역시 미연에 방지되었다고 한다.

17) 앞의, 『三 · 一 運動秘史』, 874쪽.

18) 광주읍은 1910년 慶安面으로 편성되었으며, 1917년 중부면 山城里에 있던 군청이 이곳으로 옮겨오면서 郡의 중심지가 되었다고 한다. 앞의, 『廣州郡誌』, 90쪽.

19) 앞의, 『한국독립운동』2, 1970, 287쪽. 뿐만 이니라 이 책에서는 『朝鮮總督府 大正八年 騷擾事件에 관한 復命書』를 이용하여 광주군 내에서는 3월 27일 경안면 卽死 5명, 傷 10명, 3월 27일 서부면 卽死 1명, 傷 2명, 3월 27일 구천면 卽死 2명, 傷 10명이라고 하고 있다. 이밖에 <표 2>에서는 3월 26일 寺岩里에서 500명의 군중이 모여 시위가 있었다고 되어 있는데 寺岩里는 岩寺里로 생각되며, 이 기록의 경우도 사실관계의 확인이 필요한 것으로 보인다.

료의 검토가 필요할 것으로 생각된다.

III. 광주지역의 항일전통과 초기의 3 · 1운동

1. 의병전쟁과 항일전통

3 · 1운동 이전 광주지역의 항일전통은 의병전쟁과 애국계몽운동을 경험하면서 지속적으로 성장했으며, 특히 의병전쟁의 경험은 민중들의 항일의식을 크게 고취했을 것으로 생각된다.

광주지역의 의병전쟁은 1895년의 전기의병 이후 지속적으로 전개되었다. 전기의병인 乙未義兵의 경우 민중들은 서울에 가장 근접한 군사적 요충지인 南漢山城을 중심으로 형성된 의병부대를 중심으로 활동하고 있었다. 남한산성 義陣의 활동이 본격화되자 당시 일본의 『東京朝日新聞』에서는 '남한산성 안의 적(의병 – 필자)은 약 1,600명이며, 이 중에 천명은 광주, 이천, 양근(양평 – 필자)의 포군, 즉 구 지방병이고 나머지 600명은 광주의 농민이다. 그리고 적의 괴수는 광주의병장 沈榮澤, 이천의병장 朴周英, 陽根의병장 李錫容 등 3명이다'[20]라고 하여 의병부대의 주력이 광주의 포군과 농민이었음을 밝히기도 하였다. 한편 이 시기의 심영택 의병은 1896년 2월 23일 남한산성을 장악하여 활동의 근거지로 삼고 있으면서 광주군수 朴基仁를 처단하는 등의 활동을 전개하고 있었던 것으로 보인다.

이후 광주군에서의 의병전쟁은 1905년 11월 을사늑약의 체결을 전후

---

20) 하남시 · 하남역사문화연구회 편, 『하남의 역사와 문화』, 국학자료원, 199~202쪽 재인용.

하여 다시 고조되었는데 광주군에서의 의병의 활동은 이 지역에서 편성된 의병과 다른 지역에서 이동해온 의병의 활동이 서로 혼재되어 나타나고 있었다. 우선 1905년 6월에는 약 200명의 규모로 편성된 의병이 부호의 재물을 군자금으로 확보하고 총기를 수집해 갔다는 기록이 있다.[21] 『梅泉野錄』에서는 1905년 5월(음) '砥平 李文鎬와 광주의 具萬善, 原州의 元容八 등이 의병을 일으켰다'고 하여 광주지역이 을사의병 초기의 선봉지역이었음을 밝히기도 하였다.[22] 뿐만 아니라 1907년 8월~10월에는 일제의 정보기록에서도 이(광주-필자) 일대가 '완전히 폭도가 유린하는바 되었다'고 할 정도로 의병의 활동이 왕성했던 것으로 나타나고 있다.[23]

1907년 8월에는 양지출신의 전 주사 任玉汝 의병이 광주군 실촌면에 출현하여 원주의병장의 이름을 사용하며, 포군 70여명을 모집한 뒤 용인·안성 방면으로 이동하며 일본군과 교전하였다.[24] 1908년 1월 4일에는 18명의 의병이 경안면 中垈洞에서 일본군과 교전하였으며, 6월 4일에는 일단의 의병이 광주 官洞에서 일본군 4명을 처단하였고[25] 8월에는 五浦面 自作里 북방 고지에서 10여명의 의병과 일제의 수비병이 교전하기도 하였다.[26]

일제 경찰의 정보문서에서는 1908년 10월에는 西部面 甘甘洞에 의병장 金炳吉의 部下가 나타나 활동 중에 출동한 일경에 의해 체포되어 사살

---

21) 『皇城新聞』1905년 6월 6일.
22) 황현 저, 김준 역, 『매천야록』, 교문사, 1994, 599쪽.
23) 朝鮮總督府 警務局, 『暴徒史編輯資料』, 한국독립운동사편찬위원회편, 『독립운동사자료집』3, 1971, 513~514쪽.
24) 하남시사편찬위원회, 『역사도시하남』, 2001, 385쪽.
25) 앞의, 『하남의 역사와 문화』, 207~209쪽.
26) 앞의, 『한국독립운동사 자료』11(의병편IV), 「水原警察署長 警視」, 隆熙 二年(明治四一)八月.

되기도 하였으며,[27] 군자금을 모집하던 의병 2명을 체포하기 위해 경찰관 2명과 헌병 6명이 출동하였으나 체포에 실패하기도 하였다.[28] 1908년 11월에는 東部面과 西部面에 의병이 나타나서 군자금 모집을 위한 '回章文'을 배포하였으며,[29] 1909년 1월에는 南面부근에서 林文淳을 의병장으로 하는 100여명의 의병이 柳麟錫과 연락을 취하며 활동하고 있었다. 이들은 '인민들의 재산에 대해서는 조금도 침해하지 않을 뿐 아니라 농민과 상민에 대해서는 그 생업에 힘쓰도록 권고하기 때문에 진정한 의병이라고 칭송되기도 하였다.[30] 이후 광주군에서의 의병의 활동은 1910년 6월 16일에도 광주군 鳥峴에서는 의병과 일제 헌병 간에 충돌이 있었으며, 헌병 추격대는 의병을 추격하였으나 실패한 것으로 나타나고 있다.[31]

또한 광주군에서는 애국계몽운동의 일환으로 교육운동이 전개되고 있었다. 1908년 1월 윤효정, 이상재, 유근 등이 민족자강을 위한 교육진흥과 지역개발을 목표로 조직했던 '畿湖興學會'의 支部가 설립되어 활동하고 있었다.[32] 당시 경기도지역에서는 광주, 수원, 양근, 장단, 교화, 강화, 풍덕 등에 기호홍학회의 지부가 설립되어 있었는데, 광주군에서는 會長 李胤鍾, 副會長 安燁, 總務 石瓊煥, 會計員 趙成俊, 李東鉉. 書記員 金教悅,

---

27) 앞의, 『한국독립운동사 자료』12(의병편V), 「廣州郡 西部面 甘甘洞 洞民의 密報」, 隆熙 二年(明治 四一) 十月

28) 앞의, 『한국독립운동사 자료』12(의병편V), 「暴徒에 關한 件 水原警察署長 報告要領」, 隆熙 二年(明治 四一) 十月

29) 앞의, 『한국독립운동사 자료』12(의병편V), 「京畿道暴徒에 關한 件」, 隆熙 二年(一九〇八·明治 四一) 十一月.

30) 국사편찬위원회, 『統監府文書』, 「情報(京畿道), 暴徒首領 林文淳 외 百餘名 廣州地方 俳徊 件」, 憲機第五號 明治四十二年一月四日.

31) 「京畿道廣州郡內에서의 憲兵과 賊徒가 衝突」, 『暴徒に關する編册』, 1910년 6월 21일.(국가보훈처 공훈전자사료관)

32) 독립기념관 독립운동사연구소, 「기호홍학회」, 『독립운동사사전』3, 2001.

金顯承 등이 활동했던 것으로 파악되고 있다.33)

기호흥학회는 1910년 9월 일제의 '정당해산령'에 따라 강제 해산당할 때까지 민족의 실력양성을 위한 '興學'활동 즉 교육운동에 매진하였던 것으로 나타나고 이는데 이러한 경향은 광주군지역에서도 동일했을 것으로 생각된다. 실제로 1909년 2월에 간행된『기호흥학회월보』제7호에 게재된 '學界彙問'에서는 '廣州郡 私立廣興學校 敎師 康元達氏는 風雨를 不避호고 誠心敎授홈으로 學徒가 一百五十名에 達혼다'고 하였다.34)

이밖에 1905년 12월에는 일본일 약제상 1명과 조선인 통역관이 광주군 新酒幕에서 사살당하는 사건이 발생하기도 하였으며,35) 1910년에는 韓日倂合이 강행되자 '合邦'에 반대하는 상소운동이 전개되기도 하였다.

---

33) 「本會記事 支會任員及會員名簿 廣州郡」,『畿湖興學會月報』第2號, 1908년 9월 25일. 이밖의 임원으로는 '評議員 宣永淳, 金昞洙, 朴齊璇, 任麟宰, 全昌鎭, 具滋鳳, 宣永參, 劉興烈, ○敎行, 李秉秀, 李勳鍾, 李秉懿, 安泰遠, 南大熙, 鄭煥敎. 敎育部長 康元達, 財政部長 石璣煥, 幹事員 石東煥, 許鈗, 李鳳夏, 金俊賢, 李淳永, 尹時勳, 金 翼, 龍漢彩, 李龍植, 宋南顯 등이었던 것으로 나타나고 있다.

34) 「學會彙問」,『畿湖興學會月報』第7號, 1909년 2월 25일.

35) 『駐韓日本公使館記錄』, 「殺人事件ニ關スル搜査ノ件」, 顧警第二〇一號. 明治三十八年十二月二十八日. '前日 보고 드린 京畿道 廣州郡 新酒幕에서 일본인 및 통역 한인 각 1명의 살해사건에 관하여 그 후 엄밀히 수사한 결과 범죄 혐의자는 한인 8명으로 이를 포착하였을 뿐 아니라 범인 중 首謀者로 인정되는 鄭昞熙 소유의 畑地(新酒幕으로부터 南方 약 60리 떨어진 곳)에다 은닉해 놓은 두 사람의 사체와 소지품을 발견하여 그 소지의 호적등본에 의하여 일본인은 愛知縣 東春日井郡 味美村 235번지 柴田房次郎 明治 6년 1월 20일생인 것이 판명되었다. 또 한인의 성명은 아직까지 알 수 없으나 두 사람 모두 복장에 中央藥館의 회장을 달고 있고 또 同館의 광고와 10여 종의 賣藥을 넣은 가방을 가지고 있는 것으로 추측할 때는 同館의 賣藥人이 틀림없어 同館에 대하여 취조의 수속을 해놓았으므로 머지않아 판명될 것으로 사료됨. 시체의 상황은 두 사람 모두 손발을 꽁꽁 묶여 전신 타박상으로 그 참혹한 상태는 볼 수가 없었다. 특히 일본인은 후두부의 두개골이 깨져있었다. 그리하여 그 시체는 검시를 끝낸 다음 근방에 있는 安山에다 가매장을 하고 묘표를 꽂아놓았다.'

落生面 板橋里에 거주하는 전 병사 權世煥과 陽智郡 朱德面에 거주하는 전 승지 睦相憲은 12월 16일 스스로 주창자가 되어 유지 10여 명과 함께 연명으로 합방에 반대하는 취지의 건의서를 李內閣總理大臣(이완용—필자) 앞으로 발송하였던 것으로 나타나고 있다.[36]

따라서 3 · 1운동 이전 광주군은 강력한 의병전쟁이 전개되었던 항일 전통의 중심지였으며, 애국계몽단체의 교육운동이나 합방반대 상소운동 등을 통해 항일 분위기를 견지하고 있었다고 하겠다.

2. 3 · 1운동 전파와 초기의 시위양상

1910년 이후 일제의 무단적인 식민지 수탈 정책에 대한 저항적 분위기와 제1차 세계대전 이후 미국의 윌슨 대통령이 주창한 민족자결주의 및 고종 독살설의 영향 하에 국내에서는 대대적인 민족운동의 기운이 고조되고 있었고 1919년 3월 1일 서울에서 3 · 1운동이 폭발하였다.[37]

3 · 1운동의 열기는 그 진원지인 서울에서부터 경기도지역으로 급속히 확산되었는데 3월 3일에는 개성에서, 5일과 7일에는 서울에서 가까운 고양군과 시흥군에서, 9일에는 인천, 10일에는 파주와 양평, 11일에는 안성에서, 그리고 양주에서는 13일부터 15일까지 만세운동이 전개되었다. 경기도에서의 만세운동의 절정기는 3월 하순부터 4월 상순까지였는데 경기도 전체의 시위 횟수인 283회에 90%에 달하는 254회의 시위가 이 시기에 집중되었다.[38]

---

36) 국사편찬위원회, 『통감부문서』, 「日韓合邦問題ニ關スル件」, 憲機第二五七九號, 明治四十二年十二月二十四日.
37) 앞의, 『역사도시하남』, 388쪽.
38) 하남시 · 하남역사문화연구회 편, 『하남의 역사와 문화』, 국학자료원, 2001, 208쪽.

한편 서울에서 시작된 3·1운동의 열기는 광주가 서울과 가까운 지역이었기 때문에 3·1운동을 직접 목격하고 돌아온 사람들에 의해 전해지는 등 다양한 경로를 통해 광주군 내로 확산되고 있었던 것으로 나타나고 있다. 3월 27일 突馬面 만세시위를 주도했던 韓百鳳과 韓順會의 경우는 1919년 2월말 경 高宗의 장례식에 참석하기 위해 상경했다가 3·1운동을 목도하고 돌아와 시위를 준비했던 것으로 보인다.[39] 한순회[40]는 당시 천도교 광주군지역 敎區長으로 활동하면서 信徒들의 誠金을 서울에 있는 천도교 중앙총부에 납부하는 일을 담당하고 있었으며, 4월 22일과 5월 13일에 천도교 중앙총부에 성금을 납부했던 것으로 나타고 있다.[41] 그는 3·1운동과 관련하여 이천·여주·원주·충북지역에 대한 연락을 담당했던 것으로 보인다.[42]

<표 3>은 광주군 교구의 성금 현황인데 이를 통해서 보면 적어도 돌마면, 낙생면, 대왕면, 삼성면, 광안면, 도상면의 천도교인들은 교단조직을 통해 3·1운동의 전개 상황을 상대적으로 신속하고 상세하게 전달 받거나 인지하고 있었을 것으로 보인다. 그리고 이는 천도교 조직이 광주군지역 3·1운동 확산에 기여했을 가능성을 보여주는 것이라고 하겠다.[43]

---

39) 앞의, 『경기도항일독립운동사』, 435쪽.

40) 이후 한순회는 광주군 天道敎區長을 지냈으며, 1927년 8월에는 新幹會 광주지회가 설립되는 과정에서 지회장으로 선출되기도 하였다. 아울러 천도교 중앙교회 奉道로서, 1933년 이후에는 金在桂, 崔俊模와의 협의하에 일제 구축과 조국독립을 기원하는 의미는 특별기도문을 만들어 신자들로 하여금 매월 식후마다 외우게 하는 등 민족운동에 참여했던 것으로 보이며, 1938년 3월 4일에는 制令 제7호 위반으로 피체되었던 것으로 나타나고 있다.(국가보훈처, http://www.mpva.go.kr/)

41) 「證人 韓順會 調書」, 국사편찬위원회, 『韓民族獨立運動史資料集 10(三一運動과 天道敎誠米)』, 1992.

42) 앞의, 『三·一 運動秘史』, 874쪽.

43) 이밖에 3월 27일 彦州面 內谷里에서는 100여명의 주민이 천도교 전교실에 모여 만세를 불렀다고 한다. 앞의, 『廣州郡誌』, 357쪽. 또한 3·1운동 당시 천도교계 민족

이밖에 3월 27일에는 彥州面 內谷里에서는 천도교 전교실에서 수백명이 집합하여 만세를 부르기도 하였다.44)

<표 3> 천도교 광주군 교구의 성금 현황45)

성명	주소	금액	비고
韓順會	突馬面 栗里	10,000	본인 등은 모두 신도 總代로서 각 신도들이 갹출한 것을 수금·납부한 것이다.
韓致伯	廣州郡 樂生面 金面里	11,000	同
金定奉	廣州郡 樂生面 石雲里	5,500	同
朴武浩	廣州郡 大旺面 梧野里	12,500	同
洪淳敬	廣州郡 參城面 內南里	18,380	同
洪鍾秀	廣州郡 廣安面 驛里	7,800	同
崔龍雲	廣州郡 都上面 祥林里	11,000	同
합 계		76원 18전	65원 18전은 中央總部에 납입(殘金 11원은 韓順會가 소지하고 있는 듯함)

實村面 二仙里의 구장이었던 吳壽軒의 경우는 3월 초순에 조선 각지에서 조선독립시위운동이 일어났음을 전해 듣고 '이에 찬동하여' 3·1운동에 참여했다고 하였으며,46) 동부면 望月里의 구장이었던 김교영은 3월 20일경 성명 미상의 타인으로부터 조선 각지에서 만세운동이 전개되고 있음을 전해 듣고 이에 찬동하여 망월리에서의 만세운동을 준비했다고 하고 있다.47)

대표에 한 사람 이었던 正庵 李鍾勳은 실촌면 柳餘里 출신이었다. 조성운, 「正庵 李鍾勳의 국내에서의 민족운동」, 『崇實史學』25, 159쪽.

44) 앞의, 『三·一 運動秘史』, 874쪽.

45)「天道教徒에 對한 調査의 件」, 앞의, 『韓民族獨立運動史資料集 10(三一運動과 天道教誠米)』.

46) 앞의, 『독립운동사자료집』5, 「吳壽軒判決文」.

47) 앞의, 『독립운동사자료집』5, 「金敎永判決文」

뿐만 아니라 3월 27일 서부면에서의 만세시위를 주도했던 具義書의 경우는 재판과정에서 '경성의 어떤 학생의 협박으로 부득이 민중을 인솔하여 서부면 사무소 및 상일리 헌병주재소에 이르렀으며, 그 곳에서 군중과 함께 만세를 불렀다'고 진술하기도 했다.[48] 뿐만 아니라 3월 26일 이후 동부면에서의 만세운동을 주도했던 李大憲의 경우도 崔昌根이라는 자로부터 '조선 각지에서 조선독립 시위운동이 일어났음을 전해 들었다'[49]고 밝히고 있다.

따라서 이상의 내용을 종합해 보면 서울에서 3·1운동이 촉발된 이후 광주군지역은 서울에서의 3·1운동에 직접 참여한 인물이나 천도교 교단의 활동이나 학생을 비롯한 외부 인물들의 활동을 통해 비교적 광범위하게 3·1운동 발발 소식을 접할 수 있었으며, 운동에 동참할 것을 결정했던 것으로 보인다.

광주군지역 3·1운동의 전개과정은 몇 가지 특징을 나타내고 있었다. 우선 광주군에서의 3·1운동은 3월 21일에 中垈面 송파리에 거주하던 張德均[50] 과 金俊賢이 각각 『朝鮮獨立新聞』[51] 30장과 독립선언문 20부를

---

48) 독립운동사편찬위원회편, 『독립운동사자료집』5, 「具義書判決文」, 1972.
49) 앞의, 『독립운동사자료집』5, 「李大憲判決文」.
50) 앞의, 『독립운동사자료집』5, 「張德均判決文」. '피고는 전부터 조선독립을 희망하고 있던 자인 바, 대정 8년 3월 1일 손병희 등이 조선독립선언을 하자 크게 그 취지에 찬동하여 金俊賢이란 자와 공모한 후 정치변혁의 목적으로 정치에 관한 불온문서를 인쇄, 이를 타인에게 반포하려고 꾀하여 동월 21일 경 피고의 집에서 당해 관청의 허가를 받지 않고서 『宣言書』라 제한 '조선의 독립국임과 조선인의 자유민임을 선언하며 강권 침략주의인 일본 제국의 굴레를 벗어나려면 모름지기 민족적 독립을 확실하게 함에 있다'는 불온한 취지를 기술한 문서와 『朝鮮獨立新聞』이라 제한 위 선언서의 취지에 관련된 불온한 뜻을 논술한 문서를 원지에 베낀 후 이를 등사판을 사용, 위 문서 합계 50매를 인쇄하여 동월 25일 경 피고의 집에서 그 중 2매를 피고의 동리 鄭錫浩에게, 또한 같은 동리의 漢江 건너에서 그 중 1매를 성명 미상자에게 반포함으로써 독립운동을 선동하여 안녕 질서를 방해한 자이다.'

인쇄하여 송파리 주민 鄭錫浩 등에게 배포하였으며, 그 연장선에서 3월 26일에 송파리의 주민 300여명이 참가하여 전개했던 만세운동이 현재 광주군 내에서의 첫 번째[52]의 만세운동이었던 것으로 보인다.

이날의 시위는 千重善·李時鍾 등이 주도했는데[53] 총독부 기관지였던 『每日申報』 3월 29일자에서는 '광주군 송파리에서 26일에 약 300명의 군중이 모여서 면사무소와 헌병주재소를 습격하고 폭행을 하였다'라고 보도하였다.[54] 또한 조선군헌병사령관의 보고서에도 '광주군 송파리에서 暴民 300명이 면사무소를 습격하여 暴行한 후 해산하였다'[55]고 하고 있는 것으로 보아 광주군에서의 만세시위는 시작부터 투쟁적인 형태를 띠며 전개되었던 것으로 보인다.

송파리에서의 만세시위에 참여했던 李時鍾은 이후 자신의 거주지인 대왕면 水西里로 장소를 옮겨 만세운동을 주도함으로써 광주군지역 3·1운동이 확산되어가는 양상의 일면을 보여주었다.

---

51) 尹炳奭,「朝鮮獨立新聞의 拾遺」,『中央史論』 제1집, 중앙대학교 사학과, 1972. 3·1운동 당시 천도교 교인이며 普成法律商業學校 교장이었던 尹益善이 李鍾一 등과 협의 하에 교단 주도로 발행한 것이었으며, 3·1운동 당시 발행되었던 지하신문 가운데 가장 대표적인 것이었다.
52) 광주군의 만세운동이 3월 26일부터 시작되었다고 보는 연구로는 다음과 같은 것들이 있다. 한국독립운동사편찬위원회,『국내 3·1운동』I, 2009, 67쪽. 경기도사편찬위원회,『경기도사』제7권, 2006, 160쪽. 앞의,『경기도항일독립운동사』, 425쪽.
53) 앞의,『독립운동사자료집』5,「千重善判決文」. 천중선은 재판과정에서 '수백 명의 군중과 함께 만세를 부르며 송파리를 돌아다녔다'고 증언하기도 하였다.
54)「광주 주재소를 습격」,『매일신보』 1919년 3월 29일. 이후 중대면에서는 27일에도 尹道吉의 지휘하에 면민들이 또한 한 차례 만세시위를 전개했다고 한다. 앞의,『廣州郡誌』, 357쪽.
55)「朝鮮に於ける獨立運動に關する件」(密第202호), 梶村秀樹·姜德相編,『現代史資料』25, みすず書房, 1972, 152쪽.

피고 이시종은 조선 각지에서 일어난 조선독립운동에 찬동하여 대
정 8년 3월 26일 (음력 2월 25일) 오후 3시 경부터 동 6시 경까지 사이
에 경기도 광주군 中垈面 松坡里에서 조선독립시위운동을 하고자 집
합한 300여 명의 이민과 함께 조선독립만세를 같이 부르고 다시 동일
오후 7시 경 광주군 대왕면 수서리에서 이민 100여 명을 규합하여 동
면 면사무소 앞으로 몰려가서 같이 조선독립만세를 불렀으며, 또한
'조선은 독립하지 않으면 안된다'는 취지를 기재한『朝鮮獨立新聞』이
란 것을 군중에게 읽어 주며 선동하고…56)

위의 내용에서 보면 3월 26일 3시부터 6시까지 중대면 송파리에서 시
위에 참여했던 이시종은 같은 날 오후 7시 경 제2차로 대왕면 수서리에서
100여명의 군중이 참여한 만세시위에서 '조선은 독립하지 않으면 안된
다'는 취지의『朝鮮獨立新聞』을 군중들에게 읽어주는 등 시위를 주도하
였다. 그런데 이시종이 낭독한『조선독립신문』은 3월 25일 '친척인 李胤
鍾의 집에 들렀다가 그의 방안 책상위에 있던 것을 빌려온 것'이었다.57)
이밖에 이날 광주군 내 2곳에서는 주민들이 모닥불을 피워놓고 만세를
불렀는데, 이는 26일의 시위가 밤까지 계속되면서 지역적으로 확산되어
가는 분위기였음을 반영하는 것이라고 하겠다.58)
　따라서 이러한 내용을 통해서 광주군에서의 3·1운동은 보면 다양한
인물과 경로에 의해 郡內로 전해졌으며, 종교조직이나 학생 혹은 지역적
혈연관계나 地緣 등을 통해 확산되는 경향을 나타내고 있었던 것으로 보
인다. 그리고 시작부터 상대적으로 적극적인 형태의 만세운동이 전개되

---

56) 앞의,『독립운동사자료집』5,「李時鍾判決文」.
57) 앞의,『독립운동사자료집』5,「李時鍾判決文」. 당시 이시종은 19세로 농업에 종사
　　하고 있었으며, 광주군 대왕면 수서리에 거주하고 있었다.
58) 「3月26日より4月5日に至朝鮮騷擾事件に關する狀況報告の件(202, 附錄)」. 김정
　　명, 앞의 책, 528쪽.

었다고 하겠다.

그러나 광주군은 경기도지역 20개의 郡 가운데 섬으로 이루어진 강화도를 포함해 거의 유일하게 철도가 통과되지 않았던 지역이라는 점에서, 그리고 3·1운동 이전까지 이 지역에 설립된 근대적인 학교로 1911년에 개교한 廣州普通學校와 附設 簡易農業學校 및 1912년에 설립된 南漢山普通學校가 있었을 정도의 교육환경 등으로 인해 3·1운동의 본격적인 전개가 경기도 내 다른 지역에 비해 상대적으로 늦은 3월 중순 이후부터 구체화되었던 것으로 생각된다.[59] 하지만 광주군은 지형적으로 山勢가 험준하고 또한 서울 등 각처로 통하는 도로가 많아서 일제 경찰과 헌병은 광주군의 3·1운동을 조기에 진압하기 위해 철저하게 경계하고 극도로 긴장하고 있었던 것으로 보인다.[60]

IV. 광주군지역의 만세 시위 擴大와 激化

1. 東部面과 西部面지역에서의 3·1운동

1919년 3월 20일을 전후하여 광주군에서의 3·1운동의 기운이 고조되자 하남(동부면과 서부면)지역에서도 만세운동을 조직화되고 있었는데 동부면에서의 李大憲(당시 37세)과 金敎永(당시 62세), 金弘烈(당시 34세) 그리고 서부면에서의 具義書(당시 45세)의 재판기록을 정리해보면 그 특

---

59) 앞의, 『경기도항일독립운동사』, 426쪽. 「公立廣州普通學校等設置認可」, 『朝鮮總督府官報』(263호), 1911년 7월 15일. 「大正2年 6月 4日 京畿道廣州郡所在廣州公立普通學校ニ廣州公立簡易農業學校ノ附設ヲ認可ス」, 『朝鮮總督府官報』, 朝鮮總督府 告示 第171號,
60) 앞의, 『三·一 運動秘史』, 874쪽.

징의 일면을 확인할 수 있다.

> 피고는 상기 피고가 거주하는 동리의 구장인 바, 崔昌根이란 자로
> 부터 조선 각지에서 조선독립시위운동이 일어났음을 전해 듣자 피고
> 가 거주하는 동리에서도 역시 조선독립시위운동을 하려고 꾀하여 정
> 치변혁의 목적으로 대정 8년 3월 26일 위 피고가 사는 면의 면사무소
> 앞 길가에서 한국 국기 1류(증제1호)를 만들어 두었다가 이튿날 27일
> 오전 2시 경 이민 10수 명을 불러 모아 이를 인솔하고 위의 한국기를
> 휘두르며 피고가 사는 동리에 있는 無名山 꼭대기에 올라가 봉화를 올
> 리고 약 1시간 가량 함께 조선독립만세를 연달아 부르다가 오전 3시
> 경 그 산꼭대기에서 동면 면사무소 앞으로 몰려가 그 곳에서 약 30분
> 쯤 같이 조선독립만세를 절규한 다음 일단 해산하였으며, 동일 오전
> 11시경 다시 이민 약 30여 명을 규합, 솔선하여 동면 면사무소 앞으로
> 가서 동일 오후 2시 경까지 일제히 조선독립만세를 미친듯이 부름(이
> 하 생략).[61]

위의 내용에서 보면 동부면 校山里의 구장이었던 이대헌은 전국 각지
에서 3·1운동이 전개되고 있다는 소식을 접한 후 26일 만세운동에 쓰기
위해 태극기를 만들어 두는 등의 준비 작업을 진행하였다. 그는 27일 밤 2
시에 동리 주민 십수명과 함께 마을 야산에 올라가 봉화를 밝히며 1시간
동안 횃불시위를 전개하였으며, 3시경 산을 내려와서는 시위대와 함께
면사무소로 진출하여 그곳에서 약 30분가량 독립만세를 외친 후 일단 해
산하였다. 이후 오전 11시경 다시 시위대 30여명을 모아 오후 2시까지 면
사무소 앞에서 만세시위를 전개하였으며, 출동한 헌병에게 체포된 것으
로 나타나고 있다.[62]

---

61) 앞의, 『독립운동사자료집』5, 「李大憲判決文」.

그런데 이대헌의 경우처럼 밤에 산에 올라가 횃불을 밝히는 봉화시위
는 지역 간의 연대투쟁과정에서 연락수단으로 이용되는 방식이었으며,
서로간의 항일의지를 확인하고 격려하는데 큰 효과를 발휘했던 것으로
추정된다.[63] 실제로 중부면에서도 3월 27일 새벽 南漢山에서 횃불을 올
리며 시위를 전개했던 것으로 보인다. 그런데 중면에서는 27일 오전에 다
시 壽進洞, 炭里, 炭垈里 주민 300여명이 山城里에 집결하여 만세운동을
시작, 면사무소로 진출하였으며, 中部面長의 머리를 곤봉으로 구타 실신
케 하는 등의 격렬한 시위를 전개하기도 하였다.[64]

또한 3월 20일경에 3·1운동과 관련된 소식을 접했던 望月里의 구장
김교영의 경우는 27일 아침 사환 金用文에게 마을 주민을 불러 모으게 하
여 약 10여명의 주민들과 함께 동부면사무소로 가서 오후 1시부터 4시까
지 만세를 부르며 시위를 주도했던 것으로 나타나고 있다.[65] 김교영은 4
월 29일 경성지방법원에서 보안법 위반으로 징역 1년 6월을 받았다.[66]

이밖에 풍산리에서 농업에 종사하던 김홍렬은 26일 오후 10시 동리 20

---

62) 국가보훈처, http://narasarang.mpva.go.kr/
63) 앞의, 『역사도시하남』, 391쪽.
64) 「朝鮮各地の獨立運動に關한する件(145)」. 김정명, 앞의 책, 433쪽. 실제로 조선군
    헌병사령부의 보고에서도 광주군 山城에서 약 300명이 집합 폭행하였기 때문에 空
    砲로 해산시켰다고 되어 있다. 「朝鮮に於ける獨立運動に關する件」(密第102호),
    梶村秀樹·姜德相 編, 『現代史資料』25, みすず書房, 1972, 153쪽.
65) 앞의, 『독립운동사자료집』5, 「金教永判決文」. '피고는 전기 피고가 거주하는 동리
    의 구장인 바, 대정 8년 3월 20일 경 타인에게서 조선 각지에서 조선독립시위운동
    이 행하여지고 있음을 전해 듣자 이에 찬동하여 정치변혁의 목적으로 피고가 거주
    하는 동리에서도 역시 같은 운동을 하고자 동월 27일 피고 스스로 또는 동리 사환
    金用文 등으로 하여금 이민에게 대하여 '조선독립시위운동을 할 터이니 집합하라'
    고 전달한 결과 모인 이민 약 9명을 인솔하고 동면 면사무소 앞으로 가서 동일 오
    후 1시 경부터 오후 4시 경까지 군중과 같이 조선독립만세를 연달아 부름으로써
    정치에 관하여 불온 언동을 함으로 말미암아 치안을 방해한 자이다.'
66) 국가보훈처, http://narasarang.mpva.go.kr/

명의 마을 주민을 모은 후 함께 산으로 올라가 봉화를 올리고 독립만세를 외쳤으며, 다음날인 27일 오전 3시까지 만세운동을 전개하였다.

동부면에서의 시위는 27일 오후가 되면서 연합시위로 확대되었는데 일제측 기록에 의하면 27일 '九川面 吉里 및 동부면 면사무소 앞에서 군중이 만세를 高唱했다'고 하여 동부면과 구천면의 주민들이 연합시위적 성격의 만세운동을 전개했던 것으로 파악하기도 하였다.67) 그리고 이 과정에서 이대헌, 김교영, 김홍렬 등 14명의 인원이 체포되었다.68)

서부면에서의 시위는 廿一里에서 농업에 종사하던 구희서의 주도하에 전개되었다.

① 피고는 구한국 독립을 꾀하는 많은 군중과 같이 시위운동을 하려고 기도, 대정 8년 3월 27일 자기가 거주하는 동리 이민 약 40명을 선동 인솔하여 광주군 서부면 면사무소 및 동면 上一里 헌병주재소 앞에 몰려들어 이들 이민과 함께 조선독립만세를 부름으로써 공안을 방해한 자이다. (중략) 당 법정에서 피고가 말한 '경성 어떤 학생의 협박을 받아 부득이 판시 날 민중을 지휘 인솔하여 서부면 사무소 및 상일리 헌병주재소에 이르러 그 곳에서 군중과 같이 만세를 부른 일이 있다'는 취지의 공술에 의하여 이를 인정한다.69)

② 27일(중략) 又東部 西部面 山上 및 南漢山에 횃불을 올리며, 만세를 불렀으나 곧 해산되었다.同郡(서부면-필자) 上一里 27일 暴民 約 1,000명이 舊 韓國旗를 선두로 上一里 헌병주재소로 몰려들어 極力 해산을 명령하였지만, 도리어 헌병을 포위하여 投石

---

67)「朝鮮各地の獨立運動に關する件(145)」. 김정명, 앞의 책, 433쪽.
68) 앞의, 『경기도항일독립운동사』, 432쪽.
69) 앞의, 『독립운동사자료집』5,「具義書判決文」.

및 기타의 극단적인 폭행이 그치지 않아 發砲解散을 시켰지만 暴民에 死者 1명, 부상자 2명이 발생하였다.[70]

위의 ①과 ②의 내용을 종합해 보면 서부면에서의 만세 시위는 27일 새벽에 있었던 마을 야산에서의 횃불 시위로부터 시작되었으며, 이후 약 40여명의 주민이 참가한 시위가 이어졌던 것으로 보인다. 그리고 시위대는 서부면사무소와 상일동 헌병주재소로 행진하는 과정에서 1,000여명으로 증가하였으며, 면사무소와 헌병대에 돌을 던지며 격렬하게 만세운동을 전개하던 시위대를 향해 일제 헌병이 총격을 가함으로써 사망자 1명과 부상자 2명이 발생하였다.

또한 이 시위에 참여한 군중이 1,000명에 이르렀다는 것은 서부면에서의 시위가 인근 마을 주민의 참여 속에서 연합시위로 그 규모를 확대되어 갔음을 보여주는 것이라고 생각된다.[71] 실제로 조선군 참모부 보고에서도 27일에 광주군 동부면과 서부면에서 약 1,000여명의 군중이 주재소를 습격했다고 파악하고 있었다.[72] 뿐만 아니라 이날 중대면에서는 尹道吉의 지휘하에 만세운동이 전개되기도 하였다.[73] 한편 이날 시위를 주도했던 구회서는 5월 6일 경성지방법원에서 보안법 위반으로 징역 8월형을 언도받아 공소하였으나 6월 21일 경성복심법원과 87일 고등법원에서 각각 기각되어 옥고를 치렀다.[74]

---

70) 「朝鮮各地の獨立運動に關する件(145)」. 김정명, 앞의 책, 433쪽.
71) 앞의, 『독립운동사자료집』5, 「具義書判決文」. 한편 조선군헌병사령부에서는 광주군 상일리 주재소에 昨夜(28일－필자) 1,000의 군중이 來襲暴徒浸入하여 2명의 부상자를 내었다고 하였다. 「朝鮮に於ける獨立運動に關する件」(密第102호), 梶村秀樹·姜德相 編, 앞의 책, 153쪽.
72) 3月26日より4月5日に至朝鮮騷擾事件に關する狀況報告の件(202, 附錄)」. 김정명, 앞의 책, 528쪽.
73) 앞의, 『三·一運動秘史』, 874쪽.

따라서 이러한 내용을 통해서 보면 3월 27일에 동부면과 서부면에서 동시에 추진되었던 만세운동은 시위에 사용한 태극기를 미리 준비하기도 하고 횃불시위를 통해 분위기를 고조시켰던 것으로 보인다. 그리고 만세운동의 전개과정에서는 지역별로 동부면과 서부면 및 구천면의 주민들이 상황에 따라서 연합해 가면서 비교적 규모가 큰 연합시위의 형태로 발전해 갔던 것으로 나타나고 있다고 하겠다.

서부면에서의 시위 과정에서는 헌병의 발포로 광주군 내에서의 최초로 사망자가 발생하기도 했는데 이 사건은 이후 광주군 내의 3·1운동이 격화되고 확산되어가는 중요한 기폭제가 되었을 것으로 생각된다. 따라서 3월 27일 동부면과 서부면을 중심으로 전개되었던 만세운동은 이후 광주군의 3·1운동이 보다 적극적이고 광범위한 만세운동으로 이어지게 하는 결정적인 계기가 되었던 것으로 생각된다.

2. 연합시위의 확대와 시위의 격화

26일부터 27일 사이에 중대면과 대왕면, 동부면, 서부면 및 중부면, 구천면 등지에서의 3·1운동이 활발하게 전개된 후 광주군지역에서의 3·1운동은 3월 28일 五浦面와 慶安面의 연합시위로 이어졌던 것으로 보인다.

그런데 이 두 지역에서의 만세시위는 28일 새벽 1시경 오포면에 거주하는 鄭濟莘이 高山里의 주민 40여명을 인솔하여 마을 뒷산에 올라가 만세를 불렀으며, 같은 시각에 文衡里에 거주하는 金仁澤과 林武京도 마을 주민 30여명을 인솔하고 산에 올라 약 30분간 독립만세를 외치면서 시작되었다.[75] 이후 시위대는 이날 오전에 다시 오포면 사무소에 모여 만

---

74) 국가보훈처, http://narasarang.mpva.go.kr/

세시위를 이어갔던 것으로 보이는데 당시의 상황에 대해서는 면사무소 앞에서의 시위를 주도했던 柳冕永(당시 47세)의 판결문을 통해 확인할 수 있다.

피고는 조선 각지에서 조선독립시위운동이 행하여지자 이 거사에 찬동하여 대정 8년 3월 28일(음력 2월 27일) 아침 피고가 거주하는 전기 오포면 사무소 앞에서 그 시위운동을 하고자 집합한 약 600명의 군중에게 대하여 '일한합병 이래 이에 10년이 되는데 금후는 독립하기로 되었으니, 일동은 만세를 부르라'고 말하여 그 군중으로 하여금 독립만세를 절규케 한 다음, 일동에게 대하여 '이제부터 광주 군청으로 몰려가라. 그 곳에 가서 만일 헌병들이 발포하더라도 퇴각하지 말고 일심동체가 되어 그들을 체포하지 않으면 안된다'고 방언함으로써 군중을 선동하여 광주 군청으로 몰려가서 일동과 같이 조선독립만세를 외침으로 말미암아 치안을 방해한 자이다.(중략)
사법경찰관이 작성한 증인 朴商鉉의 신문조서에, '피고는 대정 8년 음력 2월 27일 오전 9시 경 오포면 면사무소 앞에서 폭민 5, 6백 명에게 대하여 "금후 조선이 독립하면 이런 경사는 또 없을 것이니, 일동은 만세를 부르라"고 하였으며, 또 "일한합병 이래 10년간 일본정치 밑에 있었으나 이번에 독립을 할 터이니 이 만큼 기쁜 일은 없을 것이다"고 하여 군중을 선동하였다'는 취지의 공술 기재.(중략) 사법경찰관이 작성한 증인 裵成信의 신문조서에, '피고는 대정 8년 음력 2월 27일 오전 9시 경 오포면 면사무소 앞에서 5, 6백 명에게 향하여 "이제부터 광주 군청으로 일동이 몰려가자. 그리고 군청에 가면 만일 헌병과 보조원이 군중에게 대하여 발포하더라도 반드시 퇴각할 것은 없다. 일심동체가 되어 그런 자는 체포하자"고 하면서 선동을 하였다'는 취지의 공술 기재를 종합하여 이를 인정하기에 충분하다.[76]

---

75) 앞의, 『독립운동사자료집』5, 「鄭濟莘判決文」, 「金仁澤判決文」, 「金仁澤判決文」.
76) 앞의, 『독립운동사자료집』5, 「柳冕永判決文」.

위의 내용에서 보면 유면영은 28일 오전 오포면사무소 앞에 모인 600 여명의 시위대에게 '한일합병 이래 이에 10년이 되었는데 이제 독립하기로 되었으니, 일동은 만세를 부르라'고 하거나 일한합병 이래 10년간 일본정치 밑에 있었으나 이번에 독립을 할 터이니 이 만큼 기쁜 일은 없을 것이다'라고 외치며 시위를 주도했던 것으로 보인다.

또한 그는 시위가 열기를 더하자 '이제부터 광주 군청으로 몰려가자 그리고 군청에 가서 만일 헌병과 보조원이 군중에게 대하여 발포하더라도 반드시 퇴각하지 말고 일심동체가 되어 그런 자들을 체포하자'라고 외치며 시위대를 이끌고 광주군청이 있는 慶安面 酒幕里(京安里)로 진출하였다.[77]

그런데 이날 유면영의 발언에서 보면 당시 시위대는 전날 서부면에서 헌병의 발포로 사망자와 부상자가 발생했던 상황을 염두에 두면서 시위를 진행하고 있었던 것으로 보인다.

한편 광주군청으로 진출한 시위대의 상황에 대해서는 朝鮮軍參謀部의 보고를 통해서 확인할 수 있다.

> 광주군 주막리에서는 3월 28일 오후 1시 30분경 약 1,500명의 군중이 군청 앞에 집합하여 舊韓國旗를 세우고 군수와 군청직원에 대해 群集에 가담하여 韓國獨立萬歲를 부르게 하고 또한 군수에게 한국독립을 승인하는 捺印을 할 것을 협박하였으며, 군청과 우체국을 향해 投石하였다. 이때 경계 중이던 헌병 上等兵 1명과 헌병 보조원 1명 및 在鄕軍人 3명은 兵器를 들고 군중을 제압하였지만 군중이 군청 구내로 밀고 들어와 헌병과 격투를 하며 총기를 빼앗으려 하자 발포하여 즉

---

77) 그런데 주막리의 명칭은 1927년 5월에 京安里로 명칭이 변경되었던 것으로 나타나고 있다. 「廣州郡慶安面酒幕里ノ名稱變更」, 『朝鮮總督府官報』,(1430호) 1917년 5월 12일.

사 6명, 부상 10명이 발생하였고 점차 군중을 해산되었다.[78)

위의 내용에서 보면 오포면사무소 앞에서 출발한 시위대는 오후 1시 30분경 광주 군청 앞에 도착하였으며, 이 과정에 경안면의 주민들이 합세하면서 그 규모가 1,500여명으로 늘어난 것으로 보인다.[79) 이후 시위대는 광주군청 앞에서 구 한국기를 앞세우고 시위를 전개하였으며, 군수와 군청직원들에게 시위에 가담할 것과 군수에게 한국의 독립을 승인 날인할 것을 요구하는 한편, 군청과 우체국에 투석하는 등 격렬한 투쟁을 전개하였다. 그리고 시위대가 군청 안으로 진입하는 과정에서 헌병과 헌병보조원 및 在朝日本人 재향군인들과 충돌했던 것으로 보이는데 이 과정에 헌병대의 발포로 6명이 주민이 현장에서 즉사하고 10명이 부상당하는 피해를 입었다.

뿐만 아니라 일제 경찰의 과격한 진압 이후에도 시위대는 곧바로 해산하지 않고 주막리(경안리) 부근의 3곳에서 2−300명의 군중이 여전히 시위를 지속하고 있었으며, 상황이 긴박하게 돌아가자 경성헌병대사령부에서는 일부 병력을 광주군으로 파견하기도 했다.[80)

한편 돌마면에서의 만세시위를 주도했던 한백봉의 재판기록에 따르면, 돌마면에서도 3월 28일 주민 50여명이 모여 만세운동을 전개하였는데 수백명의 군중이 이에 합세하여 시위의 규모가 확대되었던 것으로 보인다. 그리고 이 과정에서 한백봉은 이날 오후 8시경부터 다음날인 29일 저녁까지 구 한국기를 흔들며 돌마면의 각 동리를 돌아다니며 만세운동

---

78) 「3月26日より4月5日に至朝鮮騷擾事件に關する狀況報告の件(202)」. 김정명, 앞의 책, 524쪽.
79) 앞의, 『경기도항일독립운동사』, 441쪽.
80) 김정명, 앞의 책, 529쪽.

을 일으켰던 것으로 나타나고 있다. 그런데 이 시위는 낙생면 면장이던 南泰(台)熙와 마돌면의 한순회 등이 가세하여 비교적 대규모의 연합 만세 시위로 발전했던 것으로 나타나고 있다.[81]

따라서 이상을 통해서 볼 때 광주군에서의 3·1운동은 27일의 연합시위와 총격사건으로 격화되었으며, 오포면과 경안면의 연합시위와 돌마면과 낙생면의 연합시위로 최고조에 달했던 것으로 보인다. 그리고 오포면과 경안면의 연합시위는 독립의 가능성을 전망하면서 동부면과 서부면의 연합시위에서 발생한 일제의 탄압에 대한 적극적인 저항이라는 성격을 보여주고 있었다고 할 것이다.

이후 광주군의 3·1운동은 4월 6일 吳壽植을 중심으로 하는 實村面의 시위로 이어졌던 것으로 보인다.

> ① 피고는 전기 피고가 거주하는 동리의 구장인 바, 대정 8년 3월 초순 이후 조선 각지에서 조선독립시위운동이 일어났음을 전해 듣자 이에 찬동하여 정치 변혁의 목적으로 동년 4월 6일 오전 7시 경부터 동일 오후 4시 경까지 사이에 자기 동리 이민 약 50여 명을 집합시켜 실촌면 晩仙里에서 모여든 다른 동리 이민 약 200여 명과 합류, 일단이 되어 함께 조선독립만세를 절규함으로써 정치에 관하여 불온한 언동을 함으로 말미암아 치안을 방해한 자이다.[82]

---

81) 한백봉의 재판기록에 의하면 시위는 28일과 29일 양일간 전개된 것으로 나타난다. 앞의, 『독립운동사자료집』5, 「韓百鳳判決文」. 그러나 다른 기록에 의하면 낙생면에서의 시위는 27일에 있었던 것으로 되어 있어서 정확한 시위 날짜에 대해서는 보다 정밀한 검토가 요구된다고 하겠다. 「朝鮮騷擾事件經過槪覽表」, 김정명, 앞의 책, 465~466쪽.
82) 앞의, 『독립운동사자료집』5, 「吳壽植判決文」.

② 광주군 실촌면 6일 下午 5시경 실촌면민 약 400면은 면사무소에
　이르러 면장을 협박하여 독립만세를 외치게 하였으며, 取締官憲
　이 도착하자 즉시 해산하였다.83)

　우선 ①의 오수식의 재판기록을 통해서 보면 3월 초순에 3·1운동이
발발했다는 소식을 들은 실촌면 二仙里의 구장 오수식은 실촌면에서도
만세운동을 전개하기로 하고 4월 6일 주민 50여명을 晩仙里에 집합하도
록 하였다. 그리고 오수식은 이날 오전 7시경부터 오후 4시 사이에 吳興
雲, 吳世仁, 董致益, 吳壽億, 金益洙, 吳世永 등과 함께 만세운동을 전개했
던 것으로 보인다.

　또한 ②에서 보는 바와 같이 오후에 들어 만세운동이 본격화되자 시위
에 참여한 수는 400명으로 늘었으며, 실촌면사무소로 진출한 시위대는
면장에게 만세시위에 참여할 것을 요구했던 것으로 나타나고 있다. 그런
데 이선리에 거주하던 오수식이 시위대의 집결지를 만선리로 정했던 것
은 이곳이 곤지암에서 양평으로 통하는 교통의 요지여서 만세운동의 시
위 효과도 클 수 있었기 때문으로 생각된다.84)

　따라서 이상을 통해서 보면 3월 26일 중대면 송파리에서 시작된 3·1
운동은 3월 27일과 28일의 연합시위를 거치면서 본격화되었으며, 4월 6
일 실촌면에서의 시위를 거치면서, 일제의 공권력에 대항하는 보다 과단
성이 있는 운동으로 발전해 갔다고 하겠다.

---

83) 김정명, 앞의 책, 593쪽.
84) 앞의, 『경기도항일독립운동사』, 442쪽.

V. 맺음말

본고에서는 일제하 광주군지역의 3·1운동의 전개양상에 대해 살펴보았으며, 이를 정리하면 다음과 같다.

첫째, 광주군지역은 3·1운동 이전에 한말의 의병전쟁을 거치면서 항일전통을 강화해 가고 있었는데 특히 남한산성을 중심으로 한 광주군민의 의병활동은 일제 초기 광주군지역의 항일의식이 다른 지역에 비해 상대적으로 강력한 면이 있었음을 보여주는 것이라고 하겠다. 또한 광주군에서 전개된 畿湖興學會의 '興學'운동이나 합방반대 상소운동 등도 당시 광주군지역의 항일적 전통의 일면을 보여주는 것이라고 하겠으며, 이러한 전통이 광주군지역의 3·1운동이 보다 적극적이고 폭발적으로 전개될 수 있었던 계기가 되었을 것으로 생각된다고 하겠다.

둘째, 광주군에서의 3·1운동은 다양한 형태로 확산되었는데 광주군이 서울 인근지역이라는 점에서 서울에서 3·1운동의 발발을 직접 목격했던 인물이나 천도교 교단의 활동 및 여러 외부인의 활동을 통해 확산되어졌던 것으로 보인다. 다만 광주군지역이 지형적으로 험준하고 경기도 20개 군 가운데 거의 유일하게 철도가 통과되지 않는 지역이었다는 점과 근대적 교육기관의 설립이 상대적으로 적어 3·1운동을 주도할 만한 학생세력이 부족했었다는 것 등은 광주군에서의 3·1운동이 다른 지역에 비해 상대적으로 늦게 전개되는 원인이 되었을 것으로 생각된다.

셋째, 광주군지역에서의 만세운동은 4월 26일 중대면 송파리에서의 시위를 시작으로 본격화되었으며, 동부면과 서부면지역으로 확산되었고 특히 이 과정에서 1,000명이 넘는 대규모의 시위와 헌병의 발포와 희생자의 발생은 이후 오포면과 경안면의 연합시위가 더욱 과격하게 전개되는 촉매제가 되었던 것으로 보인다. 또한 4월 6일에 전개되었던 실촌면의 시위에서도 400여명의 시위대가 면사무소에 집결하여 면장에게 만세운동에 참여할 것 등을 요구하는 등의 활동을 전개하였다. 그런데 이를 통해서 보면 광주군지역에서의 만세운동은 일관되게 과격한 항일투쟁의 양상을 띠며 전개했던 것으로 나타난다고 하겠다.

넷째, 광주군지역 3 · 1운동의 상세한 전개과정에 대해서는 기존의 연구 성과를 꼼꼼하게 분석 · 정리하여 객관적 사실에 대한 확인작업이 필요할 것으로 보이며, 이는 운동의 전개 양상을 정확하게 파악하는데 있어서 중요한 작업일 것으로 판단된다. 그리고 크게 보았을 때 중대면을 포함한 동부면과 서부면에서의 3 · 1운동은 시기적으로 보아 광주군지역의 3 · 1운동을 선도하는 적극적이고 투쟁적인 만세운동의 경향을 나타내고 있었으며, 이는 한말 · 일제 초기 대표적인 항일전통에 기반을 둔 항일독립운동의 연장선상에서 나타나는 투쟁의 일면이었던 것으로 생각된다.

3 · 1운동과 매일신보

제1장

매일신보 기사를 통해 본
3·1운동의 전개와 조선총독부의 대응

I. 머리말

일제하 3·1운동은 우리나라 항일 독립운동사에 있어서 일대 획을 긋는 사건으로, 여러 연구자들에 의해 다양한 연구가 이루어지고 있으며, 지역별 사례연구를 비롯하여 민족대표와 천도교·기독교·불교계의 3·1운동 및 해외에서의 3·1운동 등에 대한 많은 연구 성과가 축적되고 있다.[1] 그러나 이러한 다양한 연구에도 불구하고 3·1운동 당시 조선총독

---

[1] 3·1운동과 관련해서는 다음과 같은 연구들이 있다. 李炳憲, 『3·1運動秘史』, 時事時報出版局, 1959. 동아일보사 편, 『3·1運動50周年記念論文集』, 1969. 尹炳奭, 『3·1運動史』, 正音社, 1975. 安秉直, 『3·1運動』, 한국일보사, 1975. 鄭光鉉, 『三·一運動史—判例를 통해서 본—』, 法文社, 1978. 李炫熙, 『3·1運動史論』, 동방도서, 1979. 한국역사연구회·역사문제연구소 편, 『3·1민족해방운동연구』, 청년사, 1989. 김진봉, 『3·1운동사연구』, 국학자료원, 2002. 신용하, 「3·1운동 연구의 현단계와 과제」, 『한민족독립운동사』12, 국사편찬위원회, 1993. 이정은, 「3·1운동 민족대표론」, 『한민족독립운동사연구』32, 2002. 이정은, 「화성군 우정면·장안면 3·1운동」 독립기념관 한국독립운동사연구소, 『한국독립운동사연구』9, 1995. 박환, 「용인지역 3·1운동」, 『한국민족운동사연구』42, 2005. 성주현, 「수원지역 3·1운동과 천도교인의 역할」, 『수원지방 민족운동사의 역사적 위상』, 2003.

부의 기관지로서 3·1운동과 관련하여 가장 방대한 분량의 관련기사를 보도하고 있던『매일신보』의 기사 내용에 대해서는 몇 가지의 주제와 관련하여 부분적인 연구가 이루어지고 있을 뿐, 이에 대한 종합적인 분석은 이루어지지 않고 있다.[2]

　3·1운동이 발발하자『매일신보』는 1919년 3월 7일부터 4월 24일까지, '各地騷擾事件'·'其後의 騷擾', '騷擾事件의 後報'·'騷擾事件' 등의 고정란을 편성하여 전국적으로 전개되고 있던 3·1운동의 동향에 대해 지역별로 비교적 일목요연하게 보도 하고 있었다. 6월 말까지의 기사에서는 3·1운동에 대한 조선총독부의 정치적 인식을 나타내는 다양한 사설과 논설 및 기고문과 諭告 등의 기사를 게재하고 있었다. 또한『매일신보』에는 3·1운동을 진압하기 위해 파견되었던 일본군의 동향과 撤市의 상황 및 3·1운동 관련자들의 재판 관련 기사와 심지어는 3·1운동에 대한 민심의 동향을 왜곡하는 다양한 기사들을 게재하고 있었다.

　3·1운동의 시위의 양상과 관련해서는 폭력적 경향의 시위에 대한 일본 경찰의 불가피한 대응을 강조하는 기사들이 많았으며, 기독교세력과 민중의 동향에 대한 총독부의 대응 등에 대한 보도가 다수를 차지하고 있다.

　따라서 본고에서는『매일신보』에 게재되었던 이러한 3·1운동 관련 기사의 경향성을 분석해 봄으로서 일제가 파악하고 있었던 3·1운동의 전

---

2) 이와 관련된 연구 성과로는 황민호, 「매일신보에 나타난 기독교인들의 3·1운동과 선교사」,『숭실사학』15, 2002. 조성운, 「매일신보에 나타난 경기지방의 3·1운동과 일제의 대응」,『한국민족운동사연구』42, 2005.3. 張錫興, 「일제의 식민지언론 정책과 총독부기관지 每日申報의 성격」, 독립기념관『한국독립운동사연구』6, 1992. 金鑛斗, 「1910年代 每日申報의 性格에 關한 硏究」, 중앙대학교 박사학위논문, 1995, 이정은, 「매일신보에 나타난 3·1운동 직전의 사회상황」,『한국독립운동사연구』4, 1990.

개과정과 3·1운동에 대한 조선총독부의 인식과 대응에 대해 보다 구체적으로 접근해 보고자 한다.

이를 위해 본고에서는 첫째『매일신보』의 창간 과정과 성격에 대해 살펴보자 한다.[3] 둘째,『매일신보』에 나타나는 3·1운동의 시위 양상을 천도교계와 기독교계의 3·1운동과 학생과 일반 민중의 3·1운동으로 구분하여 정리해 보고자하며, 이를 통해 각각의 운동 세력들이 3·1운동을 전개하면서 보여주었던 특징과 다양한 활동의 일면을 확인하고자 한다. 셋째, 본고에서는 3·1운동을 탄압하기 위해 총독부가 취했던 공식적인 대응 관련된 기사를 정리해 보고자 하며, 또한『매일신보』의 자체 보도 기사 중 3·1운동과 관련된 비판적 기사의 내용을 분석해 봄으로서 궁극적으로 3·1운동에 대한 일제의 인식과 대응 태도 및 그 논리가 갖고 있던 식민지적 성격에 대해 접근해 보고자 한다. 따라서 전체적으로 볼 때 본고의 이러한 노력은 3·1운동에 대한 지금까지의 연구 성과를 일정하게 다른 시각에서 보완할 수 있을 것으로 생각되며, 궁극적으로는 3·1운동의 전체상을 보다 폭넓은 시각에서 이해하는데 기여할 수 있을 것으로 생각된다.

II. 조선총독부의 언론정책과『매일신보』

1910년대를 전후한 일제의 언론통제정책은 1904년 러·일 전쟁을 기점으로 구체화되었으며, 그 연장선에서『매일신보』가 총독부의 기관지로 창간되었다. 1904년 2월 러·일전쟁이 발발하자 일제는 3월 1일에 주

---

3) 1910년대『매일신보』와 관련된 연구로는 수요역사연구회 편,『식민지조선과 매일신보-1910년대』, 신서원, 2003. 수요역사연구회 편,『일제의 식민지 지배정책과 매일신보』, 두리미디어, 2005. 등이 대표적이다.

한 일본공사 林權助를 통해 한국정부에게 신문을 取締할 수 있는 법률을 만들어 일본군의 움직임을 국내의 언론이 보도하지 못하게 하도록 요구하였다.4) 또한 1904년 7월 20일에는 한국주차군 사령관의 이름으로 한국 언론에 대해 직접적인 통제를 가할 수 있는 '軍事警察訓令'을 발표하였으며, 1904년 10월 9일에는 군사상의 보안을 내세우며 '軍政 施行에 관한 內訓"을 통해 치안에 방해된다고 인정될 때에는 신문이나 잡지 등을 정간 시킬 수 있도록 하였으며, 이듬해인 1905년 11월 20일에는 『황성신문』을 정간하고 사장 장지연을 구속하였다.5)

을사조약 체결 이후 일제는 법률적으로 보다 강화된 형태의 언론 탄압을 실시하였다. 우선 1906년에는 통감부령 제10호로 「보안규칙」을 발표하였으며, 이 규칙 제9조 2항에서는 '신문지 및 기타 인쇄물의 기사가 외교 또는 군사기밀에 저촉되거나 또는 안녕질서를 방해하는 것으로 인정될 때는 그 발매·반포를 금지할 수 있다'라고 명시하였다.6) 1907년 7월 24일에는 이른바 광무신문지법을 제정하였는데 이 법령은 허가제와 보증금제도를 통해 국내 언론의 새로운 출현을 막고 기존 언론에 대해서는 기사의 삭제, 신문발매의 금지, 압수, 발행정지, 발행금지 등을 명령할 수 있게 함은 물론. 필요한 경우 인쇄시설을 몰수하고 관련자에 대해 3년 이하의 징역에 처할 수 있게 하는 엄격한 처벌 규정을 마련하였다.7) 뿐만 아니라 1909년에는 지금까지 한국정부에서 장악하고 있던 신문검열권을 통감부로 이관해 옴으로써 언론 통제를 위한 중요한 절차를 마무리하였다.8)

---

4) 정진석,「露日戰爭 이후 韓日合邦까지의 韓國言論과 言論統制」, 앞의 책, 64~66쪽.
5) 정진석, 앞의 책, 247쪽.
6) 金鑛斗, 앞의 논문, 21쪽.
7) 崔起榮,「光武新聞紙法硏究」,『大韓帝國時期新聞硏究』, 一潮閣, 1991, 266~280쪽.

이러한 상황에서 『대한매일신보』의 영향력을 의식했던 일제가 1909
년 5월 1일 베델이 사망한 후 이를 매수하여,[9] 경술국치 바로 다음날인
1910년 8월 30일부터 총독부기관지로서 『매일신보』를 발행하기 시작
하였으며, 1910년 12월 말에는 『경성일보』 구내로 사옥을 옮겨 발행하
였다.[10]

『매일신보』의 경영은 일본 언론계의 유력 인사 德富蘇峯[11]의 감독 하
에 이루어졌다. 그는 1910년 10월 1일 寺內총독과 '신문정리에 관한 取極
書'를 교환하였으며, 이후 천황의 仁愛하심과 일본인과 一視同仁하심을
한국에 선전하며, 詭言妄說을 없애도록 하는 것이 『매일신보』의 경영원
칙임을 밝히기도 하였다.[12] 뿐만 아니라 총독부에서는 일정기간 동안

---

8) 『大韓每日申報』, 1910년 5월 14일자.
9) 일제는 베델이 사망하자 그의 후임으로 대한매일신보의 발행인이 된 영국인 萬咸
   (Alfred Marnham)을 회유하였으며, 그는 1910년 6월 9일 신문사를 李章薰에게 팔
   고 영국으로 돌아갔다. 이후 지금까지 대한매일신보의 신문제작을 주도했던 총무
   양기탁도 『대한매일신보』에서 손을 떼었으며, 『대한매일신보』는 萬咸의 손에서
   李章薰에게 매도되는 순간 이미 일제의 수중에 들어가게 된 것으로 판단된다. 황민
   호, 「총론-1910년대 조선총독부의 언론정책과 매일신보」, 앞의, 『식민지조선과
   매일신보-1910년대』, 11~17쪽.
10) 京城日報社, 『京城日報社誌』, 大正 9년, 15쪽.
11) 德富小峯의 본명은 德富猪一郎이며, 蘇峰은 『國民之友』의 창간 이후부터 사용한
    雅號이다. 그는 25세 때인 1887년에 잡지 『國民の友』를 창간하였고 1890년에는
    『國民新聞』을 창간하여 일본 언론계의 대부가 된 인물이었다. 그는 『경성일보』의
    감독으로 취임한 후 1918년 '米騷動'에서 寺內內閣을 비판하여 寺內와의 관계를 정
    리할 때까지 식민지 조선의 언론을 장악하였다. 『德富蘇峰集』, 筑摩書房, 1974.
    407쪽, 鄭晉錫, 「每日申(新)報 研究」, 『韓國言論史研究』, 一潮閣, 1988.
12) 金鑛斗, 「1910年代 每日申報의 性格에 關한 研究」, 앞의 논문, 1995, 27~28쪽. 德
    富蘇奉은 『매일신보』의 경영방침과 관련하여 사원들에게 다음과 같은 연설을 한
    것으로 알려지고 있다. 1. 매일신보가 신문지로서 존재하는 이유는 우리가 천황폐
    하의 仁愛하심과 일본인과 一視同仁하심을 받들어 한국에 선전함에 있고, 1. 집필
    자는 공정을 기하여 결코 偏私, 偏黨하는 마음에서 筆을 弄하는 등의 일이 없도록
    함을 요하며, 1. 문장은 간결명료하게 하고, 1. 일반의 所論은 온건 타당함을 기하

『경성일보』에는 매월 1,500엔,『매일신보』에는 매월 600엔을 지원하기도 하였다.[13] 실제로『매일신보』는 발행과 동시에 국내에서 유일한 한글판 일간지라는 독점적 지위를 행사하며 총독부 관제언론으로서의 기능을 충실히 수행하였다.

『매일신보』의 정치적 성향은 3·1운동관련 보도 내용에서도 분명하게 드러나고 있다. 1919년 3·1운동 이전까지 독립운동에 관한 사설은 5~6개의 기사에 불과하였으나 3·1운동이 발발하자 약 3개월 동안 상당량의 3·1운동 관련 보도 기사를 게재하고 있었다. 그런데『매일신보』의 이러한 보도 태도는 우선 3·1운동이 일제에게 준 충격이 그만큼 심각했음을 보여주는 것이라고 하겠다. 또한 일제는 3·1운동에 외국인 선교사들이 깊이 개입하고 있다는 인식하에『매일신보』의 사설이나 각종 기사 통해 선교사의 정치적 태도나 3·1운동과 관련된 행동에 대해 비난의 글을 자주 게재하였다.

III.『매일신보』에 나타난 3·1운동의 전개

1. 천도교와 기독교계의 3·1운동

3·1운동이 발발하자 천도교인들과 기독교인들은 그 초기부터 적극적으로 가담하고 있었던 것으로 나타나고 있다.『매일신보』1919년 3월 7

여 결코 詭言妄說을 고취함을 삼가라. 1. 매일신보는 경성일보와 제휴하고 항상 그 보조를 동일하게 할 것.

13) 金鑛斗,「1910年代 每日申報의 性格에 關한 硏究」, 중앙대 박사학위논문, 1995, 27~28쪽 재인용.

일부터 4월 24일까지의 시위현황과 관련된 기사 내용을 정리해 보면 그 일면을 확인할 수 있다. <표 1>은 천도교인들의 만세운동의 내용을 정리한 것이다.[14]

<표 1>의 내용을 통해서 보면 천도교인들은 면사무소와 헌병주재소, 등 습격하는 과정에서 사상자가 발생하는 등 적극적 형태의 만세운동과 읍내를 돌아다니며 만세운동을 전개하는 평화적 시위운동을 동시에 전개하고 있었다. 또한 평안도와 황해도 지역에서의 시위가 다른 지역에 비해 많았으며, 동일한 지역에서 시위가 반복적으로 전개되는 것으로 나타나고 있는데 이는 천도교의 지역별 교세와 일정하게 관련이 있을 것으로 생각된다. 실제로 論山·孟山·兎山 지역에서는 독립선언서를 일반인들에게 나누어주거나 벽보로 붙이는 등의 형태로 시위가 전개되었으며, 평안도 寧遠에서는 검거된 시위대가 중앙총부의 명령이라고 하며 취조에 응하지 않기도 하였다.

<표 1>에서는 보면 경상도지역에서의 천도교인들의 활동은 나타나지 않고 있다. 다만 『매일신보』 5월 22일자 기사에 의하면 대구 교구장 黃宙一이 천도교를 믿는 것이 이익이 없음을 깨달고 교단을 탈퇴하였으며, 전 교도가 8명밖에 남지 않아 거의 전멸상태라고 하여 경상도지역 천도교의 동향에 대해 악의적으로 보도하기도 하였다.[15]

---

14) 본 논문에서 『每日申報』 1919년 3월 1일~4월 24일까지 『매일신보』에 나타나고 있는 천도교인과 기독교인 그리고 학생들의 만세운동 현황에 대해 도표를 작성할 예정이며, 날짜는 시위가 발생한 날짜를 기준으로 정리하였다. 천도교인들의 시위는 <표 1>에서 보면 모두 31건인 것으로 나타나고 있다.

15) 『每日申報』 1919년 5월 22일. 「천도교의 대구교구장 교를 배반하다」 기사 내용의 정확성에 대해서는 검토의 여지가 있는 것으로 보인다.

<표 1> 『매일신보』에 나타난 천도교인들의 3·1운동 시위 양상

지역		날짜	참가인원	사건 개요
서울 경기	加平	3.15~16	80명	천도교와 예수교도가 가평군청 앞에서 시위, 경찰관 군수의 설유로 해산
	江華	3.18	다수	천도교와 예수교도가 경찰서를 읍습, 겨우 해산
	振威	3.31	500명	면사무소로 몰려가 면장을 끌고 감
충청도	夫餘	3.6	7명	독립만세를 부르며, 임천 헌병주재소에가서 서울은 이미 독립되었다고 주장.
	公州		300명	경관주재소를 읍습, 5명을 체포하고 해산함
	大田			유성 장날에 시위, 수모자 홍병두외 3인을 체포, 천도교인 이더라
	論山			논산천도교구장 손필귀 외 2명이 독립선언서를 논산시내에 ○○하는 것을 보고 체포 취체.
전라도	樊樹	3.13	단체	예수교, 천도교, 보통학교 생도가 시위하였으나 진정됨
	全州	3.14	200명	예수교 경영의 남녀생도와 천도교인이 시위, 약간을 검속함
황해도	黃州	3.2	300명	경찰서를 읍습 유리창을 파괴, 주모자를 체포
	谷山	3.4	50명	대오를 짜고, 조선독립이라는 큰 기를 들고 만세 시위
	遂安	3.3	200명	수안헌병대를 읍습, 폭민 9명 사망, 18명 부상
	谷山		100명	독립운동 시위를 시작함으로 해산하고 수모자 3명을 체포
	兎山			시장거리에 독립선언서를 붙이고 있던 천도교인 2명 체포
	遂安	3.7	40명	천도교인 40여명이 주재소를 읍습하여 오리라는 계획이 있음을 발견하고 설유하여 보냄
	松禾	3.12	200명	천도교가 주장이 되어 송화현 헌병분대를 래습, 군중측 중상1명, 경상 4, 보조원 2명 경상.
평안도	宣川	3.1	1,500	예수교와 천도교가 연합하여 시위
	順川	3.6	약2,000명	천도교인들과 기독교인들이 독립가를 부르며 만세 시위
	平原	3.11	약 200명	천도교인과 기독교인 이 나팔 불며 과격시위, 경찰서를 읍습, 주모자 3명을 체포
	德川	3.5	40여명	천도교와 기독교도 40여명이 시위 형세 자못 볼온
	孟山	3.6	30여명	선언서를 돌리고 만세를 부르며 운동시작
	寧遠	3.6	35명	구한국기를 들고 만세를 부르며, 읍내를 돌아다님, 중앙총부의 명령이라하고 취조에 응하지 않음
	寧邊	3.7	30명	구한국기를 들고 만세를 부르며 읍내를 돌아다님, 주모자는 헌병분건대에 인치.

	肅川		1,000명	독립만세를 부르며 시위, 즉시 해산, 주모자 3명 체포
	寧遠	3.9	150여명	천도교인이 시위운동을 하며 폭행하야 사상자 40명이 났으며, 헌병군조 부상
	陽德	3.8	12명	천도교인 12명이 독립만세를 부르며 헌병분견소로 가다가 체포됨
	肅川	3.9	100명	읍내에 모여 만세를 부름, 즉시해산, 주모자 3명 체포
	中和	3.5	60~300명	5일 이래로 60내지 300명의 천도교인과 기독교인이 시장을 돌아다니며 만세를 부름
함경도	豊山	3.14	1,000명	헌병분대에 침입하여 군기를 갈취하려 함으로 발포, 군중측 2명 사망, 부상자 다수
	鐘城	3.15	300명	읍내를 돌아다니며 시위운동 함으로 즉시 해산
	利原	3.20	다수	천도교인과 다수의 군중이 헌병 주재소를 습격, 부득이 발포 군중측 1명 사망,
	洪原	3.16	다수	천도교인 수백명이 구한국기를 흔들며 만세시위, 주모자 3명 체포

천도교인들은 교단조직을 활용하여 '독립선언서'를 배포하였는데 이러한 상황에 대해서는 다음과 같은 내용을 통해서도 확인할 수 있다고 하겠다.

항차 소요사건에 관하여 전주에서 반포된 불온문서의 배포상황이 아래와 같더라, 3월 1일 오전 11시 30분 전주역 도착의 열차로 경성 수송동 天道敎 보성사 사무원 이종익이가 하차하여 천도교 전주 교구장 김봉년의 집에 간즉 김봉년은 국장에 참여키 위하여 상경하고 없음으로 신도되는 피창근에 대하여 그 가졌던 선언서 1,800매를 교부하여 즉시 각 교구에 배포하고 3일 새벽까지 각처에 부치라고 부탁함에 피창근은 그 교구 재무계 전재옥에게 약 600매를 주고 전재옥은 다시 임실 천도교 교구당 한영태에게 약간을 교부한바 동인의 손으로 또 신도의 손을 거쳐 남원군, 익산군 각 방면에 산포하고 이리, 옥구, 논산, 부여, 김제, 청주에 모두 운동케 하여 3일까지 사이에 모두 준비

행동을 마친 듯하고 수모자와 운동자는 거의 다 잡혔는데 발견된 선
언서는 195매라더라.[16]

위의 내용을 통해서 보면, 전주지역 천도교 교단의 경우 보성사의 사무
원이던 이종익이 1,800매의 독립선서를 열차편으로 전주의 천도교인 피
창근에게 직접 전달하였고 3일 새벽까지는 각지에 독립선언서를 배포해
줄 것을 부탁하였다. 이에 피창근은 교구재무원 전재옥에게 그 절반인
600매를 주었고 전재옥은 임실 교구의 한태영에게 약간을 교부하였으며,
이후 이 선언서는 남원·익산 등지에 전달되었던 것으로 보인다. 그리고
이리, 옥구, 논산, 부여, 김제, 청주 등지에도 연락하여 3일까지 3·1운동
준비를 마치도록 했던 것으로 나타나고 있다.

뿐만 아니라 평안도지역에서의 천도교인들의 시위가 활발해 지자『매
일신보』에서는 천도교인들과 지역주민들과의 갈등을 부각시키기도 하였
다. 평북 定州에서는 만세 시위 때문에 장날이 정지되어 생활에 적지 않
은 영향을 끼치고 있으며, 이 때문에 천도교를 배척하는 사람들이 늘어나
고 있으며, 村民의 격앙이 두려워 종적을 감추는 천도교인들이 발생하고
있다고 보도하였다.[17] 평북 龜城에서는 천도교의 선동으로 시위에 참가
하여 인명이 살상되었을 뿐만 이니라, 시장과 농업에 피해가 커서 상인들
은 자위단을 조직하여 천도교나 시위관계자들의 내왕을 막고 있으며, 천
도교인들과의 교제도 꺼리는 한편, 심지어 죽이겠다고 하는 경우까지 있
다고 하였다.[18]

6월 7일자 보도에서는 손병희와 박인호를 시작으로 각 道士와 觀長이

16)『每日申報』1919년 3월 14일.「전라북도 전주 선언서 배포」
17)『每日申報』1919년 4월 21일.「村民이 激昻하야」
18)『每日申報』1919년 4월 24일.「平北地方 天道敎의 反感」

모두 검거된 천도교 중앙총부는 外觀이 쓸쓸해 보이며, 풍전등화 같은 운명에 놓인 것 같다는 비관적인 기사를 게재하였다.[19]

『매일신보』에는 기독교인들의 3·1운동과 관련된 기사가 비중 있게 다루어지고 있는데 우선 기독교인들의 시위현황에 대해 정리하면 <표 2>에서 보는 바와 같이 천도교에 비해 상대적으로 시위 횟수가 많은 것으로 나타나고 있다.[20] 이는 기독교계 학교 학생들의 시위가 많았기 때문으로 보인다. 기독교인들의 3·1운동은 개성이나 평양 등, 지역에 따라서는 같은 지역에서 여러 차례의 시위가 반복적으로 전개되기도 하였으며, 폭력적 경향의 시위가 강조되는 경우도 자주 있었다.

시위의 양상과 관련해서는 경찰이나 군수의 '說諭'로 해산되거나 '부득이 발포'하여 사상자가 발생했다고 하고 있으며, '首謀者' '魁首者'는 검거되었고 시위대가 경찰서나 헌병주재소, 군청·면사무소 등에 대해 '읍습'·'돌질'·'폭행'한 것으로 보도하고 있었다.[21] 이밖에도 평안남도 岐陽의 한 교회에서는 신약성서를 강의하던 중 그 내용이 불온하다는 이유로 4명의 신도를 구속했다는 기사가 보도되기도 하였으며,[22] 기독교인들이 총독과 경무부장이 이미 체포되었다는 '虛說'을 퍼트린다고 비난하기도 하였다.[23]

---

19) 『每日申報』1919년 6월 7일. 「無頭의 天道教會」
20) 3·1운동 초기 시위 중 주동세력이 뚜렷하게 나타나는 311개 지역 시위 가운데 기독교인이 주도한 지역은 78개 지역, 천도교인이 주도한 경우는 66개 지역 기독교인과 천도교인이 주도한 지역은 42개 지역이었다. 한국기독교사연구회, 『한국기독교의 역사』 II, 1991, 33쪽.
21) 전체적인 시위 양상에 대해서는 金鎭鳳, 『三·一運動史研究』, 國學資料院, 2002. 國史編纂委員會 編, 『韓國獨立運動史』(2), 1966, 「各道運動一覽」 등을 참조할 수 있다.
22) 『每日申報』1919년 3월 13일. 「교묘한 선동법」
23) 『每日申報』1919년 3월 9일. 「허설로서 선동」

<표 2> 『매일신보』에 나타난 기독교인들의 3 · 1운동 전개 양상[24)

지 역		날짜	참가인원	사건의 개요
서울·경기	開城		1000명	예수교 부속 호스톤 여학교 35명의 학생 시위를 시작 시민 1000여명이 합세하였고, 저녁때는 3－40명의 少年隊를 중심으로 수천명이 시위 행진을 하였다. 4일 아침에는 한영서학원생들이 만세를 부르자 학생 시민 60여명이 만세를 시작하였으며, 6일 7일에는 최고조에 달하였다. 일경의 발포로 사상자 수명을 내고 50여명이 체포되었다.4월 2일 6일에도 시위가 발생하였고 10여명이 체포되었다.
	加平	3.15~16	80명	천도교도와 예수교도 가평군청 앞에서 시위 경찰과 군수의 설유로 해산 16일에는 沐洞里에서 약 200명이 시위함
	陽洲	15	500명	헌병주재소에 살도하야 돌과 곤봉으로 폭생. 공포를 노아 해산. 대부분 기독교인
	江華	3.18	다수	천도교와 예수교도 경찰서를 읍습함 겨우 해산
	중림동	3.26	다수	중림동교회에서 만세시위 수모자 2명 체포
경상도	大邱	3.8		예수교 부속 계성중학교와 신명여학교 학생이 시위, 150명 체포
	釜山	3.10	20	부산에서 예수교도 20명이 시위함, 즉시 해산을 명함
	漆谷	3.12~13	60	예수교도와 기타 인원 60여명이 시위, 수모자를 체포하고 해산
	釜山	3.11		오지리 선교사가 경영하는 일신여학교 생도들이 시위, 국기 1개 깃대 30본 압수
	豊山	3.24	30여명	예수교 사립 동화학교 및 주민 30여명이 모여서 시위
	禮安	3.17	1,500명	예수교도와 기타 군중이 3번이나 경찰주재소를 읍습하고 유치되어 있는 죄인을 배앗으려고 난동. 발검하고 공포를 노아 해산
	安東	3.18	100	예수교인이 주장이 되어 시위, 경찰을 폭행함으로 발검하여 해산. 주모자 2명 검거
	義城	3.18	1000여명	장날을 이용하여 예수교인 등이 시위, 발검하여 군중에 사상자 발생
	義城	3.19	1000여명	예수교도가 주장이 되어 시위 폭행함, 부득이 발포 2명죽사 3명부상
	統營	3.19	다수	독립기를 세우고 시위가 있었음, 선교사 2명이 있고, 일본유학생 4명이 귀국하여 선동했다고 함
	馬山	3.21	다수	예수교도가 주장이 되어 시내를 돌아다니며 시위, 수모자 체포하고 해산
	鎭寶	3.25	200여명	200여명이 모여 시위운동, 헌병이 주모자인 구세군 사관을 체포
	釜山	4.3	100여명	예수교를 중심으로 군중이 시위운동을 함. 수모자를 체포하고 해산

24) <표 2>는 황민호, 앞의 논문, 119~122에 게재되었던 표의 내용을 일부 수정한 것이다.

전라도	善山	4.2	150여명	몽둥이를 가지고 돌을 던지며 해평순사주재소 습격, 부득이 발포 해산
	群山	3.5	100여명	군산 예수교학교 교사 신도 100여명이 시위함
	光州	3.10	500여명	외인이 만든 종교학교 숭일학교 생도 시위, 구인된자 20여명
	光州	3.11	300여명	예수교 숭일학교 생도 4~5명이 읍내의 주민 300여명 선동 시위를 개시 한다 함으로 엄중 경계 중
	樊樹	3.13	단체	예수교 천도교 및 보통학교 생도가 시위하였으나 진정됨
	全州	3.14	200여명	예수교의 경영하는 학교의 남녀생도와 천도교인이 시위. 약간을 검속함
	木浦	4.8	40여명	예수교가 경영하는 정신여학교 졸업생들이 운동을 개시. 수모자 채포
	木浦	4.8	4명	4명의 예수교학교 여생도가 손에 태극기를 들고 몰려나옴. 경관이 잡안 서로 인치
황해도	沙里院	3.3	500명	예수교도 약 80명이 참가하여, 500명의 일단이 만세 시위. 괴수 1명 외 60명을 체포함
	遂安	3.9~10	150명	예수교인 150명이 시위운동을 전개하였으나 해산시킴
	安岳	3.11	100명 가량	헌병주재소를 습격, 발포하여 해산, 시위대 즉사 2명, 헌병 1명 보조원 1명 부상
	殷栗	3.12	30명	長淵의 예수교도가 중심이 되어 시위, 주모자는 검거
	信川	3.15	300여명	예수교인이 주장이 됨. 즉시 해산
	松和	3.17	약 150명	예수교도 약 150명이 헌병주재소로 달려옴. 주모자를 체포하고 해산
	遂安	3.18	40명	예수교에서 경영하는 경신학교 생도 40명이 교사의 선동으로 헌병주재소에 몰려가 시위, 교사를 체포하고 진정
	延白	3.23	다수	예수교에서 경영하는 학교의 생도와 주민 다수가 시위, 주모자 2명 체포
	殷栗	3.26	다수	예수교도가 중심이 되어 다수의 군중이 운동을 시작, 제지 해산
	信川	3.27	200여명	예수교도를 중심으로 200여명이 운동을 시작, 수모자를 체포 해산
	載寧	3.29	약300명	예수교인과 글방학동이 만세를 부르고 폭행, 총을 놓아 해산
	瑞興	4.4	약150명	예수교도와 학생 태극기를 들고 만세를 고창. 헌병주재소를 읍습. 군중편에 군중 4명 괴수자 4명 체포
	松禾	4.8	다수	예수교도를 중심으로 한 다수의 군중. 헌병주재소 습격 발포하여 부상자 약간명
평안도	平壤	3.1	다수	예수교 감라교파와 장로교파의 신도가 중심이 됨. 경찰에 돌질을 함, 주모자 10명 폭행자 40여명 체포
	鎭南浦	3.1	다수	예수교 교회당에서 약 30명의 신도와 학생이 모여 시작. 잔남포 경찰서를 습격 돌을 던짐. 3월 2일에는 1000명의 군중으로 경찰서를 습격함

	宣川	3.1	다수	예수교 부속 신성학교 학생 수백명 시내를 돌아다니며 군청과 경찰서를 모두 습격. 주모자 33명 검거. 예수교와 천도교가 연합 1500명이 시위. 교회당 집회를 금지함
	義州	3.4	약600명	예수교 양실학원 중심으로 시위를 계획. 곧 해산함
	大同			3.2일 숭실학교의 학생 이웅칠 등이 예수교 취명학교에서 시위를 시작 면사무소를 습격하야 면장과 서기를 구타. 6일에 이르기까지 4 · 4 내지 5 · 6백 명이 매일 시위하였는데 숭실중학생 홍종국, 동학교 교사 이진하 등이 지도.
	中和	3.5		예수교인들과 천도교인들이 5일이래로 계속 시위
	順川	3.6	약2000명	천도교인들과 기독교인들이 독립가를 부르며 만세 시위. 해산
	平原	3.11	약200명	천도교인과 기독교인 나팔을 불며 과격 시위, 경찰서를 음습. 수모자 3명을 체포
	德川	3.5	40여명	천도교와 기독교도 40여명이 시위 형세 자못 불온
	江東			예수교도 50명이 모여서 시위. 총독과 경무 부장은 이미 체포되었다는 말을 전하면서 선동
	崎陽	3.9	50명	50명의 남녀가 교회당에서 신약전서의 강의가 불온하여 4명을 안치하고 엄중 취조 중
	定州	3.15	30명	장날을 이용하여 예수교도가 주장이 된 30명이 시위. 곧 해산됨
함경도	定平			3.7, 3.13, 3.14일 예수교도가 예수교도 중심이 되어 만세 시위가 발생하였고 10여명의 부상자가 났다
	定平	3.7		오후 4시 예수교도 40명이 태극기를 흔들며 시장에서 군중을 선동. 오후 8시에 200명의 군중이 군청과 분견소에 몰려와 만세를 부름. 곧 해산
	城津	3.10	200명	예수교의 보신학교 생도 40여명이 개시, 200여명의 남녀 예수교인이 합세. 1시간 가량 시위
	城津	3.11	700명	예수교가 경영하는 제동병원에 집합. 군중 700명이 시중에 살도하야 내지인 1명을 기절시킴. 정오에 이르러 진정. 예수교도 중 약간의 부상자 발생.
	會寧	3.26		보통학교 학생, 예수교 남녀 시위
	會寧	3.25	4~500명	소요자 전부가 예수교인 목사와 보통학교 교사 10여명 체포

3 · 1운동이 발발하자 선교사들 중에는 총독부와 불편한 관계를 형성하는 경우도 있었다. 우선 평양지방법원 검사국에서는 4월 4일에 모의리(Mowry)와 마포삼열 선교사의 집을 급습하고 모의리를 犯人隱匿罪로 체

포하였으며,25) 이외에도 배위량, 기리스, 맥마트 등 선교사 7명의 집도 함께 수색하였다.26) 또한 대구지방법원 검사국에서도 장로교파인 慶北書院의 미국인 '하바아 뿌레에아'와 啓星學校 감독인 선교사 '헨리 뿌루외' 선교사 등의 가택을 수색하였다.27)

이후 모의리는 3 · 1운동에 대한 교사 및 범행 공모와 관련하여 재판에 회부되어 4월 19일 6개월의 징역을 선고받은 후28) 300엔의 벌금을 내고 풀려났는데 일제로서는 미국과의 정치적 입장을 고려하여 모의리에 대해 무리한 처벌을 가할 수 없었을 것으로 생각된다. 한편 사건이 발생하자 '在平壤記者團'에서는 미국선교사들이 사건에 개입되었다는 것은 痛恨할 일이며, 미국 선교사들은 誤解를 永解하는 기자회견을 실시할 것을 해야 한다고 요구하는 통첩을 보내기도 하였다.29)

1919년 3월 17일에는 세브란스 병원에 대한 불법적인 수색이 있었으며,30) 3 · 1운동에 우호적이었던 캐나다 장로교의 선교사 로스(A.R. Ross) 등이 구속되기도 하였다.31) 그런데 일제가 3 · 1운동에 가담했던 선교사들에 대해 대대적인 탄압을 가했던 것은 선교사와 한국인들 사이의 연결

---

25) 『每日申報』 1919년 4월 8일. 「騷擾主謀者 11 名, 宣教師家에 潛伏」
26) 『每日申報』 1919년 4월 12일 「米國宣教師 家宅搜索을 當함」 이달 모의리의 집에서는 피신해 있던 평양 숭실대학교 학생 金太逑외 10명의 학생들을 체포되었으며, 등사판과 각종 문서를 증거물로 압수되었다고 한다.
27) 『每日申報』 1919년 4월 12일. 「大邱檢事局에서도 米國人宣教師의 가택수색을 단행하얏다」
28) 『每日申報』 1919년 4월 21일. 「선교사 모—리의 公判 19일 평양지방법원에서 징역 6개월에 선고되었다.」
29) 『每日申報』 1919년 4월 13일. 「宣教師에 通牒」 이 통첩은 마포삼열 · 모의리 · 배위량의 이름으로 전해졌다.
30) 『每日申報』 1919년 3월 19일. 「家宅搜索乎」
31) 金正明, 『朝鮮獨立運動』 I, 東京, 原書房, 1967, 360쪽 · 411쪽.

고리를 끊는 한편, 선교사들에 대해서는 경고성 의미를 갖는 조치였던 것으로 보인다.

일제는 기독교계의 시위운동이 활발해지자 3월 28일자「宣敎師의게 望」이라는 기사에서는 불령 지도지들의 '妄擧妄動'의 이면에 某國 선교사들의 敎示와 煽動이 있었다는 風說이 높은 것은 심히 유감으로 인정되는 바라고 하였다.32) 또한 4월 15일부터 20일까지 연재되었던 '朝鮮의 基督敎'라는 기고문 형식의 기사에서는 조선 기독교의 사회 현상과 선교사들의 영향력을 분석하면서 이번 폭동으로 인하여 10년간의 '進步와 改良이 절반 이상 파괴된 것은 실로 遺憾萬萬'이며, 제일 책임자는 폭동에 참가한 조선인이지만, 간접 책임자라 하여도 미국인 선교사의 언동을 연구할 필요가 있다고 주장하기도 하였다.33)

또한 선교사들은 자신들의 권세가 조선인이나 일본인 목사에게 넘어가는 것을 방지하기 위해 그 세력을 보일 필요가 있다고 생각하고 이번 소요를 선동하고 있으나 그 허황된 내용으로 선교사의 언동을 나물하는 조선의 유식자가 많다고 보도하였다. 이밖에 이 기사에서는 선천의 어느 늙은 선교사가 북경의 '데일리 뉴스'와 연락하여 3·1운동과 관련한 사실 무근의 허황한 말을 유포하며 '排日'의 기세를 보이고 있으나, 그의 필법이 조선인 유식자들에게 알려져 신용이 떨어지고 있으며, 선교사들 사이에서도 비난의 소리가 높다고 하였다.34)

이밖에 세브란스 병원에 머무르면서 3·1운동 관련 사진을 찍는 활동

---

32)『每日申報』1919년 3월 28일.「宣敎師의게 望함」
33)『每日申報』1919년 4월 15일~20일.「朝鮮의 基督敎」는 총 6회에 걸쳐 연재되었는데 高橋直岩이『西鮮日報』에 譯載했던 것이라고 한다.
34)『每日申報』1919년 4월 10일.「全然無根의 事實을 외국신문에 통신하야 사람을 속이랴고 하는 늙은 선교사가 있다」

을 하고 있었던 마가렛부인과 준·벨 선교사의 교통사고에 대해서도 이들이 光州로 내려가던 도중 '참혹한 橫厄'을 당했다는 비난성 기사를 게재하였다.35)

3·1운동 기간 중 『매일신보』는 선교사뿐만 아니라 국내의 기독교인들에 대해서도 부정적인 태도를 나타내고 있었다. 평양부에서는 민심이 완화되어 가는 가운데 한편으로 주민들 사이에 '예수교 일파에 대해 미워하는 마음이 생겼다더라' 라고 보도하였다.36) 평안북도 철산에서는 목사의 선동으로 시위에 참여했던 민중들이 경찰과 헌병의 설득으로 독립운동을 할 이유가 없음을 깨닫고 성서를 집어던지며 목사를 힐책하였는데, 목사는 도주하였고, 흩어진 성경은 600여권이나 되었다고 하였다.37) 평안북도 車輦館에서는 목사가 태극기 300여개를 만들고 시위를 일으키고자 준비했으나 주민들의 반대운동이 일어나 시위가 일어나기 전날 교회로 몰려간 주민들에 의해 국기가 탈취, 소각되었으며, 목사는 종적을 감추었다고 보도하기도 하였다. 그런데 이러한 기사들에서는 가해 주동자나 피해목사에 대한 구체적인 '實名'이 없으며, 확인하기 어려운 추측성 보도로 일관하고 있기 때문에 그 신빙성을 믿기 어려울 것으로 생각된다.38)

---

35) 『每日申報』, 1919년 3월 28일. 「餠店에서 慘死한 宣教師의 一行」신문에 보도된 내용은 다음과 같다 '26일 오전 10시 경부선 병점역 부근에서 올라오던 급행열차와 외국인 선교사의 자동차가 출돌되야 미국부인 '마구레트 따불류'와 준·벨'의 2명은 직사하고 기타 한사람은 중상되어난 사건은 본보에 이미 기재한 바 어니와 그 선교사의 일행은 수 일전부터 경성에 올라와서 세브란스 병원에 머물러 있어서 독립문 기타 각처를 돌아다니며, 이번 시위운동에 관련된 사진을 박이어가지고 자동차로 光州로 내리어 가다가 귀보와 갓은 참혹한 횡액을 당한 것이 라더라'

36) 『每日申報』1919년 3월 14일. 「平壤 민심이 완화되야」

37) 『每日申報』1919년 4월 10일. 「성서를 목사에게 집어던지고 그 불법함을 힐책한 철산사람」

38) 『每日申報』1919년 4월 10일. 「太極旗를 燒棄 목사의 선동에 극렬반대하여」

이밖에 평안북도 定州에서는 예수교와 천도교를 배척하는 자가 늘고 촌민들이 격앙하여 신도들은 자취를 감추었다고 보도하기도 하였으며, 경상남도 경주에서는 교회 목사 4명이 장날을 이용하여 만세운동을 계획하다가 미리 발각된 것으로 나타나고 있다.39)

『매일신보』에서는 4월 12일 밤 일본조합교회40) 조선전도본부 평의원들이 조선호텔에서 회합을 갖고 건전한 사상을 확립하고 극단적인 경향을 교정할 것과 청년 학생들에 본분을 지키고 學事에 근면케 할 것 등을 목표로 하는 '對時局特別運動'을 전개하고자 했던 것을 보도하기도 하였다.41)

따라서 이상의 내용을 종합해 보면 천도교와 기독교를 중심으로 한 종교 세력의 3·1운동은 운동 초기에 그 전국적 확산에 기여하였으며,『매일신보』는 기사 내용의 진위와 관계없이 기독계의 동향에 대한 부정적인 내용의 기사를 중심으로 3·1운동에 대한 열기를 약화시키기 위해 크게 고심했던 것으로 보인다.42)

또한 서양선교사를 포함하여 기독교계와 관련된 기사의 비중이 상대적으로 높았던 것으로 나타나고 있으며, 선교사들과의 갈등관계가 부각되기도 하였는데 이는 3·1운동의 전개과정에 선교사들이 개입하고 있었을 것이라는 일제의 판단을 반영하는 측면이 있었던 것으로 생각된다.

---

39)『每日申報』1919년 3월 16일.

40) 組合敎會는 1899년 渡瀨常吉에 의해 국내에 들어온 이후 총독부의 비호아래, 주로 서북지방의 朝鮮自由敎會를 흡수하여 발전하고 있었다.

41)『每日申報』1919년 4월 15일.「組合敎會活動」

42)『每日申報』에서는 3·1운동에 참여했던 기독교인들과 선교사에 대해 다양한 비난 기사를 게재하고 있었으며, 이와 관련해서는 황민호, 앞의 논문에서 이미 상세히 정리하였다.

2. 학생과 일반 민중의 3 · 1운동

학생 및 일반민중의 만세운동은 3 · 1운동의 핵심적인 역할의 하나였으며, 이들의 운동은 천도교나 기독교 세력과는 다른 측면에서 3 · 1운동의 확산과 운동의 전개에 영향을 끼치고 있었다. <표 3>은 『매일신보』에 나타나는 학생들의 시위운동에 대해 정리한 것인데 위의 내용을 통해서 보면 학생들의 시위는 기독교계 학교에서 보다 높은 비중으로 전개되었던 것으로 나타나고 있다. 학생들은 시위를 진행하기 위해 태극기를 제작하거나 선언서 등을 배포하였으며, 동맹휴학이나 연합시위를 전개하기도 했던 것으로 보인다.

서울의 정동공립보통학교와 어의동공립보통학교 학생들은 3월 24일 졸업식장에서 만세시위운동을 전개하기도 하였다.[43] 경성공업전문학교의 경우는 한국인학생들이 1명을 제외하고는 전혀 등교하지 않아 일본인 학생들을 대상으로 하는 졸업식만을 3월 25일에 거행하기도 했다.[44]

3 · 1운동이 발발하자 한국인 학생들은 등교하지 않은 경우가 많았는데 『매일신보』에 따르면, 3월 1일 각 관공립학교에는 결석생이 상당히 많았으며, 심지어는 1명도 출석하지 않은 학교가 있었다고 한다.[45] 실제로 경성여자고등보통학교의 경우는 3월 17일 총 204명의 학생 중에 37명만이 출석하였다고 한다.[46]

학생들은 독립선언서 등 각종 문건을 작성 · 배포하기도 했던 것으로 보인다.

---

43) 『每日申報』 1919년 3월 26일. 「졸업식일에 學童이 呼萬歲」.
44) 『每日申報』 1919년 3월 26일. 「工專의 졸업식 조선인 학생은 연기하고 일본인 학생만」.
45) 『每日申報』 1919년 3월 7일.
46) 『每日申報』 1919년 3월 19일. 「출석한 생도가 37명 뿐」

① 3월 5일 밤11시경 동경유학생과 학생들 10여명이 송현동 리모의 집에서 밀의를 하고 있음을 발견하야 전부를 검거하였고 경성부 내의 각 헌병대 경찰서에서는 관계학생을 검속하야 독립신문, 국민회보, 경고문 등의 불온 격문을 발견 하였더라.47)

② 소요사건이 돌발한 이래로 교묘히 독립신문, 독립경고문, 반도의 목탁, 기타 몇 가지의 비밀 출판을 하여 민심을 혼란케 한 시내 정동의 배재고등보통학교 생도 張河重 외 4명은 종로 경찰서에 잡혀 재판소로 보내져 심리 중이더니 31일 지방법원에서 공판을 개정하여 판결언도가 있었더라.48)

위의 내용에서 보면 학생들은 3 · 1운동이 발발하자 각종 비밀문건을 만들어서 운동의 확산에 활용하였던 것으로 보이는데 ①의 경우에서는 동경유학생을 중심으로 한 10여명의 학생들이 독립신문, 국민회보, 경고문 등의 문서를 발간하고 있었음을 알 수 있다. ②의 경우는 배재고등보통학교의 張河重 외 4명49)이 독립신문, 독립경고문, 반도의 목탁 등의 문건을 만들어 선전활동을 전개했음을 알 수 있다고 하겠다. 이밖에도『매일신보』에는 4명의 학생으로 구성된 격문인쇄반 중 3명이 종로경찰서와 경성헌병분견소에 의해 검거되었는데 이들은 3 · 1운동의 확산을 위해 격렬한 격문을 인쇄하여 서울지역의 시민들에게 배포하였던 것으로 나타나고 있다.50)

민중들의 시위에는 농민들이 대다수를 차지하고 있었지만, 노동자, 광부,51) 전차 종업원,52) 기생,53) 어린 아이,54) 승려55) 등 다양한 계층이 참

---

47)『每日申報』1919년 3월 8일.

48)『每日申報』1919년 5월 16일.「不逞學生 判決」

49) 4명의 이름은 李春鳳 , 李鳳舜, 廉亨雨, 徐廷垈이다.

50)『每日申報』1919년 3월 11일『격문 인쇄자 2패 검거』

여하고 있었으며, 시위의 형태도 공세적 시위와 평화적 시위가 공존하고 있었다.

<표 3> 『매일신보』에 나타난 학생들의 3·1운동 전개 양상

지역		날짜	참가인원	사건개요
서울·경기	開城		1000명	예수교 부속 호스톤 여학교 35명의 학생 시위를 시작 시민 1000여명이 합세하였고, 저녁때는 3~40명의 少年隊를 중심으로 수천명이 시위 행진을 하였다. 4일 아침에는 한영서학원생들이 만세를 부르자 학생 시민 60여명이 만세를 시작하였으며, 6일 7일에는 최고조에 달하였다. 일경의 발포로 사상자 수명을 내고 50여명이 체포되었다. 4월 2일 6일에도 시위가 발생하였고 10여명이 체포되었다.
	高陽	3.5		청년 2~3명이 고양군 ○○○○여학교에 들어가 지금부터 독립운동을 시작할 것이니 모주 집으로 돌아가라고 한 후 64명의 여학생과 함께 마포방으로 향함
	京城	3.1	3~4,000명	학생 −4000명이 종로통에 모여 시위
	江華	3.112~13		강화공립보통학교 3학년 학급 전원 칠판에 태극기를 그리고 만세를 부름, 13일 여자부 80명 등교하여 만세를 부름, 자진해산함
	始興	3.7		보통학교 생도가 전부 동맹휴학을 하고 만세를 부른 뒤 해어졌으며, 주모자 5명 인치
	仁川	3.7		보통학교와 공립상업학교 학생들이 시위, 3−4학년은 두 결석, 다수한 선언서를 배포함
충청도	牙山			온양공립보통학교 생도 일동 시위 운동전개
	沔川			면천 공립보통학교 생도 일동이 태극기를 들과 만세 시위 군수와 경찰서장의 엄중 설유로 해산
	論山	3.2	약 100명	시민학생 약 100명이 구학국기를 혼들고 만세를 부름, 주모자 10명 검거

---

51) 『每日申報』1919년 4월 1일, 직산금광의 노동자 100여명이 27일 헌병주재소로 몰려가 돌을 던지며 시위, 헌병의 발포로 광부 5명이 사망
52) 『每日申報』1919년 3월 11일 「전차종업원 거의 전부 파공」
53) 『每日申報』의 보도에 의하면 진주, 수원, 해주의 기생들이 만세운동에 참여한 것으로 나타나고 있다. 『每日申報』1919년 3월 25일, 3월 31일, 4월 4일자.
54) 『每日申報』1919년 4월 4일 「아희들이 시작」
55) 『每日申報』1919년 3월 21일 「2승려의 폭행」, 4월 3일 「대구 승려들」

	槐山		보통학교 생도 35명과 수천명이 태극기를 들고 시위
	永同	3.29	사립학교 생도가 불온한 문서를 가지고 있는 것을 발견하고 인치하여 조사 중 군중 300명이 저녁때 주재소에 몰려가 학생을 내놓으라고 투석을 하며 시위, 형세 자못 불안
	唐津	3.10	200명	汕川 보통학교 생도들이 구한국기를 흔들며 시위, 주모자 2명 산천경관 주재소에 인치
전라도	全州	3.13		생도 및 일반 수백명이 태극기를 흔들며, 재판소까지 와서 시위, 수천명에 달함 畿甸女學生 30명이 체포됨
	順天			학생과 교회도와 약간의 시민이 구한국기를 흔들며, 시위, 헌병대에서 10여명을 체포 나머지는 설유하여 해산
	泰仁	3.16		보통학교생들이 태극기를 흔들고 독립만세를 부르며, 시위
	群山	3.5	100여명	군산 예수교학교 교사 신도 100여명이 시위함
	光州	3.10	500여명	외인이 만든 종교학교 숭일학교 생도 시위, 구인된자 20여명
	光州	3.11	300여명	예수교 숭일학교 생도 4~5명이 읍내의 주민 300여명 선동 시위를 개시 한다 함으로 엄중 경계 중
	樊樹	3.13	단체	예수교 천도교 및 보통학교 생도가 시위하였으나 진정됨
	全州	3.14	200여명	예수교의 경영하는 학교의 남녀생도와 천도교인이 시위, 약간을 검속함
	木浦	4.8	40여명	예수교가 경영하는 정신여학교 졸업생들이 운동을 개시, 수모자 채포
	즐포	3.18		공립보통학교 생도 수십명이 장날을 이용하여 구한국기 40매를 만들어 손에 들고 만세를 고창, 발포하여 해산
	高敞			고창공립보통학교 학생시위, 주모자인 청년회원 10여명 고창경찰서 인치
경상도	浦項	3.10	60여명	본정 에수교 학교 학생들이 학교 서편에서 독립만세를 부르며 시위, 해산
	奉化	3.18		대성공립보통학교 학생들이 중심이 되어 시위
	豊山	3.24	30여명	예수교 사립 동화학교 및 주민 30여명이 모여서 시위
	大邱	3.8		예수교 부속 계성중학교와 신명여학교 학생이 시위, 150명 체포
	釜山	3.11		오지리 선교사가 경영하는 일신여학교 생도들이 시위, 국기 1개 깃대 30본 압수
황해도	遂安	3.18	40명	예수교에서 경영하는 경신학교 생도 40명이 교사의 선동으로 헌병주재소에 몰려가 사위, 교사를 체포하고 진정
	延白	3.23	다수	예수교에서 경영하는 학교의 생도와 주민 다수가 시위, 주모자 2명 체포
	載寧	3.29	약300명	예수교인과 글방학동이 만세를 부르고 폭행, 총을 놓아 해산
	瑞興	4.4	약150명	예수교도와 학생 태극기를 들고 만세를 고창. 헌병주재소를 읍

				습. 군중편에 군중 4명 괴수자 4명 체포
평안도	平壤	3.4	200여명	신양리 미국사람 집 근처에서 여학생 200여명이 시위
	大同			3.2일 숭실학교의 학생 이응칠 등이 예수교 취명학교에서 시위를 시작 면사무소를 습격하야 면장과 서기를 구타. 6일에 이르기까지 4·4 내지 5·6백명이 매일 시위하였는데 숭실중학생 홍종국, 동 학교 교사 이진화 등이 지도.
함경도	城津	3.10	200명	예수교의 보신학교 생도 40여명이 개시, 200여명의 남녀 예수교인이 합세. 1시간 가량 시위
	會寧	3.25	4~500명	소요자 전부가 예수교인 목사와 보통학교 교사 10여명 체포
	會寧	3.26		보통학교 학생, 예수교 남녀 시위

1919년 3월 26일 밤에는 서울시내 20여 곳에서 동시다발적인 시위[56]가 벌어졌는데 이중 옥동 지역의 시위대 100여명은 이완용의 집에 돌을 던지며 시위를 전개하기도 하였다.[57] 상인들은 撤市 투쟁을 전개하였는데『매일신보』에 따르면, 이 투쟁은 서울, 개성, 대전, 진남포, 강경 등 거의 전국적으로 일어났으며, 서울의 경우는 3월 9일부터 본격적인 철시가 시작되어 3월 11일 현재 상점이 한 곳도 열리지 않았다고 하고 있다.[58] 경성에서는 철시가 장기화되자 상업회의소에서는 상인들에게 속히 開店할 것을 종용하기 위한 회의를 개최하였으나 성과를 거두지 못하였다. 상인들은 지신의 子姪들이 끌려가는 것을 보기 싫고 시가의 경계가 엄중하여 상점을 개점하여도 영업이 안 됨으로 당국에서 이번에 잡혀간 사람들을 놓아주고 도시 내의 경계를 풀어주면 문을 열겠다고 하였다.

민중들도 3·1운동에 필요한 격문이나 문건을 제작하여 배포하는 조

---

56) 당시 시위는 중림동, 삼성동, 홍제원 부근, 동막방면, 마포부근, 한양공원, 안국동, 동막, 한강방면, 하동, 루하동, 뚝섬, 금계동, 와룡동, 재동, 종로 일정목, 탑골공원, 용산, 황토○, 동대문 밖, 종로 사정목, 독립문 앞, 종로 이정목, 종로 사정목 등에서 동시다발적으로 전개되었다.

57)『每日申報』1919년 3월 28일.

58)『每日申報』1919년 3월 11일.「상점 대부분철시, 협박으로 인하야」

직적인 활동을 전개하고 있었다. 경상북도 밀양에서는 윤소령이 독립신문 남선지국장으로 활동하면서 '독립호외'를 만들고 '누구든지 독립을 위해 분투하라'고 역설하는 격문을 게시하였다.[59] 함흥에서는 金淳鐸이 '독립신문'을 발행하였고,[60] 진남포에서는 吳秉烈, 金永周, 金秉稙 등이 한국의 독립과 관련한 문건을 발행하여 시내에 배부한 일로 경찰에 검거되기도 하였다.[61]

뿐만 아니라 경상도 출생의 미곡상 이교헌은 아래에서 보는 바와 같이 '국민대회'라는 비밀결사를 조직하고 서울을 중심으로 활동하고 있었던 것으로 보인다.

> 소요가 일어난 후 國民大會라는 비밀결사를 조직하고 조선독립운동을 선동하면서 관헌의 눈을 피하던 경상북도 출생 미곡상 李敎憲 이하 수십명의 연루자는 요사이 종로경찰서의 손으로 검거되었다더라.[62]

따라서 이상의 내용을 통해서 보면, 학생과 일반 민중들은 각종 격문과 선언서의 배포 및 조직의 결성을 통해 3·1운동을 확신시키고자 노력하였던 것으로 보인다.

그리고 이러한 상황에 대해 일제도 '허다한 비밀인쇄가 반포'되어 민심을 현혹시키고 있으며, 특히 평양지역에서는 3월 28일에는 파리연맹회로부터 조선독립이 판결 날 것임으로 그날 크게 운동하여 독립의 실행을 도모하자 라는 설이 유포되었던 것으로 파악하기도 하였다.[63] 이밖에

---

59) 『每日申報』 1919년 3월 17일. 「경상북도 밀양, 불온문서 배포」
60) 『每日申報』 1919년 4월 21일.
61) 『每日申報』 1919년 5월 13일. 「선동자 체포됨」
62) 『每日申報』 1919년 5월 3일. 「소위 국민대회의 수모자 체포」
63) 『每日申報』 1919년 3월 30일. 「유언비어의 평양」

민중들은 북악산 꼭대기, 동대문 밖 電線 4곳, 손병희의 집 뒤 팔모정 나무 등에 태극기를 걸어 두는 등 다양한 방법으로 3·1운동을 전개하고 있었다.64)

IV. 3·1운동에 대한 총독부의 대응과 『매일신보』

1. 『매일신보』에 나타난 총독부의 대응

3·1운동이 발발하자 이를 진압하기 위한 총독부의 노력은 여러 가지 형태로 전개되고 있었다. 총독 명의의 諭告 발표, 일본으로부터의 군대 증파, 자위단 조직, 관리들의 다양한 회유와 설득 등과 같은 활동이 전개되고 있었다. 총독부에서는 3·1운동 발발 직후인 3월 7일 조선총독의 유고를 발표하고 '일부 不逞徒輩의 妄動'으로 서울과 지방에서 소요가 일어난 것은 유감이며, 조선의 독립을 파리 강화회의에서 열강이 승인한 바라하나 이는 전혀 '無根流說'이며, 非違를 일으키는 자는 一步라도 가차 없이 엄중히 처분 중이라고 경고하였다.65)

이후 4월 10일에는 3번째 유고를 통해서는 군대를 동원한 시위진압의 불가피성을 역설하였다. 그런데 총독은 이 유고에서 이미 2번의 유고를 통해 백성들의 망동을 경계하고 백방으로 그 잘못된 생각을 깨우치게 하고자 노력하였으나, 현재 시위는 진압되지 않을 뿐만 아니라, 요사이 더욱 흉폭해져서 관헌을 공격하고 관공서를 파괴하기 때문에 용서할 수 없다고 강조였다. 그리고 이러한 상황에서 지방의 안녕질서를 유지하기 위

---

64) 『每日申報』 1919년 3월 29일. 「각처에 태극기를 달아」
65) 『每日申報』 1919년 3월 7일. 「諭告」

해 중앙정부로부터 군대를 파견해 줄 것을 요청하였으니 백성들은 마땅
히 관헌의 보호를 믿고 불량배와 함께하여 화를 입지 말도록 하라고 역설
하였다.

또한 군대를 동원하여 치안을 유지하는 것은 본래 총독이 바라는 바는
아니었으나 不逞한 무리들을 없애고 순량한 백성들을 불안한 지경에서
구할 진대 부득이한 일이라고도 하였다.[66] 따라서 이같은 내용을 통해서
보면 3·1운동은 4월에 들어 오히려 확대되는 기세를 나타내고 있었으
며, 총독부로서는 대규모의 군대 동원이 불가피하다는 판단을 할 수밖에
없는 상황이었던 것으로 보인다.

이러한 분위기 하에서 일제는 4월 10일 6개 연대 규모의 병력을 국내
로 파견하였는데 이들은 각각 원산과 부산지역에 상륙하였으며, 이외에
도 大阪으로부터도 약 400명의 병력이 증파되고 있었다.[67] 뿐만 아니라
군대의 동원에 대해 山縣 정무총감은 처음에는 慈父의 愛兒에 대해 임하
는 정으로 시위를 평화롭게 진정시키고자 하였으나 전 조선에 걸쳐 시위
가 더욱 흉악해 짐에 따라 부득이 군대를 요청하는 鎭撫方針을 결정하였
다고 해 그 불가피성을 강조하였다.[68]

총독부에서는 국내로 들어오는 일본군에게 한국의 풍습을 가르치는 인
쇄물을 배포하였으며,[69] 각지에 주둔하는 군대에 대해 만일의 '사단'이 일

---

66) 『每日申報』1919년 4월 12일. 「妄動과 總督諭告」
67) 『每日申報』1919년 4월 10일. 「朝鮮의 增兵」이 내용에 따르면, 1. 제8사단보병 제
  5연대, 제2사단 보병 제32연대 左兩 연대로부터의 각 大隊는 青森에서 乘船 元山
  에 揚陸. 1. 제13사단 보병 16연대 제9사단 보병 제36연대 左兩 연대로부터의 각
  大隊는 敦賀에서 乘船하여 釜山에 揚陸. 1. 제10사단 보병 제10연대 제5사단 보병
  71연대 左兩 연대로부터의 각 大隊는 字品에서 乘船 釜山에 揚陸하는 것으로 되어
  있었다.
68) 『每日申報』1919년 4월 16일. 「決定된 鎭撫方針, 山縣政務總監車中談」
69) 『每日申報』1919년 4월 27일. 「新守備隊員」에게 조선사람의 풍습 관습을 가르친다」

어나지 않도록 주의할 것을 당부하였다. 실제로『매일신보』에서는 일본군 파수병(哨兵)에 대해 폭행을 하거나 협박을 하는 자는 4년 이하의 징역이나 금고에 처한다는 내용을 포함하여 군대와 관련한 6가지의 처벌규정을 보도하기도 했다.[70]

총독부에서는 3·1운동 관련자들을 처벌하기 위한 '騷擾處罰令'을 제정하였는데 이는 1907년 의병이나 비밀결사를 처벌하기 위해 제정되었던 保安法이 최고형량 2년에 불과했기 때문에 보다 엄격한 처벌규정이 필요했기 때문이었다.[71] 즉 1919년 4월 15일에 발표된 '騷擾處罰令'은 발표당일 즉시 시행되었는데 정치 變更을 목적으로 안녕질서를 방해하거나 방해하고자 하는 자는 10년 이하의 징역 또는 禁錮에 처할 수 있었으며, 외국에 在한 帝國臣民에게도 적용되도록 규정하고 있었다.[72] 이밖에도『매일신보』에 따르면 3·1운동 관련자를 내란죄로 처벌할 수 있는가에 대한 문제가 논의되기도 하였으며[73], 총독부 내에는 3·1운동 관련자에 대한 처벌 문제를 신속하게 처리하도록 하기위해 정무총감부에 騷擾課를 설치하기도 하였다.[74]

총독부의 3·1운동을 진화하기 위한 노력은 다양하게 전개되었다. 우선 각 지역의 지방장관들은 독자적인 '警告文'이나 '諭示'나 '諭告' 등을 발표하고 있었다. 4월에 들어 강원도장관과 경찰부장은 점차 시위가 흉폭해 짐으로 금후 소요가 발생할 경우 군대와 결찰은 한층 더 단호한 조치

---

70)『每日申報』1919년 6월 1일.「駐屯軍에 注意하라」
71) 장신,「1920년대 民族解放運動과 治安維持法」.『學林』19, 1988, 64~65쪽. 보안법은 일본의 '治安警察法'을 모방하여 제정된 법률이었다.
72)『每日申報』1919년 4월 16일.「騷擾處罰令」이 법령에서는 또 범죄가 발각되기 이전에 자수하는 자는 刑이 감량 또는 면제된다는 규정도 포함하고 있었다.
73)『每日申報』1919년 4월 18일.「政治犯과 內亂罪 新處罰令의 不適用에 대하여」
74)『每日申報』1919년 4월 17일.「騷擾專務處理」

를 취하여 假借없이 시위를 진압할 것이라는 '諭告'를 발표하였다.[75] 황해도 장관 申應熙도 도민들에게 민족자결주의는 歐洲戰亂에 밀접한 관계가 있는 민족에게 적용되는 것임으로 조선에는 小毫도 관계가 없다고 강조한 후 暴民에 대해서는 寸毫도 가차 없이 단호하게 대처할 것이라는 내용의 경고문을 발표하였다.[76] 그런데 4월에 들어 지방장관들이 독자적인 유고나 경고문을 발표하였던 것은 이 시기에 이르면 3·1운동이 전국적으로 확산되는 양상이었음을 보여주는 것이라고 하겠다. 충청남도장관이었던 桑原의 경우는 도청직원들에게 일부에서 민족자결주의를 獨立이라고 잘못 해석하여 이번에 불온한 사태가 발생한 것은 유감이며, 미국의 윌슨 대통령은 구주, 아시아, 기타지역의 정치에 간섭하지 않겠다고 밝힌 것에서도 민족자결주의가 한국의 독립과는 관련이 없음을 알 수 있다는 취지의 발언을 했다.[77]

이밖에 3월 11일 경에는 漢城府尹'이 町洞總代'를 소집하고 조선총독 유고를 받들어 결단코 雷同하지 말 것을 훈시하였다.[78] 3월 31일 珍島에서는 100여명의 마을 주민과 일본인이 친목회를 개최하고 시국에 대해 '즐겁게' 이야기한 후 주연을 열고 저녁때까지 놀았다고 보도되기도 하였다.[79] 4월 24일 경에는 충청남도에서 농민들의 시위 가담을 막기 위한 '官民懇談會'가 개최되었다.

충청남도에서는 소요발발이래 민심의 鎭撫防壓上 대지주의 결속에

---

75)『每日申報』1919년 4월 14일.「長官部長諭告」
76)『每日申報』1919년 4월 24일.「黃海道長官警告」
77)『每日申報』1919년 3월 22일.「誤解된 民族自決主義」
78)『每日申報』1919년 3월 11일.「町總代召集 漢城府尹의 注意」
79)『每日申報』1919년 4월 9일.「珍島內鮮人의 大親睦會」

의하야 소작인에게 誓約을 행케 하야 재차 紛擾를 반복치 않게 하는
조치를 出한 바…… 內鮮人間에 意志感情을 더욱 濃密케 하기 위하여
각지에서 간민간담회를 개최함……[80]

충청남도에서는 농민들의 시위 가담을 막기 위해 대지주와 결탁하여
소작인에게 소요에 참가하지 않는다는 서약을 받았던 것으로 나타나고
있다.

시위가 과격한 형태로 전개되자 총독부에서는 야간경비단이나 자위단
을 조직하여 시위대의 활동을 막고자 하였다. 瑞川에서는 일본인들만으
로 구성된 야간경비단을 조직하였으며,[81] 군산[82]과 경기도 각 지역에서
는 자위단이 조직되었다. 특히 경기지역 각 군에 설치된 자위단은 비교적
체계적인 조직형태를 보이고 있었다. 군내의 유력자와 군참사 등을 단장
이나 위원으로 하였으며, 경찰관헌의 업무를 도우며, 순회강연을 통해
'망동치 말 것을 효유하며, 회개한자는 적극 권유하여 단원이 되도록 했
던 것으로 보인다.[83]

---

80) 『每日申報』 1919년 4월 24일. 「忠南官民懇談會」 간담회는 大田·論山 등에서 개
   최되었던 것으로 보인다.
81) 『每日申報』 1919년 4월 21일. 「瑞川」의 夜警」
82) 『每日申報』 1919년 4월 21일. 「群山의 自衛團」
83) 『每日申報』 1919년 6월 2일. 「경기 각군에 자위단, 소요를 예방할 각군의 자위단」.
   자위단 규약 1. 본단은 서로 삼가고 경계하야 경고망동을 막고 촌락의 평화를 유지
   함을 목적으로 함. 2. 본단은 자위단이라고 칭함 3. 본단은 구역안에 거주하는 호주
   로서 조직. 4. 단원은 그 가족과 용인으로 본 규약을 준수케 할 의무가 있다 함. 5.
   본 단에 단장과 위원 약간을 둠. 6. 단원은 망동에 참가치 않기를 서약하고 좌의 사
   항을 준수할 자로 함 1) 망동을 계획하고 또 이에 참가하려는 자가 있을 때에는 계
   고 제지하고 근처 경찰관헌에 급보함. 2) 협박 또는 불온한 문서를 발견하는 때는
   즉시 군수, 면장, 근처 경찰관헌에게 제출할 일. 3) 망동을 하는 자 또는 거동이 수상
   한자가 있을 때는 그 도주할 것을 막고 일변 주변 경찰관헌에게 급보할 것. 4) 폭행
   일 일어나는 때는 근처 경찰관서, 면사무소 등을 원조하여 그 진부에 노력할 일. 5)

총독부에서는 撤市한 상점들을 열게 하기 위해서도 노력하였다. 경기도 장관 松永武吉은 4월 1일 서울시내의 유력 상인 40여명을 소집하여 개시할 것을 설유하는 한편, 경기도장관과 경기도 경무부장은 連名으로 '開市命令을 戒告'하기도 하였다.[84] 그런데 경기도 경찰부에서는 開市를 위해 '戒告書'를 집집마다 돌린 후 계고서를 받고도 상점을 열지 않을 경우에는 엄벌에 처하는 강압적 수단을 동원했던 것으로 보인다.[85]

따라서 이러한 분위기 하에서 4월 1일에는 평양에서 개시가 이루어졌으며, 4월 4일에는 수원에서 군수와 면장의 설유로 개시가 이루어졌고 4월 4일에는 의주에서, 4월 5일에는 개성에서 개시가 이루어졌다. 전주의 경우는 4월 9일까지 상인들이 개시하지 않자 전주경찰서에서 상인들에게 개시할 것을 엄중 계고하기도 하였다.[86]

이외에도 총독부에서는 3·1운동과정에서 부상당한 사람들의 치료를 돕는 선전활동을 전개하였다. 적십자사 전주지부장인 佐佐木장관은 전주 부근의 시위로 인해 부상당한 환자들이 입원해 있는 병원으로 찾아와 환자들을 위로하는 한편, 치료비를 내기 어려운 사람에 대해서는 치료비를 부담하겠고 부상자들을 치료하기 위한 임시수용소를 설치할 계획임을 밝히기도 하였다.[87]

단장 및 위원을 때때로 구역을 순시하여 민정을 사찰하고 그 상황을 면장에게 통보할 것이요 본단 비용을 받지 않으며, 군청 또는 경찰 관헌의 지휘감독을 받을 일

84) 『每日申報』1919년 4월 2일. 「開市命令의 戒告」
85) 『每日申報』1919년 4월 3일. 「各商店의 開門」
86) 3·1운동에서의 開市와 관련해서는 조성운, 「매일신보에 나타난 경기지방의 3·1운동과 일제의 대응」, 『한국민족운동사연구』42, 2005, 446~447쪽에 상세히 언급되어 있다. 이밖에 개시 강요에 대한 조선인들의 반반이 있었던 것으로 보이는데 서울에서는 개시한다는 이유로 9戶에 방화하는 사건이 있었으며, 원산과 목포에서는 4월 7일과 8일에 각각 다시 철시를 단행하였다고 한다.
87) 『每日申報』1919년 4월 6일. 「佐佐木長官, 소요사건으로 부상한 病人을 병원에 방

또한 일본적십자사 조선본부에서는 3·1운동에 참가했다 부상당한 사람들을 총독부의원에서 무료로 진료할 것이라고 발표하였다. 강릉자혜의원은 양양지역의 3·1운동 때 부상당한 사람들을 치료하기 위해 원장 외 1명의 의사를 양양군 하북면에 파견하였다.[88] 뿐만 아니라 총독부에서는 평남 沙川에서는 시위를 진압하다 죽은 사천 헌병 주재소 소속 보조원 3인의 유족에게 헌병보조원 규정에 따라 진휼금 100원씩을 지급하기도 하였다.[89]

2. 『매일신보』의 비판적 보도

3·1운동이 발발하자 『매일신보』는 자체적으로 사설과 일반보도 기사 및 친일인사의 연재 등을 통해 3·1운동에 대해 조선총독부의 입장을 옹호하고 있었다. 우선 3·1운동을 촉발한 원인의 하나로 판단되고 있던 고종의 독살설이 사실무근이라는 기사와 민족자결주의에 관한 부정적 기사를 반복적으로 보도하고 있었던 것으로 나타나고 있다. 『매일신보』에서는 파리강화회의에 보낼 외교 문서에 고종이 도장을 찍지 않아 독살되었다고 하는 풍설은 파리강화회의에서 조선 문제가 논의되지 않는 상황에서 오히려 이왕가를 모욕하는 것이라고 주장하였다.[90] 또한 고종이 사망할 때 곁에 있었던 內人과 典醫의 供述을 근거로, 독살설이 '事實無根의 虛說'임을 강조하고 있었다.[91]

문, 적십자사 대구지부장의 자격으로 활동」
88) 조성운, 앞의 논문, 450~451쪽.
89) 『每日申報』 1919년 4월 1일. 「殉職한 補助員에게 賑恤金」 진휼금 대상자는 徐長婦, 金紅瓊, 郭聖治이다.
90) 『每日申報』 1919년 3월 15일. 「言과 李王家」

3월 6일자 사설에서는 윌슨의 민족자결주의가 연합국과 중립제국에게 대해 取扱할 일은 아님을 강조하면서 일본으로서는 민족자결주의 사상에 취하여 무모하게 시위(擧)를 한다면 국가의 치안을 위해 이를 根絶할 것임을 밝히기도 하였다.[92] 그리고 민족자결주의를 오해하여 조선의 독립을 叫號하고 열강에게 同情을 획득하고자 하는 것은 全然 根本的 夢想이라고도 하였다.[93] 4월 19일자 보도에서는 파리강화 회의에 참석한 列國이 분규를 피하기 위해 朝鮮과 安南人民의 독립에 관해서는 勿問에 붙이기로 하였다고 '강조'하여 게재하기도 하였다.[94]

이밖에 뉴욕에서 발행되는 『클로니콜』지의 보도라고 하여 민족자결주의는 연합국들이 강화회의에 대한 실무에 착수한 이래 무시해 버리기 시작하였다고 보도하였는데[95] 이러한 내용들은 모두 3·1운동의 발발과 민족자결주의가 일정한 연결성을 갖고 있다고 생각했던 일제의 인식을 반영하는 것이었다고 하겠다.

뿐만 아니라 외국의 언론 보도라고 하며 3·1운동의 상황을 왜곡하고자 하였다. 4월 16일에 보도된 '外紙騷擾論評'에서는 조선인의 독립보다도 오히려 조선인을 문명 향상의 길로 유도할 일본의 약속이 한층 더 확실하게 실행되기를 바란다고 했다는 『시드니 헤럴드』의 기사를 게재하였다.[96] 4월 20일에는 '조선인'들은 현재 명목상의 정치적 자유는 갖고 있지 못하지만, 과거의 幼稚했던 경제생활에 비하면 실질적인 자유를 누리

---

91) 『每日申報』 1919년 3월 16일. 「實無根의 虛說」
92) 『每日申報』 1919년 3월 6일. 「民族自決主義의 誤解」
93) 『每日申報』 1919년 3월 7일. 「所謂獨立運動」
94) 『每日申報』 1919년 4월 19일. 「獨立運動은 不問」, 이 기사의 내용을 눈에 잘 들어오게 하기 위해 크고 진한 글씨로 강조하였다.
95) 『每日申報』 1919년 4월 21일. 「自決問題閑却」
96) 『每日申報』 1919년 4월 16일. 「外紙騷擾論評」

고 있다고 하는 미국 신문의 보도기사를 소개하였다.97) 4월 26일에는 미국은 일본이 소요를 진압하기 위해 '嚴酷殘忍'한 조치를 취하고 있다고는 생각하지 않으며, 이러한 과장된 이야기는 단순히 排日感情을 유포하기 위한 것이라고 생각한다는 미국 국무성 관리의 발언을 인용·보도하기로 했다.98)

『매일신보』의 기사 중에는 3·1운동과 관련된 민중들의 동향이나 인식에 대해 왜곡하는 경우도 적지 않았다. 4월 10일자 기사에서는 南鮮地方에서는 헌병 분대장의 설유를 받고 잘못을 뉘우친 자가 적지 않다고 하였으며, 경성에서는 스스로 '悔悟狀'을 써서 경무총감부에 신고한 자가 많으며, 학생들 중에도 동창생들에게 세계대세를 이야기 하여 시위를 막은 '思慮있는 학생'이 있었다고 하였다.99)

3·1운동의 열기가 고조되어 '京城'을 중심으로 결석하는 하는 학생들이 늘어나자 『매일신보』는 학생들의 결석에 대해 불량학생들이 이번 시위에 참가하지 않으면 죽이겠다고 위협했기 때문이라고 하거나 학생들의 세계의 대세를 깨닫지 못하고 경거망동했기 때문이라 하고 있었다.100) 4월 23일에는 열심히 시위에 덤비던 학생들의 열기는 식고 있으며, 뉘우치는 자가 적지 않은 한편, 경성은 자못 평온함으로 부형들은 안심하고 학생들을 '出京'케 하라는 권고성 기사를 게재하기도 하였다.101)

---

97) 『每日申報』1919년 4월 21일. 「自決問題閑却, 米紙 朝鮮의 騷擾를 批評」16일 뉴욕의 '크로니콜'지를 이용하여 보도하고 있다.

98) 『每日申報』1919년 4월 26일. 「朝鮮問題는 內政, 米國國務當局者의 言明」이 기사는 뉴욕발 '크리챤 싸이언스 모니토아'지의 미국무성 고관의 발언을 인용하여 보도하는 형식을 취하고 있다.

99) 『每日申報』1919년 4월 10일. 「目下騷擾의 一邊」. 이밖에 이 기사에서는 3월 31일 珍島에서는 100여명의 마을 주민과 일본인이 친목회를 개최하고 시국에 대해 '즐겁게' 이야기한 후 주연을 열고 저녁때까지 놀았다고 보도하기도 하였다.

100) 『每日申報』1919년 3월 7일.

4월 17일자 기사에서는 대전에서 불량배 2명에게 선동되어 만세를 부르다 사망한 자의 부모가 선동했던 자 중 한 명을 죽였다고 보도하였다.[102] 4월 19일에는 동내에서 폭동자가 나온 것에 대해 사의를 표하기 위해 동민들이 스스로 파괴된 주재소를 다시 짖기로 했다고 보도하기도 했다.[103]

강원도 정선에서는 130명의 군중이 만세 시위를 전개하였으나 조선인 工夫 2명이 총독유고를 읽어주고 시위를 만류하자 즉시 해산하였다고 보도하였다.[104] 5월 9일에는 충남지방에서는 소요가 진정됨에 따라 일반인들이 시위에 참여하였음을 후회하며, 시위에 참여했다 죽은 자에 대해 嘲笑하거나 그 가족을 돌보지 않고 있는 상황이라고도 하였다.[105]

친일인사들 중 3·1운동에 대한 반대의사를 강력하게 표명하는 경우도 있었다. 閔元植은 3·1운동의 무모함과 부당성을 강조하는 논설을 게재하였으며,[106] 高義駿·尹孝定·金明濬 등 30여명의 인사들은 모임을 갖고 3·1운동 발발의 심각성에 대해 의논하는 한편, 전국에 경고문을 발표하기도 했다.[107]

뿐만 아니라 『매일신보』에서는 인도의 '폭동'과 조선의 '시위'를 비교하면서 양자는 외형상으로는 월슨의 민족자결주의를 표방하고 있으며,

---

101) 『每日申報』 1919년 4월 23일. 「안심하고 등교케 하라, 경성고등보통학교장 강보 원씨의 말」
102) 『每日申報』 1919년 4월 17일. 「撲殺에 撲殺, 騷擾 끝에 참상」
103) 『每日申報』 1919년 4월 21일. 「暴民나임을 恥하야」
104) 『每日申報』 1919년 4월 19일. 「총독의 諭告를 읽어드리어서」
105) 每日申報』 1919년 5월 9일. 「騷擾 后 地方人心」
106) 『每日申報』 1919년 4월 27·28·29일. 「更히 騷擾에 대하야」 이외에도 친일적 경향의 논설은 여러 곳에서 보이고 있다.
107) 『每日申報』 1919년 4월 19일. 「全道警告文」

종교를 이용했다는 점에서는 비슷하지만, 자세히 연구하면 그 실상과 의미가 다르다고 주장하였다.

> 조선의 소요와 인도의 폭동은 서로 흡사하나 양자를 자세히 연구하면 대상부동하다. 제일, 영국인과 인도인은 민족이 근본적으로 같지 아니한데 일본과 조선인과는 같은 민족이며, 지리로 보더라도 조선과 일본과는 원래 육지가 서로 접하였다가 지질의 변천으로 서로 떨어졌다함에 어떠한 학자도 반대치 아니하며, 또 국어학으로 말할 지라도 세계 각국의 말에 토를 다는 말은 일본과 조선밖에 없다. 한어를 비롯하여 세계 각국의 말은 토가 없이 我見花라 하나 일본과 조선은 나는 꽃을 본다와 같이 명사든지 형용사에 토를 달며, 또 풍속도 일본 고대의 풍속은 조선과 같으니라 …… 본시 한민족인라

즉, 일본과 조선은 지리적으로나 언어, 풍속 등으로 볼 때 같은 민족이기 때문에 민족이 근본적으로 다른 영국과 인도 사이에서 일어난 소요와는 성격이 서로 다른 다는 논리를 펴고 있었다 그런데 『매일신보』의 이러한 주장은 어떻게든 3·1운동의 열기를 진압해야 했던 일제의 다급했던 정치적 상황과 식민권력의 동향 및 조선총독부 기관지였던 『매일신보』의 식민지 언론으로서의 성격을 명확하게 보여주는 것이라고 하겠다.

V. 맺음말

본고에서는 조선총독부의 기관지였던 『매일신보』에 나타나는 3·1운동 관련 기사의 내용을 정리해 봄으로써 3·1운동의 전개과정의 특징과 3·1운동에 대한 일제의 인식을 보다 구체적으로 검토해 보았다. 그 특징

을 정리하면 다음과 같다.

첫째, 조선총독부의 기관지였던 『매일신보』에는 3·1운동과 관련된 다양한 시위 관련 보도 기사가 게재되어 있는데 이를 정리하면 천도교와 기독교계, 학생과 민중들의 시위 양상의 일반적인 특징을 확인할 수 있을 것으로 보인다. 『매일신보』에 나타나는 시위의 양상은 폭력적 경향의 시위에 관한 내용이 압도적으로 많은 것으로 나타나는데 이는 시위의 불법성과 폭력성을 강조하여 무력수단을 통한 가혹한 진압이 불가피했음을 강조하고자 했던 일제의 의도가 일정하게 반영된 것이라고 생각된다.

둘째, 시위와 관련된 기사의 내용에는 기독교계와 선교사와 관련된 보도기사가 상대적으로 많은 것으로 나타나고 있는데 이는 3·1운동의 발발과정에서 선교사들이 깊이 관여했다고 보는 총독부의 인식과 관련이 있는 것으로 보이며, 이는 3·1운동을 일제에 대한 우리민족의 전면적 저항이란 측면에서보다는 일정세력의 책동으로 축소해서 보고자 했던 총독부의 태도를 반영한 것이었다고 할 것이다.

셋째, 3·1운동의 전개과정에서 천도교세력과 학생 및 민중세력은 독립선언서를 비롯하여 독립신문, 독립경고문, 반도의 목탁, 독립호외 등 3·1운동과 관련된 각종 격문이나 투쟁 문건들을 작성·배포하여 3·1운동의 확신에 기여하였으며, 國民大會 같은 비밀결사 조직 등의 활동도 있었던 것으로 나타나고 있다. 그리고 학생들의 동맹휴학이나 등교거부, 상인이나 노동자들의 철시와 罷工 투쟁 등도 3·1운동의 확산에 많은 영향을 주고 있었다.

3·1운동이 발발하자 조선총독부에서는 총독의 '諭告'와 일본으로부터의 진압병력의 증파, 처벌법령의 강화 등을 발표하였으며, 지방장관과 경찰서서장의 유고나 경고문, 그리고 상가의 開店을 독려하기 위한 戒告

文의 발표 등 강력한 탄압정책을 실시하였다. 그러나 한편으로는 적십자와 자혜병원의 활동을 빙자하여 시위 부상자들을 치료하거나 이들을 위한 임시수용소를 설치할 것이라고 하는 등의 유화책에도 일부 신경을 쓰고 있었던 것으로 보인다.

그리고 『매일신보』의 자체 보도 기사에서는 고종의 독살설을 부인하는 기사와 민족자결주의와 한국의 독립문제가 무관하다는 점을 강조하는 기사를 게재하였으며, 인도에서의 폭동과 조선에서의 시위는 그 성격이 다르다는 주장을 게재하기도 하였다. 뿐만 아니라 민중들이 스스로 반성하고 있는 듯한 인상을 주는 여러 건의 기사를 게재하였는데 이는 3 · 1운동을 어떠한 형태로든 진압해야 했던 조선총독부의 현실인식과 총독부 기관지로서의 『매일신보』의 정치적 태도를 명확하게 반영하는 것이었다고 할 것이다.

제2장

매일신보 기획기사의 3 · 1운동에 대한 인식과 친일논리

'기획기사'의 내용을 중심으로

I. 머리말

1919년 3월 1일 전국의 중요 도시를 중심으로 3 · 1운동이 발발하고 곧바로 전국적인 독립운동의 형태로 확산되자 조선총독부는 적지 않게 당황하고 있었다. 이에 총독부 기관지였던 『매일신보』는 3월 6일 '民族自決主義의 誤解'라는 社說을 게재한 이후 이에 적극적으로 대응해 나갔다.

『매일신보』에서는 3월 7일부터 4월 24일까지는 各地騷擾事件이나 騷擾事件의 後報 등과 같은 고정란을 편성하여 3 · 1운동의 전국적 상황에 대해 보도하였으며, 6월말까지의 보도 경향에서 보면 총독이나 각 도장관 등의 諭告와 檢事局이나 學務局 혹은 朝鮮駐屯軍 관리의 견해나 기타 친일세력의 견해를 기획기사로 보도하였다. 또한 일부의 '投稿'나 분석 보도에서는 무단통치의 문제점이나 조선인들의 불만 상항에 대해 지적하는 모양새를 갖추기도 하였다.

따라서 3 · 1운동과 관련한 『매일신보』의 '기획기사'는 3 · 1운동에 대한 일제와 친일세력의 인식과 친일논리의 실체를 면밀하게 살펴볼 수 있는 가장 적절한 사료 가운데 하나인 것으로 생각된다. 이와 관련해서는 이미 3·1운동기 이완용, 민원식, 윤치호 등의 기고문을 분석한 연구가 있으며,[1] 『매일신보』의 보도 기사를 분석하여 천도교와 기독교세력 및 3·1운동의 지역별 시위상황에 대해 분석한 연구가 있다.[2] 따라서 이후의 연구에서는 『매일신보』 '기획기사' 몇 가지 중요한 기사의 내용을 분석해 볼 필요가 있는 것으로 보인다. 그리고 이는 3·1운동 당시 일제와 친일세력의 3·1운동에 대한 인식이나 친일논리를 보다 명확하게 파악하는데 일정하게 도움을 줄 수 있을 것으로 보인다.

이에 본고에서는 3·1운동기 『매일신보』의 '기획기사'의 중요 내용을 분석하여, 친일 논리의 주된 경향성을 파악하는 한편, 주로 '민족자결주의와 국제여론', 총독정치의 성과와 한계 및 강경진압의 문제 등에 대한 친일논리와 그 경향성을 파악해 보고자 한다.

II. 3·1운동에 대한 『매일신보』보도경향과 친일논리

1. 일제관헌과 친일인물의 '기획기사'와 친일논리

1904년 2월 러·일전쟁을 도발한 일제는 조선에서의 언론통제의 필요성을 절감하며, 乙巳勒約 체결 직후인 1905년 11월 20일 『皇城新聞』을 정간시켰으며, 1906년에는 「保安規則」을, 1907년 7월 24일에는 이른바 『光武新聞紙法』을 제정하여 극단적인 통제를 가하였다. 그리고 1909년 5

---

1) 임경석, 「3·1운동기 친일의 논리와 심리」, 『역사와 현실』69, 2008.
2) 황민호, 「매일신보에 나타난 3·1운동의 전개와 조선총독부의 대응」, 『한국독립운동사연구』 제26집, 한국독립운동사연구소, 2006. 황민호, 「매일신보에 나타난 평양지역의 3·1운동과 기독교계의 동향」, 『숭실사학』31, 숭실사학회, 2013.

월 1일 베델(Ernest Bethell)이 사망한 후에는 『대한매일신보』를 강제로 인수하여 1910년 8월 30일부터 『매일신보』로 개명하고 총독부 기관지로 그 발행을 지속하였다.

『매일신보』의 경영은 일본 언론계의 유력 인사 德富蘇峯이 담당했는데 그는 10월 1일 寺內總督과의 협의에서 '天皇의 仁愛하심과 一視同仁하심을 조선에 선전하며, 詭言妄說을 없애도록 하는 것이 경영방침임을 천명하였으며,3) 총독부에서는 신문사의 경영을 돕기 위해 일정기간 동안 매월 600円의 자금을 지원하였다. 1918년 12월 말 현재 보통 수준의 일본어 회화를 할 수 있는 조선인이 대체로 10만 2000명 정도로 전 인구에 0.6%정도에 그치고 있고, 거의 모든 언론이 통제되고 있는 상황에서 『매일신보』의 독점적 영향력은 상당한 수준이었을 것으로 보인다.4)

3·1운동이 발발하자 일제는 초기에는 상황을 은폐하기 위해 보도를 극단적으로 통제하였으나 시위가 전국적으로 확산되어 더 이상의 은폐가 무의미해지는 상황에 이르자 3·1운동에 대해 적극적으로 대응해 나갔다.5) 『매일신보』는 1919년 3월 7일부터 4월 24일까지는 '각지 소요사건'·'其後의 소요', '소요사건의 後報'·'소요사건' 등의 고정란을 통해 지역별 동향을 비교적 상세하게 보도하였다. 당시 『매일신보』는 4개의 지면 중 3면의 대부분과 2면과 4면의 일부에 3·1운동과 관련된 기사를 게재하였다. 3월 8일자에서 보면 게재된 3·1운동 기사의 총 건수가 약 23건인 것으로 나타나고 있으며, 이후에도 1일 20여건에 가까운 관련 기사를 게재하는 경우가 상당수 있었다.

---

3) 황민호, 『일제하 식민지지배 권력과 언론의 경향』, 경인문화사, 2005, 5~15쪽.
4) 임경석, 앞의 논문, 49쪽, 「國語를 解하는 鮮人數」, 『매일신보』 1919년 8월 3일.
5) 임경석, 앞의 논문, 51쪽. 조선헌병대사령관 兒島惣次郎, 1919. 3. 12 1 「朝憲密警 제73호, 신문취체방침의 건」, 姜德相 編, 『現代史資料』 25, 原書房, 1966, 123쪽.

『매일신보』에서는 다양한 성격의 '기획기사'를 게재하고 있었는데 이를 정리해보면 <표 1>과 같다. 『매일신보』에는 일본귀족이나 학무국장, 법무국장, 군참모장, 學習院長, 선교사 등의 담화나 대담을 게재했는데 '스미스선교사는 '誤解는 甚히 遺憾'이라고 했으며, 陸軍中將 石光眞臣은 '宋襄의 仁은 禁物'이라고, 大野軍參謀長은 '妄動者는 猛省하라'라고 하여 3·1운동에 대해 강력하게 대응할 것임을 분명히 하였다.

특히 謀貴族談으로 게재된 '荒唐한 流言에 迷惑치 말라'라는 기사에서는 3·1운동의 발발에 대해 다음과 같이 비판하였다.

> 이번 조선독립운동이라 칭하여 京城 기타에서 행한 운동이라는 것은 事理를 不辨하고 國情을 이해하지 못한 자의 輕擧妄動으로, 내선동화의 實을 傷害하는 것이라 말하지 않을 수 없을지라. 이 운동의 원인, 이유라 하는 것을 보건대 조선인으로 다년간 해외에 있어 현재 조선의 상태를 이해치 못하는 무리가 우연히 파리의 講和會議에 제출, 토의된 民族自決主義를 방패삼아 조선의 독립을 기도하여 내內地에 있는 조선인 유학생의 일부 혹은 조선에 거주하는 謀 宗教의 관계자와 思慮 淺薄한 학생 등과 秘密 相通하여 민심을 蠱惑煽動한 결과 이러한 不祥事를 야기한 것이라.[6]

그는 사리를 분별하지 못하고 國情을 이해하지 못한 자들의 경고망동으로, '內鮮同化'를 손상시켰으며, 다년간 해외에 체류하여 조선의 상황을 이해하지 못하는 무리들이 우연히 파리강화회의에 제출된 민족자결주의를 방패삼아 조선의 독립을 기도한 것으로, 이들과 결합한 일본 내의 조선인 유학생과 국내의 종교관계자, 사려가 천박한 학생들이 비밀리에 연

---

6) 某貴族談, 「荒唐한 流言에 迷惑치 말라」, 『매일신보』 1919년 3월 8일.

합하여 일으킨 '不祥事'라고 하였다.

<표 1> 『매일신보』에 게재된 3·1운동과 관련된 담화·연재·경고 관련 목록7)

구분	날짜	필자	기사제목
담화 대담	3.8	某名士談	到底히 無事의 事, 朝鮮獨立은 東洋의 再次禍根
	3.8	國分司法部長官談	國法儼存
	3.8	鄕津檢事正談	毫不假借,
	3.8	某貴族談	荒唐한 流言에 迷惑치 말라
	3.8	尹致昊氏談	朝鮮人을 爲하여 悲劇
	3.10	關屋學務局長談	留學生의 行動에 就하여
	3.11	某外國人談	虛說에서 生한 騷擾
	3.11	스미스牧師談	誤解는 甚히 遺憾, 今回騷擾와 外國人宣敎
	3.11	某銀行重役談	騷擾와 金融界
	3.14	國分司法部長官談	外人煽動은 無稽
	3.15	安藤京管運輸課長談	騷擾와 鐵道貨物
	3.17	某銀行重役談	京城撤市에 對하여
	3.17	竹村一銀支配人談	財界膨脹頓挫
	3.19	久水外事課長談	騷擾와 外國人係에 就하여
	3.31	陸軍中將 石光眞臣氏談	今回의 騷擾에 對하여, 宋襄의 仁은 禁物
	4.2	學習院長 北條時敬氏談	今回의 騷擾에 對하여, 그네들의 마음에 觸하라
	4.4	某武官談	周到한 優遇
	4.8	貴族院議員 鎌田榮吉氏談	今回의 騷擾에 對하여, 眞心信賴케 하라
	4.8	某銀行家談	騷擾와 財界
	4.10	陸軍當局者談	朝鮮에 增兵
	4.13	大野軍參謀長車中談	妄動者는 猛省하라, 惡化한 騷擾 派遣軍隊來鮮
	4,17	國分司法部長官談	新處罰令에 就하여
	4.19	芳澤參事官談	騷擾와 宣敎師의 眞相을 調査
	4.23	陸軍某當局者談	朝鮮增兵에 就하여
	4.24	某有力者談	日米親善과 朝鮮
	4.26	京城傳修學校長 吾孫子勝氏談	學校開始에 就하여
	4.30	咸興參與官 朴榮喆氏談	今回의 騷擾에 就하여

7) 본 논문의 『매일신보』와 관련된 기사 및 표는 한국언론진흥재단 홈페이지에 탑재되어 있는 『매일신보』 파일의 내용을 참조하여 작성 작성되었다. http://www.bigkinds. or.kr/mediagaon/goNewsDirectory.do

	6.4	宇都宮軍司令官談	鮮人意志疏通
	3.16	永興待天敎布德師 金基顯	妄動은 自取滅亡
	3.24	明治學院中學部長 熊野雄七氏	留學生의 不穩한 言行에 就하여
	3.27	淸州 申寅求	不可思議의 獨立問題
	3.28	震海 李應涉(投)	日韓倂合과 騷擾(1)
	3.29	震海 李應涉(投)	日韓倂合과 騷擾(2)
	3.30	慶尙北道 某儒生(投)	今回의 騷擾에 對하여, 東洋의 禍胎
	4.5	鐵原有志一同(投)	今回의 騷擾에 對하여, 各歸其業하라
	4.9	釋尾旭邦『滿洲及朝鮮』譯載	朝鮮人에게 與함
	4.9	高陽郡守閔元植寄	騷擾의 原因과 匡救例案(1)
	4.10	釋尾旭邦『滿洲及朝鮮』譯載	朝鮮人에게 與함2
	4.10	高陽郡守閔元植寄	騷擾의 原因과 匡救例案(2) 天道敎와 孫一派
	4.11	釋尾旭邦『滿洲及朝鮮』譯載	朝鮮人에게 與함3
	4.11	高陽郡守閔元植寄	騷擾의 原因과 匡救例案(3) 天道敎와 孫一派
	4.12	高陽郡守閔元植寄	騷擾의 原因과 匡救例案(4) 基督敎徒의 妄動
	4.13	高陽郡守閔元植寄	騷擾의 原因과 匡救例案(5) 基督敎徒의 妄動
	4.14	高陽郡守閔元植寄	騷擾의 原因과 匡救例案(6) 騷擾의 第二因
	4.14	光化門人	今回의 騷擾에 對하여, 朝鮮有識者에게 與함
연재 투고	4.15	高橋直岩 西鮮日報譯載	朝鮮의 基督敎(1)
	4.15	高陽郡守閔元植寄	騷擾의 原因과 匡救例案(7) 倂合是非
	4.16	高橋直岩 西鮮日報譯載	朝鮮의 基督敎(2)
	4.16	高陽郡守閔元植寄	騷擾의 原因과 匡救例案(8) 匡救私案
	4.17	高橋直岩 西鮮日報譯載	朝鮮의 基督敎(3)
	4.18	高橋直岩 西鮮日報譯載	朝鮮의 基督敎(4)
	4.18	在上海 케유生寄稿	今回의 騷擾에 對하여, 暗黑을 脫하여 光名에 投하라
	4.19	高橋直岩 西鮮日報譯載	朝鮮의 基督敎(5)
	4.19	高橋直岩 西鮮日報譯載	朝鮮의 基督敎(6)
	4.28	京城 閔元植	更히 騷擾에 對하여
	4.29	京城 閔元植	更히 騷擾에 對하여
	5.4	小原農商工部長官談	騷擾와 産業影響(1)
	5.4		騷擾와 各地金融
	5.5	小原農商工部長官談	騷擾와 産業影響(2)
	5.5		騷擾와 各地金融(2)
	5.8	釋尾旭邦(朝鮮及滿洲驛載) (二의 續)	再次朝鮮人에 與함
	5.9	釋尾旭邦(朝鮮及滿洲驛載) (二의 續)	再次朝鮮人에 與함

5.9	金永培	迷夢에서 覺하라
7.2	平壤商議所調査	騷擾事件의 産業에 及한 影響(1)
7.3	平壤商議所調査	騷擾事件의 産業에 及한 影響
3.6		社說: 民族自決主義의 誤解
3.8		社說: 所謂獨立運動
3.9		社說: 誨告學生諸君
3.13		社說: 朝鮮騷擾에 關한 質問書를 讀함
3.14		社說: 安然히 其業에 精勵하라
3.22	桑原忠南道長官, 諭示의 一節	誤解된 民族自決
3.28		社說: 宣教師에게 望함
4.5	伯爵 李完用 謹告	適宜의 警告
4.9		李伯再次警告
4.10		今回의 騷擾에 對하여, 李伯爵의 警告文을 讀함
4.29	學務局長 關屋貞三郎	朝鮮教育者諸君에 告함
5.30		李伯三次警告
6.2		社說: 自衛團과 京城
6.10		社說: 自信하라 善察하라
7.5		社說: 讀總督諭告(上)
7.5		社說: 讀總督諭告(下)

(가장 왼쪽 열에는 위 항목 전체를 묶는 '社說 警告 諭示' 구분 표기가 있음)

『滿洲及朝鮮』의 편집인 釋尾旭邦[8]는 4월 1일에 게재한 '朝鮮人에게 與함'(3)에서 조선의 젊은이들이 일본에 대적하는 것은 螳螂이 鐵車에 대항하는 것과 같은 것으로, 민족독립을 唱하는 意는 壯하나 그 실력을 고려하지 않고 事을 일으키는 것은 스스로를 身殺할 뿐아니라 그 禍가 동포인 1천만 民에게 끼치게 될 것이라고 하였다.

---

8) 최혜주, 「한말 일제하 샤쿠오(釋尾旭邦)의 내한활동과 조선인식」, 『한국민족운동사연구』45, 2005. 사쿠오의 본명은 釋尾春芿이며, 號는 旭邦·東邦이다. 1900년에 내한한 이후 교사와 민단활동, 어용언론인으로 40여년간 활동하였으며, 일제의 조선침략의 정당성을 강조한 일물이었다. 1875년 備前片上 의 사찰에서 태어났으며, 1897년 哲學館(東洋大學)을 졸업하였다. 성장과정 등은 명확하지 않으며, '壯士的 인물'인 것으로 알려져 있다.

조선도 병합 이래 旣히 10년에 近하야 諸般의 施設이 頗히 순조로 進하고 조선의 民이 恭順하야 총독정치가 원활히 行하는 형상이 有하야 我 본국 정계에서도 조선총독제도를 변경하야 문관으로하고 從하야 종래의 무단주의를 捨하고 문치주의를 취하며 점차 간섭 압박의 手를 緩하야 자유 평등자치의 입헌적 정치를 施치 안이치 못할 것이라 云하는 여론이 有하야 혹은 근근(近近) 그 運에 至하야 조선의 국면이 大히 전개코져하는 형세가 有하도다.

然□ 퐁人 내지인도 이 地에서 자유의 공기를 흡득(吸得)할뿐 안이라 조선인도 자유 관대의 정치에 浴함을 得하야 극단으로 구속되얏던 언론집회의 자유도 與하고 신문잡지의 발행도 許하야 조선 언론계도 오래간만에 진성(賑盛)키에 至하리라. 환락(歡樂)하얏더니 금회의 독립운동과 소요사건은 忽然 이 氣勢를 頓挫케 하얏도다.9)

나아가 釋尾는 위의 인용문에서 병합 10년 이래 백성은 공손하고 총독정치는 순조롭게 행해지는 형상이 있어 일본 내에서도 종래의 무단주의를 버리고 문치주의 취하며 자유와 평등 자치의 입헌정치를 실시해야할 것이라는 여론이 없었던 것이 아니라고 하였다. 그러면서 언론집회의 자유를 허락하고 신문잡지의 발행을 계획하며 이 땅에서도 자유의 공기를 吸得할 수 있게 하자는 논의가 있었으나 이번의 독립운동과 소요사건이 그 기세를 頓挫시켰다고 하였다. 그런데 釋尾의 이러한 언급은 언론집회의 자유가 극단적으로 제한된 무단적 상황 하에서 3·1운동이 발발한 것에 대한 일제의 책임을 회피하고자 하는 태도의 연장선이었다고 할 것이다.

윤치호와 함흥 參與官 朴榮喆10)도 담화를 게재되었다. 윤치호는 '강자

9) 釋尾旭邦,「朝鮮人에게 與함 (3)」-『滿洲及朝鮮』譯載,『매일신보』1919년 4월 11일.
10) 박영철(1879~1939) 전라북도 익산에서 출생하였으며, 중추원 참의, 도지사, 동양 척식주식회사 감사 등을 지냈다. 1919년 12월 훈4등 서보장을 받았으며, 사망 당시

와 약자가 相和 相愛함에 있어서 약자는 항상 從順하여야만 강자에게 愛好心을 起케며, 이것이 평화의 기초가 되는 것인데 만약 약자가 강자에 대하여 함부로 抗拒를 하면 강자가 怒하여 결국 약자가 苦困하게 되니 조선이 내지에 대해 不穩한 언동을 하는 것은 不得策'이며, 이는 조선인 위해 '悲哀'한 일이라고 하였다.[11]

박영철도 학문과 인격과 부를 키워 일본과 '內鮮同體'되어야 할 것임을 강조하였다. 그는 일본이 自衛上 청일전쟁과 러일전쟁에서 막대한 생명과 재산을 쓴 뒤 한일병합을 하였으며, 10년간 안정을 얻었는데 조선인이 空手로 독립만세를 외친다고 무슨 효과가 있겠는가? 라고 반문하였다. 또한 일본이 독립을 승인하다 하더라도 재정, 병력, 기술 등 국가를 지탱할 능력이 있겠는가?라고 하며, 구한국의 惡政으로 돌아갈 뿐이라고 하였다.

뿐만 아니라 新政 이래 생명의 안전과 敎育 民業의 발달은 구한국의 정치에 비할 바가 아님은 누구라도 異意가 없을 줄로 생각하며, 內鮮人의 차별이 新政의 결점이라고 하는 사람도 있으나 이는 程度의 문제로 鮮人의 정도가 향상 될수록 대우도 향상되어 내선인이 同度로 결국 차별이 없어지게 되는 것은 內地 朝野의 有識者들도 희망하는 바라고 하였다.[12]

고양군수 閔元植은 총 8회에 걸친 '騷擾의 原因과 匡救例案'과 2회의 '更히 騷擾에 對하여'라는 논설을 개재하였으며, 이완용은 4월 5일에 '適宜의 警告'을 게재한 이후 총 3차에 걸쳐 경고문을 게재하였다. 일본인 高橋直岩은 '朝鮮의 基督敎'라는 제목 하에 6회에 걸쳐 『西鮮日報』에 게재했던 글을 재차 수록하기도 하였다. 그런데 민원식의 경우 총 8회의 연재

일본정부로부터 旭日中綬章과 일본 왕실이 주는 폐백과 祭奠을 받았으며, 만주국 정부가 주는 훈3위 景雲章을 받았다. 민족문제연구소, 『친일인명사전』(박영철), 2009.

11) 「朝鮮人을 爲하여 悲劇, 尹致昊氏談」, 『매일신보』 1919년 3월 8일.

12) 「今番의 騷擾에 就하야, 咸興參與官 朴榮喆氏談」, 『매일신보』 1919년 4월 30일.

에서 '基督教의 妄動'라는 제목의 글을 2회에 걸쳐 게재하였는데 이를 통해서 보면 3·1운동에서의 기독교세력은 일제 당국에게 가장 다루기 어려운 정치세력으로 인식되고 있었던 것으로 보인다.

또한 이완용과 민원식의 글이 발표되자『매일신보』4월 15일자에서 光化門人이라는 필명의 인물은 '朝鮮有識者에게 與함'이라는 논설을 통해 이완용 백작은 다시 제2의 경고문을 발하였으며, 민원식씨도 經世의 大文字를 연재하고 있다고 하며, 나는 조선의 識者들이 분발하여 공정한 태도를 가지고 頑迷孤陋의 무리로 하여금 하루라도 빨리 그 迷夢에서 覺醒할 수 있도록 努力하기를 切望한다고 하였다.13)

뿐만 아니라 민원식은 4월 16일에 기고한 '騷擾의 原因과 匡救例案(8)에서는 다음과 같은 논리로 일본 식민으로서의 태도를 가질 것을 주장하기도 하였다.

併合前後 各地에 暴動이 蜂起한 事가 有하얏스나 然이나 國民의 中堅이오 輿論의 指導者이던 兩班階級은 殆히 關知치안이 함과 如하얏슴은 國民의 健全分子가 併合에 贊意를 表한 例證이라고 稱할것이라.

假令 一步를 讓하야 韓國民이 擧皆 合併에 反對하얏다할지라도, 政府는 民意에 反하야 此를 斷行하얏다할지라도 純然한 日本領土로 化할 今日에는 조선민족의 독립운동도 要컨대 일본국내의 一事故에 不過하며 他國內政에 干涉치 안이함은 國交의 原則이 안인가 外國의 同情에 依하야 조선 독립의 목적을 達코져하는 運動은 事理도 辨치 못하는것이라 云함보다는 寧히 妄念을 넘어 狂奔하는 類 이라 若不然而目的을 達치 모할 줄을 知하나 독립의 名이 大義의 象徵임과 如함에 此 魅에 惑하야 此에 ○함을 男子의 本懷라 하는 者가 有하면 彼난 大局

---

13) 光化門人,「今回의 騷擾에 對하여, 朝鮮有識者에게 與함」(2),『매일신보』1919년 4월 15일.

을 見하는 明이 無할뿐안이라 事實을 無視하고 同胞를 窮○에 ○케하
랴 난 輕卒漢이라는 誹謗을 免치 못하리라
　予는 予의 親愛하는 同胞가 輕擧妄動을 謹愼할지오 若 民權의 上에
正堂히 要求할 것이 有하면 日本帝國의 臣民으로 正堂히 此를 要求하
는 穩健한 態度에 出할 事를 切望치 안이치 못하노라.14)

　민원식은 합병을 전후하여서도 각지에서 폭동이 봉기한 일이 있었으
나 국민의 중견이요 여론의 지도자였던 양반계급이 거의 관여치 않은 것
은 국민의 건전분자가 합병에 贊意를 표한 예증이라고 하였다.
　또한 그는 純然히 일본영토로 化한 今日에 조선 독립운동은 일본국 내
의 一事故에 불과하며, 타국의 내정에 간섭하지 않는 것은 國交의 원칙이
라고 주장하였다. 뿐만 아니라 외국의 同情에 의하여 독립을 달성하고자
하는 것은 妄念을 넘어 狂奔이며, 輕率漢이라는 비난을 면치 못할 것이라
고도 하였다. 이밖에 민원식은 나의 친애하는 동포가 정당하게 요구할 것
이 있으면 日本帝國의 臣民으로서 정당히 요구하는 온건한 태도를 보여
줄 것을 切望한다고 하였다.
　3월 8일에 게재된 『매일신보』의 社說에서는 역사적 관점에서도 조선
이 독립할 수 없을 강조하기도 하였다.

　　수백 보를 양보하여 조선의 독립을 감히 얻는다 할지라도 이는 진
　실로 일시의 명목에 불과할 뿐이라. 시험 삼아 조선의 역사를 회고하
　라. 조선이 과연 진정한 독립을 얻은 사실이 있는가. 삼한시대의 古時
　로부터 李朝의 말에 이르기까지 언제 완전한 독립을 얻었는가. 옛날
　일·중 양국에 分屬한 사적은 고사하고 최근 일·청전쟁 전에 이르기

---

14) 高陽郡守 閔元植(寄), 「소요의 원인과 匡救의 例案(八) 匡救私案」, 『매일신보』 1919
　　년 4월 16일.

까지 최근에 중국의 封錫을 拜 朝貢을 捧치않았는가. 일·청전쟁의 후에 중국의 ○○를 겨우 벗어나 大韓의 국호를 세우고 국왕의 호칭을 皇帝로 바꾼 일이 있었으나 이는 오직 槿花一朝의 榮이라. 당시 러시아의 세력이 隆隆히 조선 반도를 짓눌러 社稷의 위기가 風前의 燈과 같았도다. 만일 일본제국이 自抑不發했더라면 반도는 마침내 러시아인의 말발굽에 유린되었을 것은 필연이라. 필경 조선은 토지가 협소하고 문화가 부진하고 國貧人弱하여 독립을 支持하는 소질에 큰 결함이 있어서이라. 금일에 다행히 다른 인종의 병합을 면하여 八城의 인민이 안도할 수 있는 이유는 그 同族同種인 일본제국이 전력을 다하여 이를 지지하는 까닭일 뿐이니, 이 明明白白한 역사적 사실을 망각하고 이제 와서 독립을 呼號함은 抑何心인가.15)

조선의 역사를 회고해 보면 삼한시대의 古時로부터 조선말에 이르기까지 완전한 독립을 이룬 적이 없으며, 옛날에는 중·일 양국에 分屬되었었으며, 근래에 들어서는 청·일전쟁 이전까지는 중국에 朝貢하였으며, 일본이 분발하지 않았다면 러시아의 말발굽 아래 유린되었을 것이라고 주장하였다.

조선은 國貧人弱하여 독립을 支持할 소질이 없었으나 다행히 同族同種인 일본제국이 전력을 다해 지키고 있어 인민이 안도할 수 있게 되었는데 이러한 역사적 사실을 망각하고 이제 와서 독립을 외치는 것은 무슨 抑何心인가? 라고 하였다.

2. 3·1운동 상황과 관련한 '기획취재' 기사의 경향

3·1운동이 발발하자 『매일신보』에서는 <표 2>에서 보는 바와 같이

---

15) 「社說 所謂獨立運動」, 『매일신보』 1919년 3월 8일.

민중의 동향을 취재한 기획기사를 게재하여 운동의 상황을 왜곡하고 있었다. 그런데 이 기사의 내용을 분석해 보면 역설적으로 3·1운동 당시의 민중의 동향과 국제관계에서의 일제의 불편한 심기와 『매일신보』의 친일적 보도경향에 대해 보다 극명하게 파악할 수 있을 것으로 보인다.

<표 2> 『매일신보』에 게재된 3·1운동 상황 관련 '기획취재기사' 목록

날짜	기사제목
3.15	流言과 李王家, 이태왕전하 승하에 당한 풍설, 양 전하께서 비상히 우려하심
3.16	無限의 虛說, 이태왕전하의 환후경과, 독살설은 실로 무근허설
3.25	騷擾鎭撫에 對한 宣敎師이 努力
3.28	先頭는 乞人, 群衆은 兒童, 색다른 소요자
3.31	最後手段이 有할뿐 惡性化 한 京城의 騷擾, 鹽澤警務部長의 決心
4.1	騷擾의 取締로 刑事犯罪激減, 차차로 늘 작정이다
4.9	京城은 全部開市, 아직 안연 것은 몇 집이 안된다
4.10	全然無根의 事實을 외국신문에 통신하여 사람을 속이려고 늙은 선교사가 있다
4.11	針小棒大의 誤報, 있는 사실 없는 사실을 섞어, 엄청난 거짓말을 잘한다
4.11	騷擾死傷者를 讚美하여 公然이 煽動하는 宣敎師, 대담한 암중비약을 한다
4.11	一行은 果然 巴里에 있나, 전하는 바와 같이 승만일행은 과연 파리에 건너갔는가 파리에 한사람도 없다.
4.12	妄動과 總督諭告, 장곡천 총독은 지난 십일에 제삼회로 좌기와 같은 유고를 발하였더라
4.15	賭博의 大流行, 소요사건에 전력하여서 경관이 안 잡는다는 풍설
4.17	全道 殆히 靜穩, 각 지방에 소요가 별로 없다
4.19	咸北各地靜穩, 도리어 선동자에게 반감을 갖게 되었다
4.19	米國 宣敎師의 領事排斥, 이러한 말이 들린다
4.19	米國新聞의 虛報, 미국 사람들도 깜짝 놀란다
4.21	自決問題閑却, 米紙 朝鮮의 騷擾를 批評함
4.23	倂合과 朝鮮의 幸福, 總히 外國人의 認定하는 바
4.23	安心하고 登校케 하라, 소요 중에 끼인 가엾은 학생들, 부형은 속히 상학하게 하여라 경성고등보통학교장 강원보씨의 말
4.24	平北地方 天道敎의 反感
4.26	朝鮮問題는 內政, 米國國務當局者의 言明
4.26	大邱高普生徒, 登校를 自請, 참 반가운 현상이다
5.1	新來軍人에게 配布한 注意書, 그 내용은 이러하다
5.5	騷擾後의 民情, 漸次 覺醒, 소요를 나무라며 후회하는 사람들

5.5	安心하고 速히 登校하라, 무근한 낭설을 믿지말라 학교당국에서도 보호, 경성여자고등보통학교 교장 자하장삼랑씨말
5.6	漫遊外人漸增, 소요가 진정되어 유람객이 많이 와
5.8	京城賭博盛行, 소요 이래로 놀음판이 많아서 경찰당국의 일층분발을 희망
5.9	騷擾後의 地方人心, 망동인 줄 쾌히 깨달은 듯
5.20	在東京留學生, 그 뒤에 매우 평정히 지낸다
5.22	天道敎의 大邱敎區長, 교를 배반하였다
5.26	面目이 없다고 割腹한 巡視, 자기 딸에 소요에 참가한 까닭으로
5.29	果然何를 希望하는가, 소요사건 이후에 지방 유력자의 감상이라고 소개된 몇가지
6.3	朝鮮과 印度의 騷擾, 소요의 외형은 같은 듯하나 실상은 의미가 크게 다르다
6.4	朝鮮과 印度의 騷擾, 소요의 외형은 같은 듯하나 실상은 의미가 크게 다르다
6.5	朝鮮과 印度의 騷擾, 소요의 외형은 같은 듯하나 실상은 의미가 크게 다르다
6.6	在監學生近況, 감옥의 취급이 적당, 면회한 직원의 감사
6.13	駐屯軍隊는 大歡迎, 성심으로 돈을 모아 군대를 위문해
6.13	朝鮮人이라고 決無差, 군대에서 공평한 조선인 대우, 육군성 인사국에 영전한 홍사익의 말
6.25	內鮮은 天定緣分, 조선의 소요를 근심하여, 미국에서 붙인 하리스박사의 편진

『매일신보』에서는 3 · 1운동 초기 '고종의 독살설'이 폭발력을 갖는다고 판단되자[16] 이에 대한 반박기사를 게재하였다. '流言과 李王家, 이태왕 전하 승하에 당한 풍설, 양 전하께서 비상히 우려하심'이라는 기사에서는 고종 승하와 관련하여 이번 소요에서 허무맹랑한 소문이 전파되는 것은 실로 황송한 일이라는 이왕직 당국자의 말을 전하면서 독살설이 '無根之說'임을 강조하였다. 실제로 이 기사에서는 고종이 파리강화회의에 보낼 외교문서에 도장을 찍지 않아 독살되었다는 풍설이 있으나 이는 보통사람이면 참아 입에도 올리지 않을 흉악한 허설이라고 강조하였다.

그런데 고종이 강화회의에 보낼 외교문서에 도장을 찍지 않았다는 것은 파리강화회의에서 김규식 등의 활동이 본격화되자 일제는 각 방면의 대표적 조선인은 사실상 한일병합에 悅服하여 조선독립을 희망하지 않

---

16) 윤소영, 「한 · 일 언론 자료를 통한 고종독살설 검토」, 『한국민족운동사연구』66, 2011.

고 있으며, 독립운동을 일으킨 것은 모국의 실상을 모르는 해외 거주자의 망동에 불과하다는 서면을 작성하여 고종에게 서명할 것을 강청했으나 이를 거절하자 조선총독부가 고종을 독살했다는 것이었다.[17]

3월 16일에는 '無限의 虛說, 이태왕전하의 환우경과, 독살설은 실로 무근허설'이라는 제목의 기사를 통해 고종의 독살설을 해명하는 이왕직의 발표 전문을 게재하여 사태를 무마하려 하였다.

기독교와 천도교에 대한 부정적 기사를 다수 보도하였다. 4월 19일에는 함경북도 각지의 동향을 보도하면서 성진과 길주에서는 場市가 폐쇄되고 사상자가 발생한 것에 대해 주모자들에게 대한 반감이 생겨 발견하는 대로 응징하겠다는 말까지 있으며, 회령, 종성, 경흥 등지에서는 천도교·예수교인을 제외하고는 독립이 안된다는 말을 믿고 뉘우치는 자가 많다고 하였다.[18]

평안북도 구성군에서는 천도교의 선동으로 소요에 참가한 사람들이 살생되었으며, 시장과 농업상에도 다대한 피해가 있어 천도교에 대한 반감이 일어나 '천도교를 절멸하고 죽이겠다고 떠드는 자까지 있었고 교제를 피하는가 하며, 시장상인들도 자위단을 조직하여 천도교도나 소요관계자의 내왕을 막고 경계하는 중이라고 하였다.[19] 충남 청양군에서는 소요에

---

17) 「荒唐한 流言에 迷惑치 말라, 某貴族談」, 『매일신보』 1919년 3월 8일. '파리에서 열린 강화회의에 新韓靑年黨 대표 김규식박사는 현 임시정부 외교부장 조소앙씨와 함께 참석하여 김박사 명의의 한일합방조약의 무효를 주장하는 청원서를 내어 세계의 주의를 끌었다. 그러나 好事多魔라는 격으로 기도교 동아선교사 해리스박사가 가지고 온 이완용 송병준 등 8인이 각계대표라고 가식한 건의서는 김박사일행을 망명중의 불령집단이라고 지충하여 아까옵게도 퇴장을 당하고야 말어 끗끗내 조선독립의 기회를 잃게 한 것이다.' 「3·1運動秘話」, 『동아일보』 1946년 2월 8일.

18) 「咸北各地靜穩, 도리어 선동자에게 반감을 갖게 되었다」, 『매일신보』 1919년 4월 19일.

19) 「平北地方 天道敎의 反感」, 『매일신보』 1919년 4월 24일.

참가했다가 죽은 자에 대해서 嘲笑하며, 가족을 돌보지 않아 처자들은 衣食이 없어 죽을 지경이고 빚 독촉까지 당하고 있다고도 하였다.

5월 22일자 기사에는 소요사건 이후 평양시민들의 예수교에 대한 반감이 격렬한 모양인지 공일에 치는 종소리까지 듣기 싫어하며, 평양 남문의 교회에 대해서는 주민 90여명이 연서하여 교회의 종소리를 정지하게 해달라고 청원하였으며, 교회에서는 종치는 시간을 1분간으로 하기로 했다고 보도하였다.[20]

6월 19일자의 보도에서는 放還된 천도교의 謀간부 말을 인용하여, 이번에 우리가 방환된 것은 천도교의 부활이라 할 수 있는 감사한 일이며, 금후로는 관헌과의 의사소통에 힘쓰는 것을 제일로 하고 정치와 종교를 구별하여 결단코 혼돈하지 않도록 할 것이라고 했음을 강조하였다.[21]

『매일신보』에서는 학생들의 시위 참여를 막기 위한 기사도 게재하였다. 경성고등보통학교 교장 강원보의 다음과 같은 주장하기도 하였다.

　　이번의 소요에 대하여 직무상 우리가 제일 가이없이 생각하는 바는 학생들의 처지니라. 생각하건데, 그들의 다수는 이번 사건의 진상을 알지못함과 세계의 대세를 짐작치 못하는 까닭으로 깊은 생각도 없이 망동한 자가 많은 것이라. 그러함으로 이러한 사람들은 당초는 제법 열심히 덤비었으나 날이 가는대로 열은 식고 달이 가는대로 사정을 알게 되어 지금은 깊이 뉘우치는 자도 적지 아니하다. 그래서 작금에 차차 일기의 따뜻한 좋은 시절이 되었건만은 유쾌하게 산보하는 일도 없고 아무 하는 것도 없이 그럭저럭 하는 그들의 괴로움은 우리가 생각하는 것보다도 더 심할 줄로 생각하나니 전 같으면 원기있게 학교

20) 「安息日의 鳴鐘을 금지하여 달라고 평양시민이 청원」, 『매일신보』 1919년 5월 22일.
21) 「放還된 天道教 幹部, 천도교 장래 방침을 이렇게 한다고」, 『매일신보』 1919년 6월 19일.

에 가서 재미있게 공부도 하고 즐겁게 운동도 하고 있을 터 인데, 하는 생각을 하면 참으로 동정을 표할만 하다. 이따금 길에서 나오는 그들의 모양을 보면 대개 건강이 매우 쇠약하여졌고 또 그들은 『일정한 일이 없는 것처럼 괴로운 것은 없어도』 하는 말을 약속한 듯이 말을 한다. 우리는 이 말을 들을 때마다 어떻게 던지 속히 이 불안에서 더구나 귀중하고 귀중한 그 수양시대의 광음을 낭비하는 일에서 구제하여주고 싶은 생각이 아니 날 때가 없다.

이러함으로 학교에서는 하루라도 속히 개학하여 그들에게 안심할 길을 가르쳐주라하는데, 부형의 염려로 학교에 보내지 않는다함은 참 유감으로 생각하노라. 작금의 경성은 아주 평온하여 상점도 다 열고 시민도 각기 업무에 종사하여 길로 다니던지 학교에를 가던지 아무 근심이 없을 것이요 또 지방의 상황도 점점 진정되는 중인즉 자제의 신상에 조금도 염려할 필요는 없음으로 부형은 안심하고 자제들을 출경케 하도록 하였으면 매우 좋을 줄로 생각하노라 경성고등보통학교장 강원보 씨는 말하더라.[22]

위의 내용에서 보면 학생들 다수는 이번 사건에서 세계대세를 짐작하지 못하고 깊은 생각 없이 망동하여 지금은 깊이 뉘우치고 있는 자가 적지 않으며, 학교에서는 재미있게 공부하고 운동도 할 수 있도록 수양의 시대에 광음을 낭비하지 않게 하기 위해 하루라도 속히 개학하여 학생들을 구제해 주고자 한다고 하였다.

그리고 경성은 아주 평온하며, 지방의 상황도 점차 진정되고 있는 중이니 부형들은 안심하고 자제들을 출경하여 학교에 보내줄 것을 당부하였는데 이는 학생들의 동맹휴학이 장기화되고 있는 것에 대한 대응이었다고 할 것이다. 4월 26일에는 대구고등보통학교 학생들이 불량자의 선동

---

22) 「安心하고 登校케 하라, 소요 중에 끼인 가없은 학생들, 부형은 속히 상학하게 하여라」, 『매일신보』 1919년 4월 23일.

과 협박으로 소요를 일으켰으나 이후 교원을 찾아가 휴학이 계속되면 자신들에게 불이익 즉 하루 빨리 수업을 개시해 달라고 간청하는 '참 반가운 현상'이 있었다고 하였다.

5월 5일에는 경성여자보통학교 교장의 기사를 게재하였다. 그는 최근 부형자모회를 개최한 결과 하루빨리 개학해 주기를 바라고 있으며, 개학만하면 반드시 학생들을 학교에 보내겠다고 했음을 강조하였다. 그러면서 요사이 소문에 의하면, 조선은 이미 독립되었고 외국군사가 구원하러 오리라 하며, 조선의 학교가 새로이 되면 그리로 가서 공부한다는 등의 말이 있으나 아무쪼록 부형된 이들이 자중하여 子姪들을 설득하여 주기 바란다고 하였다.23)

6월 6일자 기사에서는 서대문감옥에 수감되어 있는 각 학교 학생들이 교직원들과 면회한 상황에 대해 하였다. 면회를 마친 교직원들은 '입감한 학생들을 적당하게 대우함으로 감옥에 들어오기 전보다 오히려 몸이 충실하게 된 것을 보고 기뻐하며 감옥 당사자에게 감사한 인사를 하겠다고 했다고 보도하였다. 또한 학생들은 교과서나 성경 및 의복 등에 있어서 거의 불편이 없었으며, 특히 감옥에 대해 조금도 원망하는 말을 듣지 못했다고도 하였다.24)

2·8독립선언으로 재판 중에 있던 동경유학생에 대해서도 보도하였다. 기사에서는 경시청 石井특별고등 과장의 말을 인용하여, '원래 조선인의 일부인사는 함부로 허장성세하는 성격이 있어서 속으로는 회개를 하였을지라도 외면으로는 이와 반대로 굳세게 반항을 한다고 하였다. 즉 학

---

23) 「安心하고 速히 登校하라, 경성여자고등보통학교 교장 자하장삼랑씨말」, 『매일신보』 1919년 5월 5일.
24) 「在監學生近況, 감옥의 취급이 적당, 면회한 직원의 감사」, 『매일신보』 1919년 6월 6일.

생들이 속마음으로는 뉘우치면서도 입으로는 국사범이라 하여 조금도 굴복치 아니함으로 처음에는 다스리기가 성가셨으나 이후 동경에 재류하는 조선인 유학생의 태도는 극히 온순하여져서 조금도 불온한 행동은 없다'고 하였다.[25]

민중들의 동향과 관련해서도 악의적인 보도기사를 게재하였다. 요사이 경찰들이 소요사건 때문에 겨를이 없어서 노름하는 것을 보아도 잡아가지 않고 순순히 돌려보낸다는 거짓말이 있어 동촌의 낙산 등지에는 꽃놀이를 핑계로 놀음판이 벌어져 그 피해가 적지 않다고 하였다.[26] 또한 소요사건을 빌미로 경향 각지에서 독립운동의 자금을 얻는다고 사칭하는 자가 출몰 횡횡하고 있는 터인 즉 더욱 주의하여 손해를 보지 말 것을 당부하기도 하였다.[27]

6월 13일에는 평안북도 회천군 북면의 면장과 유지들은 불편한 지방에

---

25) 「在東京留學生, 그 뒤에 매우 평정히 지낸다」, 『매일신보』 1919년 5월 20일.
26) 「賭博의 大流行, 소요사건에 전력하여서 경관이 안 잡는다는 풍설, 요사이 결단난 사람도 많이 있다는 소문」, 『매일신보』 1919년 4월 15일.
27) 「騷擾時를 利用하여 六千圓恐喝騙取」, 『매일신보』 1919년 7월 13일, '본적은 경성부 관훈동으로 당시 입감 중인 車永鎬(30), 경상남도 영산군 동면 덕암리 출생 당시 경성도 염동 56번지 장국경 방에 있는 朴喆銖(27), 경성 필운동 53번지 송문기 방에 잇는 宋永烈(21), 함경상남도 안변군 교정 32번지 신봉구 방에 잇는 姜根孝(34), 경상남도 밀양면 사일동 출생 金東燮(41) 등 5명은 본년 3월에 소요가 발발하자 불온한 행위를 표방하고 자기의 이익을 도모키 위하여 공모한 후 여러 곳에서 서로 만나서 조선을 독립케 하고 국권을 회복한다고 청탁하고 독립운동의 자금을 얻는다고 금전을 사취하며 혹은 자본가를 공갈하여 5천여원을 사취하여 그중에 얼마는 첩을 얻는데 쓰고 나머지 4천원은 인천 미두취인소에 들어놓았던 바 드디어 경찰의 검거한 배되야 보안법위반과 공갈사기 취체죄로 검사국에 넘겼는데 그 이외에 尹中洙, 安熙濟며 또는 성명 미상한 사람으로부터 약 천원을 공갈하여서 빼앗었었도다. 그런대 요사이 이러한 불량배들이 소요를 이용하여 양민을 속이고 사리를 취코자 하는 자가 경향 각지에 출몰 횡횡하는 터인즉 더욱 주의하여 이 같은 손해를 보지않음이 옳겠다더라'.

와있는 수비대 덕분에 소요가 일어나지 않고 조금도 손해가 없었던 것에 감사하여 45명의 주민들이 각각 1원씩을 걷어 수비대에는 큰 솥을 사주었으며, 남은 돈으로는 북면사무소에서 위로연을 베풀어 재미있게 환락했다고 하였다.[28]

충청남도 도청에서는 순사로 근무하던 金鳳仁의 장녀가 미국 선교사가 경영하는 永明學校를 다니던 중 사람들을 선동하고 소요에 참여하게 된 혐의로 조사받게 된 것을 통한이 여기며 자신의 집에서 '면도칼로 배를 갈라 자살하자 도청과 마침 공주에 와있던 참모장 등이 다수의 조위금을 주었으며, 도청, 경무부, 자혜의원, 군청, 은행, 금융조합원 및 다수의 민간유지 등이 會葬하였다고 보도하였다.

Ⅲ. 『매일신보』에 보이는 민족자결주의와 총독정치

1. 민족자결주의와 국제여론

3·1운동과 관련한 『매일신보』의 기획취재기사의 내용을 검토해 보면 총독부에서는 민족자결주의가 조선의 독립문제와는 전혀 관련이 없다는 것과 국제여론이 일제에게 유리하게 돌아가고 있음을 강조하고자 했던 것으로 나타나고 있다. 3월 8일자 기사에서는 다음과 같은 내용을 보도하여 조선인들이 오해하고 있는 민족자결주의의 문제점에 대해 지적하였다.

---

28) 「駐屯軍隊는 大歡迎, 성심으로 돈을 모아 군대를 위문해」, 『매일신보』 1919년 6월 13일.

ⓐ 저들이 民族自決主義를 誤解하고 조선의 독립을 叫號하여 列强의 同情을 얻고자 기하는 것은 전연 가공적 몽상으로, 파리강화회의가 이런 어리석은 청원을 받지 아니할 것은 말할 것도 없다. 왜냐하면 조선의 독립을 운운하는 것은 오로지 일본제국의 일로 타국의 간섭할 일이 아니기 때문이라. 만약 강화회의에서 一國의 屬領에 대하여 그 獨立을 承認한다 하더라도, 이전부터 독립의 계획이 있던 인도, 안남 및 比律賓의 독립도 허용하지 않을 수 없기에 이르니 이를 영·미·불이 인정하겠는가.[29]

ⓑ 今回의 小搖는 歐洲戰亂의 結末하는 方法으로 창도된 민족자결의 語를 오해 혹은 曲解한 一部徒輩에 誤惑되야 朝鮮도 此 適用을 受하리라 誤信한 결과라 見하는 것인데 是는 심히 事理를 解치 못하는 것이라 云치 안이치 못할지라. 言을 作하는 者는 朝鮮의 獨立은 此에 依하야 講話會談에서 결정을 見하엿다. 云하는 樣이나 진실로 민족자결이라는 것이 전 세계에 及하는 것이라 하면 米國은 위선 其國 내의 아메리카 인디언을 독립케 하고 布蛙 比率賓의 自治를 許하고 英國은 其우대한 版圖의 전부를 포기치 안이하면 안될지니 如事한 事가 과연 성립될 수가 있슬가 是는 斷然히 각국의 採取치 안이 할 바이라 然則此 민족자결은 單히 歐洲에서 전쟁의 禍亂에 依하여 溫沌의 상태에 陷한 露西亞 巴爾幹 혹은 獨墺와 如함에 대하야 戰後 각자 其 地位를 決定할 方策으로 示함에 불과한 事는 容易히 修正될 것이니 此意味가 이해되면 今回의 輕擧妄動은 單히 치안을 문란함에 불과하고 정당한 이유의 何物도 존재치 안이 함이 분명할지라. 若此 명백한 사리를 未解하고 徒然한 事를 ○하라 할진데 국법이 嚴在라.[30]

---

29)「社說: 所謂獨立運動」,『매일신보』1919년 3월 8일.
30) 國分司法部長官談,「國法儼存」,『매일신보』1919년 3월 8일.

인용문 ㉠은 '所謂獨立運動'이라는 제목 하에 게재된 '社說'의 일부인데 이에 따르면 조선이 열강의 동정을 얻어 독립하고자 하는 것은 전혀 가공적 몽상으로, 열강은 조선의 독립 요구가 오로지 일본제국의 일로 他國이 간섭할 일이 아니기 때문이라고 하였다. 또한 파리강화회의에서 一國의 독립문제가 승인될 수 있다고 하더라도 이전부터 독립의 계획이 있던 印度, 安南, 比律賓의 독립도 허용하지 않는 상황에서 영국, 미국, 불란서가 이를 인정하지 않을 것임을 강조하였다.[31]

인용문 ㉡ 國分司法部長官의 견해를 게재한 것으로 민족자결주의는 歐洲戰亂 이후 혼란에 빠진 러시와 독일, 오스트리아 같은 나라들의 지위를 결정할 방책으로 제시된 것이며, 민족자결이라는 것이 전 세계에 미치는 것이라면 미국은 아메리카 인디언을 독립케 하고 하와이와 필리핀에 自治를 허락해야 하며, 영국은 그 넓은 판도를 포기해야 한다. 그런데 이러한 일이 과연 성립될 수 있겠는가라고 하며, 경거망동하지 말 것과 國法이 '嚴在'하고 있음을 강조하였다.

한편 桑原 충청남도 長官이 충남도청과 공주군청 및 농업학교 종료식 등에서 행한 諭告를 보도하여 그 부당성을 설명하기도 하였다. 그는 미국인에게 自決은 독립의 意義가 아니요, 조선에 미칠 바도 없다고 하며, 그렇지 않다면 미국도 미국을 구성하고 있는 40여주와 布哇, 比律賓을 각각 독립국이 되게 해야 한다. 그런데 이를 自行하지 않고 도리어 다른 사람을 강제하는 것은 윌슨의 주장이 정의와 인도주의에 反함이 심한 것이라고 하고 하였다.[32]

---

31) 유사한 논리는 「到底히 無事의 事, 朝鮮獨立은 東洋의 再次禍根, 某名士談」, 『매일신보』 1919년 3월 8일에서도 계속되었다.
32) 「誤認된 民族自決, 桑原 忠南道長官」, 『매일신보』 3월 22일.

黃海道長官 申應熙[33]의 경우도 3·1운동과 관련하여 도내 각 郡面洞里에 경고장을 배부하고 민족자결주의 문제에 대해 다음과 같은 견해를 주장하였다.

惟컨대 所謂 民族自決이라 함은 歐洲戰亂에 密接關係가 잇는 민족에 限하야 適用코져 함이오 조선에는 少毫도 關係가 잇슬 이유가 업는지라 故로 彼等在 米國 不逞鮮人의 陳情은 秋毫도 同國 政府의 觀念하는 바 되지 못하니라 然而 또 彼等은 講和會議에 使命을 派遣함과 如히 自稱하나, 其實 使命이라는 者는 米國에서 出發을 抑止한 바 된지라 於是乎 彼等은 其劃策이 다 水疱에 歸하야 到底히 目的을 達키 難함을 覺悟하고 騷擾의 發源地 되는 米國 等地에서는 도로혀 何等에 行動이 無에함에 至한지라 然則 독립은 妄說이니 輕擧하야 寸效가 無함은 實로 明若觀火라 謂치 아니치 못하지니라.[34]

그는 민족자결이라는 것은 구주전란에 밀접한 관련이 있는 민족에 한하여 적용되는 것으로 조선에는 조금도 관계없는 것이기 때문에 미국에 있는 조선인들의 진정은 조금도 영향력을 가지 못할 것이라고 하였다. 또한 미국에 있는 '불령선인'들이 강화회의에 대표를 파견했다고 자칭하나 그 실상은 미국을 출발하지도 못하였으며, 어떠한 행동도 하지 못하였다고 하면서 독립은 妄說이며, 아무런 효과가 없음이 명약관화하다고 하였다.

이밖에 4월 21일에는 샌프란시스코(桑港電)발 외신의 내용을 보도하면

---

33) 申應熙는(1858년 11월 2일~1928년 2월 12일)는 본관은 평산이며, 갑신정변 당시 행동대원으로 참여하였으며, 일제 강점기에 조선총독부 중추원 참의를 지냈으며, 1924년 4월 일본인과 조선인이 함께 만든 내선융화단체인 동민회의 결성에 참여하였다. 민족문제연구소, 『친일인명사전』(이응희), 2009.
34) 「黃海長官警告」, 『매일신보』 1919년 4월 24일.

서 '民族自決問題는 聯合諸國이 강화의 실무에 착수한 이래 閑却(방치됨
－필자)되었을 뿐아니라, 연합제국 중에도 현재 從屬한 민족에게 同樣의
要求를 받기에 이르고 있음으로 강화회의는 이들 國內紛爭에 不關할 것
으로 결정할 것이 분명하다는 취지의 기사를 게재하였다.[35]

『매일신보』의 다른 기사에서는 '謀 外國人의 談'이라 하여 강화회의에
조선을 대표하여 조선인 委員이 참석했다는 說이 있으나 중립국도 참여
하지 못한 회의에 조선이 參列했다는 것은 실로 可驚할 虛言이며, 미국에
있는 조선인이 이를 구실로 寄附金을 모집하여 파리로 觀光次 출발할 계
획이 있다함은 暫聞한 일이 있다고 하였다. 또한 저들이 파리에 갔다 하
더라도 누구도 상대해 주지 않을 것이며, 갔다는 證迹도 없으니 全然 虛荒
한 傳說을 근거삼아 인심을 惑亂함에 불과하다고 생각한다고 하기도 하
였다.[36]

이밖에 선천지방에서는 파리강화회의 위원이 조선의 상황을 살피기
위해 비행기를 타고 조선에 온다는 소문이 있으며, 이승만 등 미국에 있
는 한인들이 이미 파리에 있다는 소문이 있으나 이는 천도교도와 예수교
목사 등이 선량한 조선인을 속이는 것이라는 기사를 게재하였다.[37]

국제여론에 대한 『매일신보』의 보도는 여론이 일본에 대해 우호적이
라는 것과 3 · 1운동을 진압하는 과정에 대한 악의적인 선전이 있었음을
강조하는 경향을 갖고 있었다. '외지와 소요의 논평'이라는 기사에서는 일
본 정부의 현재까지의 조선에서의 일(事)은 대체로 선량하나 일본인 특히

---

35) 「自決問題閑却」, 『매일신보』 1919년 4월 21일. 이 기사의 첫머리에는 '米紙朝鮮의
    騷擾를 批評함. 十六日 桑港『크로니콜』紙는 論하야'라고 되어있다.
36) 「虛說에서 生한 騷擾, 某外國人談」, 『매일신보』 1919년 3월 11일.
37) 「一行은 果然 巴里에 있나, 전하는 바와 같이 승만일행은 과연 파리에 건너갔는가」,
    『매일신보』 1919년 4월 11일.

하층 일본인의 경우는 同情과 友誼를 缺하였는데 조선인은 독립을 요구하기 보다는 일본제국민으로 현 통치자와 더불어 충분한 발달을 遂함이 得策이 아닌가 한다는 기사를 게재하였다.[38]

'倂合과 朝鮮의 幸福, 總히 外國人의 認定하는 바'라는 기사에서는 조선인은 미국대통령이 주창한 민족자결주의를 曲解하여 파리강화회의의 결과에 의하여 조선도 독립을 얻을 할 것이라고 믿어 이번 소요를 야기하기에 이르렀으나 연합국에서는 특히 조선의 존재를 인정치 않고 또한 일반의 외국인도 이번의 소요에 대해 일본의 한 地方民의 騷動에 불과하다고 보아 冷淡한 태도를 갖고 있다고 하였다.[39]

3·1운동에 대한 일제의 탄압과 선교사에 대한 체포 등이 미국언론에 보도되면서 문제가 되자 『매일신보』에서는 '米國新聞의 虛報, 미국 사람들도 깜짝 놀란다'라는 기사를 게재하여 상황을 왜곡 하였다.

소요사건이 발생된 이후에 미국 여러 신문의 전보와 통신 중에 조선 사건에 대하여 엄청나게 허풍을 떨어서 내이는 것은 조선에 있는 미국인과 또 조선에 들어와서 실제로 사정을 목격한 미국인들도 모두 놀라하는 바이다. 전례를 들어서 말할 것 같으면 3월 28일에 경성에서 소요가 일어났을 때 소요에 참여한 조선인을 부녀와 소아에 이르기까지 수 백 명을 살육하였다고 신문에 냈으며 또 평양에서 미국 선교사 『모리』이외 모모 선교사 7명을 검거하였다고 실로 어안이 벙벙한 거

---

38) 「騷擾와 外紙論評」, 『매일신보』 1919년 3월 14일.
39) 「倂合과 朝鮮의 幸福, 總히 外國人의 認定하는 바」, 『매일신보』 1919년 4월 23일.
    '神戶『짜팬크도니클』論評 조선인은 米國 大統領의 立唱한 民族自決이라는 語를 曲解하고 巴里講和會議의 結果에 依하야 조선도 독립함을 得할것이라 信하야 今回의 騷擾를 惹起하기에 至한 것일지나 聯合國에서는 特히 조선의 存在를 認치안코 且○의 外人은 今回의 ○○와 如함은 일본에 在하야 單히 一地方民의 騷動에 不過하다고 觀○하야 極히 冷淡한 態度를 持하는도다'

짓말을 신문에다가 뚜렷하게 내었다. 이는 조선에서 어떠한 자가 보고를 한 것일지나, 미국에 있는 조선인들 중에 일본을 배척하는 자가 소요가 일어났다는 소문만 듣고 엄청나게 거짓사실을 만들어서 미국 신문 통신에 전파를 하는 까닭이라더라.[40]

이 내용에서 보면 3월 28일 경성에서 발생한 소요에서 조선인 부녀자와 소아 수백명이 살육 당했다는 소식과 평양에서 모의리 선교사 등 7명의 선교사가 검거되었다는 소식이 미국언론에 전해지면서 문제가 되자 『매일신보』는 이에 대해 적극 해명하고자 했음을 보여주고 있다고 하겠다.[41]

4월 26일자에서는 뉴욕에서 발행되고 있던 크리스천 사이언스 모니터 (The Christian Science Monitor)지의 보도기사를 인용하여 3・1운동에 대한 미국의 입장을 소개하였다.[42]

> 미국 국무자 高官은 日 미국정부는 조선문제에 就하야 영국 대 이 집트(埃及)문제와 同樣의 태도를 執할지니 該문제는 순연한 내정문제 됨은 尙 比律賓에 폭동이 起한 境遇와 동일이라. 소요진압을 위하야 일본정부의 執하는 방법에 관한 각종 보도는 극히 용의한 점이 有하며 국무성에 達한 정보를 據한즉 일본이 특히 엄혹잔인한 처치를 執한 것 으로는 思量되지 안는바 此等 과장적 보도는 單히 배일감정을 찬동하 기 위하야 유포된 것이라. 근래 세상에 日米 踈隔을 招致함과 如한 언

---

40) 「米國新聞의 虛報, 미국 사람들도 깜짝 놀란다」, 『매일신보』 1919년 4월 19일.

41) 「미국 선교사 가택 수색을 당함, 소요 범인과 및 유력한 증거를 발견하여 체포압수 하다.」, 『每日申報』 1919년 3월 19일. 「선교사 모-리의 公判 19일 평양지방법원 에서 징역 6개월에 선고되었다」, 『每日申報』 1919년 4월 11일.

42) 「朝鮮問題는 內政, 米國務當局者의 言明」, 『매일신보』 1919년 4월 26일. 기사에 는 '紐育발행의 『크리스챤 싸이엔스, 모니토아』紙는 21일 紙上에 華盛頓通信으로 左記의 一節을 게재하얏더라. 紐育電'이라고 되어 있다.

동이 有함을 유감이라 한다 하며 尙 虛報는 상해 및 미국 방면에서 제
조되는 모양이라는 뜹를 附言하얏더라.[43]

이 글에서 보면 미국정부는 조선문제에 대해, 단순한 내정문제로 필
리핀에서 폭동이 일어난 경우와 동일하며, 미국 국무성의 정보에 의하
면 3·1운동을 진압하는 과정에서 일본이 특히 엄혹 잔인한 방법 사용한
것으로는 생각되지 않으며, 과장적 보도는 단순히 배일감정에 찬동하기
위해 유포한 것으로 미국과 일본 간에 거리를 두게 하는 언동이 있음은
유감으로 생각한다고 하였다.

또한 6월 25일에는 '內鮮은 天定緣分'이라는 제목 하에 미국 뉴욕에서
활동하고 있던 감리교 선교사 해리스(Merriman Colbert Harris)[44]가 서울
프레스로 보내 온 편지를 소개하기도 하였다. 이 편지에서 해리스는 일
본 정부가 온갖 정당한 수단과 방법으로 진무한 결과 무사히 질서가 회
복하였다는 소식을 듣고 기쁨으로 안심했다고 하였다. 그러면서 日鮮의
관계는 가장 밀접한 인류의 결합이며, 하나님이 정하신 바 한 큰 인연이
니 지나간 일은 생각하지 말고 서로 손목을 잡고 나가기를 내가 바란다고
하였다.[45]

따라서 이상의 내용을 종합해 보면 『매일신보』는 민족자결주의와 국
제여론 등과 관련된 다양한 기사를 게재하는 가운데 3·1운동에 대한 일
제의 입장을 충직하게 보도하는 언론의 역할을 다하고 있었다고 하겠다.

---

43) 「朝鮮問題는 內政, 米國國務當局者의 言明」, 『매일신보』 1919년 4월 26일.
44) 김삼근, 『인물로 읽는 교회사』, 평단문화사, 2007.
45) 「內鮮은 天定緣分, 조선의 소요를 근심하여」, 『매일신보』 1919년 6월 25일.

2. 일제의 '善政'과 강경진압

3 · 1운동 발발 이후 일제는 만세시위에 대해 강력하게 진압할 것임을 강조하는 기사를 자주 보도하는 한편, 천황과 총독의 '善政'을 강조하는 등 민심을 갈아 앉히기 위해 안간힘을 쓰고 있었다.

3월 12일 충청북도의 '申아무개'가 長谷川好道 총독에게 보낸 진정서에서는 '합방 이래 10년간의 통치에 대해, 폐하의 아버지 같은 인자하고 관대한 덕과 모두를 평등하게 여기시는 은혜, 밤낮을 가리지 않는 총독 각하의 통치 덕분에 옛 시절의 부패한 정치와 병든 풍습이 뿌리 뽑히고 자애롭고 어진 새로운 정치가 자리잡으니, 산에는 도적이 없고 들판에는 난리가 없어졌다. 때마침 나라의 어울림이 큰 곤란에 처해 있던 차에 가히 조선 민족은 가만히 누워서 목숨을 부지하였거늘, 몇십명의 不逞한 무리들이 뜬소문을 일으켜 말로써 사람들을 꾀어 소요를 일으키는 것이니, 각하께서는 이를 極刑으로 다스리시어 저 해로운 무리들의 原流를 없애 버리심으로써 나중의 큰 폐단을 미리 막으시기를 바란다'고 하였다.[46]

3월 16일에는 侍天教 布德師 金基顯의 기고문이 게재되기도 하였다. 그는 '지금으로부터 26년(1894-필자)전 支那(중국-필자)의 屬邦으로 지내다가 지나를 버리고 독립을 이룬 것은 실로 천황폐하의 덕택이요, 10년

---

46) 「騷擾에 對한 陳情」, 『매일신보』 1919년 3월 17일. 이 진정서에 대해서는 다음과 같은 설명이 부가되어 있다. '얼마전 천도교도 등이 주모하여 근거없는 뜬소문을 가지고 말도 안되는 소리를 퍼뜨려 사람들의 마음을 동요케 하였으나, 다소의 지각 있는 사람들은 그들이 자신의 이익을 위해 사태를 부추긴 자들임을 알고 그 말을 믿지 않았을 뿐만 아니라, 이를 위해 청년들의 장래를 그르치게 하고 선량한 사람들의 안전을 위협하는 행동으로 그 피해가 다대함에 분개하여 나아가 총독부 등 기타 관헌에 대하여 저들 不逞敎徒輩들에게 엄중한 형벌을 가함은 물론 마땅히 그 종교를 금해야 한다고 청원하는 사람도 있었다는데 그들 중 한두 명의 사례를 지금 소개하여 건실한 일부 조선 사람들의 감정을 살피고 이를 함께하고자 한다.

전 쇠약하고 빈천하며 몽매하기까지 했던 사람들이 문명의 대열에 서있음은 실로 天皇陛下와 李王殿下가 너그럽고 후하게 구제해주신 덕택이라, 여러분은 이 사실을 떠올려야 한다라고 하였다.[47]

한편 釋尾旭邦은 다음과 같이 천황의 선정에 대해 강조하였다.

> 구미선교사는 조선에 任한 일본의 정치를 그다지 賞贊치 안이하나. 然이나 彼等이라도 조선의 현상으로써 구한국시대보다 퇴보하고 또 조선인의 현상으로써 구한국시대보다도 불행하다 誣得하는 자가 無하며 彼等이라도 그 다수는 조선의 발전을 語하고 조선인의 진보를 語하지 안이하는가. 특히 일본천황은 병합당시 거액의 內帑을 조선에 하사하샤 그 귀족의 궁핍을 구하고 그 빈민을 구제하고 그 자선사업을 장려하샤 조선의 상하는 심심한 황은에 浴한 事가 다대하며 또 이왕가에는 年年 백오십만원이라는 거액의 세비를 급여하야 구한국왕시대 이상의 안락한 생활을 遂하시지 안는가. 일본의 조선 상하에 대하여 또한 노력하얏다 謂할만하지 안이한가.[48]

위의 내용에서 보면 釋尾는 구미의 선교사들이 조선에 대한 일본의 정치에 대해 그다지 賞讚하지는 아니하지만 조선이 구한국시대 보다 퇴보했다거나 불행해졌다고 말하지는 않고 있으며, 다수는 조선의 발전과 조선인의 진보를 이야기 하고 있지 않은가?라고 반문하여 일제의 조선통치의 정당성을 강조하고 있었다. 그는 합방 당시 천황이 거액의 내탕금을 하사하여 귀족과 빈민을 구제하였으며, 이왕가에 대해서는 매년 150만원이라는 거액의 세비를 지급하여 안락한 생활을 하고 있는데 이는 일본이 조선에 대해 노력을 다하고 있는 것이라고 하였다.

---

47) 永興 侍天敎布德師 金基顯, 「妄動은 自取滅亡」, 『매일신보』 1919년 3월 16일.
48) 釋尾旭邦, 「朝鮮人에게 與함」, 『매일신보』 1919년 4월 9일.

3월 28일에는 震海 李應涉이 投稿를 통해 총독의 선정에 대해 강조하였다.

自今의 長谷川 총독에 及하여는 業이 교육, 종교, 산업, 기타 文明
施設上 노력하는 바 주야를 ○치않고 아 鮮民의 발달을 企圖하여 切切
히 帝國의 遜色이 無한 臣民이 되고 向上을 銘念하나니 그 노력의 결
과−空念치 아니하야 日鮮融合이 着着 然成就하여 鮮人의 今日에 巨
한 發達 向上에 見 함을 至함은 吾人이 感泣에 不勝하는 바라.[49]

그는 총독이 교육과 종교 산업 및 가타 문명 시설에 대해 노력하며, 조
선인의 발달을 기도하여 일본에 손색이 없는 臣民이 되도록 하여, 일선융
합에 노력한 결과 거대한 발달과 향상이 感泣을 이기지 못할 정도라고 하
고 있다.

『매일신보』에서는 육군성 인사국으로 영전한 조선인 장교 홍사익의
말을 인용하여 식민통치의 정당성을 선전하였다. 그는 '영국의 인도인 같
으면 혹 알 수 없으나 일본에서는 조선인 장교라하여 결단코 칭하(차별−
필자)하지 않는 것이 육군당국의 참뜻이며, 자신은 다만 육군대학에 입학
할 만한 자격을 준비하지 못하는 것을 걱정한다고 하였다.[50]

3월 13일에는 중의원에서 진행된 '조선소요'에 대한 질문에 대한 정부
측 위원의 답변을 게재하였다. '소요는 이미 진정되고 있으며, 오늘까지
의 경과에 따르면 조선인의 중견이라고 할 수 있는 지식계급과 유산계급,

---

49) 震海 李應涉(投), 「日韓併合과 騷擾(1)」, 『매일신보』 1919년 3월 28일.
50) 「朝鮮人이라고 決無差, 군대에서 공평한 조선인 대우, 육군성 인사국에 영전한 홍
사익 중위의 말」, 『매일신보』 1919년 6월 13일. 이 기사에서는 홍사익에 대해 '경
기도 출생으로 그 성질이 침착하고 온정이 많아서 부하의 병졸도 깊이 심복하고 경
모한다'라고 하였다.

즉 恒産恒心이 있는 자들은 꿋꿋이 소요에 참여하지 않았으며, 대다수의 인민들이 어떠한 동요도 하지 않았다는 것은 2월 말의 租稅 징수가 거의 완납에 가까웠다는 것만 보아도 알 수 있다'고 하였다.[51]

24일에 게재된 기사에서는 鈴木 度支部長官이 의원들의 질문에 대해 답변한 내용을 보도하였다. '폭동은 조선인이 제국정부의 시설에 대해 불만을 품은 결과로 일어남이 안이요, 천도교도 · 기독교도 중 일부가 內地 유학생의 일부와 함께 민족자결주의의 구호 아래 조선은 독립하였다고 칭하고 사상 천박하고 격동키 쉬운 민중을 꾀임에 의한 바, 이미 首魁者는 모두 포박되고 妄動氣勢는 완화되었다고 하였다.[52]

이밖에 『매일신보』에서는 조선총독부의 실정에 대해 언급하기도 했는데 '果然何를 希望하는가'라는 기사를 통해 조선인들의 요구사항이나 불만에 대해 크게 4가지로 나누어 언급하였다. 첫째, 일본의 신민으로 선량한 국민을 양성하려면 일본인과 조선인의 구별을 하지 말고 똑같은 학교에서 한결같은 교육을 시키는 것이 필요한 줄로 생각하나 현재의 교육방침은 그렇지 아니하며, 또 졸업 후의 대우에서도 일본인과 층하를 두는 것이 일반의 불평이라. 그러하니 日鮮人에게 대하야 동일한 교육을 실시

---

51) 「朝鮮騷擾問答」, 『매일신보』 1919년 3월 15일. 이 기사에서는 '13일 오후 3시 衆議院에서 행해진 素盞鳴尊(스사노오미코토)의 朝鮮神社 봉헌에 관한 건의안 위원회에서 鈴木 정부위원 度支部 長官, 大塚 정부위원 參事官이 伊東知也, 川崎克氏(이상 憲政會), 牧山耕藏氏(政友會) 등이 제기한 조선소요에 관한 질문에 대해 답변을 하는 시간이 있었는데, 두 정부위원의 답변요지는 다음과 같다 하더라'고 부가되어 있다.

52) 「朝鮮騷擾問答, 衆議院素盞鳴尊奉祀委員會」, 『매일신보』 1919년 3월 24일. 이 기사에는 '조선 소요 돌발이래 貴衆兩院 예산결산총회 및 분과회에서 이에 관한 질문응답이 있는 일이 여러 번이며, 그리고 중의원의 『朝鮮神社에 素盞鳴尊合祀에 關한 建議案委員會』에서 頗 詳密한지라. 단 해당 의원회 속기록은 전부 질문종료까지 공표를 부득이하게 바 금 秘秘 觸치 않는 大要를 좌에 摘錄함(東京支局)'이라고 부가되어 있다.

하면 처음에 다소간 곤란한 점이 많을지나 선량한 국민을 양성하는 데는 제일 좋은 길이라고 하였다.

둘째, 군청과 도청에서 새로운 시설하는 것은 일반 인민이 환영하나 종종 관헌이 압제 수단을 쓰는 데에는 불평이 많다 신작로를 만드는데 기부하는 데에도 토지 관리자를 관청으로 호출을 하야 거의 명령적으로 기부를 강청함은 인민에게 여간 악감정을 주지 아니하니 이러한 경우에도 관청에서 토지 관리자를 찾아가서 간절히 청하는 것이 지당한 줄로 생각하노라고 하였다.

셋째, 墓地規則이 개정되었을 때에는 관보와 신문에 기재가 되어 일반 인민이 반가운 소식으로 생각하였다. 그러나 정작 개정된 결과 다만 集葬만 허락한다. 그런데 집장을 하려면 어떠한 곳에 있는 분묘든지 모두 한 곳으로 이장을 하여야 될 터이니 그렇게 되면, 막대한 금전을 허비할 터이며, 기왕에 좋은 자리에 썼던 것도 옮기게 되니 묘지규칙의 개정은 조금도 고마울 것이 없게된다. 중류 이하의 사람의 말에는 공동묘지 제도는 조선 사람으로 하여금 앞으로 영원히 위대한 인물이 나지 못하게 할 수단이라고 오해를 한다고 하였다.

넷째, 총독의 정치는 조선을 속히 발전케 하려고 강제적으로 할 필요도 있을 것이다. 그러나 인민은 이것이 저의 이익도 되는 줄도 모르고 반대하는 자가 있을지나 필경에는 깨달아서 점차로 발전이 될 터이며, 정부에서 시설하는 사업은 하나도 인민에게 이익 되지 아니할 것이 없을 것이다. 그러나 40세 이상의 조선인은 웬만하여 정부의 뜻을 알지 못하며 각종 사업에 대하야 찬동하는 뜻이 없다고도 하였다.[53]

3·1운동에 대한 조선총독부와 육군성의 입장은 초기부터 강경진압을

---

53) 「果然何를 希望하는가」, 『매일신보』 1919년 5월 29일.

원칙으로 하고 있었다. 3월 8일자의『매일신보』보도에서 國分司法部長官은 '國法儼存'이라는 제목 하에 '法은 枉치 못하나니 남녀와 학생과 또는 누구라도 엄중히 處分할 것이며, 현재 조선의 감옥의 설비는 이들을 수용하야 嚴罰을 가하기에 충분하다'고 하였다.[54]

또한 같은 날 게재된 鄕津檢事正의 발언에서도 '法은 엄정한 것이라 이번의 騷擾事件과 같은 것은 普通事件과는 전혀 趣意가 달라 사회와 국가에 대해 다대한 害毒을 끼치게 하는 것이기 때문에 절대로 근절할 필요가 있다. 따라서 이번 騷擾의 徒輩는 법의 하락하는 한도에서 엄벌에 처하는 것이 지당하며, 裁判所는 조금도 假借없이 酷嚴히 처분할 예정이다. 목하 체포된 자만 하여도 비상한 수에 이르렀고 또한 續續 검거될 것으로 생각되며, 감옥은 이미 몇백 명이던지 수용할 수 있도록 준비된 바 取調되는 자는 누구든지 收監할 것이라고 하였다.[55]

상황이 심각해지자『매일신보』에서는 '각지의 소요가 끝나지 않고 경성시내도 유언비어가 盛하야 볼온한 형세임으로 長谷川總督은 친히 鮮人市街를 시찰키 위하여 14일(3월-필자) 오후 神田 비서관과 함께 徒步로 황금정, 종로통, 동대문 밖까지 視察하였다'라고 보도하였다.[56] 뿐만 아니라 각 지방의 民情을 시찰하기 위해 총독부 관리들을 파견하기도 했다. 총독부 총무과장 工藤壯平, 경기도 관내(예정 14일간), 총독부 산림과장 田中卯三, 함경북도 관내(예정 21일), 총독부 수산과장 谷多喜磨, 경상남도 관내(예정 17일), 총독부 사무관 田中三雄, 강원도 관내(예정 17일), 총독부 理財課長 和田一郎, 평안북도 관내(예정 17일), 총독부 전매과장 今

---

54) 「國法儼存, 國分司法部長官談」,『매일신보』1919년 3월 8일.
55) 「毫不假借, 鄕津檢事正談」,『매일신보』1919년 3월 8일.
56) 「總督市內視察」,『매일신보』1919년 3월 16일.

村武志, 함경남도 관내(예정 16일), 총독부 학무과장 弓削幸太郎, 충청남도 관내 (예정 10일), 총독부 視學官 田中 廣吉, 전라남북양도 관내 (예정 14일), 총독부 감옥과장 深澤新一郎, 경상북도 충청북도 관내 (예정 19일)로 그 명단과 파견지역이 발표되기도 하였다.[57] 그런데 총독부의 이 같은 대응은 3·1운동이 총독부가 예상했던 것 보다 훨씬 심각한 상황이었음을 반영하는 것이라고 할 수 있을 것이다.

『매일신보』는 '暴動鎭壓'이라는 제목의 사설에서 '그대들의 망동은 실로 삶에서 죽음을 추구하는 것이라 하겠는바 지금이라도 반성치 않는다면 도끼날이 뒤따를 것임을 알아야만 한다'라는 이완용의 경고문을 인용하여 강경진압을 강조하였다,

　'李完用 백작이 말한 바와 같이 그대들의 망동은 실로 삶에서 죽음을 추구하는 것이라 하겠는바 지금이라도 반성치 않는다면 도끼날이 뒤따를 것임을 알아야만 한다. 이번에 당국에서 끝내 내놓은 엄중한 진압책은 경찰력의 부족을 보완하고자 군대의 힘으로써 하는 것이고, 그 군대는 위력을 발휘하기 위해서는 언제든지 필요한 조치를 집행하는 것이 당연한 것이다. 특히 수많은 무리들을 소집하여 방화와 파괴를 일삼고 기타 폭동을 조장하는 자에 대해서는 용서없이 가장 준엄하고도 효과적인 수단을 사용할 것임은 의심의 여지가 없으니 실로 자신과 돌보아야 할 가족들의 몸을 아끼는 사람들은 절대 불령한 무리들을 가까이 하지 말 것은 물론이요, 그 소요의 상태를 본답시고 겁없이 가까이 다가가는 행동 역시 마찬가지로 엄중히 삼가야 할 것이다. 총알에는 눈이 없어 불령한 자와 양민을 구별하지 못하니 아무 것도 모르는 탓에 때아닌 화를 당하지 않도록 해야 함이 마땅할 것이다. 또한 우리가 양민들에게 희망하는 것은 그 부락과 읍리에 불령한 자

---

57) 「各地民情視察」, 『매일신보』 1919년 4월 15일.

들이 들어와 선동적 행위를 할 경우에 소재 관헌에 몰래 와서 바른 대로 알려주는 것이다. 이는 자신만이 아니라 그 부락을 보호하여 불화와 재앙을 피하는 가장 유효한 수단이며, 허황되고 근거 없는 망언에 혹하거나, 어떠한 협박에 매여 폭도들에게 기물이나 음식을 제공하거나 또는 그들을 숨겨주는 것과 같은 행위를 할 경우 엄존하는 국법에 따라 용서치 않을 것이니, 후회해도 소용없을 따름이다.[58]

경기도 경무부장 鹽澤은 지금까지는 妄動群衆에게 隱忍的 조치를 취하였으나 26일 밤(4월－필자) 電車에 투석하야 교통기관에 방해를 가하고 또 경찰관 파출소 같은 관청건물을 파괴하는 등 이미 순연한 폭민으로 化하였은 즉 금후 騷擾暴行에 대해서는 一步도 假借치 않고 단연 최후의 수단에 의하여 조치하겠다고 밝히기도 했다.[59]

강경진압에 대한 태도는 육군의 경우도 마찬가지였다. 3월 30일자 보도에서는 '暴徒는 我國의 반역이니 嚴刑에 처함은 당연하다는 陸軍中將 石光眞臣의 담화를 게재하였으며,[60] 4월 10일자에서는 육군성이 소요 진압 차 조선에 曾兵할 것이라는 발표를 보도하기도 하였다. 육군성은 소요 초기에는 시가지에서 전개한 단순한 시위운동에 불과하였음으로 경찰기관에 의한 온건한 수단을 강구하였다. 그러나 최근 소요가 점차 흉포한 위험성을 갖기에 이르렀고 최근 3일간에 현저한 폭행 箇所만도 전국적으로 그 수가 수백여 곳을 넘으며, 양민을 협박하야 소요에 가담하게 하고 그 영업을 방해하는 등 폭행이 늘어나 이를 신속히 진압하게 위해 군대를 파견하게 되었다고 하였다.[61]

---

58) 「社說: 暴動鎭壓」, 『매일신보』 1919년 4월 11일.
59) 「최후 수단이 有할뿐, 악성화한 경성의 소요, 鹽澤 경무부장의 결심」, 『매일신보』 1919년 4월 31일.
60) 陸軍中將 石光眞臣氏 談, 「宋襄의 仁은 금물」. 『매일신보』 1919년 3월 31일.

이밖에 4월 13일자에는 도쿄에 출장 갔던 大野 조선군 참모장이 4월 11밤 7시 50분에 용산역에 도착하는 열차편으로 귀임하는 과정에서 있었던 『매일신보』 기자와의 인터뷰가 보도되기도 했다. 그는 '增兵問題'에 대해 육군성과 비슷한 견해를 밝히면서 '지난번에는 시베리아의 과격파로 변한 조선인들이 간도 방면으로 남하하려는 정세도 있어 만약 그들이 조선 땅의 선량한 백성들을 유혹한다면 용서치 않으려던 바, 이참에 급속히 토벌하기로 한 바이다'라고 하였다.

뿐만 아니라 그는 '이미 釜山에는 10일에서 11일에 이르기까지 4개 大隊가 상륙하여 각 요충지에 배치되었다. 12일에는 元山에 1개 대대가 상륙할 것이므로 불령한 무리들의 협박 또는 선동으로 騷擾에 참가하는 자는 이때 깊이 반성하고 그 단체에서 탈퇴하여 각자의 생업에 종사함이 옳을 것이다. 만약 그들이 회개치 아니하면 그것이 몇 명이 되든 假借없이 討伐할 方針'이라고 하였다.62) 그리고 이 같은 상황에서 『매일신보』는 4월 17일 자 기사에서 '경무 총감부에서 발표한 바에 의하면(4월―필자) 14일부터 15일까지 全道 各地가 다 평온하게 되었고 다만 수십명 군중이 만세를 부른 곳이 5·6개 소 있었으나 헌병경찰관의 오는 그림자만 보면 곧 도망하여 버리는 상태로서 아주 무서워하게 되었다'라고 보도하였다.63)

---

61) 「朝鮮에 增兵, 騷擾鎭壓次로 陸軍省公表」, 『매일신보』 1919년 4월 10일.
62) 「妄動者는 猛省하라, 惡化한 騷擾 派遣軍隊來鮮, 大野軍參謀長車中談」, 『매일신보』 1919년 4월 13일.
63) 「全道 殆히 靜穩, 각 지방에 소요가 별로 없다」, 『매일신보』 1919년 4월 17일.

IV. 맺음말

지금까지 본고에서는 3·1운동기에『매일신보』에 보도된 일제관헌과 친일인물의 기획기사와 기획취재 기사 등의 내용을 정리하여『매일신보』에 나타난 조선총독부와 관변세력의 친일인식의 내용과 태도에 대해 살펴보았다.

3·1운동이 발발하자『매일신보』에서는 많은 기획논설 및 투고와 총독부 관리의 담화 및 총독과 지방장관의 유고를 보도하면서 운동의 부당성을 강조하였다. 즉 일본귀족이나 학무국장, 법무국장, 군참모장, 學習院長, 친일선교사 등의 담화나 대담을 게재하였는데 이들은 주로 조선의 독립은 동양의 再次禍根'이라고 하거나, '荒唐한 流言에 迷惑치 말라'고 하거나, '誤解는 甚히 遺憾'이라는 등의 기획기사를 게재하고 있었다. 또한 陸軍中將 石光眞臣의 '宋襄의 仁은 禁物'이나 大野軍參謀長의 '妄動者는 猛省하라' 등에서는 3·1운동에 대한 강경진압을 천명하고 있었다.

『滿洲及朝鮮』의 편집인 釋尾旭邦은 병합 10년 이래 백성은 공손하고 총독정치는 순조롭게 행해지는 상황에서 일본 내에서도 종래의 무단주의를 버리고 문치주의 취하며 자유와 평등과 자치의 입헌정치를 실시해야 할 것이라는 여론이 없었던 것이 아니었으나 이번의 소요사건이 그 기세가 좌절되었다고 강조하기도 하였다. 그런데 그의 이러한 언급은 언론과 집회의 자유가 극단적으로 제한된 극심한 무단적 상황 하에서 발생한 3·1운동에 대한 일제의 책임을 회피하고자 하는 태도의 일환이었던 것으로 보인다.

함흥 參與官 朴榮喆은 일본이 독립을 승인하다 하더라도 재정, 병력, 기술 등 국가를 지탱할 능력이 있겠는가라고 반문하며, 구한국의 惡政의 狀

態로 돌아갈 뿐이라고 강조하기도 하였다. 또한 민원식의 경우는 합병을 전후해서도 조선 각지에서 폭동이 봉기한 일이 있으나 국민의 중견이요 여론의 지도자였던 양반계급이 거의 관여치 않은 것은 국민의 건전분자가 합병에 贊意를 표한 예증이라고 하였다.

『매일신보』 사설에서는 조선의 역사를 회고해 보면 삼한시대로부터 조선말에 이르기까지 완전한 독립을 이룬 적이 없다고 하며, 청·일전쟁 이전까지는 중국에 朝貢하였으며, 일본이 분발하지 않았다면 러시아의 말발굽 아래 유린되었을 것이라고 주장하기도 하였다. 그러면서 조선은 國貧人弱하여 독립을 支持할 소질이 없었으나 다행히 同族同種인 일본제국이 전력을 다해 지키고 있어 인민이 안도할 수 있게 되었는데 이러한 역사적 사실을 망각하고 이제 와서 독립을 외치는 것은 무슨 抑何心냐라고 반문하며 각성을 촉구하였다.

3·1운동의 동향과 관련한 취재기사에서는 크게 보아 전국의 시위가 진정되고 있다고 하거나 3·1운동으로 인해 천도교와 기독교에 대한 반감이 확산되고 있는 듯한 추측성 기사와 학생들의 등교를 권고하는 기사 및 경찰이 소요를 진압하는 틈을 타 노름이 성행하고 있다는 내용의 기사 등을 게재하여 상황의 진실을 호도하고 있었다.

고종의 독살설에 대해 적극적으로 해명하고 있었으며, 2·8독립선언으로 옥중에 있는 동경 유학생들이 반성하고 자신들의 행위를 뉘우치고 있는 듯한 느낌의 보도를 게재하기도 하였다. 뿐만 아니라 파리강화회의에 대표단이 파견되었다는 것이 낭설인 것처럼 보도하기도 하였는데 특히 이 기사들은 순 한글로 게재하여 일반 민중들이 보다 쉽게 접근할 수 있도록 하고 있었다.

『매일신보』에서는 특히 민족자결주의 문제에 대한 국제적 인식과 3·1

운동에 대한 국제여론이 일본의 입장을 이해하고 있는 상황이며, 조선문제에 대해서는 내정이라는 관점에서 열강들이 별다른 관심을 보이고 있지 않다는 사실을 알리고자 주력하였다. 3·1운동의 진압에 대해서는 조선총독부 경무국과 일본육군성이 모두 초기부터 강경진압을 염두에 두고 대응해 갔으며, 이완용은 이를 강경한 어조로 뒷받침하고 있었다.

제3장

매일신보에 나타난 기독교계의
3 · 1운동과 선교사

I. 머리말

3 · 1운동에 대한 한국사 사학계의 연구는 운동의 발발 배경이나 전개 과정 및 참여 계층의 특징과 성격에 대한 검토뿐만 아니라 천도교 · 기독교 · 불교 · 유교 등 각 종파의 활동 및 만주와 러시아에서의 3 · 1운동을 비롯한 해외 각국의 반응과 국제적 영향에 이르기까지 방대한 연구가 이루어지고 있다. 그러나 이러한 광범위한 연구에도 불구하고 3 · 1운동 당시 조선총독부의 기관지로서 3 · 1운동과 관련해 방대한 양의 기사를 보도했던 『매일신보』의 보도기사에 대해서는 거의 분석이 이루어지지 않고 있다.

3 · 1운동이 발발하자 『매일신보』에서는 3월 7일 이후 4월 24일까지 「各地騷擾事件」 · 「騷擾事件의 後報」 · 「騷擾事件」이라는 제목으로 3 · 1운동과 관련한 지역별 소식을 보도하였으며, 필요에 따라 社說이나 일반 보도기사를 통해 3 · 1운동에 대한 상황과 조선총독부의 입장을 대변하는 내용의 기사를 수시로 게재하고 있었다.

한편『매일신보』는 한일합방 이전부터 한국의 언론을 장악하기 위해 다양한 압박 수단을 강구해 오던 일제가 1909년 5월 1일 베델이 사망한 이후『대한매일신보』를 인수하여 1910년 8월 30일부터『매일신보』라는 이름으로 발행하기 시작한 국한문 신문이었다.[1]『매일신보』의 경영은 일본 언론계의 유력 인사였던 德富蘇峯[2]의 감독 하에 이루어졌다. 그는 1910년 10월 1일 寺內正毅 총독과 교환한 '신문정리에 관한 取極書'를 통해『매일신보』가 總督과 總督府를 본위로 그 시정목적을 달성하기 위해 노력할 것을 약속하였다.[3] 비슷한 시기에『매일신보』의 직원들에게 행한 연설에서는 일본 천왕의 '一視同仁'을 한국에 선전해야 하며, 결코 偏私, 偏黨하지 말며, 所論은 온건 타당함을 기하여 결코 詭言妄說을 고취함을 삼가 할 것 등을 강조하기도 하였다.[4]

이렇게 볼 때『매일신보』는 조선총독부의 기관지적 성격을 갖는 신문이었으며, 따라서『매일신보』에 보도된 3·1운동 관련 기사는 전체적으로 3·1운동에 대한 조선총독부의 인식과 대응양상을 반영하는 것이라고 할 수 있을 것이다. 따라서 본고에서는『매일신보』의 기사 내용을 중심으로 3·1운동의 전개과정과 일제의 대응방식에 대해 검토해 봄으로써 역설적으로 3·1운동의 역사적 성격에 보다 분명하게 접근해 보고자 한다.

---

1) 張錫興,「일제의 식민지언론 정책과 총독부기관지 每日申報의 성격」, 독립기념관 『한국독립운동사연구』6, 1992.
2) 德富小峯의 본명은 德富猪一郎이며, 蘇峰은『國民之友』의 창간 이후부터 사용한 雅號이다. 그는 25세 때인 1887년에 잡지「國民の友」를 창간하였고 1890년에는『國民新聞』을 창간하여 일본 언론계의 대부가 된 인물이었다. 그는『경성일보』의 감독으로 취임한 후 1918년 '米騷動'에서 寺內內閣을 비판하여 寺內와의 관계를 정리할 때까지 식민지 조선의 언론을 장악하였다.『德富蘇峰集』, 筑摩書房, 1974. 407쪽, 鄭晉錫,「每日申(新)報 硏究」,『韓國言論史硏究』, 一潮閣, 1988.
3) 金鎭斗,「1910年代 每日申報의 性格에 關한 硏究」, 앞의 논문, 1995, 27~28쪽.
4) 김규환,『일제의 대한언론선전정책』, 이우출판사 1979, 136~137쪽.

특히 『매일신보』에는 1910년 이래로 조선총독부가 기독교에 대해 취해온 정치적 태도의 특징을 파악할 수 있는 내용들이 상당수 포함되어 있다. 따라서 이들에 대한 분석을 통해서 보면 1910년대의 기독교에 대한 조선총독부의 정책에 대해 보다 분명한 이해에 접근할 수 있을 것으로 생각된다.

또한 3·1운동 발발 이후에는 운동에 참여했던 기독교인들의 시위양상과 선교사들의 활동 및 이에 대한 조선총독부의 입장이 비교적 소상하게 나타나고 있는데 『매일신보』의 이러한 보도내용을 검토해 보면 기독교인들의 3·1운동과 관련한 특징에 대해 보다 폭넓은 인식에 도달 할 수 있을 것으로 생각된다.

뿐만 아니라 『매일신보』에는 3·1운동이 격화·확산되는 것을 차단하고자 했던 조선총독부의 의지가 반영된 다양한 내용들이 보도되고 있는데 본 고에서는 이러한 보도 기사의 검토를 통해 3·1운동에 대한 조선총독부의 인식과 대응양상·대응논리에 대해 확인해 보고자 한다.

따라서 본고의 이러한 검토는 적어도 기독교계의 3·1운동에 대한 지금까지의 연구성과를 보완하는데 기여할 수 있을 것으로 생각되며,[5] 궁극적으로는 3·1운동 전체에 대한 인식의 폭을 넓히는데도 일정하게 의미를 가질 수 있을 것으로 생각된다.

[5) 기독교인들의 3·1운동에 대해서는 다음과 같은 연구가 있다; 金良善, 「3·1운동과 기독교계」, 『3·1운동 50주년기념논문집』, 동아일보, 1969; 李萬烈, 「3·1운동과 기독교적 의의」, 『개혁신앙』, 1978년 3월; 閔庚培, 「한국교회와 3·1운동」, 『한국기독교 교회사』, 대한기독교출판사, 1972; 閔庚培, 『日帝下의 韓國基督敎 民族·信仰運動』, 대한기독교서회, 1997.

II. 3 · 1운동 이전 일제의 기독교 정책과 『매일신보』

1910년 조선을 강점한 일제는 종교정책과 교육정책을 통해서 기독교를 탄압하는 한편, 기독교가 외국인 선교사들에 의해 주도되고 있는 서구의 종교라는 측면을 감안하여 경우에 따라서는 적극적인 친일화 정책을 추진하고 있었다.

강점 초기에 일제는 『매일신보』를 통해 일단 모든 종교에 대하여 강력한 통제방침을 천명하였던 것으로 보인다. 1911년 1월 7일에는 현재 조선의 종교 중에는 '人心을 擾亂하게 하거나 不法의 金錢을 貪하는 자가 있음으로' 당국에서는 이에 주의하여 예수교 · 불교 및 각종 재래의 종교를 불문하고 '整理取締에 관한 규칙을 發布'할 것이라고 보도하였다.[6] 2월 28일자 社說에서는 '大敎門이라 하여도 枝枝派派가 散亂無統하면 有害無益에 불과 함으로 取締하는 法令이 必有할 것이라고 하였다.[7] 그리고 1912년 6월 13일에는 총독부 내무부에서는 '信敎의 자유를 방해치 않는 범위에서 현재 각 종교에 관하여 取締할 필요가 있어 目下 立案審議 중'이라는 내용을 보도하였다.[8]

조선총독부의 강경 정책은 1915년 8월 6일에 총독부령으로 발표된 「布敎規則」 통해 확립되어 갔다.[9] 포교규칙이 제정되자 기독교도 다른 종교와 마찬가지로 총독부의 탄압과 감시의 대상이 되었다. 교회의 설립과 변경에 대해 총독부의 허가를 받아야 했으며, 교회의 각종 모임이나 예배 및 설교와 출판물 등이 모두 일제의 통제 하에 놓이게 되었다.[10] 포

---

6) 『每日申報』1911년 1월 7일. 「宗敎宣布規則」
7) 『每日申報』1911년 2월 29일. 「宗敎의 本旨」
8) 『每日申報』1912년 6월 13일. 「宗敎令制定의 審議」
9) 윤이흠, 『한국민족종교말살책』, 고려한림원, 1977, 43~45쪽.

교규칙이 발표되자『매일신보』에서는 이 법령에 대해 보도하면서 그 정당성을 강조하기도 하였다.[11]

총독부의 기독교에 대한 탄압은 기독교계 학교에 대한 간섭과 통제에서도 극명하게 나타나고 있었다. 총독부는 1911년 8월 23일 제1차 '朝鮮敎育令'(勅令제229호)[12]과 10월 사립학교규칙(총독부령 114호)[13]을 발표하였는데 이것은 치외법권을 누리고 있던 기독교계 학교에 대한 탄압 강화의 법적 근거를 마련했다는 성격을 갖는 것이었다.[14] 더욱이 1915년 3월에는「사립학교규칙」을 대폭 개정하여「개정사립학교규칙」(총독부령 제24호)[15] 공포하였는데 여기에서는 모든 학교의 특수 과목에서 '聖書'를 제외할 것과 5년 내에 교사들에게 일본어 교육을 의무화할 것 등을 중요 골자로 하고 있었다. 총독부의 이러한 정책에 대해 조선선교연합회 (Federal Council of Missions) 등의 반발이 있었으나 실효를 거두지는 못했던 것으로 보인다.[16] 실제로 1910년에 일반 종교학교를 모두 합하여 2,250개교에 이르던 사립학교는 1911년에「조선교육령」과「사립학교규칙」공포된 후에 1467개교로 대폭 감소하였으며,「개정사립학교규칙」이 발표된 1915년에는 1,082개교로 줄었고, 1918년에는 755개교로 계속 줄어들고 있었다.[17] 그런데 조선총독부의 이러한 태도는 한일합방 이전 통감부에서 "한국인 신자들과 선교사를 분리시켜 선교사와의 관계를 악화

---

10) 한국기독교사연구회,『한국기독교의 역사』II, 1991, 27쪽.

11)『每日申報』1915년 8월 18일 · 19일.「朝鮮布敎規則」

12) 朝鮮總督府 學務局,『朝鮮敎育要覽』, 12쪽.

13)『朝鮮總督府官報』, 1911년 10월 20일 號外.

14) 高橋賓吉,『朝鮮敎育史考』, 京城國際行政學會 朝鮮本府, 1927, 364쪽.

15)「朝鮮總督府官報」1915년 3월 24일.

16) Pratt, C. H. "The Federal Council", The Korean Missionfield, 1915. 11, 309쪽.

17)『朝鮮總督府統計年報』, 1918, 10쪽.

시키지 않고 유연하게 대처한다"라고 했던 온건정책에 대한 정책적 전환을 의미하는 것이었다.[18]

기독교에 대한 탄압이 강화되자 이러한 분위기는 『매일신보』에 그대로 반영되고 있었다.

> 嗚呼라—기독교도 諸君은 思할 지어다 …… 敎旨 外에 立하여 不平의 言辭와 不穩의 行動으로 種種 禁網을 自觸하는 동시에는 當局에서 治安을 維持하기 위하여 必戒飭을 加하여 容貸가 斷無할지니 일반 敎道는 往日의 誤解를 永釋敎旨를 勿違하지 말지오 其監督者도 到底解諭하야 總督의 施政方針과 宗敎를 獎勵하는 本意를 誤解함이 無케 할 지어다.[19]

위의 내용에서 보면 『매일신보』에서는 기독교인들이 '不平의 言辭와 不穩한 行動을 하여 禁網에 自觸'하고 있다고 한 후 총독의 시정방침과 종교를 장려하는 본의에 오해가 없어야 할 것이라고 강조하고 있었다. 이것은 조선총독부가 기독교인들의 항일운동에 대해 경계하면서 대중 매체를 통해 그 심각성을 '경고'하고자 했던 것으로 생각된다.

『매일신보』는 기독교계의 학교들이 학교를 세운 이상 전도를 목적으로 하는 것은 불가피하지만, 선교사 등은 自國의 風儀로 生徒들을 訓育하여 생도들이 종종 非國民의 言動을 행하니 可憫한 일이라고 하고 있다. 뿐만 아니라 기독교계 학교의 선교사들에 대해 일본 國體에 합치하는 교육을 실시할 것을 요구하기도 하였다. 대체로 이러한 보도 태도는 기독교계의 학교교육이 同化主義와 天皇制 이데올로기에 의하여 皇國臣

---

18) 尹建次, 『朝鮮近代敎育の思想と運動』, 東京大學出版部, 1982, 281쪽.
19) 『每日申報』 1912년 2월 22일, 「警告基督敎徒」

民을 교육하고자 했던 총독부의 방침에 순응하지 않고, 다른 종교에 비해 상대적으로 강한 항일분위기를 나타내고 있었음을 보여주는 것이라고 하겠다.[20]

『매일신보』는 皇城基督教靑年會 [Y.M.C.A]의 동향에 대해 언급하면서도 여론을 왜곡하려는 경향을 보이고 있었다.

> 同會의 起元은 원래 米國人의 助力이 多함으로 其 幹部의 實權은 美國人 手에 在하고 朝鮮人은 備員에 불과하여 何等의 能力이 無한지라 合邦以來로 일반 조선인의 覺醒이 起하여 從前과 如히 外國人의 旨使를 甘受하지 않코저하는 경향이 有하니 此는 靑年의 知識이 激增하고 청년의 氣○이 激騰한 結果라 할 지라 …… 有力한 會員 百餘名이 其目的을 達하기로 維新會를 조직하야 將來 東京日本基督靑年會와 同盟하여 內地靑年과 氣脈을 相通하야 互相 提携하기로 運動한다하니 同會의 目的이 到達하는 時에는 朝鮮人 一般에 莫大한 幸福이 有하리라 하노라.[21]

이 글에서 보면 皇城基督教靑年會의 내부에서는 외국인 선교사들의 영향력에서 벗어나고자 하는 경향이 일어나고 있는데 『매일신보』에서는 이러한 동향에 대해 한일합방 이래로 청년들의 지식이 격증했기 때문이며, 이들이 維新會 등을 조직하고 동경의 기독교청년회 동맹하여 일본청년들과 제휴하고자 하고 있는 것은 바람직한 일로써 이것이 성공하면 '조선인 일반에 막대한 행복이 있을 것'이라 주장하고 있다.

---

20) 『每日申報』 1913년 3월 4일. 「基督教主義學校」이 사설은 3월 8일까지 총 5차례 連載되고 있는데 일관되게 기독교계 학교의 교육 내용에 문제가 있다는 점을 강조하고 있는 것으로 보인다.
21) 『每日申報』 1913년 1월 30일. 「基督教靑年會」

이밖에『매일신보』에서는 1911년 9월 경 조선총독부에서 기독교인들에 대한 친일화정책의 일환으로 '內地視察團'을 파견하자 '일찍이 양자간에 隔在하였던 墻壁을 撤去'하게 되었으며, '同胞의 愛情이 湧出하여 不忍相捨 不忍相離함에 이르렀다'고 보도하기도 하였다.22) 그리고 1911년 9월 15일자 사설에서는 외국인 선교사들도 점차 일본의 誠意에 覺知하고 있으며, 하리스[M.C. Harris]박사 등은 선교사들의 오해를 풀어야 할 필요를 자각하고 솔선하고 있으며, 寺內總督의 至誠과 公平은 외국 선교사와 국내 기독교인들의 신뢰하는 바가 되어 기독교인들이 內地人[일본인]과 화합하기에 이르렀다고 주장하였다.23)

그런데『매일신보』의 기독교에 대한 이러한 논조는 기독교의 교세가 급속하게 성장해 가고 있는 상황에서 1911년 9월의 '105인사건' 이후 계속되어 온 긴장관계를 반영하고 있었던 것으로 보이며, 이같은 상황은 기독교인들의 3·1운동과 이에 대한 총독부의 대응과정에 일정하게 영향을 끼쳤을 것으로 생각된다.

Ⅲ. 기독교 관련 기사에 나타난 3·1운동의 양상

1919년 3월 1일 3·1운동이 발발하자 운동의 계획·준비단계부터 적극적으로 가담하였던 기독교인들은 전국적인 만세운동을 전개하였으며, 외국인선교사들의 활동도 조선총독부를 긴장시키고 있었다.

『매일신보』는 3·1운동이 발발하자 3월 6일 이전까지는 3·1운동 상

---

22)『每日申報』1911년 9월 9일. 「基督敎人의 親睦」이 내지시찰단에는 한국교회와 황성기독교청년회 유력·중견 인사 30명이 참가했다고 한다.
23)『每日申報』1911년 9월 15일. 「基督敎徒의 和合」

황에 대해 전혀 보도 하지 않다가 3월 7일 이후에「各地騷擾事件」·「騷擾事件의 後報」·「騷擾事件」이라는 고정란을 만들어 3·1운동에 관련 지역별 소식을 간략하게 보도하기 시작하였다. 아래의 <표>는『매일신보』의 이러한 기사 내용 중 기독교인들의 시위운동과 관련 있는 것으로 확인되는 53건을 정리한 것이다.

그런데 여기에 정리된 내용이 기독교인들의 만세운동에 대한 전체적인 빈도나 경향을 포함하는 것은 아니기 때문에 그 한계는 있지만, 대체로 당시 기독교인들의 시위양상을 이해하는데는 도움을 줄 수 있을 것으로 생각된다.[24]

『매일신보』에 나타난 기독교인들의 3·1운동 전개 양상[25]

지 역		날짜	참가인원	사건의 개요
서울·경기	開城		1000명	예수교 부속 호스톤 여학교 35명의 학생 시위를 시작 시민 1000여명이 합세하였고, 저녁때는 3~40명의 少年隊를 중심으로 수천명이 시위 행진을 하였다. 4일 아침에는 한영서학원생들이 만세를 부르자 학생 시민 60여명이 만세를 시작하였으며, 6일 7일에는 최고조에 달하였다. 일경의 발포로 사상자 수명을 내고 50여명이 체포되었다.4월 2일 6일에도 시위가 발생하였고 10여명이 체포되었다.
	加平	3/15~16	80명	천도교도와 예수교도 가평군청 앞에서 시위 경찰과 군수의 설유로 해산, 16일에는 沐洞里에서 약 200명이 시위함
	江華	3/18	다수	천도교와 예수교도 경찰서를 읍습함 겨우 해산
	중림동	3/26	다수	중림동교회에서 만세시위 수모자 2명 체포

24) 3·1운동 초기 시위 중 주동세력이 뚜렷하게 나타나는 311개 지역 시위 가운데 기독교인이 주도한 지역은 78개 지역, 천도교인이 주도한 경우는 66개 지역 기독교인과 천도교인이 주도한 지역은 42개 지역이었다. 앞의,『한국기독교의 역사』II, 33쪽.
25) 國史編纂委員會 編,『日帝侵略下 韓國三十六年史』, 1969, 331~342쪽.『每日申報』1919년 3월 1일~4월 24일. 도표의 날짜는 시위가 발생한 날짜이다.

	大邱	3/8		예수교 부속 계성중학교와 신명여학교 학생이 시위 150명 체포
	釜山	3/10	20	부산에서 예수교도 20명이 시위함 즉시 해산을 명함
	漆谷	3/12~13	60	예수교도와 기타 인원 60여명이 시위 수모자를 체포하고 해산
	慶州	3/13		목사 4명이 13일 장날을 이용하여 시위하려 한 계획을 미리 막음
	安東	3/18	100	예수교인이 주장이 되어 시위 경찰을 폭행함으로 발검하여 해산 주모자 2명 검거
경상도	義城	3/18	1000여명	장날을 이용하여 예수교인 등이 시위 발검하여 군중에 사상자 발생
	義城	3/19	1000여명	예수교도가 주장이 되어 시위 폭행함 부득이 발포 2명 즉사 3명 부상
	統營	3/19	다수	독립기를 세우고 시위가 있었음 선교사 2명이 있고, 일본유학생 4명이 귀국하여 선동했다고 함
	馬山	3/21	다수	예수교도가 주장이 되어 시내를 돌아다니며 시위/ 수모자 체포하고 해산
	鎭寶	3/25	200여명	200여명이 모여 시위운동 헌병이 주모자인 구세군 사관을 체포
	釜山	4/3	100여명	예수교를 중심으로 군중이 시위운동을 함 수모자를 체포하고 해산
	善山	4/2	150여명	몽둥이를 가지고 돌을 던지며 해평순사주재소 습격 부득이 발포 해산
	群山	3/5	100여명	군산 예수교학교 교사 신도 100여명이 시위함
	光州	3/10	500여명	외인이 만든 종교학교 숭일학교 생도 시위 구인된자 20여명
전라도	光州	3/11	300여명	예수교 숭일학교 생도 4~5명이 읍내의 주민 300여명 선동 시위를 개시 한다 함으로 엄중 경계 중
	樊樹	3/13	단체	예수교 천도교 및 보통학교 생도가 시위하였으나 진정됨
	全州	3/14	200여명	예수교의 경영하는 학교의 남녀생도와 천도교인이 시위 약간을 검속함
	木浦	4/8	40여명	예수교가 경영하는 정신여학교 졸업생들이 운동을 개시 수모자 채포
	沙里院	3/3	500명	예수교도 약 80명이 참가하여, 500명의 일단이 만세 시위 괴수 1명외 60명을 체포함
	遂安	3/9~10	150명	예수교인 150명이 시위운동을 전개하였으나 해산시킴
황해도	安岳	3/11	100명 가량	헌병주재소를 습격 발포하여 해산 시위대 즉사 2명 헌병 1명 보조원 1명 부상
	殷栗	3/12	30명	長淵의 예수교도가 중심이 되어 시위 주모자는 검거
	信川	3/15	300여명	예수교인이 주장이 됨 즉시 해산

松和	3/17	약 150명	예수교도 약 150명이 헌병주재소로 달려옴 주모자를 체포하고 해산
遂安	3/18	40명	예수교에서 경영하는 경신학교 생도 40명이 교사의 선동으로 헌병주재소에 몰려가 사위 교사를 체포하고 진정
延白	3/23	다수	예수교에서 경영하는 학교의 생도와 주민 다수가 시위 주모자 2명 체포
殷栗	3/26	다수	예수교도가 중심이 되어 다수의 군중이 운동을 시작 제지 해산
信川	3/27	200여명	예수교도를 중심으로 200여 명이 운동을 시작 수모자를 체포 해산
載寧	3/29	약300명	예수교인과 글방학동이 만세를 부르고 폭행 총을 놓아 해산
瑞興	4/4	약150명	예수교도와 학생 태극기를 들고 만세를 고창 헌병주재소를 읍습 군중편에 군중 4명 괴수자 4명 체포
松禾	4/8	다수	예수교도를 중심으로 한 다수의 군중 헌병주재소 습격 발포하여 부상자 약간명
평안도	平壤	3/1	다수	예수교 감리교과와 장로교과의 신도가 중심이 됨 경찰에 돌질을 함 주모자 10명 폭행자 40여명 체포
	鎭南浦	3/1	다수	예수교 교회당에서 약 30명의 신도와 학생이 모여 시작 잔남포 경찰서를 습격 돌을 던짐 3월 2일에는 1000명의 군중으로 경찰서를 습격함
	宣川	3/1	다수	예수교 부속 신성학교 학생 수백명 시내를 돌아다니며 군청과 경찰서를 모두 습격 주모자 33명 검거 예수교와 천도교가 연합 1500명이 시위 교회당 집회를 금지함
	義州	3/4	약600명	예수교 양실학원 중심으로 시위를 계획 곧 해산함
	大同			3/2일 숭실학교의 학생 이응칠 등이 예수교 취명학교에서 시위를 시작 면사무소를 습격하야 면장과 서기를 구타 6일에 이르기까지 4·4 내지 5·6백명이 매일 시위하였는데 숭실중학생 홍종국, 동 학교 교사 이진하 등이 지도.
	中和	3/5		예수교인들과 천도교 인들이 5일이래로 계속 시위
	順川	3/6	약2000명	천도교인들과 기독교인들이 독립가를 부르며 만세 시위 해산
	平原	3/11	약200명	천도교인과 기독교인 나팔을 불며 과격 시위 경찰서를 음습 수모자 3명을 체포
	德川	3/5	40여명	천도교와 기독교도 40여명이 시위 형세 자못 불온
	江東			예수교도 50명이 모여서 시위 총독과 경무부장은 이미 체포되었다는 말을 전하면서 선동
	崎陽	3/9	50명	50명의 남녀가 교회당에서 신약전서의 강의가 불온하여 4명을 안치하고 엄중 취조 중

	定州	3/15	30명	장날을 이용하여 예수교도가 주장이 된 30명이 시위 / 곧 해산됨
함 경 도	定平			3.7, 3.13, 3.14일 예수교도가 예수교도 중심이 되어 만세 시위 가 발생하였고 10여명의 부상자가 났다
	城津			성진 소요의 주모자 영국인 선교사 크레숀인데 백성들이 화근 을 없애려고 영국인을 죽인다고 분개한다더라
	定平	3/7		오후 4시 예수교도 40명이 태극기를 흔들며 시장에서 군중을 선동 오후 8시에 200명의 군중이 군청과 분견소에 몰려와 만 세를 부름 곧 해산
	城津	3/10	200명	예수교의 보신학교 생도 40여명이 개시, 200여명의 남녀 예수 교인이 합세 1시간 가량 시위
	會寧	3/25	4~500명	소요자 전부가 예수교인 목사와 보통학교 교사 10여명 체포

위의 <표>를 통해서 보면 시위 양상의 경우 우선 개성이나 평양 등 지역에 따라서는 같은 지역에서 여러 차례의 시위가 반복적으로 전개되기도 하였으며, 내용에 따라서는 폭력적 경향의 시위가 강조되는 경우도 자주 있었던 것으로 보인다.

기독교계 학교의 학생들이 중심이 되어 시위가 전개되는 경우도 빈도가 높았다고 할 수 있으며, 대부분 경우 시위의 전개과정이 경찰이나 군수의 '說諭'로 해산되거나 '부득이 발포'하여 사상자가 발생했다고 하고 있음을 볼 수 있다. '首謀者' '魁首者'는 검거된 것으로 나타나고 있으며 시위대가 경찰서나 헌병주재소·군청·면사무소 등에 대해 '음습'·'돌질'·'폭행'한 것으로 보도하고 있어서 시위의 폭력성과 실패를 강조하고 있었다.[26] 이밖에 일제는 신약성서를 강의하던 기독교 신자에 대해 그 내용이 불온하다는 이유로 취조하기도 했으며,[27] 기독교인들이 총독

---

26) 전체적인 시위 양상에 대해서는 金鎭鳳, 『三·一運動史硏究』, 國學資料院, 2002. 國
史編纂委員會 編, 『韓國獨立運動史』(2), 1966, 「各道運動一覽」 등을 참조할 수 있다.

27) 『每日申報』 1919년 3월 13일. 「교묘한 선동법」

과 경무부장이 이미 체포되었다는 '虛說"을 퍼트리고 있다고 비난하기도 하였다.28)

선교사들에 대한 불만을 강하게 표출하기도 하였는데 함경북도 城津의 소요의 경우 주모자는 영국인 선교사 '크랜손[R.G. Grierson]'인데 '백성들이 화근을 없애려고 영국인을 죽인다고 떠들며 분개한다더라'29) 라고 보도하였다. 부산에서는 불온한 정세가 있어서 한국인 목사 2명과 함께 미국인 여선교사 2명을 인치하였고,30) 대구 신명여학교의 시위에서는 학교와 관계 있는 미국인 부인이 따라다니며 도와주었다고 보도하기도 하였다.31) 예배시간을 통해 선교사들이 이번 '소요'에서 죽거나 상한 자에 대해 국가의 충신이며, 천국에 갈 것이라고 하는 경우가 있는데 선교사들이 이러한 태도를 지금 속히 고치지 않으면 未久에 후회하여도 不及할 것이라고 경고하였다.32)

3·1운동의 열기가 활발해지자 일본 국회에서는 3·1운동에 대한 대책을 논의하던 중 선교사들에 대한 문제가 논의되기도 하였다.

> 今回의 暴動은 一面 思想問題에 대한 曲解와 他面 宗敎的 陰謀에 의하여 激成되고 또 某某國人 等의 煽動이 與하야 有力한 듯 하니 정부는 그 由來한 所以를 밝힘이 焦眉의 急이라 思惟치 않는가.33)

---

28) 『每日申報』1919년 3월 9일. 「허설로서 선용[동－필재]」
29) 『每日申報』1919년 3월 15일 「주모자는 선교사」
30) 『每日申報』1919년 3월 14일 「여선교사 인치」
31) 『每日申報』1919년 3월 11일. 「백여명 검거」
32) 『每日申報』1919년 4월 11일. 「騷擾死傷者를 讚美하야 公然히 煽動하는 宣敎師」
33) 朝鮮總督府, 『朝鮮總督府官報』1919년 3월 12일, 亞細亞文化社, 1985. 이 질문은 日本憲政會 代議士 川崎克이 日本議會에서 행한 3·1운동에 대한 質問書의 일부이다.

위의 내용을 통해서 보면 일제는 3·1운동의 발발 원인에 종교적인 음모가 있었으며, 외국인의 선동이 중요한 원인 되었다고 함으로써 선교사에 대해 대단히 부정적인 인식을 갖고 있었음을 알 수 있다고 하겠다. 이러한 경향은 『매일신보』에서도 나타나고 있는데 『매일신보』에서는 조선에서의 소요에 '某國宣敎師의 煽動'이 있다는 風說이 높은 것에 대해 심히 遺憾이라는 취지의 사설을 게재하기도 하였다.[34]

일제와 선교사들의 관계가 불편해지자 3·1운동 발발 직후 평양에 머무르고 있던 스미스 목사는 『매일신보』를 통해 '이번 소동에 대해 일본은 외국인선교사가 이면에서 선동'하는 것으로 오해하고 있는 것은 실로 유감이며, 나는 마침 평야에 있으면서 서울에서 보다 맹렬한 운동을 목격하였는데 평양의 선교사들도 사전에 3·1운동에 대해 알지 못했으며, 크게 놀라고 있다고 하는 해명성 기사가 보도되기도 하였다.[35] 이러한 상황에서 총독부에서는 공식적으로는 선교사들이 3·1운동에서 배후 역할을 한 혐의는 없다고 선언하기도 하였지만 양측의 불편한 관계는 계속되었다.[36]

선교사들과 총독부와의 불편한 관계는 선교사들에 대한 탄압과 구속으로 이어졌다. 『매일신보』를 통해서 보면 평양지방법원검사국에서는 모의리(Mowry)와 마포삼열 선교사의 집을 급습하여 평양지역의 3·1운동을 주도하고 있던 숭실대학생 金太述 외 10명의 학생들을 체포하였으며, 등사판과 각종 문서를 증거물로 압수하고 모의리를 犯人隱匿로 체포하였다고 보도하였다.[37] 이 사건은 4월 4일에 발생하였는데 모

---

34) 『每日申報』 1919년 3월 28일. 「宣敎師의게 望함」
35) 『每日申報』 1919년 3월 13일. 「誤解는 甚히 遺憾, 今回 騷擾와 外國宣敎師, 스미스 목사 談」
36) 'No Foreigners Implaicated in Korean Uprisings' The Seoul Press, 1919년 4월 14일.

의리와 마포삼열 이외에도 배위량·기리스·맥마트 등 선교사 7명의 집이 함께 수색당하였다.38) 선교사에 대한 가택 수색은 대구검사국에서도 실시되었다.39)

한편 '在平壤記者團'에서는 미국선교사들이 3·1운동에 개입되었다는 것은 痛恨할 일이며, 미국 선교사들이 기자회견을 통하여 誤解를 永解하고 排去할 것을 요청하는 통첩을 보내기도 하였다.40) 모의리는 3·1운동에 대한 교사 및 범행 공모와 관련하여 집요한 신문을 받았으며, 4월 19일 6개월의 징역을 선고받은 후41) 미국과의 정치적 관계를 고려하여 300엔의 벌금을 선고받고 풀려나는 수준에서 마무리되었다. 그런데 일제 선교사 모의리를 구금했던 것은 3·1운동의 가담에 적극적이었던 선교사들과 한국인들에 사이의 연결고리를 끊는 한편, 선교사들에 대해서는 경고성의 의미를 갖는 조치였던 것으로 보인다.42)

『매일신보』는 기독교들에 대한 부정적인 이미지의 기사를 게재하여 3·1운동의 확산을 막고자 하였다. 4월 13일 평북 定州郡의 교회에서 일어난 화재 사건에 대해 '소요반대자들이 격앙한 원인이 아닌가 의심한다

---

37) 숭실대학교100년사편찬위원회,『숭실대학교100년사』 I (평양숭실편), 464쪽, 1979. 모의리는 선언문과 태극기를 만드는 학생들을 숨겨주고, 독립선언서를 미국선교부에 보냈던 것으로 보인다.『每日申報』1919년 4월 8일.「騷擾主謀者11名, 宣敎師家에 潛伏」

38)『每日申報』1919년 4월 12일.「米國宣敎師 家宅搜索을 當함」

39) 장로파 교인 邦忠淸과 慶北書院의 미국인『하바아 뿌레에아』, 啓星學校 監督 장로교파 선교사 미국인『헨리 뿌루』의 가택이 수색 당하였다고 한다.『每日申報』1919년 4월 12일.「大邱檢事局에서도 米國人宣敎師의 가택수색을 단행하얏다」

40)『每日申報』1919년 4월 13일.「宣敎師에 通牒」이 통첩은 마포삼열·라이나·모의리 배위량의 이름으로 전해졌다.

41)『每日申報』1919년 4월 21일.「선교사 모―리의 公判 19일 평양지방법원에서 징역 6개월에 선고되었다.」

42) 趙英烈,「日帝下 改新敎宣敎師 硏究(1905―1920)」, 건국대 박사논문, 1992, 167쪽.

더라' 라는 추측성 기사를 보도하였다.[43]

뿐만 아니라『매일신보』의 기사 내용을 통해서는 기독교 각 교회가 받았던 피해양상에 대해서는 파악할 수 없으며,[44] 특히 뒤에서도 언급하겠지만 선교사들의 활동에 대해서는 극단적인 용어를 써가며 비판하고 있었는데 이는 선교사들과 기독교 신자들이 3·1운동에 적극적으로 참여하고 있었던 상황을 반영하고 있는 것으로 생각된다.[45]

IV. 3·1운동에 대한 일제의 대응과『매일신보』

1. 기독인들의 3·1운동에 대한 대응

3·1운동에서 기독교인들의 활동이 활발하게 전개되자 일제로서는 이에 대한 적극인 대응이 필요했으며,『매일신보』를 통해서 보면 일제는 몇 가지 특징을 나타내면서 기독교인들의 3·1운동에 대응해 나갔던 것으로 보인다.

조선총독부에서는 1919년 3월 9일 총독부 내무국장 宇佐美勝夫의 초청형식으로 선교사들과의 회담을 시도하였는데 3월 24일까지의 3차례의 회담에서 선교사들이 3·1운동의 진압에 일정한 역할을 해줄 것을 요구하고자 했던 것으로 보인다.[46] 그러나 선교사들은 일제의 의도와 달리 정

---

43)『每日申報』1919년 4월 14일.「定州의 耶蘇教會堂 燒失」

44) 독립운동사편찬위원회,『독립운동사자료집』4집, 476~477쪽. 장로교가 입은 피해 상황에 대해 체포된 자 3.804명, 체포된 목사·장로 134명, 교회관계 지도자로 체포된 자 202명, 감금된 남녀 신자 2,125명·531명, 매맞고 방면된 자 2,162명, 사살된 자 41명, 수감중인 자 1,642명, 매 맞고 죽은자 6명, 파괴된 교회 12개처로 나와 있다.

45) 김형석,「韓國基督教와 3·1運動」, 앞의,『한국기독교와 민족운동』, 374쪽.

치적 문제에 대해서는 '엄정 중립'이라는 기존의 입장을 확인하고 있었으며, 오히려 일제의 暴政을 비판하였다.[47] 선교사들은 3·1운동 과정 중에 있었던 세브란스 병원에 대한 수색(1919. 3. 17),[48] 두 명의 호주 여선교사에 대한 감금 구타 사건과 3·1운동에 우호적이었던 캐나다 장로교 선교사 그리어손과 로스[A.R. Ross]에 대한 구속 등 일련의 불법적인 사태에 대해 강력하게 항의하였다.[49]

즉 총독부의 입장에서 보면 3·1운동 기간 중 선교사들과의 관계는 기본적으로는 불편한 상황이었지만, 3·1운동에 대한 효과적인 진압을 위해 선교사들의 협조가 필요했던 상황이었으며, 이에 총독부에서 선교사들의 행동에 대해 일정하게 유감을 표시하면서도 3·1운동에 적극적으로 개입해 줄 것을 요구하는 이중적인 태도를 보이게 되었던 것으로 파악된다.

이러한 상황은 『매일신보』의 다음과 같은 기사 내용을 통해서도 확인되고 있다.

> 금회 조선 불령지도가 妄擧 妄動하는 이면에는 某國 선교사의 敎示 煽動이 有하였다는 風說이 일반에 高함은 吾人이 심히 遺憾으로 認하는 바라 …… 吾人은 日前本紙에 忠淸南道 公州의 某基督敎宣敎師가 其 信徒에 대하여 輕擧妄動을 爲하는 不得當을 諭하여 頗 其效果를 得하였다는 報를 揭하였나니 此 宣敎師의 諭示는 官憲의 交涉에 應함이나 又 自發임을 불문하고 其 處措는 甚히 機宜에 適한 바 …… 吾人은 公州宣敎師의 賢明한 措置에 대해 滿腔에 誠意를 表하는 동시

---

46) 앞의, 『日帝下의 韓國基督敎 民族·信仰運動』, 167～169쪽.
47) 「三一運動秘史」, 『基督敎思想』, 1966년 2월호, 122쪽.
48) 『每日申報』 1919년 3월 19일. 「家宅搜索乎」
49) 金正明, 『朝鮮獨立運動』 I, 東京, 原書房, 1967, 360쪽·411쪽.

에 …… 각자 適宜한 方法을 講하야 其信徒에 邪路에 踏迷함을 救하고 並하여 宣敎師 自身의 虛地를 明瞭하고 救世濟衆의 本意를 修行함을 望하노라.[50]

위의 내용에서 보면 일제는 3·1운동에 선교사들이 개입하고 있는 것에 대해 '遺憾'을 표시하면서도 충청남도 公州에서 선교사의 현명한 조치가 보여주었던 것처럼 기독교 신자들이 '邪路'에 빠지는 것을 구하여 '救世濟衆'의 본의를 修行해야 함을 권고하고 있었다.

대구에서는 불란서인 神父가 종교와 정치를 엄정하게 구별하고 신도들이 3·1운동에 참여하지 못하도록 '열성으로 타일러' 감화시키고 있다는 기사를 게재하고 '종교가의 태도는 마땅히 이러할 일'이라고 하였다.[51]

서울에서 발행되던 'Seoul Press'에서도 선교사들이 3·1운동을 진정시키기 위해 적극적으로 개입할 것을 요구하는 기사를 반복적으로 게재하고 있었다. 그 논조는 조선인들이 호의를 갖고 있는 선교사들이 더 큰 용기를 갖고 그들의 '꿈 같은 희망'과 '잘못된 걸음'을 시정하도록 해야 한다고 했다.[52]

그러나 선교사들에 대한 총독부의 기대는 실패하였던 것으로 보이는데, 이는 3월말 이후『每日申報』의 논조가 선교사들의 활동에 대해 적극적으로 비판하는 태도를 보이는 데서도 확인할 수 있다.『每日申報』에서는 1919년 4월 15일부터 4월 20일까지 연재된「朝鮮의 基督敎」라는 기고

50)『每日申報』1919년 3월 28일.「宣敎師의게 望함」
51)『每日申報』1919년 3월 31일.「宗敎家의 態度는 마땅히 이러할 일」불란서인 신부의 이름은 '후도리인 데만주'씨라고 한다.
52) "What Foreign Missionaries Can Do New" The Seoul Press, 1919년 3월 22일, "Neutrality of Missionaries" The Seoul Press, 1919년 3월 28일. 앞의,『日帝下의 韓國基督敎 民族·信仰運動』, 169쪽.

문 형식의 기사를 통해 조선 기독교의 사회 현상과 선교사들의 영향력을 분석하면서 이번 폭동으로 인하여 10년 간의 '進步와 改良이 절반 이상 파괴된 것은 실로 遺憾萬萬'이라고 하면서 제일 책임자는 폭동에 참가한 조선인이지만, 간접 책임자라 하여도 미국인 선교사의 언동을 연구할 필요가 있다고 하였다.[53]

1919년 3월 26일에는 마가렛부인과 준·벨 선교사의 교통사고에 대해서도 세브란스 병원에 머무르면서 각처를 돌아다니며 시위운동 사진을 찍던 이들이 光州로 내려가던 도중 '참혹한 橫厄'을 당하였다는 비난성 기사를 게재하기도 했다.[54]

『매일신보』에서는 선교사들의 언론활동에 대해서도 강한 불만을 나타내고 있었다.

> 조선에 있는 선교사들은 근래에 그 권세가 점차로 조선인이나 내지인 목사에게 넘어가는 형세를 살피고 아무조록 이것을 막으려는 계책으로 무슨 일을 빙거하던지 그 세력을 보일 필요가 있는 줄 생각하야 이번 사건에 선동을 하는 자가 적지 아니한데 현재 평안북도 선천에 있는 어느 늙은 선교사는 북경 「데일늬 늬우스」 신문에 통신하야 여러 가지 허황한 말을 얼거서 배일하는 기세를 보이난데 그 중에는 그

---

53) 『每日申報』 1919년 4월 15일~20일. 「朝鮮의 基督敎」는 총 6회에 걸쳐 연재되었는데 高橋直岩이 『西鮮日報』에 譯載했던 것이라고 한다.

54) 『每日申報』, 1919년 3월 28일. 「餠店에서 慘死한 宣敎師의 一行」 신문에 보도된 내용은 다음과 같다 '26일 오전 10시 경부선 병점역 부근에서 올아오던 급행 열차와 외국인 선교사의 자동차가 출돌되야 미국부인 '마구레트 따불류'와 준.벨'의 2명은 직사하고 기타 한사람은 중상되어난 사건은 본보에 이미 기재한 바 어니와 그 선교사의 일행은 수 일전부터 경성에 올라와서 세브란스 병원에 머물러 있어서 독립문 기타 각처를 돌아다니며, 이번 시위운동에 관련된 사진을 박이어가지고 자동차로 光州로 내리어 가다가 귀보와 갓은 참혹한 횡액을 당한 것 이라더라'

곳에서 50명의 예수교도난 한구역에서 헌병에게 함몰당하였고, ……
이 사람의 통신은 필법이 모다 이러하야 세상사람들을 속인 줄만 알
고 있었으나 자연 유식한 조선사람들에게 알려져 그 방면에서는 신용
이 떨어졌을 뿐만 아니라 동업 선교사들의 이같이 실치 못한 행위를
나물하는 소리가 날로 높아 간다더라.[55]

위의 내용을 통해서 보면 일제는 선교사들이 자신들의 권세가 조선인
이나 일본인 목사에게 넘어가는 것을 방지하기 위해 그 세력을 보일 필요
가 있다고 생각하고 소요를 선동하고 있다고 비난하고 있었던 것으로 보
인다.

한편 선천의 어느 늙은 선교사가 북경의 '데일리 뉴스'와 연락하여 3·1
운동과 관련한 사실무근의 허황한 말을 유포하며 '排日'의 기세를 보이고
있으나, 그의 필법이 조선인 유식자들에게 알려져 신용이 떨어지고 있으
며, 선교사들 사이에서도 비난의 소리가 높다고도 하였다.

이러한 불만은 이후에도 나타나고 있다. 미국의 언론들이 3월 28일 서
울에서의 소요에서 부녀자와 어린이들을 포함하여 수백 명이 살해되었으
며, 평양에서는 모의리 선교사 이외에 7명의 선교사들이 검거되었다고
보도하고 있는데 이러한 보도는 '미국에 있는 조선인 중 일본을 배척하는
자가 소요가 일어났다는 소식을 듣고 엄청난 거짓을 만들어내 미국신문
에 전파'했기 때문이며, '미국인들도 깜짝 놀란다'고 주장하였다.[56]

『매일신보』에서는 선교사뿐만 아니라 국내의 기독교인들 자체에 대해
서도 부정적인 태도를 보이고 있었다. 평양부에서는 민심이 완화되어 가

---

55) 『每日申報』1919년 4월 10일. 「全然無根의 事實을 외국신문에 통신하야 사람을 속
   이라고 늙은 선교사가 있다」
56) 『每日申報』1919년 4월 19일. 「美國新聞의 虛報」

는 가운데 한편으로 주민들 사이에 '예수교 일파에 대해 미워하는 마음이 생겼다더라'라고 하였다.57) 또한 평안북도 철산에서는 목사의 선동으로 시위에 참여했던 민중들이 경찰과 헌병의 설득으로 독립운동을 할 이유가 없을 깨닫고 성서를 집어던지며 목사를 힐책하였다고 보도하였다.58) 평안북도 車輦館에서는 목사가 태극기 300여개를 만들고 시위를 일으키고자 준비했으나 주민들의 반대운동이 일어나 시위가 일어나기 전 날밤 교회로 몰려간 주민들에 의해 국기가 탈취되어 소각되었으며, 목사는 종적을 감추었다고 보도하기도 했다.59)

『매일신보』에서는 4월 12일 밤 일본조합교회60) 조선전도본부 평의원들이 조선호텔에서 회합을 갖고 건전한 사상을 확립하고 극단적인 경향을 교정할 것과 청년 학생들이 본분을 지키고 學事에 근면케 할 것 등을 목표로 하는 '對時局特別運動'을 전개하고자 했던 것을 보도하였다. 그런데 조합교회의 이러한 움직임은 선교사들이 민중들 사이에서 강력한 영향력을 발휘하는 상황에서 이를 막아보자 하는 일제의 의도가 반영되었던 것이라고 하겠다.61)

따라서 이상의 내용을 종합해 보면 3·1운동이 발발하자 『매일신보』는 선교사들에 대해 처음에는 3·1운동에 관여하여 시위를 진정시키는데 적극적으로 협조해 줄 것을 요구하는 입장을 하였다. 그러나 이러한 요구가 받아들여지기 어렵다는 것을 확인한 후에는 선교사들이 3·1운동에

---

57) 『每日申報』 1919년 3월 14일. 「平壤 민심이 완화되야」
58) 『每日申報』 1919년 4월 10일. 「성서를 목사에게 집어던지고 그 불법함을 힐책한 철산사람」
59) 『每日申報』 1919년 4월 10일. 「太極旗를 燒棄 목사의 선동에 극렬반대하여」
60) 組合敎會는 1899년 渡瀬常吉에 의해 국내에 들어온 이후 총독부의 비호아래, 주로 서북지방의 朝鮮自由敎會를 흡수하여 발전하고 있었다.
61) 『每日申報』 1919년 4월 15일. 「組合敎會活動」

관여하는 것에 대해 노골적으로 비난함으로써 민중들에 대한 선교사들의 영향력을 차단하는데 주력하고자 했던 것으로 파악된다고 하겠다.

또한 기독교인들의 활동이 활발해지자 3·1운동에 주도적으로 참여했던 목사와 신도들이 지역 주민들로부터 배척 당하고 있다는 기사를 반복적으로 보도함으로써 민중들로부터 기독교인들을 고립시키고자 하였다. 그리고 민중들이 3·1운동에 대해 반발하게 된 동기에 대해서는 시위를 통해 해당 지역 지역주민들이 살상 당하고 경제적으로도 손실을 입고 있는 상황에서 헌병과 경찰 등의 설득으로 독립할 이유가 없음을 깨달았기 때문이라는 단순 논리를 유지하고 있었던 것으로 보인다.

따라서 3·1운동에 있어서의 『매일신보』의 기독교인들에 대한 이러한 보도 태도는 보도 내용의 신뢰성과 상관없이 총독부가 3·1운동 기간 중 언론을 이용한 대중조작을 통해 3·1운동에 참가했던 기독교인들을 민중들로부터 고립시키고자 했음을 보여주는 것이었다. 그리고 이것은 기독교인들의 3·1운동이 일제에게 당혹감과 위기감을 줄 정도의 상황으로 전개되고 있었음을 보여주는 것이라고 할 수 있을 것이다.

2. 일반 민중의 동향에 대한 대응

3·1운동이 발발하자 『매일신보』는 사설과 일반 보도기사 및 친일인사의 연재기사 등을 통해 민중들의 3·1운동에 대한 열기를 약화시키고자 했던 것으로 파악되고 있다.

우선 일제는 3·1운동이 발발하자 『매일신보』를 통해 총독의 '諭告'를 발표하였다. 그 내용은 조선의 독립을 파리강화회의에서 열강이 승인했다는 것은 전혀 '無根流說이요 素不足取'이며, 非違를 敢爲하는 자는 一步

라도 가차없이 엄중히 처분 중임을 밝힘으로써 시위가 더 이상 확산되는 것을 막고자 했던 강력한 의지를 나타냈던 것으로 보인다.[62]

이후 3월 6일자 사설에서는 민족자결주의가 '一面으로 敵國을 崩解에 陷케 하였으나 他의 일면으로는 同族同種의 民을 규합하야 국가를 造立하는 것이라고 하면서 오해치 말 것'을 주장하기도 하였다. 또한 민족자결주의 사상을 취하여 시위를 도모하는 자가 있으면 '국가의 치안을 도모하기 위하여 용납하지 않을 것이며', 이를 根絶할 필요가 有함을 信하노라'라고 하였다.[63]

3월 22일에는 미국대통령 윌슨도 미국은 구주 · 아세아 · 기타 지역 정치에 대해서 간섭하고자 함이 없다고 하는 상황에서 조선의 민중들은 민족자결주의를 잘못 이해하는 것이라고 하였다.[64] 이밖에 1919년 4월 19일에는 파리회의에서 列國이 분규를 피하기 위해 '朝鮮 및 安南人民의 독립'에 관해서는 勿問에 붙이기로 하였다고 보도하기도 하였다.[65] 뿐만 아니라 미국의 언론보도를 인용하여 조선인들은 현재 명목상 정치적 자유는 갖고 있지 못하지만, 과거의 幼稚해던 경제 생활에 비하면 실질적인 자유를 누리고 있다고 하였다.[66] 또한 미국 국무성에서는 일본이 소요를 진압하기 위해 '嚴酷殘忍'한 조치를 취하고 있다고는 생각되지 않으며, 이

---

62) 朝鮮總督府, 앞의, 『朝鮮總督府官報』, 1919년 3월 5일. 『每日申報』 1919년 3월 7일. 「諭告」
63) 『每日申報』, 1919년 3월 6일. 「民族自決主義誤解」
64) 『每日申報』 1919년 3월 22일. 「誤解된 民族自決主義」 이 글은 桑原 忠南道長官이 동경에서 文學博士 遠藤隆吉과의 대담한 내용을 게재한 것이라고 되어 있다.
65) 『每日申報』 1919년 4월 19일. 「獨立運動은 不問」
66) 『每日申報』 1919년 4월 21일. 「自決問題閑却, 米紙 朝鮮의 騷擾를 批評」 16일 뉴욕의 '크로니콜'지를 이용하여 보도하고 있다. 또한 이 기사에서는 민족자결주의는 연합국이 講和問題에 대한 실무에 착수한 이래 무시해버리기 시작했다고 보도하였다.

러한 과장된 이야기는 단순히 排日感情을 유포하기 위한 것이라고 생각하고 있다고 보도하기도 하였다.[67]

따라서 이상의 내용을 종합해 보면 일제는 3·1운동이 발발하자 일차적으로 시위에 대해서는 강력하게 진압할 것임을 천명함과 동시에, 논리적으로는 민족자결주의가 조선의 독립과는 전혀 관련 없는 사상임을 강조하고 있었던 것으로 보인다.

한편 일제는 권고문 성격의 사설과 지방장관의 명의로 발표된 경고문 등을 게재하기도 하였다. 사설을 통해서는 학생이나 민중들에게 스스로 자성하고 학업과 생업에 전념할 것을 강조하고 있었으며,[68] 경고문에서는 민족자결주의에 대해 오해하지 말 것과 '暴民'에 대해서는 '가차없이' 대응할 것임을 강조하고 있었다.[69]

친일인사들 중에서도 3·1운동에 대한 반대의사를 분명히 하는 경우가 있었다. 閔元植은 3·1운동의 무모함과 부당성을 강조하는 논설을 3회에 걸쳐 연재하였으며,[70] 高義駿·尹孝定·金明濬 등 30여명의 인사들은 모임을 갖고 사태의 심각성에 대해 의논하는 한편, 전국에 경고문을 발표하기도 하였다.[71]

일제는 각종 모임을 개최하여 민중들의 시위 열기를 차단하고자 하였

---

67) 『每日申報』1919년 4월 26일.「朝鮮問題는 內政, 米國國務當局者의 言明」이 기사는 뉴욕발 '크리챤 싸이언스 모니토아'지의 미국무성 고관의 발언을 인용하여 보도하는 형식을 취하고 있다.

68) 『每日申報』1919년 3월 9일.「誨告學生諸君」, 『每日申報』1919년 3월 14일.「安然히 그 業에 精進하라」

69) 『每日申報』1919년 4월 14일.「長官部長諭告」 『每日申報』1919년 4월 24일.「黃海道長官警告」 특히 황해도의 경우는 황해도 장관 申應熙의 명으로 발표되었다.

70) 『每日申報』1919년 4월 27·28·29일.「更히 騷擾에 대하야」 이외에도 친일적 경향의 논설을 여러 곳에서 보이고 있다.

71) 『每日申報』1919년 4월 19일.「全道警告文」

다. 漢城府尹은 3월 11일 '町洞總代'를 소집하고 조선총독 유고를 받들어 결단코 뢰동하지 말 것을 훈시하였으며,[72] 3월 31일 珍島에서는 100여명의 마을 주민과 일본인이 친목회를 개최하고 시국에 대해 '즐겁게' 이야기한 후 주연을 열고 저녁때까지 놀았다고 보도하기도 하였다.[73] 그리고 4월 24일 경 충청남도에서는 농민들의 시위 가담을 막기 위한 '官民懇談會'가 개최되기도 하였다.

충청남도에서는 소요발발이래 민심의 鎭撫防壓上 대지주의 결속에 의하야 소작인에게 誓約을 행케 하야 재차 紛擾를 반복치 않게 하는 조치를 出한 바…… 內鮮人間에 意志感情을 더욱 濃密케 하기 위하여 각지에서 간민간담회를 개최함……[74]

위의 내용을 통해서 보면 충청남도에서는 농민들의 시위 가담을 막기 위해 대지주와 결탁하여 소작인에게 소요에 참가하지 않는다는 서약을 받았음을 알 수 있으며, 간담회는 일본인과 조선인과의 감정악화를 막기 위해 개최되었던 것으로 보인다.

이밖에도 『매일신보』 4월 10일자에서는 南鮮地方에서는 헌병분대장의 설유를 받고 잘못을 뉘우친 자가 적지 않으며, 경성에서는 스스로 '悔悟狀'을 써서 경무총감부에 신고한자가 많으며, 학생들 중에도 동창생들에게 세계대세를 말하고 설득하여 시위를 막은 '思慮있는 학생'의 이야기를 보도하기도 하였다.[75] 4월 17일에는 대전에서 불량배 2명에게 선동되

---

72) 『每日申報』 1919년 3월 11일. 「町總代召集 漢城府尹의 注意」
73) 『每日申報』 1919년 4월 9일. 「珍島內鮮人의 大親睦會」
74) 『每日申報』 1919년 4월 24일. 「忠南官民懇談會」 간담회는 大田 · 論山 등에서 개최되었던 것으로 보인다.
75) 『每日申報』 1919년 4월 10일. 「目下騷擾의 一邊」

어 만세를 부르다 사망한 자의 부모가 선동했던 자 중 한 명을 죽였다고
보도하였다.76) 4월 19일에는 동내에서 폭동자가 나온 것에 대해 사의를
표하기 위해 동민들이 추념하여 파괴된 주재소를 다시 짓기로 했다고 보
도 하였다.77)

이밖에도 일제는 시위를 진압하기 위해 일본에서 군대가 파견되었다
는 소식을 대대적으로 보도하였으며,78) 고종황제의 독살설이 사실무근
임을 설명하는 내용의 보도 기사를 內人・典醫 등의 공술을 토대로 보도
하였으며,79) 시위 중에 사망한 헌병보조원에게 진휼금을 지급한 기사를
게재하였다.80) 또한 '騷擾處罰令'81)・'정치범 처벌법'의 제정82) 등이 보
도되고 있었는데 특히 조선총독부『官報』를 통해 발표한 정치범 처벌법
에 대해서는 시의 적절한 일임은 多言할 필요가 없다고도 하였다.

따라서 이상의 내용을 종합해 보면 일제는 3・1운동이 발발하자 민중
들의 시위 열기를 차단하기 위하여 가능한 모든 수단을 동원하였던 것으
로 보이며, 『매일신보』는 일제의 이러한 의도를 반영하면서 3・1운동의
전개 양상을 왜곡해 갔던 것으로 파악된다고 하겠다.

---

76)『每日申報』1919년 4월 17일. 「撲殺에 撲殺, 騷擾 끝에 참상」
77)『每日申報』1919년 4월 21일. 「暴民나임을 恥하야」
78) 파견군에 관한 기사는『每日申報』1919년 4월 10일. 「朝鮮에 增兵, 騷擾鎭壓次로
   陸軍省 公表」, 『每日申報』1919년 4월 13일. 「惡化하는 騷擾 派遣軍隊內鮮, 大野軍
   參謀長車中談」 등 다수가 있다.
79)『每日申報』1919년 3월 16일. 「無根의 虛說」
80)『每日申報』1919년 4월 1일. 「순직한 補助員에게 賑恤金」 평안남도 사천 헌병주
   재소에서 순직한 徐長婦, 金紅瓊, 郭聖治에게 100원의 진휼금이 지급되었다.
81)『每日申報』1919년 4월 16일. 「騷擾處罰令」
82)『每日申報』1919년 4월 18일. 「정치범과 내란죄」

V. 맺음말

본고에서는 1910년대 기독교에 대한 조선총독부의 정책과 『매일신보』에 나타난 기독교인들의 3·1운동 양상, 그리고 일제의 대응에 대해 주로 선교사 문제와 관련하여 검토해 보았다. 이것은 3·1운동과 관련한 『매일신보』 기사가 선교사에 대한 내용에 집중되고 있는 경향과도 관련이 있다. 그 중요한 내용을 정리하면 다음과 같다.

첫째, 일제는 한일합방 이후 기독교에 대해서 통감부 시절에 유지하고 있던 온건정책을 변경하여 강경 정책으로의 변화를 나타내었던 것으로 보인다. 물론 여전히 친일적 선교사들에 대해서는 온건적인 태도를 유지하고 있었으나 포교규칙의 발표나 기독교계 사립학교에 대한 탄압, 『매일신보』 사설에 나타난 기독교에 대한 비판 등을 통해서 볼 때 일제의 강경 정책으로의 전환은 분명했던 것으로 파악되고 있다. 그리고 이러한 기독교와 총독부의 긴장관계는 기독교 자체가 갖고 있던 애국적 경향과 함께 3·1운동 당시 기독교인들이 운동에 적극적으로 가담하게 되는 배경이 되었을 것으로 보인다.

둘째, 3·1운동에 적극적으로 참여했던 기독교 세력의 활동은 『매일신보』의 기사 내용을 통해서도 확인할 수 있다. 특히 선교사들의 활동은 그들이 서구의 외국인으로서 3·1운동을 적극적으로 옹호하는 측면이 강했다는 점에서 일제에게 적지 않게 부담이 되고 있었고 양측의 마찰은 일제가 『매일신보』를 통해 선교사들에 대해 극단적으로 비난하고 있는 것에서도 알 수 있다고 하겠다.

『매일신보』의 기사를 통해서 보면 선교사를 포함한 기독교인들이 3·1운동에 대한 활동을 구체적으로는 확인할 수 없으나 적어도 기독교인들의 활동이 일제에게 충격으로 받아들여지고 있었던 점은 확인할 수 있다고 하겠다.

셋째, 기독교인들의 3·1운동이 활발하게 전개되자 일제는 초기에는 선교사들에게 3·1운동의 열기를 차단하기 위한 활동에 나서 줄 것을 종용하였다. 그러나 이것이 실패한 후에는 3·1운동에 참여하고 있는 선교사와 한국인 목사들에 대해 극단적으로 비난하거나 평양에서 활동하던 모의리 선교사를 투옥하는 등 구체적인 탄압책을 강구하였던 것으로 파악된다. 그런데 이 경우『매일신보』의 논조를 통해서 보면 일제는 선교사들이 기독교인들에게 3·1운동의 정당성을 강조하는 것과 3·1운동에 대한 일제의 탄압이 선교사들을 통해 외국언론에 아려지는 것에 대해 민감한 반응을 나타내고 있었던 것으로 보인다.

넷째, 일제는 3·1운동에 참여했던 민중들의 열기를 차단하기 위해 가능한 모든 수단을 강구하였다. 우선 논리적으로는 조선인들이 '민족자결주의'를 오해하여 시위가 촉발·확산되었다는 점을 크게 강조하고 있는데 3·1운동의 본질이 일차적으로 일제 식민지정책의 폭압성에서 기인한다는 사실을 은폐하고자 했던 일제의 의도를 반영하는 측면이 있었던 것으로 보인다. 또한 일제는 각종 권고문과 경고문을『매일신보』에 게재하여 민중들은 안정시키고자 했으며 고종황제의 독살설 유포를 차단하는 한편, 일본으로부터의 군대 파견과 정치범 처벌법의 제정 및 시위 상황에 대한 왜곡 보도 등을 통해 시위의 확산을 저지하고자 하였다. 그런데 이 경우 시위상황에 대한 보도 내용은 구체적인 지명과 인명이 이후의 기사에서도 확인되고 있지 않기 때문에 그 내용의 신빙성에 대해서는 검토가 필요한 것으로 보인다.

따라서 이상의 내용을 통해서보면,『매일신보』는 일제의 10년 간에 걸친 학정과 식민지적 억압구조를 은폐하면서 독립을 향한 기독교인들과 민중의 열기를 차단하고 했던 관제언론이었음 보여주고 있다고 하겠다. 뿐만 아니라 이러한 상황에서 『매일신보』에 다양한 형태의 기독교 관련 운동 기사들이 나타나고 있다는 것은 역설적으로 기독교인들의 3·1운동이 그만큼 치열했음을 보여주는 것이라고 하겠다.

제4장

평양지역 기독교계의
3·1운동과 매일신보

I. 머리말

우리나라의 독립운동사에 있어서 1919년의 3·1운동은 전국적으로 전개된 최대의 민족독립운동이었으며, 이후 대한민국의 정신적 토대를 형성하는 역사적 사건이었다. 그리고 지역사와 관련한 3·1운동 관련 연구는 경기도를 비롯한 전국 중요 지역에 대한 지역별 사례 연구가 이루어지고 있다.[1]

이번 소요 사건은 조선 전도를 통틀어 평안남도가 가장 격렬하였는데 검거인원은 날로 증가 되는 바 지나간 14일 일지 평양경찰서에서

---

[1] 이정은,「화성군 우정면·장안면 3·1운동」독립기념관 한국독립운동사연구소,『한국독립운동사연구』9, 1995. 박환,「용인지역 3·1운동」,『한국민족운동사연구』42, 2005. 조성운,「매일신보에 나타난 경기지방의 3·1운동과 일제의 대응」,『한국민족운동사연구』42, 2005. 성주현,「수원지역 3·1운동과 천도교인의 역할」,『수원지방 민족운동사의 역사적 위상』, 2003. 황민호,「安城邑內와 竹山地域 3·1운동의 전개」,『한국민족운동사연구』46, 한국민족운동사학회, 2006.

만 검거한 인원이 503명의 다수에 달하였더라. 그 중 처결된 자가 216 인이오 검사국으로 보낸 자가 75인이오 그 나머지는 취조 중인데 평양 경찰서만 검거인원이 이같이 다수가 된 즉 평안남도 내를 통산하면 넉넉히 3000여 인의 검거수가 되리라더라.[2]

위의 내용은 3·1운동 발발 초기 일제의 기관지였던『매일신보』가 평안남도지역이 조선 전체를 통틀어 3·1운동이 가장 결렬하게 전개되었으며 검거 인원도 날로 증가하여 평양경찰서가 검거한 인원만 503명이오, 평안남도 전체로는 넉넉히 3,000여인에 이른다고 보도하고 있었다. 따라서『매일신보』의 이같은 보도를 통해서 볼 때 평양지역을 포함한 평안남도지역에서의 3·1운동은 상당히 격렬한 운동양상을 나타내고 있었다고 하겠다.

뿐만 아니라『매일신보』에서는 3월 7일부터 5월 12일까지는 평안남도지역의 3·1운동과 관련한 동향에 대해 거의 매일 정기적으로 보도하고 있었다. 이밖에 지금까지 평안도지역을 포함한 평양지역의 3·1운동에 대한 연구에서는 주로 이승훈을 중심으로 한 기독교계 인물들이 서울의 민족대표와 연결되는 과정과 평양지역을 포함해 각 郡의 운동 양상에 대해 정리한 연구가 있을 정도이다.[3]

따라서 본 연구에서는『매일신보』와 조선군 헌병사령부의 보고서에 나타난 평안남도지역 3·1운동의 시위양상을 정리·분석해 보는 한편, 당시의 재판기록[4]을 포함한 문건에 나타나는 평양지역 기독교계의 3·1

---

2)「평양의 검거수 500명이 넘쳤다」,『매일신보』1919년 3월 18일.

3) 김형석,「3·1운동과 남강 이승훈」,『南岡 李昇薰과 民族運動』, 南岡文化財團出版部』, 1988. 김정인 외,『국내 3.1운동』, 독립기념관 한국독립운동사연구소, 2009. 이윤상,「평안도지방의 3·1운동」,『3·1 민족해방운동 연구-3·1운동 70주년 기념 논문집』, 한국사연구회·역사문제연구소, 1989.

운동 참여와 이에 대한 일제의 대응에 대해 정리해 보고자 한다. 본고의 이러한 노력은 궁극적으로 서울과 함께 3·1운동의 또 다른 중심지의 하나였던 이 지역의 운동 양상에 대해 보다 구체적으로 이해하는데 기여할 수 있을 것으로 생각된다.

II. 3·1운동 이전 평양지역 기독교사회

1910년 한국을 강점한 일제는 교육정책과 종교정책을 통해 기독교에 대한 탄압을 강화해 갔으나 평양지역을 중심으로 한 평남지역에서의 교육운동과 기독교계는 꾸준한 성장을 이룩해 가고 있었다. 일제는 1908년 사립학교령을 발표하여 국내에서의 교육운동을 탄압하고자 했다. 그러나 사립학교령이 발표된 이후 1년 9개월 동안에도 전국적으로 인가받은 사립학교가 2,200개교나 되었으며,[5] 이 가운데 특히 평안남도가 443개교, 평안북도가 401개교의 학교를 인가를 받음으로서 평안도의 학교 수는 전국의 1/3을 넘는 상황이었다.

또한 1918년 7월 현재 전국의 사립학교 총수는 809개소였는데 이중 평안남도의 사립학교는 141개교로 17.4%를 차지하여 전국에서 가장 높았으며, 취학률도 전국 평균 취학률인 1,000명당 22.5명보다 훨씬 높은 58명에 달하고 있었다. 이같은 상황에서 평양지역의 기독교계는 조선총독

---

4) 독립운동사편찬위원회편, 『독립운동사자료집』5, 1972. 국사편찬위원회, 『韓民族獨立運動史資料集』11(三一運動 I), 1987. 백암박은식선생전집편찬위원회 편, 『白巖 朴殷植 全集』, 동방미디어, 2002. '獨立運動之血史'에도 평양지역의 3·1운동과 선교사의 활동에 대한 언급이 있다.

5) 이민규, 『조선교육사』, 거름출판사, 1988, 103~104쪽.

부의 일본인과 조선인에 대한 차별대우 및 제1차 세계대전 이후 국제질
서의 재편 2 · 8독립선언서를 발표한 동경 유학생들의 동향 등을 예의 주
시하고 있었다.

한편 105인사건의 기소자 중 종교관계가 확인되는 108명 가운데 92명
이 기독교신자일 정도로 평안도지역 있어서의 기독교계의 영향력은 상
당했던 것으로 보인다.6) 실제로 1923년 9월에 발행된 잡지『개벽』에 따
르면 현재 조선에서 기독교가 가장 왕성한 지역에 하나로 평양을 꼽았으
며, 평양은 인구수에서 뿐만 아니라 기독교가 유입된 년도에 있어서도
평북의 宣川과 함께 가장 오래된 지역이라고 하였다.7) 뿐만 아니라 1918
년 말 평안도지역 교회의 숫자는 장로교가 514개, 감리교가 102개였으
며,8) 평남지역 교회의 수는 서울 · 경기보다도 많았다. 여기에 마펫
(Samuel A. Moffett)나 모우리(Ele M. Moury) 같은 평양지역의 선교사들
은 교회 내 신자들의 민족주의적 성향을 지지하는 경향을 나타내고 있었
다. 특히 모우리는 3 · 1운동 과정에서 숭실대학 학생들의 활동을 적극적
으로 도운 혐의로 재판을 받기도 하였다. 실제로 박은식은『독립운동지
혈사』에서 모우리에 대해 '한국에 와서 선교하고 숭실대학의 교수로 7년
간 재직하면서 교육에 전심전력으로 종사하였다. 한국학생들에게는 스
승이라기보다 벗으로서 어깨를 같이하며 지냈다. 평양학계의 음악과 기
술의 진보는 온통 그의 성과였음으로 일인(日人)들에게 심한 미움을 받았

---

6) 윤경로,「105인 사건을 통해 본 신민회연구」, 고려대학교 박사학위논문, 1988, 57쪽.
7) 一記者,「내가 본 平北의 各郡, 龍川−鐵山−宣川−定州−龜城−雲山−寧邊−博川」,
『개벽』제39호, 1923년 9월, '종교의 상황은 엇더한가. 朝鮮에서 基督敎가 왕성하기
로는 제일 宣川, 제이 載寧, 제삼 平壤, 제사 京城이다, 이것은 물론 각각 그 곳의 인
구수에 비례하여서 한 말이거니와 宣川 平壤으로 말하면 耶蘇敎가 수입된 연도도
가장 오래엿다. 그래서 宣川이라 하면 자연히 基督敎를 연상하게 된다.'
8)『大正7年度 朝鮮總督府統計年報』, 1920년, 1013~1014쪽.

던 것이다'라고 하였다.[9]

일제는 조선을 강점한 이후 기독교계의 동향에 대해 주시하고 있었고 기독교계 사립학교에 대한 통제를 강화하고자 하였다. 실제로 총독부에서는 1912년 6월 '信敎의 자유를 방해치 않는 범위에서 현재 각 종교에 관하여 取締할 필요가 있어 目下 立案審議 중'이라고 했으며,[10] 1915년 8월 6일에는 '포교규칙'을 발표하였다. 포교규칙이 제정되자 기독교는 교회의 설립과 변경에 대해 총독부의 허가를 받아야 했으며, 교회의 각종 모임이나 예배 및 설교와 출판물의 발간 등이 모두 일제의 통제 하에 놓이게 되었다.[11]

일제의 통제는 기독교계 사립학교의 교육에 있어서도 강화되고 있었다. 총독부는 1911년 8월 23일에는 제1차 '朝鮮敎育令'[12]을 10월에는 사립학교규칙[13]을 발표하였는데 이것은 기독교계 학교에 대한 탄압 강화의 법적 근거를 마련했다는 성격을 갖는 것이었다.[14] 더욱이 1915년 3월에는 사립학교규칙을 대폭 개정한 개정사립학교규칙을[15] 공포하였는데 여기에서는 모든 학교의 특수 과목에서 '聖書'를 제외할 것과 5년 내에 교사들에게 일본어 교육을 의무화할 것 등을 중요 골자로 하고 있었다. 총독부는 '기독교계의 학교들이 학교를 세운 이상 전도를 목적으로 하는 것은 불가피하지만 선교사 등은 自國의 風儀로 生徒들을 訓育하여 생도들이 종종 非國民으로서의 言動을 행하니 可憫한 일이라'[16]하였다.

---

9) 백암박은식선생전집편찬위원회 편, 앞의 책, 536쪽.
10) 「宗敎令制定의 審議」, 『每日申報』 1912년 6월 13일.
11) 윤이흠, 『한국민족종교말살책』, 고려한림원, 1977, 43~45쪽.
12) 朝鮮總督府 學務局, 『朝鮮敎育要覽』, 12쪽.
13) 『朝鮮總督府官報』, 1911년 10월 20일 號外.
14) 高橋賓吉, 『朝鮮敎育史考』, 京城國際行政學會 朝鮮本府, 1927, 364쪽.
15) 「朝鮮總督府官報」 1915년 3월 24일.

일제의 기독교계 사립학교에 대한 통제가 강화되자 1910년에 일반 종교학교를 모두 합하여 2,250개교에 이르던 사립학교는 1911년에는 1467개교로 감소하였으며, 1915년에는 1,082개교로, 1918년에는 755개교로 대폭 감소하고 있었고 이는 기독교계와 총독부의 또다른 긴장관계의 표현이었다.17)

Ⅲ.『매일신보』를 통해 본 평남지역 3 · 1운동의 전개 양상

3 · 1운동이 발발하자 평양지역의 기독교계와 선교사들은 초기부터 이에 적극적으로 가담하고 있었으며, 특히『매일신보』에서는 3월 7일 이후 지역별 동향을 상세하게 보도하고 있었다. 이 가운데 평남지역 종교계의 시위와 관련된 내용을 정리하면 다음과 같다

<표 1> 『매일신보』에 나타난 평양남도지역 종교계의 3 · 1운동 양상

구분		날짜	사건개요
기독교	평양	3.1, 3.3	3월 1일 오후 1시부터 평양 야소교 감리파와 장로파 신도는 이태왕 봉도회라 일컫고 전자는 교회당에 800명 후자는 학교에 약 1,000명이 모여서 봉도회를 거행한 후 돌연히 선언서를 낭독하고 계속하여 각기 손에 태극기를 들고 독립만세를 불러 그 형세가 불온하므로 경찰서에서는 해산을 명하였는데 해산된 사람들은 다시 시중을 배회하였더라.
	진남포	3.1, 3.2	진남포에서는 3월 1일 오후 2시에 야소교회당에 약 30명의 신도와 백성이 모여서 조선독립만세라고 쓴 큰 기를 세우고 선언서를 뿌리면서 만세를 부르고 시내를 행진하였다.
	안주	3.1, 3.2,	안주에서는 3월 1일 오후 5시 경에 3~400명의 교도가 모여서 독립선언서를 배포하였고 3월 2일에 군중 약 3,000명이 헌병대를 에워싸고 구한

16)「基督教主義學校」,『每日申報』1913년 3월 4일.
17)『朝鮮總督府 統計年報』, 1918, 10쪽.

		3.3	국 국기를 들고 만세를 부르며 또 유치 중의 죄인들을 내어놓으라고 조르는 등 불온한 행동이 있으므로 곧 해산시켰다.
	중화	3.3	3일 오전 9시 반쯤 되어 야소교도와 시장에 모인 사람들과 합하여 약 300명이 한 단체가 되어가지고 구한국 국기를 혼들면서 만세를 연하여 부름으로써 곳 해산을 명하여 11시 경에 진정되었는데 이날 주모자 9명을 체포하였더라.
	덕천	3.5 (연합)	5일 오후 1시에 천도교도와 야소교도 약 40명은 독립 선언서를 발표하고 만세를 불러 그 형세가 자못 불온하다더라.
	강동	3.7경	강동 원탄면 오리동 야소교도 5-60명과 고음면 고철리에 야소교도 약 50명이 모여서 만세를 부르러 또 주모자 중에는 총독과 경무부장은 이미 체포되었다하는 말을 전하면서 선동한다더라.
	중화	3.5 (연합)	간동면에서는 본월 5일 이래로 60명 내지 300명의 천도교인과 야소교인을 합한 군중이 시장을 돌아다니며 만세를 불렀고 주재소와 면사무소에 대하여 별로 폭행한 일은 없으나 오히려 계속되므로 3월 15일 경무부와 중화경찰서로부터 응원 순사 헌병을 보내어 주도자를 검거하게 함이라.
	순천	3.6 (연합)	사인장은 3월 6일 오전8시 천도교도와 야소교인들이 독립운동을 개시하고 오후에 이르러 약 2,00명의 큰 단체가 되어 각각 한국 국기를 가지고 독립가를 부르고 큰길에서 연설을 하고 만세를 부르며 시장을 돌아다니다가 공립보통학교 면사무소에 가서 직원 등에게 참가하라고 하였으나 불응하였는데 오후 3시쯤 되어 해산하였더라.
천도교	중화	3.3	3일 오후 두시에 중화군 상원에 천도교의 일단 약 130명은 또 구한국 국기를 혼들면서 만세를 연하여 부름으로써 오후 4시에 해산하였더라.
	맹산	3.6	6일 천도교도 약 30명이 모여서 선언문을 돌리고 만세를 부르며 운동을 시작하였으므로 지금 경계하는 중이라더라.
	영원	3.6경	천도교도 35명이 한국 국기를 들고 독립만세를 부르면서 읍내로 돌아다니는 것을 영원헌병분대에서 전부 체포하야 취조하는 중이라는데 이 교도들은 중앙총무의 명령이라 하고 듣지 아니한다더라.
	영변 (영원)	3.7	아침 영변에 천도교 30명이 한국 국기를 들고 독립만세를 들으면서 읍내를 돌아다님으로써 주모자는 분대에서 인치하여 취조하는 중이라더라.
	숙천	3.8경	숙천읍내에서는 천도교인 약 100명이 모여서 독립만세를 부르면서 시위운동을 하므로 경관이 출동하여 즉시 해산케 하고 주모자로 인정하는 자 3명을 체포하였으며 그 후에 불온한 형세가 없다더라
	영원	3.8경	영원에서는 9일 오후 열시에 천도교인 약 150명이 시위운동을 하며 폭행을 시작하여 사상자가 40명이나 났으며 ○○○○헌병군조는 중상을 하였더라

	양덕	3.8	양덕에서는 8일 오전 11시 20분에 천도교 10명이 읍내에서 대한독립만세를 부르며 헌병분견소로 향하여 가다가 경계하던 헌병에게 체포되었더라
	영원	3.9	9일 오후 1시에 천도교도 150명은 헌병분대로 음습하여 왔으므로 헌병은 이것을 격퇴하였는데 소요자측에서는 1명이 즉사하고 30명이 부상하였고 70여명이 체포되었으며 중서군조는 중상을 당하여 마침내 사망하였더라.
	숙천	3.9	9일 오후 5시쯤되어 천도교인 약 100명이 읍내에 모여서 만세를 불렀으므로 즉시 해산케 하고 주모자 3명을 체포하여 목하 취조중이더라
	영변 (영원)	3.9경	영변의 소요사건은 작보와 같은 바 헌병대에 음습한 천도교인 일단 150명은 흉기를 가지고 읍내에 침입하였는데 헌병분대에 검속하였던 소요자 약 30명은 소요한 틈을 타서 유치장에 탈출하여 150명의 군중과 합세하여 난폭한 행동을 하므로 부득이하여 발포하여 집압하였더라.
	평원	3.11	공평면 뇌남리에서는 3월 11일 장날에 천도교인 약 100명이 나팔을 불고 독립만세를 고창하며 과격한 대로 연설을 하고 거쳐갔다.
	강동	3.30	30일 천도교도 약 400명은 천도교기를 가지고 시위운동을 개시하였으나 극력 설유하여 해산케 한 바 그자들 일동은 다시 소요를 하지 않겠다고 맹세하였더라.
불교	강동	3.12	3월 12일 오후 2시 중화군 전곡면 왕천사 승려 임보현 대동군 임원면 두타사 승려 이경명은 2사람은 강동군 강동면을 통과하는 자동차 운전수에 대하여 「너희가 자동차로 군대를 수송한 때문에 다수의 사상자를 내었다」 협박하였으므로 강동분견소는 2명을 취조 중이라더라.

<표 1>은 대략 3월 7일부터 30일까지 『매일신보』에 게재된 평남지역 시위관련 보도기사 가운데 종교계의 동향을 정리한 것이다. 기사가 보도된 기간이 짧고 단편적인 내용이 대부분이어서 평남지역 3·1운동의 전체적인 양상을 파악하기는 어렵지만 그 특징의 일면은 확인할 수 있을 것으로 보인다.

각 종교 단체의 시위건수를 정리해 보면 기독교는 천도교와 연합하여 진행한 시위를 포함해 모두 8건이, 천도교의 경우는 13건을 나타내고 있으며, 불교는 1건의 기사가 보도되고 있는데 이는 평남지역 전체로 보았을 때 천도교계의 만세시위가 상대적으로 적극적이었을 가능성을 보여주

는 것이라고 생각된다. 종교계가 주도한 초기의 시위는 주로 태극기를 앞세우고 독립가를 부르거나 '과격한 내용의 연설'을 하는 등 비교적 평화적 시위가 주류였던 것으로 보인다. 다만 천도교의 경우 寧遠에서는 경찰이나 헌병이 시위대를 향해 총격을 가하여 다수의 사상자가 발생하였으며, 中西 헌병 군조 등이 총상을 입는 과격한 시위양상을 보이기도 하였다.[18] 영원군에서는 헌병대에 체포된 천도교도들이 중앙총부의 명령이라는 이유로 취조에 응하지 않기도 했는데 이는 천도교계가 교단 차원에서 3·1운동을 추진하고 있었음을 보여주는 것이라고 하겠다.[19] 이밖에 불교계의 경우는 강동군에서 3명의 승려가 일본군을 수송하는 자동차 운전수를 협박했다는 기사 정도가 보이고 있을 뿐이다.[20]

또한 『매일신보』를 통해서 보면 평원군 漁波驛 부근에서 약 1,000명이 모여 放火하며 시위를 전개하였으며,[21] 岐陽의 통진면 고일리에서는 남녀 50명이 모인 가운데 기독교 장로의 신약성서 강의 내용이 불온하다는 이유로 참석자 4명이 체포되기도 했던 것으로 나타나고 있다.[22] 陽德에서는 4일 시위대가 헌병분견소를 습격하는 과정에서 시위대 십수명이 부상당했으며, 응원하던 金融組合 理事가 중상을 당했다고 보도하기도 했다.[23] 廣梁灣 시위의 경우 시위대가 순사보 1명과 내지 부인에게 폭행을

18) 같은 내용의 기사가 조선군 참모부의 보고에서도 나타나고 있다. '寧遠群 寧遠 9일 오후 1시경 천도교도 약 150명은 헌병분대를 내습하여 폭민측 즉사 1명, 부상 30 여명을 내고 폭민 70여명을 체포했다. 中西 군조는 총상을 입어 위독해졌다' 「朝鮮各地の獨立運動に關する件(54)」, 金正明, 『朝鮮民族運動』I, 原書房, 1967.
19) 「영원군 전부 체포취조」, 『매일신보』3월 8일.
20) 「두 승려의 폭행」, 『매일신보』3월 21일.
21) 「漁波, 보병 경관 급파」, 『매일신보』3월 11일.
22) 「岐陽, 교묘한 선동법」, 『매일신보』3월 12일.
23) 「德陽 십여명 사상」, 『매일신보』3월 8일.

가하였고 온정주재소의 문관을 떼어 진흙 속에 묻었다고 하였다.[24]

조선군 참모부에서도 평남지역의 시위 양상에 대해 파악하고 있었다. 3월 5일 덕천군에서 천도교와 기독교도 40여명이 독립선언서를 낭독하고 만세를 불러 3~4명을 검거되었으며,[25] 같은 날 중화군 看東에서는 장날을 이용하여 약 400명의 군중이 시위를 시작하자 경찰 6명과 보병 10명이 급파되어 진압하기도 했다.[26] 또한 순천군 新倉에서도 천도교와 기독교도 및 학생들 1,000여명이 만세시위를 전개하였으며, 各戶에 구한국기를 게양시키도록 하기도 했는데 이 일로 사립학교 교원 7명이 해직되었고 학생 10명이 퇴학당했다고 하였다.[27]

『매일신보』는 만세시위가 과격하게 전개되었던 지역에 대한 보도에 있어서는 군경의 발포가 불가피했음을 강조하거나 군경의 피해 상황을 동정적인 태도를 나타내고 있었다. 3월 7일자 기사에서는 20여명의 사상자를 낸 成川의 시위에 대해 낫과 도끼를 든 폭민이 헌병분대를 음습하여 위험한 상태에 빠짐으로 부득이 총을 쏘았으며, 폭민에게 중상을 당한 헌병 분대장 중위 政池覺犧씨는 생명이 위독하며, 폭민으로 죽은 자 30여명이요 중경상이 30여명이며 체포된 인원이 300여 명이라고 보도하였다.[28] 같은 날 강서군에서는 시위대가 헌병주재소를 습격하자 '佐藤實五

<hr>

24) 「廣梁灣, 부인에게 폭행」, 『매일신보』 3월 9일.

25) 「朝鮮各地の獨立運動に關する件(37)」, 金正明, 『朝鮮民族運動』 I, 原書房, 1967, 328~329쪽.

26) 「朝鮮各地の獨立運動に關する件(193)」, 金正明, 앞의 책, 519쪽.

27) 「朝鮮各地の獨立運動に關する件(40)」, 金正明, 앞의 책, 332쪽.

28) 「成川, 사상이 10여명」, 『매일신보』 1919년 3월 7일, 「성천, 헌병대장 위독」, 『매일신보』 1919년 3월 8일. 조선군 참모부의 보고에 따르면 이후 헌병대장 政池覺造는 당일 오후 5시에 사망한 것으로 나타나고 있다. '成川 4일 폭민 때문에 중상을 입은 헌병분대장 헌병중위 政池覺造는 같은날 오후 5시대에 사망했다. 또한 당일의 소요에서 폭민의 사망자 30여명, 중경상 30여명, 체포인원 약 3백여명이 있었

郎 상등병과 보조원 3명이 힘을 다하여 시위대를 물리치기에 노력하였으나 탄환을 다써버리고 중과부적으로 마침내 소장 이하 4명은 장렬히 죽었다'고 하였다.[29] 한편 조선군 참모부에서는 사건이 발생하지 평양헌병분대장 이하 10명의 헌병대가 현장에 급파되었다고 보도하였다.[30] 강서군 咸從에서는 헌병이 부근을 수색하던 중 40여명의 인원을 검거하였으나 시위대가 반항하여 어쩔 수 없이 발포하였으며, 1명이 현장에서 卽死하고 1명이 중상을 당했다고 보고하였다.

IV. 『매일신보』에 나타난 평양지역에서의 3·1운동

1. 기독교계의 3·1운동 전개

평양지역 기독교계의 3·1운동에 대한 계획과 준비는 1919년 2월 6일 上海에서 新韓靑年黨 당원의 자격으로 파견된 鮮于爀이 평양지역 교계의 지도자들을 만나 독립운동의 준비를 종용하면서부터 시작되었다.[31] 숭

다'고 한다.「朝鮮各地の獨立運動に關する件(32)」, 金正明, 앞의 책, 324쪽.

29)「강서, 헌병소 전멸」, 『매일신보』 1919년 3월 8일. 이 기사에서는 '이 급보를 접하고 평양 헌병분대장 이하가 현지에 급행하였는데 폭민 중에도 죽은 자가 51명이요 부상한자의 수효는 불명하다더라' 고 하였다. 같은 기사가 조선군 참모부의 보고에서도 나타나고 있다.

30)「朝鮮各地の獨立運動に關する件(40)」, 金正明, 앞의 책, 324쪽. 江西郡 沙川 사천 헌병주재소는 4일(시간불상) 폭민이 내습함에 따라 소장상등병 佐藤實五郎 외 보조원 3명은 힘을 다해 이를 격퇴하는데 힘썼음에도 불구하고 탄약을 射盡하여 중과부적으로 마침내 장렬한 최후를 맞이하였다. 평양헌병분대장 이하 10명이 현지에 급히 이동하여 폭민에게도 다수의 사상자가 있었다.

31) 金良善,「3·1운동과기독교」, 동아일보사편, 『3·1운동50주년기념논총』, 1969, 240~242쪽.

실중학 출신으로 105인사건에 연루되어 옥고를 치렀던 그는 같은 학교 출신인 邊麟瑞와 金善斗 및 평양의 교계와 민족운동 지도자인 吉善宙와 李昇薰을 만났으며, 이후 3 · 1운동이 빠른 속도로 준비되어 갔다.

평양지역 기독교계의 3 · 1운동을 주도했던 이승훈은 이미 1918년 9월 평북 선천에서 제7회 장로교 총회가 개최되었을 때 상해 교민 대표로 참석한 呂運亨과 만나 파리강화회의를 계기로 궐기하는 문제에 대해 논의한 바 있었다. 또한 1918년 12월에는 동경유학생 徐椿이 모교인 오산학교에 들러 이승훈, 조만식 등에게 동경유학생들의 동향에 대해서 설명하고 독립운동의 방법을 논의하였는데 이 자리에서 이승훈은 국내 · 상해 · 동경에서 각각 독립선언서를 발표하는 방법을 제시하였다고 한다.[32]

이후 평양에서의 3 · 1운동은 이승훈의 지도하에 吉善宙, 安世桓, 尹愿三, 都仁權, 林蚩正 등이 참여한 가운데 2월 12일부터 25일까지 총 4차례의 회의가 진행되면서 준비되었다.[33] 고종황제의 奉悼式를 명분으로 숭덕학교 교정에서 1,000여명의 인파가 모인 가운데 평양지역의 3 · 1운동이 봉화를 올리게 되었다. 식장에는 선교사 마펫이 내빈석에 앉아 있었고 일본인 사복형사들도 있었으며, 봉도식이 끝나고 본격적인 만세운동이 전개되었다. 이날의 상황에 대해 『매일신보』는 다음과 같이 보도하였다.

> 3월 1일 오후 1시부터 평양 야소교 감리파와 장로파 신도는 이태왕 봉도회라 일컫고 전자는 교회당에 800명 후자는 학교에 약 1,000명이 모여서 봉도회를 거행한 후 돌연히 선언서를 낭독하고 계속하여 각기 손에 태극기를 들고 독립만세를 불러 그 형세가 불온하므로 경찰서에서는 해산을 명하였는데 해산된 사람들은 다시 시중을 배회하였더라.

---

32) 1919년 3월 1일, 「梁甸伯警察新聞調書」
33) 김정인 외, 『국내 3 · 1운동(1)』, 한국독립운동사편찬위원회, 2009, 220쪽.

1일 저녁 때에 이르러 군중은 갑절이나 늘어서 해산하기를 설유하나 듣지 아니하고 마침내 경찰서에 돌을 던져 유리창을 부수는 등 경찰서가 매우 위험하여 수비대의 보병 중위 이하 7명이 응원하러 왔으므로 드디어 해산하였는데 이날 주모자 10명과 폭행자 중 수 십명을 체포하였고 3월 3일 오전에 2~3개소에 수 백명이 모여서 만세를 부르매 경찰 당국은 이것을 해산케 하였더라.[34]

  이 내용에서 보면 평양지역 기독교계의 3·1운동은 장로교와 감리교 교단이 연합한 가운데 시작되었으며, 시위는 경찰의 명령에 따라 일단 해산되었으나 저녁에는 군중이 갑절이나 늘어 경찰서에 돌을 던지는 등 보다 적극적인 형태로 발전되었다. 이후 3일까지 지속되었던 것으로 보인다.
  이날의 시위는 윤원삼, 丁一善, 都寅權, 姜奎燦 등이 주도하였는데 윤원삼은 2월 28일 밤 평양부의 교동에서 정경필로부터 독립선언서 200매를 받아 3월 1일 숭덕학교에서 시위대에게 나누어주는 일을 담당하였으며,[35] 정일선은 독립선언서를 낭독하였고 강규찬은 독립에 관한 연설을 하였다. 특히 사회를 맡은 정일선은 '구속되어 천년을 사는 것 보다 자유를 찾아 백년을 사는 것이 의의가 있다' 내용의 연설을 하여 군중을 열광

---

34) 「平壤, 경찰서에 돌질」, 『매일신보』 3월 7일.
35) 독립운동사편찬위원회편, 『독립운동사자료집』5, 「尹愿三判決文」, 1972. '윤원삼은 대정 8년 2월 27일 경 평양부 숭실여학교에서 丁一善, 都寅權, 朴仁寬 등과 회합하고 3월 1일 오후 2시를 기해서 평양 숭덕학교의 운동장에서 다수 공동하여 조선의 독립을 목적하는 일대 시위운동을 함으로써 치안을 방해하려고 기도하고 동년 2월 28일 밤 동교 부근에서 정경필로부터 손병희 등의 '조선인은 자유민이며, 조선은 독립해야한다'는 것을 상세히 서술한 독립선언서 약 200매를 받고 동년 3월 1일 오후 2시 경 정일선·강금찬 등과 집합한 다음 동교 운동장에서 1,000여 명의 군중에 대해서 먼저 정일선이 그 선언서를 낭독하고 姜奎燦은 독립에 관한 불온한 연설을 하며 전기 독립선언서 약 200매를 배부하고 조선독립만세를 선창하여 군중으로 하여금 이에 창화케 한 다음 군중과 함께 평양 부내를 행진하여 지극히 소란케 하여 치안을 방해한 것이다'

케 하였다. 강규찬은 '조국의 자유를 찾게 된 것을 경축해 마지않는다' 뜻의 연설을 하였다. 연설이 끝나자 윤원삼은 조선독립만세를 三唱하며 시위대를 이끌었으며,[36] 마펫은 시위가 시작되자 사람들에게 돌아가도록 말해달라는 일본인 경찰서장의 요청에 대해 오히려 서장에게 돌아가라고 했다고 한다.[37]

이후 평양의 3·1운동은 보다 격화되었다. 4일 오전 11시경에는 신양리의 미국인 저택 부근에서 여학생 약 200명이 모여서 만세를 부르며 시위운동을 전개했으나 순찰 중이던 보병에 의해 해산되었다.[38] 6일에는 평양 인근의 대동군 ○수원, 태평리, 선교리, 만경대, 평천리, 오야리, 원장동 등에서 약 600명이 만세를 불렀으며,[39] 같은 날 선교리와 태평리에서는 태극기를 게양하는 집들이 있었고 기차가 지나갈 때 만세를 부르며 돌을 던지기도 하였다.[40]

평양 인근에서의 만세운동에는 숭실학교 학생을 비롯하여 기독교계 학교 학생들의 활동이 두드러졌던 것으로 보인다.

> 동군 대보면에서는 3월 2일 오후 2시 동면 숭실학교생 이응칠이 평양에서 일을 맡아 동면 대평리 야소교 취명학교에 가서 즉시 그 학교 직원과 만나보고 밀의한 후 학교에서 쓰는 나팔을 불어 생도를 소집

---

36) 앞의,『독립운동사자료집』5,「姜奎燦判決文」,「丁一善判決文」.

37) 배민수,『배민수자서전』, 연세대학교출판부, 1999, 132쪽.

38)「평양, 여학생이 만세」,『매일신보』3월 8일. 조선군 참보부의 보고에도 같은 내용의 정보가 있다. '평양 4일 오전 11시경 新陽里 미국인 저택부근에 조선인 여자 약 200명이 집합하여 만세를 연호하고 있는 것을 마침 순찰 중이던 보병이 발견하여 해산시켰다「朝鮮各地の獨立運動に關する件(40)」, 金正明, 앞의 책, 324~325쪽.

39)「평양, 시외에서 운동」,『매일신보』3월 9일.

40)「선교리, 열차에 만세를」,『매일신보』3월 10일. '보고를 받은 일제는 7일 헌병을 파견하여 주모자 5명을 체포하고 행렬대구에도 발생 한국 국기를 압수하여 지금 취조하는 중이라더라'

하여 각각 크고 작은 태극기를 들고 시위운동을 개시하였고 그 이튿날 3~400명이 한 떼가 되고 다시 4일에는 5~600명이 되어 마침내 면사무소를 습격하여 면장의 설유하는 것을 듣지 않고 면장과 서기를 구타하고 데려다가 수 시간 만세를 부르게 하였더라.

동군 고평면 문발리는 3월 3일부터 동 6일까지 연일 시위운동을 하였는데 그 원인은 숭실중학생 홍종국 외 2명이 가서 야소교 학교교사 이진하에게 선언서를 보이고 운동케 한 결과 처음은 소속 학교생도의 시위운동이 된 바 그 이튿날부터는 전부가 참가하여 240~50명이 되었더라.[41]

위의 내용을 통해서 보면 대동군 대보면의 경우 숭실학교 학생 이응칠은 3월 2일 대평리의 기독교계통의 취명학교에 와서 교직원과 밀의 한 후 학생들을 동원하여 태극기를 만들고 시위운동을 전개한 것으로 나타나고 있다. 그리고 4일까지 계속된 시위에는 연인원 1,000명 정도가 참가하였으며, 면사무소를 습격하고 시위대의 說論를 듣지 않는 면장과 면서기를 구타하는 등 비교적 과격한 시위를 전개했던 것으로 보인다.

대동군 고평면 문발리에서는 3일부터 동 6일까지 연일 시위가 계속되었다. 그 이유는 숭실중학생 홍종국 외 2명이 이곳에 와서 기독교계 학교 교사인 이진하에게 독립선언서를 보이며, 운동에 참여케 한 결과 처음에는 소속 학교 학생들의 시위운동이었으나 이튿날부터는 마을 전체가 참여하는 시위가 되었기 때문이라고 한다.

뿐만 아니라 숭실대학의 이보식, 김태술, 이경호, 이인선 등은 마펫 부인의 집에서 『독립신문』, 『경고』, 『급고』, 『시기를 잃지 마라』 등의 문서를 인쇄하여 평양시내에 배포하였다.[42] 이밖에 평양지역의 만세시위로

---

41) 「대동, 학교직원과 밀의」, 『매일신보』 3월 21일.
42) 「위법 선교사 공판, 평양의 「모-리」 공판 후보 검사의 준엄한 논고와 구형」, 『매

검거된 학생은 모두 173명이었는데 그중 평양 숭실대학 학생이 67명, 숭실중학생이 40명, 평양고보 학생이 15명 등이었다. 그리고 주동자로 구속 송치된 학생은 숭실대학생이 13명, 숭실중학생이 4명, 기타가 1명이었다.[43] 기독교계 학생들의 활동이 활발해지자 조선군 참모부에서도 '독립선언서의 배포 및 예수교 학생들의 선동에 의해 하층민은 물론 청년 학생 중에서도 조선을 독립할 것이라고 믿는 자가 있으며, 상류층도 한때 半信半疑에 빠졌으며, 특히 郡部에서는 거의 이를 믿기 때문에 사건이 확대된 것이라고 판단된다고 하고 있었다.[44]

실제로 일제는 소위 유언비어가 유포되어 민심이 동요하고 있는 것에 대해 민감하게 반응하고 있었다.

> 금번 소동이 일어난 이후도 평양에서는 허다한 유언비어설이 돌아다니며 인심을 불안케 하는 중에 허다한 비밀인쇄물을 반포하여 일반 인심을 미혹케 하는 중 지난 28일은 파리 연맹회로써 조선 독립 판결이 되는 터이니 그날은 크게 운동하여 독립을 실행을 도모한다는 유설이 편만하여 일반시민과 당지 각 관청에서도 대단히 주의하며 시민 중에서는 가족을 대동하고 촌 유벽한 곳으로 피난한 자가 많았고 또 그날은 먹을 물과 양식과 화초도 구할 길이 없을 터이라 하고 미리 사들이고 문을 꼭꼭 닫고 숨어있어 가로 출입을 아니하는 집이 많이 있

일신보』 4월 17일. 이밖에 평양의 기독교계 광성학교의 학생 韓明軾과 기독교인 李最換도 광성학교의 등사판을 빌려 만세운동을 고취하는 문건을 인쇄하였다. 「인쇄물의 출처, 평양서 발각됨」, 『매일신보』 3월 15일. '평양에서는 불온한 인쇄물을 돌려 인심을 격동시키므로 당국에 그 출처를 알지 못하여 고심 중이더니 평양 履鄕里 60번지 야소교인 朴貞錫(37)이라는 여자가 돈 40원을 대주어서 將別里 5번지 야소교인 李最換(20)과 야소교광성학교 생도 韓明軾(20)이 지나간 18 19 양일에 광성학교 등사판을 빌려다가 별상리 23번지에서 불온한 인쇄물을 인쇄하여 돌렸음을 알고 21일에 체포하였다더라'

43) 유영렬, 『민족과 기독교와 숭실대학』, 숭실대학출판부, 1998 참조.
44) 「朝鮮各地の獨立運動に關する件(73)」, 金正明, 앞의 책, 361쪽.

었으므로 당국에서는 다수 관헌이 지휘하여 시내를 주밀히 경계하고 소요 진정에 필요한 준비를 미리 한 결과 다행히 아무 소동은 일어나지 않았다더라.[45]

『매일신보』에서는 허다한 비밀인쇄물이 반포되어 일반 민심을 현혹시키고 있다고 보았는데 특히 3월 28일에는 파리연맹회(파리강화회의—필자)에서 조선 독립에 대한 판결이 날 터이니 그날 크게 운동하여 독립의 실행을 도모한다는 유언비어가 있어 민심이 동요하였으나 당국과 관헌이 주밀하게 준비한 결과 아무런 소동이 일어나지 않았다고 보도하였다.

또한 3월 28일 당일에도 거의 같은 내용의 기사를 게재하고 있었는데 이는 일제가 평양지역 주민들의 동향에 대해 민감하게 반응하고 있었던 것으로 생각된다고 하겠다.[46] 이에 경찰당국에서는 동요하는 하급관리인 巡査補에 대해 迷說에 현혹되지 말 것을 諭示하기도 하였다.[47] 그리고 조선군 참모부에서도 평양 부근의 인민들은 이미 독립이 성립된 것으로 생각하고 있는데 지방관헌은 힘을 다해 그 오해를 푸는 일에 노력하고 있다고 보고하였다.[48]

3월 7일 경 강동에서는 100여명의 기독교인들이 만세운동을 전개하면서 총독과 경무부장은 이미 체포되었다고 하였으며,[49] 安州에서는 3월 3

---

45) 「유언비어의 평양, 오래 선동되어 기대리든, 본월 28일의 상황」, 『매일신보』 3월 31일.
46) 「평남의 검거 수, 700」, 『매일신보』 3월 28일. 평남 각지는 그 후 대개 평온한 듯하나 그 속으로는 유언비어가 자꾸 돌아다니어 자못 불안하고 또 어떤 데에서는 이달 28일로써 미국대통령 위일손씨로부터 조선 독립문제를 강화회에 제출하리라고 모두 믿으며 경고서 같은 것을 돌려서 인심을 자꾸 선동시키는 자도 있어서 당국에서도 철저적으로 대소탕을 할 계획이 있어서 각 방면에 엄중한 범죄수색을 속행하며 일변 취조의 진행을 속히 하여 방환될 것은 신속히 방환한다더라.
47) 「朝鮮各地の獨立運動に關する件(54)」, 金正明, 앞의 책, 340쪽.
48) 「朝鮮各地の朝鮮獨立運動配備の件(36)」, 金正明, 앞의 책, 340쪽.

일의 만세 시위 당시 시위대를 살해한 보조원에 대해 한국독립이 실현되는 날 살해될 것이라는 풍설이 나돌았던 것으로 보인다. 그리고 大同郡 栗里에서는 면장과 면서기 4명이 郡民의 협박을 받아 사표를 제출했으며, 順川郡 殷山에서는 헌병주재소 보조원에게 사직을 권하는 電報와 書面이 발송되기도 했던 것으로 보인다.[50]

평양지역의 시위 상황이 심각해지자 府尹은 직접 나서 사태를 진정시키고자 하였다.

> 평양 부윤은 이번 소요 사건 이래로 부내 조선인에 대한 교육경제 등에 대한 각종 방면의 사람들을 부청 루상에서 회동하고 훈시와 및 협의를 하였다는데 그 대요를 들은즉 각 보통학교 직원 일동에 대하여는 일층 교육에 마음을 쓰고 또 시국을 보아 교육자로 취할 방침 등을 말하였고 각 사립학교에 대하여는 요즈음 대하여는 무슨 선동 같은 것을 받아서 경거망동적 행위를 하지 않도록 십분 계고를 하라고 훈시하였고 조선인 유력자를 불러 모으고 이즈음 속히 가게문을 열고 이왕대로 영업에 종사케 할 일을 유력자간에 진력할 일을 지시하였고 기타 ○○○○는 자에게도 협의를 한 결과 점점 복구되는 모양이더라.[51]

위의 내용에서 보면 평양 부윤은 교육과 경제 관련 인물들을 府廳으로 불러 사립학교 관계자들에게는 경거망동하지 말 것을 계고하였으며, 유

---

49) 「江東, 허설로서 선동」, 『매일신보』 3월 8일.
50) 이밖에도 조선군 참모부에서는 安州에서는 헌병 분대 보조원이 병으로 집에 있는 것에 대해 同人은 독립운동에 참가해 사직하였다는 풍설이 유포되고 있다고 하였으며, 평양에서는 巡査補에게 3월 10일 결행될 독립운동에 참가하지 않는다면 일가를 몰살하겠다는 협박장을 보낸 자가 있다고 하였다. 朝鮮各地の獨立運動に關する件(54)」, 金正明, 앞의 책, 340쪽.
51) 「평양선후협의, 부윤유력자협의」, 『매일신보』 3월 17일.

력자들에게는 철시했던 가게를 열고 영업할 것을 종용하였다. 그러나 기독교계 학교는 부윤이 속히 개교할 것을 유시했음에도 불구하고 오히려 개교가 용이하지 않았던 것으로 보인다.52) 이에 『매일신보』 3월 18일자에는 평양이 평온해지고 모든 사업이 회복되어 가고 있으며, 관공립학교도 대부분 復業되었으나 '다만 각 야소교 경영의 학교 등은 교원의 대부분이 구금되고 혹은 도망하여 당분간 복구되기는 곤란하겠다'는 기사가 게재되었다.53) 또한 4월 6일자에서는 '평양 각 예수교 사립학교는 아직 개교하지 않았으며, 교사와 생도 중 종적이 없는 자가 매우 많다더라'54)라고 하였다. 뿐만 아니라 「매일신보」에서는 3·1운동을 진압하는 과정에서 사망한 순사 보조원의 유족에게 총독부에서 100원씩의 진휼금을 지급했으며,55) 평양의 민심이 점차 온화해지는 가운데 '예수교 일파에 대해 미워하는 마음이 생겼다더라'라고 하기도 하였다.56)

2. 선교사의 3·1운동 참여와 일제의 대응

서울과 평양을 중심으로 3·1운동이 격화되자 일제는 운동의 전개과

---

52) 「卒難開校乎, 평양의 각 학교」, 『매일신보』 3월 21일.
53) 「평양, 모든 사업이 회복」, 『매일신보』 3월 21일.
54) 「평양 야소교의 경영하는 학교, 아직 개학하지 아니함」, 『매일신보』 4월 6일.
55) 「평양선교사와 의견교환, 내지인 기독교 유지」, 『매일신보』 4월 1일. '평남 사천에서 직무로 인하야 죽은 헌병 보조원의 유족에 대하여 이번에 좌기와 같이 진휼금을 하부하였더라. 평안남도 강서군 이용면 다족리 217번지 고 헌병 보조원 朴堯燮 처 徐長婦, 동군 장안면 일중리 이백칠십구번지 고 헌병보조원 姜秉一 처 金紅瓊, 동군 강서덕흥리 123번지 고 헌병보조원 金聖奎 처 姜聖治, 대정 8년 3월 4일에 소속 사천 헌병주재소에서 폭민의 음습을 당해 직무로 죽었으므로 헌병보조원 규정에 22조에 의하야 진휼금 100원을 부여하였더라.
56) 「평양, 민심 완화되어」, 『매일신보』 3월 14일.

정에 선교사들이 깊숙이 개입되었다고 보고 이에 대한 대응책을 강화하였다.[57] 日本憲政會 代議士 川崎克은 3·1운동에 대한 질문에서 '今回의 暴動은 一面 思想問題에 대한 曲解와 他面 宗敎的 陰謀에 의하여 激成되고 또 某某國人 等의 煽動이 有力한 듯'[58]하니 정부는 그 까닭을 조사할 필요가 있다고 하였다. 또한 총독부에서는 1919년 3월 9일 내무국장 宇佐美勝夫의 초청형식으로 선교사들과의 회담을 시도하였다. 3월 24일까지의 3차례의 회담에서 내무국장은 선교사들이 3·1운동을 진압하는데 있어 일정한 역할을 해줄 것을 요구했던 것으로 보인다.[59]

일제와 선교사들의 관계가 불편해지자 3·1운동 발발 직후 평양에 머무르고 있던 스미스 목사는 『매일신보』를 통해 '이번 소동에 대해 일본이 외국인 선교사가 이면에서 선동'하는 것으로 오해하고 있는 것은 실로 유감이며, 나는 마침 평양에 있으면서 서울에서 보다 맹렬한 운동을 목격하였는데 평양의 선교사들도 사전에 3·1운동에 대해 알지 못했으며, 크게 놀라고 있다고 하는 해명성 기사를 발표하기도 했다.[60] 따라서 총독부에서는 공식적으로는 선교사들이 3·1운동에서 배후 역할을 한 혐의는 없다고 선언하기도 하였지만, 양측의 불편한 관계는 계속되었던 것으로 보인다.[61] 실제로 일제는 3월 17일 서울에서 3·1운동과 깊이 관련되었다고 판단되는 세브란스병원에 대한 강압적인 수색을 실시하였으며,[62] 함

---

57) 황민호, 「매일신보에 나타난 기독교인들의 3·1운동과 선교사」, 『숭실사학』15, 2002 참조.

58) 朝鮮總督府, 『朝鮮總督府官報』1919년 3월 12일.

59) 閔庚培, 『日帝下의 韓國基督敎 民族·信仰運動』, 167~169쪽.

60) 「誤解는 甚히 遺憾, 今回 騷擾와 外國宣敎師, 스미스 목사 談」, 『每日申報』1919년 3월 13일.

61) 'No Foreigners Implaicated in Korean Uprisings' The Seoul Press, 1919년 4월 14일.

62) 「家宅搜索乎」, 『每日申報』1919년 3월 19일.

경북도에서는 3·1운동에 대해 우호적인 입장을 표명했던 선교사 그리어손과 로스[A.R. Ross]을 구속하기도 하였다.[63]

또한 평양지방법원 검사청에서는 4월 4일 오후 4시에 경찰병력을 동원하여 기리쓰 외 7명의 외국인 선교사의 집을 수색하였으며, 『매일신보』는 이 사건을 대대적으로 보도되었다.

이번 조선 독립운동사건에 관하여 그 이면에 모 외국인이 잠복하여 있는 사실은 일반이 다 아는 바이거니와 외국인 등이 각 방면으로 활동을 하여 조선인을 선동한 사실이 판명되어 4월 4일에 평양 경찰서에서는 「A.W.기리쓰」와 7명의 외국인의 가택을 수색하였는데 그 자세한 사실은 이러하다.

기리쓰 외 7명의 외국인 등이 평양에서 이번 소요에 관련이 있는 사실이 있을 탐지하고 평안남도 경무부에서는 엄밀히 탐정을 하는 중에 이번에 「모리」와 「모페트」 집에서 평양에서 발행한 독립신문을 발견○○○○와 또 관민을 협박하던 범인을 감추어둠을 탐지하고 평양 지방법원 검사청은 가택 수색과 범인 체포를 청구하여 4일 오후 4시에 가택 수색과 범인 체포에 착수하였는데 가택 수색을 당한 외국인의 성명은 이러하다 북장로파 선교사 미국인 에리-엠 모리, 동 삼우엘 A 모페트 북장로파 북감리파 연합 경영 숭실학교 교사 미국인 A.W 기리쓰, 동 빠릇엠 막마트리, 동 후라 올리바 리이나-, 동 숭실여학교 교사 미국인 베투마 리-스노-크, 외국인 소학 선교사 미국인 안나 기친쓰, 북장로파 선교사 미국인 윌이암 엠빼야드. 처음에 검사 3명이 우선 「모-리-」와 「모페트」의 집에 가택 수색을 한때에 착수하였는데 헌병과 경관 40명을 적당한 곳에 배치하여 범인이 도주함을 막고 검사는 수명의 관헌을 데리고 가택 수색을 한다 ○○○지○○ 즉 외국인이므로 미국 총영사의 승인서가 있느냐고 보이라고 요구하므로 검사는 상당한 법규에 의지하여 수색은 한다고 통고를 하고 가

---

63) 「朝鮮各地の獨立運動に關する件(124)」, 金正明, 앞의 책, 411쪽.

택 수색을 한 결과 「기리쓰」이하 ○명의 집에 범인이 잠복하였고 또한 「모-리-」와 「모페트」의 집을 수색한 ○에 범인의 도망하여 들어간 행적이 있으므로 검사는 다시 6명의 집을 수색한 결과 A.W. 기리쓰 집에서 숭실중학교 생도 洪仁燁 경성의학 전문학교 3년 金鼎相, 중화 海鴨면장 吳能祚 A.M 모-리- 집에서, 숭실중학교 생도 朴基福, 숭실대학교 생도 金泰述, 숭실중학교 생도 李仁善, 숭실중학교 교사 金永淳, 삼우엘 A 모페트 집에서 숭실대학교 생도 李謙浩, 위월이암 M 빼야드 집에서 숭실대학 생도 朴亨龍, 숭실녀학교 기숙사에서 숭의여중학교 여교사 金泰勳 숭의여중학교 庸人女 吳鳳順 11명의 범인을 체포하고 또 증거물건을 발견하였으며 또 「모페트」집에서 한 독립신문을 발행한 주모자 이보식은 경계선을 돌파 잠복하고 도주하였더라.

그때 압수한 증거물건은 여좌함 숭실대학교 기숙사에서 등사판 일대[모페트 소유], [모페트]의 집에 있는 부인 집에서 휴교 선언서 수통과 등사판 2대 [모페트]의 소유와 경성에서 발행한 독립신문 1통과 정주에서 「모페트」에게 보낸 소요 사건의 정보 1통. 검사는 가택 수색을 마치고 「모페트」와 「모-리」를 호출하여 취조한 결과 범인 장닉죄로 평양 감옥에 구류하고 「모페트」는 자택 구내에 있는 집에서 증거물건을 발견하였으나 그 부인 집은 조선인 하인이 열쇠를 가지고 있어서 전혀 그에 대하여는 관계가 없고 그 사건에 대하여도 관계가 없다고 주장하므로 체포한 범인을 취조한 뒤가 아니면 판명치 못하리라더라.[경무총감부 발표][64]

경무총감부의 발표로 보도된 이 내용에서 보면 일제는 마펫, 모의리, 베어드 등 선교사의 가옥에 대해 기습적인 가택수색을 실시하였으며, 이번 독립운동사건의 이면에 모 외국인이 잠복해 있다는 사실은 일반인이 다 아는 바인데 이번의 가택수색을 통해 외국인들이 각 방면에서 조선인

---

64) 「미국 선교사 가택 수색을 당함, 소요 범인과 및 유력한 증거를 발견하여 체포압수하다.」, 『每日申報』 1919년 3월 19일.

들을 선동한 사실이 판명되었다고 주장하였다.

경찰의 수색 과정에서 'A.W. 기리쓰 집에서는 숭실중학교 생도 洪仁燁과 경성의학 전문학교 3년 金鼎相, 中和郡 海鴨面長 吳能祚가, A.M 모ー리ー 집에서는 숭실중학교 생도 朴基福, 李仁善, 숭실대학교 생도 金泰述, 숭실중학교 교사 金永淳이 체포되었다고 하였다. 또한 사무엘 A 마펫의 집에서는 숭실대학교 생도 李謙浩가, 윌리엄 M 베어드 집에서는 숭실대학 생도 朴亨龍이, 숭실녀학교 기숙사에서 숭의여중학교 여교사 金泰勳과 숭의여중학교 庸人女 吳鳳順 등 11명이 체포 되었다. 마펫의 집에서는 독립신문을 발행하던 주모자 李輔植은 경찰의 경계선을 돌파하여 도주하였으나 마펫 소유의 등사판과 경성에서 발행한 『독립신문』과 휴교선언서 등의 문건을 압수하였던 것으로 보인다. 따라서 이러한 내용을 통해서 볼 때 평양지역의 선교사들은 숭실학교 학생들을 중심으로 한 평양지역의 3 · 1운동의 적극적인 후원자 역할을 했다고 하겠다.

가택수색 이후 경찰은 모의리를 평양감옥에 구속되었으며,[65] 미국 부영사 '크롬스'가 참석한 재판에서 징역 6개월을 구형받은 후 미국과의 정치적 관계를 고려하여 300원의 보석이 허락되었다.[66] 이에 대해 『매일신보』에서는 모의리의 재판에 대한 일본인 검사의 준엄한 논고와 구형이 있었다고 하며,[67] 판결문을 자세하게 게재하였다.[68]

---

65) 「모ー리ー 수감됨, 모페트는 관계없다고」, 『每日申報』 1919년 3월 19일. '검사는 가택 수색을 마치고 「모페트」와 「모ー리」를 호출하여 취조한 결과 범인 장닉죄로 평양 감옥에 구류하고 「모페트」는 자택 구내에 있는 집에서 증거물건을 발견하였으나 그 부인 집은 조선인 하인이 열쇠를 가지고 있어서 전혀 그에 대하여는 관계가 없고 그 사건에 대하여도 관계가 없다고 주장하므로 체포한 범인을 취조한 뒤가 아니면 판명치 못하리라더라.'

66) 「선교사 모ー리의 公判 19일 평양지방법원에서 징역 6개월에 선고되었다」, 『每日申報』 1919년 4월 11일.

67) 「검사 6개월 구형, 죄인을 감춘 미국선교사에게」, 『每日申報』 1919년 4월 16일.

일제는 4월 8일에는 대구지역에서도 啓星學校 감독인 미국인 선교사의 집을 수색하는 등 일제와 선교사의 갈등은 계속되고 있었다.69) 이밖에 평양지역 선교사에 대한 구속사건 이후에도 『매일신보』를 통해 보면 선교사에 대한 악의적인 선전은 계속되고 있었다.

　　이번의 조선 소요사건에 관하여 모국 선교사들이 대담한 암중비약을 하여 불영한 무리들과 맥락을 통하여 어리석은 백성을 선동하고 양민을 협박하는 중임은 단연히 용서치 못할 불온한 행동이나 그러나 그들은 교묘히 관헌의 눈을 숨기어서 어찌 할 수 없었더니 본월 4일 평양에서 그들의 가택을 수색한 결과 「모ー리」기타 선교사를 검거하였더니 그러하여도 그들의 일파는 그 후 더욱　不逞한 행동을 계속하는 모양으로서 4월 1일부터 시작된 조선인 상점이 개점하였을 때에 모국 선교사는 괘씸하게 개점한 假家를 집집에 가서 조선말로 더는 너의 마음으로 개점을 한 것이냐 그렇지 않으면 관헌의 압박으로 인하여 개점한 것이냐 하는 부질없는 말을 묻고 돌아다니며 일일이 수첩에 기록하여 놀랠 만한 배일적 통신을 발한 자가 있고 또 모국 모선교사는 경성의 어떠한 교회에 일요일 예배에서 이번 소요로 죽거나 상

　　「위법 선교사 공판, 평양의 「모ー리」공판 후보 검사의 준엄한 논고와 구형」, 『每日申報』1919년 4월 17일.
68) 「선교사 모ー리의 공판, 십구일 평양 지방법원에서」, 『每日申報』1919년 4월 21일.
69) 이번 조선소요사건에 대하여 대구지방법원 검사국서는 각 방면으로 비밀리 조사를 하던 중지나간 8일에 돌연히 長尾검사는 藤野 加藤 양 시보와 서기와 헌병 십수명을 데리고 남산정에 있는 장로교 교인 邦忠淸의 가택을 수색하고 남산정 慶北書院의 미국인 「하바뷰레야」의 집에가 가택수색을 하려한 즉 동인은 미국 총영사의 통첩도 있음으로 수색을 당할 까닭이 없다고 거절함으로 장미검사는 직권으로 수색을 단행한 후 啓星學校 감독인 장로파 선교사 미국인 『헬리부루』집에 가서 수색을 하려 한즉 역시 뷰레야와 같이 거절함으로 검사는 직권으로 수색을 단행하였는데 검사국에서는 이로부터 어떠한 경우이던지 단연한 조치를 하리라더라. 「大邱檢事局에서도 美國人 宣敎師의 가택수색을 단행하였다」, 『每日申報』1919년 4월 12일.

한 자는 다 하늘에 계신 하나님의 명령에 의한 것이니 이 사람들은 국
가의 충신이라 천국으로 가리라고 찬미하여 펼쳐놓고 소요를 선동하
는 중 이리하니 그 선교사들은 지금에 속히 고치지 않으면 미구에 후
회하여도 불급함에 일 것이리라.[70]

위의 내용에서 보면 『매일신보』에서는 선교사들이 대담하게 불령한
무리들과 맥락을 통하며 어리석은 백성을 선동하고 양민을 협박하는 행
동을 하고 있는데 관헌의 눈을 교묘히 속여 어쩔수 없다가 이번에 가택수
색을 한 결과 모의리를 검거하게 되었다고 하여 이번 사건의 정당성을 강
조하였다.

또한 이 기사에서는 조선인 상점이 개점하였을 때 선교사들이 '괘씸하
게도' 가게를 일일이 찾아가서 조선말로 관헌의 압력으로 개점한 것인지
를 묻고 이를 수첩에 기록하는 등 놀랄만한 '배일통신'을 발한자가 있다고
도 하였다. 일본 내에서 발행되는 신문 가운데에는 시위의 중심지는 서울
이 아니라 평양이며, 선교사들은 은밀히 정치적 혼란을 유발시키고 한국
인들에게 헛된 이야기만 들려주어 문제를 야기시키고 있다고 하면서 우
두머리는 마펫이고 평양의 외국인 구역은 정말 야비한 곳이라고 비난하
였다.[71] 이밖에 『매일신보』에서는 '문제의 선교사 군대의 행동을 엿보아'

---

70) 「騷擾死傷者를 讚美하여 公然이 煽動하는 宣敎師, 대담한 암중비약을 한다」, 『每
日申報』1919년 4월 21일.
71) 배민수, 앞의 책, 143쪽. 이 기사의 전문은 다음과 같다. '평양 남대문 밖의 사악한
마을, 영악한 군중들, '평양의 남대문밖에 높고 우아하게 한국풍으로 지은 벽돌집
들이 있다. 그곳은 외국인들의 집이고 100여명의 선교사들의 사는 곳이다. 향기로
운 봄날에 거기서 찌그러진 음악들이 들려온다. 대외적으로 그들은 사랑과 자비를
주장하지만 자세히 알아보면 그들이 탐욕과 음모로 가득하다는 것을 알게 된다. 설
교를 하기 위해 한국에 온 것으로 가장하지만 그들은 은밀히 정치적인 혼란을 유발
시키고 한국인들에게 헛된 이야기들만을 들려주어 문제들을 야기시킨다. 그곳은
정말 악마들의 소굴이다. 그들의 우두머리는 마포삼열이다. 그곳의 신도들은 그를

라는 제목 하에 평양 연대와 모 연대가 평안 모란봉에서 기관총 사격을 연습했는데 미국 선교사 '모페트'씨와 수십명이 자동차를 타고 와서 그 상황의 자초지종을 엿보았다더라는 기사를 게재하여 마펫의 행동이 일제의 입장에서 못맞당한 처사임을 드러내기도 하였다.72)

평양지역 선교사들의 행동에 문제가 있다고 판단한 일제는 평양주재 가자단을 동원하여 선교사들에게 스스로 입장을 밝힐 것을 요구하는 통첩을 보내기도 하였다.

> 去 8일 평양 상업회의소에서 古莊 大版朝日, 高版 朝鮮, 新版 京日, 崔每申, 中丸 釜山, 陽朝 西鮮 등 재양 기자단이 회합한 결과 현재의 시국에 覽하여 재양 미국 선교사에게 在記통지를 발송하고 목하 문답을 전하는 중이라더라
> 금회 조선에 재한 독립운동의 폭거에 대하여는 오등 재양 기자단은 1일이라도 조속히 피등의 자각에 의하여 正路에 歸할 事를 희망하고 차차로 인하여 귀하 등 종교가의 조력을 仰할 필요도 多大한 事라 사실합니다. 然而 坊間所傳을 伏한즉 금회의 폭거에 취하여 이면에 미국 선교사의 관계도 有하다 風聞되는 事는 오등 기자단의 最意外이오 又 恨事에 不堪하는 바이외다. 然이나 오등 기자단은 此로써 虛構의 愚說이라 信하되 차제 귀하 등과 일석의 회견을 행하여 친히 膝을 交하고

예수처럼 떠받든다. 명치 29년 되는 해에, 누구나 원하는 종교를 믿을 수 있는 자유가 주어져 있을 때에 마포삼열이 기독교를 가르치러 왔다. 그는 평양에 30년 동안 있으면서 방대한 양의 땅을 샀다. 그는 평양에 거주하는 외국인 그룹의 선구자였고 그의 노력으로 초등학교에서 대학교까지 학교와 병원이 세워졌다. 한편으로 한국인들을 가르치고 치료하면서, 다른 한편으로는 사악한 그림자를 드리우고 있었다. 한국인들도 이런 말을 한다. "시위의 중심지는 서울이 아니라 바로 이 곳 평양이다."이 모든 것이 사실인지 판가름하기는 어렵지만 평양의 학교와 교회에 그 외국인들이 영역을 구축하고 있는 것이 사실이다. 그 외국인 구역은 정말 야비한 곳이다.(1919년 3월 28일 북경과 텐진의 Times에서 Osaka Asahi 보도)
72)「문제의 선교사 군대의 행동을 엿보아」,『每日申報』1919년 4월 16일.

誠意로써 담화를 교환함은 오등으로 하야금 事質의 報道를 爲得할 機
會 접하게 하심일 뿐 아니라 一面 貴下 等에 대한 內鮮人의 오해를 氷
解同時에 排去하는 良方法이라 思考함이라 若幸히 快諾을 득하면 貴
卜 等御指示의 日時及場所에 拜謁하겠나이다 敬具.[73]

대정 8년 4월8일 평양기자단

모페트 殿, 라이나一殿, 모一아 殿, 베야一드 殿

평양기자단은 마펫, 베어드 등 평양지역 선교사들에게 보낸 통첩에서
이번에 조선에서 발생한 폭거와 관련해 미국인 선교사들이 관련이 있다
는 풍문은 뜻밖이며, 한스러운 일인데 기자단은 이러한 풍문이 虛構의 愚
說이라고 생각하며, 선교사들과 무릎을 맞대고 회견하여 오해를 풀기를
원한다고 하였다. 그런데 이것은 일제가 상대가 외국인 신분의 선교사인
상황에서 언론을 통해서 이들을 압박하고자 하는 의도를 드러내고 있는
것이었다고 하겠다.

이밖에 일제는 기독교인들의 항일의식을 약화시키기 위해 일본조합교
회를 동원하고자 하였다. 당시 국내에서 200여교회에 2만명의 회원을 갖
고 있던 조합교회 조선전도본부 평의원 松本正寬, 松本雅太郞 등은 4월
12일 조선호텔에서 모임을 갖고 소요발발에 대응하여 3월 20일 이후 조
선에서 對時局特別運動이라는 이름으로 대대적인 계몽운동을 전개하고
자 결정하였다. 이들은 '各般에 亘하는 건전한 사상을 확립하고 위험 극단
인 경향을 교정할 사, 偏狹○迷한 신앙을 排하고 醇正健全한 신앙을 배양
할 사, 遊惰荒廢의 공기를 일소하고 學生靑年으로 하여금 其 본분을 守하
여 學事에 권면케할 사' 등을 목표로 西鮮地方부터 운동을 전개하여 內鮮
人의 융화와 정신계의 개척에 진력을 다한다는 목표하에 활동을 전개하

---

73) 「선교사에 통첩, 재 평양 기자단에서」, 『每日申報』 1919년 4월 13일.

였던 것으로 보인다.

따라서 이상의 내용을 종합해 볼 때 평양지역의 선교사들이 3·1운동의 배후에서 이들을 적극적으로 후원하고 있다고 판단한 일제는 선교사들에게 직접적인 탄압을 가하는 한편, 평양지역의 기자단이나 조합교회 등을 동원한 조직적인 대응태도를 취함으로써 양자 사이에는 일정한 정치적 긴장관계가 형성되고 있었던 것으로 보인다. 그리고 이것은 평양지역의 3·1운동에서 숭실대학을 비롯한 기독교계 학교 학생들과 기독교인들이 적극적으로 3·1운동에 참여하고 있었음을 보여주는 것이었다고 할 것이다.

V. 맺음말

지금까지 본고에서는 『매일신보』와 조선군참모부의 보고문 등에 나타난 기록 등을 중심으로 평안남도와 평양지역에서의 3·1운동의 특징에 대해 살펴보았다. 이를 정리하면 다음과 같다.

첫째, 3·1운동 이전의 평양과 평안남도지역의 기독교계는 주지하는 바와 같이 교육운동의 확산과 교회의 양적 팽창이라는 부분에서 크게 성장하고 있었으며, 이는 이 지역에서의 3·1운동이 다른 지역에 비해 주도적이고 적극적으로 전개될 수 있었던 배경이 되었다.

둘째, 기독교계가 주도한 운동 초기 3·1운동의 양상은 비교적 온건한 평화적 시위의 비중이 높았던 것으로 나타나며, 『매일신보』에 나타난 시위 건수와 내용으로 보았을 때 기독교계보다는 천도교계가 상대적으로 적극적이고 과격한 형태의 운동을 전개했을 가능성이 있는 것으로 추측된다.

셋째, 평양지역에서의 기독교계의 3·1운동은 이승훈을 중심으로 길선주, 안세환, 임치정, 변인서 등 105인사건 관련자들과 평양 숭실학교 출신의 활동이 두드러졌다. 그리고 평양지역 기독교계의 만세운동은 숭덕학교에서 개최된 시위로부터 시작되었고 시위는 윤원삼, 정일선, 강규찬의 주도하에 성공적으로 진행되었던 것으로 보이며, 선교사 마펫도 3·1운동에 긍정적인 태도를 견지했던 것으로 나타나고 있었다.

넷째, 평양과 주변지역으로의 시위운동의 확산에는 평양숭실학교 학생들의 역할이 컸던 것으로 보이는데 이들은 평양외곽의 기독교계 학교나 마을을 찾아가서 3·1운동이 보다 조직적으로 전개되고 확산될 수 있도록 노력했던 것으로 보인다. 그리고 숭실학교 학생들은『독립신문』,『경고』,『급고』,『시기를 잃지 마라』등의 문서를 인쇄하여 평양시내에 배포함으로써 운동의 확산에 기여하였다.

다섯째, 3·1운동이 발발하자 운동의 배후에 선교사들이 개입하고 있다고 판단한 일제는 선교사들에 대해 강한 의구심과 반감을 들어내고 있었으며, 이 문제를 정치적으로 이용하고자 하였다. 일제는 일본에 대해 반감을 갖고 있다고 판단되는 선교사들에 대해 탄압을 가했으며, 이러한 양상은 평양에서도 마찬가지였다. 평양지역의 저명한 선교사 마펫과 모의리, 베어드 등의 집에 대해 기습적 가택수색을 실시하였으며, 모의리를 구속한 후 재판의 형식을 거쳐 추방하는 과정을 진행하였다. 그리고『매일신보』를 통해 선교사들에 대한 악의적인 선전활동을 지속하였으며, 재평양기자단과 조합교회 등을 이용하여 선교사들에 대한 지속적인 정치공세를 강화하고자 했던 것으로 나타나고 있다. 그런데 일제의 선교사들에 대한 이 같은 대응은 평양지역 선교사들과 기독교세력이 3·1운동에 적극적으로 가담하고 있었음을 나타내는 것이라고 하겠다.

제4부

부편(附篇)

제1장

나혜석의 독립운동과
관련 인물들

Ⅰ. 머리말

晶月 羅惠錫(1896~1948)은 우리나라 최초의 여성화가로 널리 알려져 있으며, 최근의 새로운 연구를 통해 일제하 민족운동에 있어서도 다양한 형태로 참여한 인물로서의 위상이 새롭게 정리되고 있다.[1] 즉 남편인 金雨英이 安東縣 부영사와 중추원 참의를 지내는 등 두드러진 친일경력을 나타내고 있었던 것에 비해,[2] 나혜석은 독립운동 참여 및 그와 관련된 인물들과의 직·간접적인 접촉을 통해 자신이 갖고 있던 사회의식과 민족의식을 일정하게 표현해 가고 있었다고 하겠다. 국내의 신문과 잡지에 계

---

1) 황민호, 「나혜석의 민족의식과 민족운동의 전개」, 『水原文化史研究』 5, 水原文化史研究會, 2002. 김형목, 「나혜석의 현실인식과 민족운동에서의 역할」, 『숭실사학』 24, 숭실사학회, 2010. 김형목, 「역사학계에서 나혜석 연구동향과 과제」, 『나혜석연구』 창간호, 2013. 한동민, 「수원나씨와 나혜석의 부모형제들」, 『나혜석연구』 창간호, 2013. 김주용, 「나혜석의 민족의식과 독립운동지원 활동」, 『동국사학』 34, 동국사학회, 2013.
2) 전갑생, 「靑邱 金雨英의 정치적 활동과 羅蕙錫」, 『나혜석연구』 2, 2013.

몽적이거나 시사적인 글과 그림을 발표하여 여성들의 사회의식 형성에 적지 않은 영향을 끼쳤으며,3) 여자야학 설립4)과 '여자미술학사' 설립은 여성 교육가로서의 면모를 보여주는 것이었다.5)

나혜석은 일본 유학시절에는 朝鮮女子留學生親睦會에 참가하여 기관지『女子界』의 발행을 주도하였으며, 김마리아 등과 함께 3·1운동에 참가하여 운동자금을 모집하는 등의 활동을 전개하다 5개월간 옥고를 치르기도 하였다. 1922년에는 남편인 김우영이 안동현 부영사로 취임하자 그 곳에서 '義烈團' 단원들을 비롯하여 압록강을 넘나들며 활동했던 여러 독립운동가들을 도왔다.6)

따라서 나혜석은 1920년대의 일정시기를 통해 적어도 독립운동과 관련한 다양한 인물들과 지속적으로 교류하고 있었던 것으로 보인다. 이에 본 연구에서는 기존의 연구 성과를 바탕으로 나혜석의 민족의식의 성장과 민족운동의 참여 및 지원 활동과 관련하여 그 중요 인물과의 관계를 정리해 보고자 한다. 그리고 이는 대체로 민족운동사상에서의 나혜석의 위치와 그 한계를 확인하는 또 다른 인식의 토대를 마련하는데 기여할 수 있을 것으로 생각된다.

---

3) 「婦人衣服改良問題」, 『東亞日報』 1921년 9월 29일~10월 1일, 「생활 개량에 대한 여자의 부르짖음」, 『東亞日報』 1926년 1월 24~30일, 「新生活에 들면서」, 『三千里』 7-1, 1935년, 80쪽, 「早朝」, 『공제』 창간호, 1920. 8. 등 참조.
4) 「安東縣女子夜學」, 『東亞日報』 1922년 3월 22일.
5) 서정자, 『원본 정원 나혜석 전집』, 국학자료원, 2001.
6) 황민호, 「나혜석의 민족의식과 민족운동의 전개」, 『水原文化史研究』 5, 水原文化史研究會, 2002.

II. 근대의식의 형성과 가족

나혜석은 1896년 4월 水原에서 羅基貞(1863~1915)과 崔是議의 5남매 중 4째로 태어났으며,[7] 가족들은 그녀의 근대의식과 민족의식의 형성에 일정하게 영향을 끼칠 수밖에 없었을 것으로 보인다.[8] 아버지 나기정은 1900년에 관직에 진출하기 시작하여 1915년 12월 10일 별세할 때까지 시흥군수와 용인군수를 지냈으며, 수원 인근에서 '나부자집'이라고 불릴 정도로 財力과 영향력을 갖춘 인물이었다.

나기정은 1906년에는 한말의 대표적 민족언론이었던 『皇城新聞』에 일정액을 기부했으며,[9] 1907년에는 수원지역 국채보상운동을 주도하였는데 수원 종로에 국채보상금 모집사무지소를 설치하고 관내 각 군에 적극적인 동참을 호소하는 문서를 발송하였다.[10] 이 국채보상운동에는 나혜석의 사촌오빠인 羅重錫도 재무원으로 참여하고 있었다. 또한 6월에는 수원지역의 대표적인 근대학교인 삼일학원에 70환을 기부하였으며, 나중석과 함께 70여명의 발기인 가운데 1인으로 참여하였다.[11] 나기정의 교육운동 참여는 후일 두 아들을 일본에 유학 보내고 나혜석과 나지석을 진명여학교에 보내는 등 자녀들의 근대 교육과 학문의 수용에 적지 않은 영

---

7) 앞의, 『정월 나혜석 전집』(연보), 739쪽.

8) 나혜석의 가족에 관해서는 한동민, 「수원나씨와 나혜석의 부모형제들」, 『나혜석연구』창간호, 2013의 연구에서 상세하게 정리되어 있으며, 본고에서는 그 내용을 간략하게 정리하였다.

9) 『황성신문』에서는 1906년 8월 2일~1908년 8월 25일까지 '文明錄'이라는 코너를 만들어 의연금을 기부한 인물의 명단과 금액을 게재하였는데 당시 나기정은 1906년 8월 100환, 다시 9월 57환 50전 3리을 기부한 것으로 나타나고 있다. 한동민, 앞의 논문, 186쪽.

10) 「兩氏愛國(雜報)」, 『황성신문』 1907년 3월 2일.

11) 「光武十一年六月日 水原三一學校贊成金額」, 『황성신문』 1908년 2월 6일.

향을 주었을 것으로 생각된다. 나기정은 1909년 6월 13일에 있었던 사육신묘의 致祭와 1910년 2월 23일에 있었던 노량진 四忠祠 致祭에도 참여하였다.[12]

그러나 나기정은 한일병합 이후인 1910년 10월 시흥군수에 유임되었으며, 1912년 3월에는 용인 군수로 부임해 1914년 2월까지 재직하였고, 1912년에는 한국병합기념장을 받았다.[13] 그는 한말에 애국적 면모를 갖춘 개명 관료이기는 했으나 일제의 식민지지배 정책에 저항하지 않았다고 하겠다.[14]

나혜석의 모친인 崔是議에 대해서는 『황성신문』에서 '其夫人 羅是議氏도 知識이 超人하고 時宜를 略鮮하야 對人婦女하면 敎育을 指導하고 婦人會를 組織하야 慈善方針을 硏究함애 壹府가 稱頌한다더라'[15]라고 보도하고 있던 것으로 보아 開明한 여성으로서의 면모를 갖추고 있었던 것으로 파악된다.

나혜석의 자매들로는 장녀인 羅稽錫[16]과 동생인 羅芝錫이 있었다. 나지석은 2살 차의 언니 나혜석과 함께 삼일여학교를 다니고 졸업도 함께 하였다. 이후 나지석은 나혜석과 함께 진명학교에 진학하여 졸업하였으며, 1915년 평안도 정주군의 부잣집 아들 金昌坤과 결혼하였다.[17]

---

12) 「死六臣墓致祭」, 『황성신문』 1910년 6월 15일. 「사충사치제」, 『대한매일신보』 1910년 1월 25일.
13) 민족문제연구소, 『친일인명사전』, 2009, 722쪽.
14) 최홍규, 「나혜석의 가족사와 민족의식」, 『한국근대정신사의 탐구』, 경인문화사, 2005, 131쪽.
15) 「一家敎育(雜報)」, 『황성신문』 1908년 12월 23일.
16) 장녀인 나계석에 대해서는 별로 알려진 것이 없으며, 남편은 崔箕煥인데 이들에 대해서는 별로 알려진 것이 없으며, 최기환의 큰 형인 최익환은 경기도 관찰부 주사, 상무사 도중, 기호흥학회 평의원, 삼일학교 발기인 등으로 활동했던 것으로 보인다. 한동민, 앞의 논문, 194쪽.

나지석은 1923년 조선여자기독교 절제회 선천지회에서 주최한 강연에 참여하는 등 지역에서의 기독교 관련 활동에 가담하였으며, 1926년을 전후해서는 영창학교의 法人認可를 위해 노력하였다. 당시 나지석은 영창학교에 남자 교사만 있고 여교사가 없는 것을 안타깝게 여겨 무보수로 학생들을 2학기 동안 가르치고 계속하여 담임할 것을 밝히기도 하였다.[18] 곽산야학교를 운영하기도 했는데 1930년 12월 11일 '곽산야학교장 나지석 환영회'가 곽산유치원에서 개최되었다.[19] 그러나 나지석의 남편 김창곤은 정주군지역의 대표적인 사업가로 성장하는 가운데 1935년 面議員으로 선출되기도 하였다.

오빠인 羅弘錫과 羅景錫의 활동도 나혜석에게 적지 않은 영향을 끼쳤을 것으로 보인다. 큰오빠인 나홍석은 1906년 일본으로 유학하여 早稻田大學 정치과를 졸업했으며,[20] 『대한학회월보』, 『대한유학생학보』, 『대한흥학보』 등에 사회성이 짙은 논설을 발표하였다.[21] 1910년대를 전후한 시기에는 사회주의사상을 수용한 요시찰 인물로 지목되었으며, 이후 만주로 망명하여 韓溪 李承熙와 관련을 맺고 활동했던 것으로 나타나고 있다.

1918년을 전후해 국내로 돌아와 수원지역을 중심으로 활동했는데 1920년 7월 3일에는 수원청년구락부 창립총회에서 부장으로 당선되었

---

17) 이상경, 『영원한 신여성 나혜석 – 인간으로 살고 싶다』, 한길사, 2000, 49쪽.
18) 「羅氏의 敎育熱」, 『동아일보』1925년 9월 7일.
19) 「會合」, 『동아일보』1930년 12월 15일.
20) 「卒業生一覽」, 『大韓興學報』, 1905. 5. 9.
21) 羅弘錫, 「我同胞가 果是二千萬乎아」, 『대한학회월보』제9호, 1908. 11. 25. 羅弘錫, 「自任」, 『대한유학생회보』제2호, 1907. 4. 7. 羅弘錫, 「服從과 命令」, 『대한유학생회학보』제3호, 1907. 5. 25. 羅弘錫, 「論 社會進化之原則ᄒ야 以慰我志士同胞」, 『대한흥학보』제1호, 1909. 3. 20.

다.[22] 7월 25일에는 수원청년회구락부 제1회 강연회에서 500여명이 운집한 가운데 張致完·金露積·崔相勳과 함께 '吾人의 力量과 水原의 發展'이라는 주제로 강연하였다.[23] 그러나 1924년 3월 25일 경성호텔에서 개최된 各派有志聯盟의 결성에 참여하였는데 이 단체는 독립사상과 사회주의를 반국가적 사상으로 파악하면서 합법적으로 민족의 권리를 신장하고자 하는 자치주의와 참정권 청원운동을 주창하였다.[24] 뿐만 아니라 1925년 1월에는 친일단체인 同民會의 평의원이 되었고, 1926년 10월 9일 동 단체의 제2회 총회에서도 평의원으로 연임되기도 하였다. 1920년대 후반에는 만주지역 鳳凰城으로 이주하였다. 1928년 1월 8일에는 봉천에서 개최된 在滿朝鮮人大會에 봉황성 대표로 참석하여[25] 중국당국의 한인 구축정책에 항의하고 조선인들의 권익을 보호하기 위한 활동에 참가하였다.[26] 만주사변을 전후한 시기에는 친일단체인 조선인회의 회장으로[27] 봉황성으로 귀환한 조선농민들의 농사 개시 문제를 조선총독부 당국과 협의했던 것으로 나타나고 있다.[28]

---

22) 「水原靑年俱樂部」, 『동아일보』1920년 7월 8일.
23) 「水原靑年俱樂部講演會: 知識上의 飢渴(張致完), 우리(金露積), 今日朝鮮人界의 衛生(崔相勳), 吾人의 力量과 水原의 發展(羅弘錫)」, 『동아일보』1920년 7월 30일.
24) 지승준, 『일제시기 참정권운동 연구 - 國民協會·同民會·時中會 계열을 중심으로』, 중앙대학교 박사논문, 2011.
25) 「봉천 옹호대회, 봉황성 대표 박나 양씨로 선출」, 『중외일보』1928년 1월 11일
26) 황민호, 「재만 한인의 합법적 자치운동의 전개와 '自治'에 대한 국내 언론의 인식」, 『한국민족운동사연구』47, 한국민족운동사학회, 2006.
27) 金泰國, 「남만지역 조선인회(1913~1931)의 설립과 변천」, 『한국근현대사연구』제17집, 한국근현대사학회, 2001.
28) 「귀환한 피난민들의 농사개시의 문제, 봉황성 조선인 회장 알선, 내29일까지 확정」, 『중앙일보』1932년 3월 31일 '사변 이래 봉황성 관내의 조선 농민은 대부분 피난하여 온 사람인데(중략-판독불능) 시기를 일어버리면 농장물에 대 영향이 있게 되어 봉황성 朝鮮人會長 나홍석씨는 金有漢씨(총독부부○)가 봉황성에 왔던 것을 기회로(이하 판독불능)'

나혜석의 작은오빠 나경석은 1910년 동경 正則英語學校를 2년 수학한 뒤 東京高等工業學校로 옮겨 1914년 7월에 졸업하였다. 학교를 졸업한 후에는 귀국하지 않고 1915년부터 1918년까지 아나카즘사상에 영향을 받으면서 일본에 있는 조선인노동자들의 생활향상을 위한 사회운동에 참여하였다. 나경석은 1915년 1월 大阪에서 조직된 在阪朝鮮人親睦會의 총간사로서 활동하면서 조선인노동자들의 세력화를 위해 노력하였다.

1915년 2월에는 『學之光』 제4호에 「低級의 生存慾」이라는 글을 발표했는데 窮乏한 조선의 농민이 현실 상황을 극복할 수 있는 방법이 제너럴 스트라잌과 시보타즈 밖에 없는 상황에서 누가 '브나로드'하면서 깃발을 높이들 사람이 있겠소라고 하였다. 이 시기에 나경석은 일본경찰로부터 '排日鮮人'으로 지목 받고 있었다.[29] 3 · 1운동이 발발하자 나경석은 국내와 만주를 연결하는 활동을 하였으며, 주로 趙素昂 · 孫貞道 등과 연락을 취하며, 독립선언서를 만주에 전달하는 역할을 하였고 돌아오는 길에 무기 10정을 구입 · 반입하려다가 안동현에서 발각되어 경성지방법원에서 징역 3개월에 처해졌다.[30]

1920년에는 『共濟』 창간호에 「世界思潮와 朝鮮農村」, 「露西亞의 敎育과 列强」이라는 2편의 논설을 동시에 발표하기도 했으며,[31] 요시찰 인물로 일제의 탄압이 강화되자 1921년 1월 27일 두만강을 건너 불라디보스톡으로 망명하였다. 이후 『公民文集』에 수록된 年譜에 따르면 나경석은 자신의 경력에 대한 경찰문서를 일체 소각하겠다는 警務局長의 白石의

---

29) 유시헌, 「나경석의 생산증식론과 물산장려운동」, 『역사문제연구』 제2호, 1997, 296~299쪽.
30) 羅景錫, 『公民文集』, 正宇社, 1980, 261쪽.
31) 나경석, 「世界思潮와 朝鮮農村」, 『共濟』 제1호, 1920, 54~55쪽. 公民, 「露西亞의 敎育과 列强」, 『共濟』 제1호, 94쪽.

통지를 받고 1921년 4월 李墹 단장과 함께 '海参威學生音樂團'을 조직하여 조선을 방문한 것으로 되어있다. 1920년부터 1923년에는 『동아일보』의 객원기자로 '滿洲로 가는 길'·'露領見聞記' 등의 글을 기고하였다. 그리고 1922년 니카타현에서 조선인노동자 학살사건이 발생하자 동아일보사의 위촉으로 金若洙와 함께 渡日 진상조사위원으로 활동하였으며, 1924년 만주 봉천으로 이주하였다. 1936년부터 1940년 사이에는 만주에서 '三昌고무工廠을 경영하였다.32)

그러나 나경석은 봉천지역의 조선인 유력인사로서 친일과 관련하여 자유로울 수 없었을 것으로 보인다. 1936년 4월 봉천지역 관동군 사령부는 봉천지역의 한인사회를 회유·통제할 목적으로 興亞協會를 조직하였으며, 기관지 『在滿朝鮮人通信』을 발행하였는데 회장은 봉천육군특무기관장 三浦敏事였다.33) '통신'에는 흥아협회 사무장이었던 徐範錫을 비롯하여 최남선, 최린 및 간도협조회의 金東漢, 간도성장 李範益, 봉천 일본 총영사관 부영사 崔卓 등 다양한 인물들이 논설을 기고하고 있었다.34)

　　'나는 국민대표의 일원으로서 소신의 一端을 述할 기회를 얻게 된 것은 나의 가장 영광으로 하는 바이다. '말할 것도 없이 공산당은 道義를 파괴하고 질서를 紊亂케 하야 평화를 攪亂하는 것이니 만치 인류의 公敵입니다. 이것을 東亞의 天地에서 소탕하고 이를 明朗化 하는 것은 盟邦 日本의 國是로서 昨年 日獨 防共協定의 성립을 보게 된 것도 이 취지에서 나온 것으로 推察되는 것입니다.(중략) 吾等 만주제국 국민 된 各種 民族은 日滿 一德一心의 聖旨를 奉体하여 協力一致益益 束結

---

32) 앞의, 『公民文集』(年譜), 260~263쪽.
33) 興亞協會, 『在滿朝鮮人通信』, 제2호, 1936. 4.12. 1쪽.
34) 황민호, 「1930년대 후반 在滿興亞協會의 設立과 對日協力 論理」, 『한국독립운동사연구』30, 한국독립운동사연구소, 2008.

을 공고히하여 銃後의 楯로 되어 모든 희생 봉사를 바치어 皇軍 及 國
軍을 지원하여 동양평화의 禍根을 제하고 今次 사변에 있어서 有終의
美果를 수확하야 동아 王道 聯盟 결성에 一步進케 할 각오가 있어야
할 것입니다. 滿場 各位의 찬동을 얻어 있을 것을 天下에 宣明코자 切
望하는 바입니다.'

위의 내용은 『재만조선인통신』 36호(1937년 9월 17일)에 게재된 나경
석의 연설문이데 그는 1937년 8월 30일 봉천에서 개최되었던 '支那事變
國民大會'에 조선인 대표로 참석하여 일본과 긴장관계를 형성하고 있던
소련에 대해 비난하는 한편, 만주국 국민으로서 일제에게 충성을 다해야
함을 강조하고 있었다.

나경석은 소련에 대해 공산당은 道義를 파괴하고 질서를 紊亂케 하여
평화를 攪亂하는 인류의 公敵이며, 만주국의 盟邦인 일본의 '日獨防共協
定'도 공산주의를 소탕하기 위한 취지에서 성립된 것이라고 강조하고 있
었다. 뿐만 아니라 그는 이 같은 상황에서 만주국 국민인 우리들은 銃後
의 楯이 되어 모든 희생과 봉사를 바쳐서 皇軍 및 國軍을 지원하여 동양평
화의 화근을 제거해야 한다고 주장하였다.35)

따라서 이상의 내용을 통해서 보면 나혜석의 가족은 근대적 지식과 식
견을 갖춘 인물로 수원지역을 중심으로 상당한 영향력을 갖추기는 하였
으나 궁극적으로 친일문제에 있어서는 자유롭지 못한 측면이 있었으며,
이는 나혜석에게도 영향을 끼쳤을 것으로 생각된다고 하겠다.

---

35) 羅景錫 演說 奉天支那事變國民大會朝鮮人代表, 殲滅!「容共支那軍閥 救濟!支那四
   億良民」,『在滿朝鮮人通信』36호, 1937. 9.17, 18~20쪽.

III. 일본유학과 3 · 1운동 참여기의 동지들

1. 민족의식의 성장과 유학생 구룹

1913년 3월 28일 진명고등보통학교를 졸업한 나혜석은 동경여자 미술 전문학교에 진학하여 서양화를 전공하면서 유학생활을 시작하였으며, 유학생활은 나혜석의 민족의식 성장에 중요한 영향을 끼쳤던 것으로 보인다. 나혜석은 약혼자였던 崔承九로부터 영향을 받고 있었는데 그는 『學之光』의 인쇄인으로서 활동하면서 詩와 수필 · 평론을 발표하고 있었으며, 강한 민족의식의 소유자였던 것으로 파악된다.[36]

나혜석은 朝鮮女子留學生親睦會(이하-유학생친목회)의 활동을 주도하였는데 1915년 4월 金貞植의 집에서 金淑卿 · 金貞和 · 김필례 · 최숙자 등과 함께 모여 在東京 여자유학생 간의 친목 도모와 지식계발 및 국내여성을 지도 계몽을 목적으로 단체를 결성하였다. 창립 당시 초대회장은 김필례였으며,[37] 田榮澤 · 李光洙가 고문이었고 주로 조선의 근대화문제 · 제1차 세계대전 문제 · 민족문제 · 여성해방론 등이 논의되었을 것으로 짐작된다.[38] 이후 유학생친목회에서는 일본 각 지역에서 공부하고 있는 여자유학생을 중심으로 지회를 조직하였는데 동경과 가까운 요코하마여자친목회장 金信喜와 李貞松은 동경에서 개최된 총회에 꼭 참석했다고 한다.[39]

1916년 초대 회장이었던 김필례가 모교인 정신여학교의 교사로 부임

---

36) 앞의, 「나혜석의 민족의식과 민족운동의 전개」, 참조.
37) 「우리 消息」, 『學之光』 5, 1915, 64쪽.
38) 독립운동사편찬위원회, 『독립운동사자료집』 13, 13쪽, 박환, 앞의 논문, 176쪽.
39) 박용옥, 『김마리아-나는 대한의 독립과 결혼하였다』, 홍성사, 2003, 141~142쪽.

하기 위해 귀국하자 나혜석은 1917년 10월 17일 동경의 조선교회당에서 개최된 임시총회에서 회장 김마리아, 서기 鄭子英, 부서기 金忠義, 회계 玄德信 등과 함께 총무로 선출되었으며, 許英肅·黃愛施德과 함께 『女子界』의 편집위원으로 활동하였다.[40] 『여자계』는 여자친목회의 기관지(편집부장 : 金德成)였으며, 나혜석은 이를 통해 적극적인 집필활동을 하였다. 1917년 7월 창간호를 발행한 『여자계』는 경비문제로 휴간하고 있었다. 그런데 나혜석은 전형택과 함께 적극적인 모금활동을 전개하여 1918년 하순 『여자계』 제2호를 발행할 수 있게 되었으며, 여기에 소설 「경희」를 발표하였다.[41] 『여자계』 제2호가 발행되자 『學之光』에서는 '여자 여러분들의 심각한 사상과 미묘한 문장은 남자로 하여금 仰面의 여지가 없으리 만큼 그 내용이 풍부하고 그 보무가 당당하더라'라고 높이 평가하기도 하였다.[42]

나혜석은 『여자계』 제3호의 발행도 후원하였는데 나혜석·김덕성이 15圓을 기부한 것에 이어, 金子信·崔義卿 등이 함께 5圓을 기부하였으며, 황애시덕·具順善 등은 3원을 기부하다.[43] 뿐만 아니라 제3호의 '소식'란에는 '본지를 위해 금옥 같은 옥고를 늘 쓰시고 본지의 유지와 발전을 위하여 참 분골쇄신 자기를 잊어버리고 헌신적으로 힘써주시던 羅晶月씨가 병에서 빨리 회복되기를 바란다'고 소개되기도 하였다.[44]

1920년 4월 8일 창간 5주년을 맞은 『女子界』에서는 동경의 조선기독교청년회관에서 기념대회를 열고 남녀 학생 300여명이 모인 가운데 스코

---

40) 『女子界』 2호, 「消息」 참조.
41) 『여자계』 제1권 제2호 참조.
42) 『學之光』 제13호, 1917년 7월, 84쪽.
43) 박환, 앞의 글, 119쪽 참조.
44) 『여자계』 제3호 참조.

필드박사의 강연을 청취하는 한편, 500원의 성금을 모금하였다. 3 · 1운동이 발발한지 1년이 조금 지난 시점에서 여자계가 스코필드박사를 초청해 기념강연을 개최했다는 것은 『여자계』와 조선여자친목회가 갖고 있던 애국적 정서의 일면을 보여주는 것이라고 하겠다.[45]

나혜석이 편집위원으로 활동했던 『여자계』 제2호와 제3호의 중요 집필진을 정리해 보면 당시 나혜석과 일정하게 관련을 맺고 있었던 유학생 구룹의 일면을 확인할 수 있을 것으로 보인다. <표 1>에서 보면, 『여자계』 2호 · 3호에는 나혜석(3건) 이외에 전영택(3건), 이광수(2건), 김명순(2건), 염상섭, 최남선 등 주로 문학과 관련된 인물들의 글이 다수 게재되고 있었음을 보여주고 있다고 하겠다.

나혜석 1914년 4월에 창간되었던 조선유학생학우회의 기관지 『학지광』에도 글을 게재하며, 유학생 사회에서의 인적 교류의 폭을 넓히고 있었다. 나혜석의 일본유학 시절인 1918년 4월까지 『學之光』에 게재된 글 가운데 필자의 성명이 확인되는 중요 인물과 기고문의 제목을 정리해 보면 <표 2>와 같다.

<표 1> 『여자계』에 원고를 게재했던 중요 인물[46]

구분	姓名/號	원고 제목
제2호 1918.3.22	(田榮澤)/秋湖	社說, 覺醒하라 新春이로다
	(李光洙)/春園	어머니의 무릎
	秋湖 田榮澤	家庭制度를 改革하라
	金德成	새로 어머니가 되신 H형님께

---

45) 「女子界紀念會 동경서 성대히 거행」, 『동아일보』 1920년 4월 13일.
46) 국사편찬위원회 홈페이지(http://db.history.go.kr/item/level.do?itemId=ma&setId=464627&position=56)참조. 괄호 안에 표기된 이름은 필자가 정리한 것이다. 같은 사이트에 『학지광』의 목차도 게재되어 있으며, 본고에서는 이를 참조하였다.

	朴淳愛	大門을 나선 兄弟들에게		
	金燁	新舊衝突의 悲劇		
	(廉想涉)/霽月	婦人의 覺醒이 男子보다 緊急한 所以		
	(崔南善)/六堂先生	靑春에서 女子界에게		
	(金明淳)/望洋草	初夢		
	洪基瑗	家庭과 學校		
	岡山醫學士 韓興敎	兒育에 對한 二大注意		
	(羅蕙錫)/HS生	빛		
	金雨英	女子界를 祝하야		
	(田榮澤)/秋湖	東京에서 釜山까지		
	(羅蕙錫)/晶月	경희		
제3호 1918.9.10	(李光洙)/春園	어머니의 무릎(詩)		
	玄德信	卒業生諸兄에게 들임		
	(金明淳)/望洋草	XX언니에게		
	(吳天錫)/天園	少女歌劇 ─ 初春의 悲哀		
	(羅蕙錫)	回生한 孫女에게		

『학지광』의 초기 발행인은 申翼熙 · 張德秀 · 玄相允 · 崔八鏞 등이었으며, <표 2>의 필자와 기고문의 제목에서 보는 바와 같이, 이 잡지에는 문학 뿐만 아니라, 국제정세와 정치 · 경제 · 종교, 철학 및 민족의식과 관련된 다양한 글들이 소개되고 있음을 볼 수 있다.

그리고 이들의 기고문이 나혜석은 물론, 유학생 사회에 영향력을 끼치고 있었음은 주지의 사실이라고 하겠다.[47]

<표 2> 『학지광』에 원고를 게재했던 중요 인물

구분	姓名/號	원고 제목	姓名/號	원고 제목
제3호 1914.12	張德秀	學之光 第三號 發刊에 臨하여	玄相允	求하는 바 靑年이 그 누구냐?
	金永燮	理想的 人物의 實力과 修養	李周淵	人보다 己를 知함이 必要함
	崔承九	情感的 生活의 要求	崔斗善	文學의 意義에 觀하야

---

47) 최덕교, 『한국잡지100년』, 현암사, 2004, 참조.

		(나의 更生)		
	羅蕙錫	理想的 婦人	閔圭植	英美人 及 佛國人의 子女敎育法 比較(譯)
	鄭魯湜	뿌르타스의 雄辯(譯)	安廓	偉人의 片影
	崔素月/ (崔承九)	南朝鮮의 新婦	小星生/ (玄相允)	寒菊
제4호 1915.2	張德秀	新春을 迎하여	安廓	今日 留學生은 如何
	玄相允	말을 半島靑年에게 붙임	文義天	我學友思想界를 論함
	金利峻	半島靑年의 覺悟	金世光	人生의 一大戰鬪
	李景俊	非常時代와 결예	朱鐘建	新年을 當하야 留學生諸君에게 呈함
	鄭忠源	余의 新年祝辭	安廓	朝鮮語價値
	斗南公民/ (羅景錫)	科學界의 一大革命	庚錫祐	西洋哲學史 序論
	金瓚永	프리	素月/ (崔承九)	벨지엄의 勇士
	文義天	古詩	小星/ (玄相允)	申 朝君을 보냄
	小星/ 玄相允	생각나는 대로		
제5호 1915.5	宋鎭禹	思想改革論	崔承九	너를 혁명하라
	李相天	새 道德論	玄相允	社會의 批判과 밋 標準
	盧翼根	半島 今後의 金融과 生活改新의 急務	安廓	二千年來留學의 缺點과 今日의 覺悟
	尹顯振	學之光 第五號에 寄함	金錫洙	新衝突과 新打破
	文義天	生活인가 싸홈인가	張德秀	意志의 躍動
	安廓	朝鮮의 美術	金億	夜半, 밤과 나(散文詩), 나의 적은 새야
	朴夏徵	懷友, 偶吟	小星/ (玄相允)	비오는 저녁
	流暗/ 金輿濟	山女	韓世復	天使의 微笑
제6호 1915.7	朴珥圭	余의 直觀的 所感	申錫雨	歸路에 臨하여
	金利埈	出陣하는 勇士諸君에게	吳秉殷	우리의 의무
	鄭忠源	아아 兄弟여	姜周漢	卒業生이 되어 諸君에게 希望하는 바
	河相昱	靑年의 活躍	金敎玹	때와 卒業生

	金泳濬	送春有感		玄相允	强力主義와 朝鮮靑年
	李康賢	朝鮮産織奬勵契에 對하여		盧翼根	經濟振興에 對한 余의 意見
	金億	藝術的 生活(H君에게)		李應南	吾人의 特有한 力의 價値를 發揮하여라
	安廓	朝鮮의 文學		崔承九	不滿과 要求
	流暗/ (金興濟)	한곳			
제10호 1916.9	金孝錫	나의 敬愛하는 留學生여러분에게		金鎔洙	勞働者에 關하여
	金天經	人格權을 論함		盧翼根	富를 增加함에 對하여
	李仁	永生法		田榮澤	獨語錄
	瞬星/ (秦學文)	寫眞帖		小星/ (玄相允)	淸流壁
제12호 1917.4	李光洙	天才야! 天才야!		崔八鏞	成功의 要素와 實行
	田榮澤	全的 生活論		朴勝喆	朝鮮靑年의 奢侈를 論함
	崔瑗浩	朝鮮人의 生活과 産業組合의 必要		李光洙	婚姻에 對한 管見
	吳祥根	朝鮮史의 各時代		李丙燾	閨房文學
	金道泰	우리의 일홈		晶月/ (羅蕙錫)	雜感
	秋湖/ (田榮澤)	나의 斷片(日記에서)		孤舟/ (李光洙)	二十五年을 回顧하여 愛妹에게
	瞬星/ (秦學文)	부르지즘			
제13호 1917.7	李光洙	卒業生諸君에게 들이는 懇告		雪山/ (張德秀)	社會와 個人
	盧翼根	經濟界를 不振케 하는 三大原因		崔八鏞	사람과 生命
	金明植	雁去鵞來		金永燮	生의 實現
	朴勝喆	우리의 家庭에 在한 新舊思想의 衝突		徐椿	우리의 渴과 基督을 讀함
	田榮澤	舊習의 破壞와 新道德의 建設		玄相允	人口增殖必要論
	崔承萬	求하라		CW/ (羅蕙錫)	雜感(K언니에게 與함)
	俞萬兼	支那鐵道論 附滿洲總覽		李仁	懷春五首
	俞萬兼	九年星霜		金良洙	社會問題에 對한 觀念
	盧炳瑞	回春을 누가 禁할까		全翼之	學問을 生命으로 睹하라

	朴昇洙	東渡之感想	覺泉/ (崔斗善)	卒業試驗을 마치고서
제14호 1917.11	李光洙	우리의 理想	田榮澤	宗敎改革의 根本精神
	徐椿	歐洲戰亂에 對한 三大疑問	金明植	道德의 墮落과 經濟의 不振
	小星/ (玄相允)	自己表彰과 文明	盧翼根	現下의 經濟界와 及 其今後의 變 遷에 對하여
	金燁	朝鮮鑛業을 論함	春園/ (李光洙)	極熊行
제15호 1918.3	小星/ (玄相允)	朝鮮靑年과 覺醒의 第一步	崔八鏞	滿洲에 對하야
	徐椿	比較하라	盧翼根	銀行當局者諸公에게 告함
	梁源模	朝鮮靑年의 經濟的 覺醒	李丙燾	讀書偶感
	玄相允	李光洙君의 우리의 理想을 讀함	徐尙一	文壇의 革命兒를 讀하고
	崔鶴松	雨後庭園에 月光		

또한 <표 2>에서 보면 전체적으로 나혜석(3편), 장덕수(3편), 전영택
(4편), 최승구(5편), 이광수(6편), 현상윤(13편), 안확(6편) 등의 논문을 게
재하고 있는 것으로 나타나고 있다.

따라서 이러한 내용을 종합해 보면 일본 유학시절의 나혜석은 『여자계』
와 『학지광』에 원고를 게재하면서 유학생 사회의 중심에서 폭넓은 교유
관계를 유지하고 있었다고 하겠다. 그리고 그녀가 交遊했던 인사들의 면
면을 고려한다면 적어도 나혜석에게 있어서 일본 유학 시절은 그녀의 민
족의식과 근대적 여성의식의 성장에 크게 영향을 끼쳤던 시기라고 할 것
이다.

2. 3 · 1운동 참여와 동지들

나혜석이 3 · 1운동에 참가한 것은 2 · 8독립선언서에 참가했던 조선여
자유학생친목회 회장 김마리아와 황애시덕이 1919년 3월 2일 나혜석을

만나 일본에서의 만세운동에 대해 이야기하고 함께 활동할 것을 권유한 것이 계기가 되었다. 1917년 10월 여자유학생친목회의 회장에 선출된 김마리아는 1919년 2월 8일 동경 조선기독교청년회관에서 개최된 2·8독립선언에 참가하였는데 400여명의 유학생이 모인 가운데 개최된 이날의 선언식에는 김마리아를 비롯하여 황에스더, 盧德信, 劉英俊, 朴貞子, 崔濟淑이 함께 참석하였다.48) 이후 김마리아는 일본 여인으로 변장하고 일본 옷에 매는 커다란 '오비(띠)'속에 독립선언서를 숨겨가지고 국내로 들어왔으며, 요코하마에서 유학 중이던 후배 車敬信이 동행하였다.49)

서울에 도착한 김마리아는 2월 26일에 우선 독립선언서를 인쇄한 천도교 보성사의 사장 李鍾一을 만나 3·1운동과 관련된 대화를 나누었다.50) 이후 김마리아는 3월 2일 정동교회에서 나혜석을 만났으며, 이화학당 교사 박인덕의 방으로 가서 3·1운동의 향후 대책에 대해 논의하였다. 그리고 나혜석은 朴仁德의 방에서 김마리아·황애시덕·박인덕·김하르논·孫正順·安秉淑·申체르뇨(申俊勵)·朴勝一·安炳壽 등 모두 11명과 함께 회합을 갖고 향후의 운동방향에 대해 의논하였던 것으로 나타나고 있다. 나혜석의 '訊問調書'에 따르면, 나혜석과 김마리아·황애시덕은 3월 2

---

48) 「김마리아 제2회 신문조서」, 1919년 3월 18일, 경성지방법원 검사국, 『한국독립운동사 자료집』14, 3·1운동 4, 25쪽.
49) 박화성, 『송산 황신덕 선생의 사상과 생활 : 새벽에 외치다』, 휘문출판사, 1966, 78쪽.
50) 김창수, 「3·1運動과 沃坡 李鍾一 ―『沃坡備忘錄』을 中心으로―」, 『中央史學―上岩金鎬逸敎授定年紀念特輯―』21, 韓國中央史學會, 2005. '그리고 이 자리에서 김마리아는 동경에서는 남녀 유학생들의 독립에 대한 열의가 대단하여 지난 2월 8일에 독립선언서를 발표하고 만세를 불렀다고 하면서 지금은 독립의 좋은 기회이니 거족적인 독립운동을 전개해야 한다고 역설하였다. 또한 이에 대해 이종일이 우리도 이미 계획을 세우고 실천 중이며, 10년의 질곡을 벗어버리고 압박으로 신음하는 기운을 모두 축출해 버릴 것이라고 대답하자, '말씀을 들으니 정말 기쁘며, 천도교에서 수행하는 원대한 이념을 진실로 격려한다'고 화답하였다'고 한다.

일 貞洞敎會에서 만났으며, 이화학당 기숙사에 있는 金仁德의 방에서 모임을 가졌던 것으로 나타나고 있다.[51]

나혜석은 김마리아와 박인덕 등 11인이 모인 회의에서 '부인 단체를 조직하여 조선의 독립운동을 전개할 것, 남자단체와 여자단체와의 사이에 연락을 취할 것' 등 황애시덕이 제안한 운동방향에 대한 동의가 있었으며, 활동 비용을 모으는 문제에 대해 약간의 논의가 있은 후 4일에 다시 회합할 것을 약속하고 헤어졌다.[52] 나혜석은 3월 3일 오후 8시경 자금 조달을 위하여 자신과 연고가 있는 開城과 平壤으로 출발하였다.[53]

개성에 도착한 나혜석은 貞華女塾의 李正子를 방문하였다. 이는 경성의 여자보통학교에 다니던 이정자의 姪女가 나혜석의 이웃에 살고 있던 인연 때문이었다. 그러나 이정자는 서울에서 전개되고 있는 상황에 대해 기본적으로는 그 뜻에 동의는 하지만, 교장으로서 참가할 수 없다는 답변을 받았다. 또한 평야에서는 貞進여학교 선생인 朴忠愛를 만났다. 박충애는 평양에서 만세운동에 참여했으며, 수원삼일학교 동창생이었다. 그녀는 자신이 일제 경찰로부터 감시를 받고 있는 상황이기는 하지만 가능한 대로 만세운동에 참가하겠다는 의사를 밝혔던 것으로 보인다.[54]

3월 4일 아침에 경성에 돌아온 나혜석은 황애시덕으로부터 만세운동

---

51) 「나혜석 신문조서」, 서정자, 앞의 책, 732쪽.

52) 손정순은 이화학당 학생이었고, 안병숙은 중앙회당 유년부 선생이었다. 김하르논, 박승일, 신체르료는 이화학당 선생이었으며, 안숙자는 일본 京都사단에 소속되어 현재 시베리아 파견된 廉 중위의 아내였다. 국사편찬위원회, 『한민족독립운동사자료집』14, 1991. 이후의 내용은 주로 재판기록을 중심으로 정리하였다. 황민호, 앞의 논문 참조.

53) 앞의, 「황애시덕」 신문조서. 당시 서울에서는 '각 학교가 휴교할 것, 3월 5일 남학생의 독립운동에 가담할 것 등을 결의하였으며, 박인덕 · 신준려 등이 학생들을 동원하기로 하는 등 만세운동을 일으키기 위한 준비 작업에 박차를 가하고 있었다.

54) 앞의, 「나혜석」 신문조서.

을 지도하기 위해 결성된 조직에서 자신이 김마리아 · 황애시덕 · 박인덕 등과 함께 간사로 선출되었다는 사실을 알았으며, 3월 5일 서울역에서 개최된 만세시위에 여학생들이 다수 참가한 사건과 관련하여 3월 8일 아침 이화학당 식당에서 체포되었다. 당시 시위에는 경성여고보 · 이화 · 진명 · 정신 등 시내 여학교 학생들이 다수 참가하였다. 김마리아는 이보다 앞서 3월 6일 정신여학교에서 체포되었으며, 박인덕은 3월 10일, 황애시덕은 2월 19일에 각각 체포되었고 나혜석은 3월 18일 경성지방검사국에서 신문을 받았다.[55] 이후 나혜석은 8월 4일 증거 불충분으로 면소되어 석방될 때까지 약 5개월간 옥고를 치렀다.[56]

한편 나혜석과 험께 3 · 1운동에 참여했던 인물들 가운데 김마리와 황애시덕 및 차경신은 이후에도 지속적으로 독립운동에 참여한 것으로 보인다. 이들은 주로 대한애국부인회와 임시정부 및 미주와 만주 등지에서 다양한 활동을 전개하였으며, 각각 독립장과 애국장이 추서된 것으로 나타나고 있다.[57] 이를 정리해 보면 김마리아는 황해도 송화지역 출신이며, 애국부인회계열로 분류되어 1962년에 독립장이 추서되었다. 황애시덕은 평남 평양 출신으로 역시 애국부인회계열로 분류되어 1990년에 애국장이 추서되었다. 또한 차경신은 평북 선천 출신으로 만주방면의 운동계열로 분류되어 1993년에 애국장이 추서되었음을 확인할 수 있다.

따라서 이상의 내용을 종합해 보면 나혜석은 2 · 8독립선언을 경험하고 그 연장선상에서 3 · 1운동에 참가했던 여자친목회 출신의 在日留學生들과 함께 3 · 1운동에 참가하였으며, 3 · 1운동을 위해 결성된 조직 내에

---

55) 박환, 앞의 논문 참조.
56) 서굉일, 앞의 논문, 62~63쪽 참조.
57) 국가보훈처 독립유공자(공훈록) 홈페이지(http://www.mpva.go.kr/narasarang/gonghun_view.asp?id=895&ipp=100000)

서 간사로 선임되는 한편, 자금모집 활동에 참여하는 등 적극적인 활동을 전개하였던 것으로 보인다.

Ⅴ. 安東縣에서의 활동과 독립운동가 구릅

3·1운동 이후 나혜석의 민족의식과 근대의식은 다양한 방향에서 표출되었다. 1920년대 초반 『공제』와 『개벽』에 발표한 '早朝'와 '開拓者'는 '3·1운동을 통해 민중의 힘을 새롭게 인식'한 그녀가 조선의 청년 지식인 사회와 일정하게 호흡을 같이 하고 있었음을 보여주는 것이라고 하겠다.[58] 또한 1920년 『신여자』 4호에 발표한 수필 「4년전의 日記」에서는 1917년 여름방학을 이용하여 京城으로 돌아오던 기차 안에서 보았던 '상스러운' 일본 여성에 대해 '저것들이 우리나라에 가서 땅을 잡고 주름을 잡고 제노라 놀겠구나' 라고도 하였다.[59]

나혜석은 1921년 10월 남편인 김우영이 만주 안동현에 부영사로 부임하게 되자 이곳에서 생활하면서 1922년 3월부터 여자야학을 개교하고 교육활동을 전개하였으며,[60] 이후 극단적인 위험을 감수하며 독립운동가들을 적극적으로 후원·보호하는 역할을 하였다.

나혜석은 1923년 3월 의열단이 주도한 '黃鈺 경부 폭탄사건'에서 남편 김우영과 함께 의열단 단원들을 적극적으로 도왔다. 이 사건은 의열단이 1923년 5월 국내로 들어와 대대적인 암살·파괴활동을 전개하고자 했던

---

58) 이상경, 『인간으로 살고싶다』 한길사, 2000, 223~224쪽.
59) 나혜석, 「四年 前의 日記 중에서」, 『新女子』, 1920년 6월. 앞의, 『정월 나혜석 전집』, 115~216쪽.
60) 「安東縣女子夜學」, 『東亞日報』 1922년 3월 22일.

사건이었다. 天津에서 劉鉉錫과 함께 金元鳳을 만났던 황옥을 비롯하여 김시현, 백영무 등은 의열단으로부터 대형 시한폭탄 6개와 소형폭탄 30개, 폭발장치용 시계 6개 및 조선독립에 관한 문서 수백 장을 제공받아 이를 국내로 반입하고자 하였다. 그러나 3월 19일 무기가 국내로 반입되고 의열단 행동대원이 모두 입국한 것을 확인한 경기도 경찰부에서 이들에 대한 검거 작전에 들어가 관련자 전원을 체포하였으며, 폭탄 등을 모두 압수하였다.[61] 김시현이 주도했던 이 의열투쟁은 현재 일제 경찰의 고위층이 의열단 조직을 와해시키기 위해 벌인 유인공작에 의열단이 속은 것이라고 보는 견해가 일반적이다.[62]

사건을 주도했던 김시현은 1883년 경상북도 安東에서 출생하였으며, 1899년 서울에 올라와 中橋義塾에서 수학하였고 1908년 이후 교남교육회에 가입하여 활동하였다. 1911년 일본으로 건너가 메이지대학 전문부 법학과에서 공부하였으며, 1921년 상해로 망명한 뒤 이르크츠크파 고려공산당에 입당하였고 1922년 1월 모스크바에서 열린 극동인민대표자회의에 참석하여 조선대표단 위원으로 활약하였다. 이른바 '黃玉事件'으로 투옥된 후 1929년 1월 29일 대구형무소에서 풀려났으며, 1932년 南京에서 의열단이 朝鮮革命軍事政治幹部學校를 만들자 북경지부장을 맡기도 하였다. 그는 일제강점기 동안 여섯 차례의 체포와 15여 년 동안 獄苦를 치르면서 항일독립운동에 적극적으로 투신하였다. 해방 이후에는 국외동포와 歸還同胞를 원호하고 구제하는 활동을 전개하였으며, 1950년 5월 2대 국회의원 선거에 출마하여 民主國民黨 소속으로 안동에서 당선되었다. 1952년 6월 25일 부산 충무동 광장에서 한국전쟁 2주년 기념식을 거

---

61) 京城地方法院合議部, 大正十二年八月二十一日, 「義烈團員金始顯等事陰謀件判決」.
62) 김영범, 『한국근대민족운동과 의열단』, 창작과비평사, 1997.

행하는 李承晚 대통령을 저격하려다 실패하였으며, 4·19로 이승만이 하야하자 석방되었다. 1960년 제5대 민의원 선거에 무소속으로 출마하여 당선되었으나 1961년 5·16군사쿠데타 이후 정계에서 물러났다.[63]

재판기록에 따르면, 김시현(41세)과 함께 재판에 회부된 인물은 黃鈺(38세), 劉錫鉉(24세), 李賢俊(22세), 南英得(27세), 柳秉夏(27세), 柳時泰(33세), 洪鍾祐(31세), 白英武(31세), 趙東根(28세), 趙晃(42세), 李慶熙(44세)였다. 이 가운데 황옥은 경기도 경찰부 경부였으며, 이현준은 北京 潞河中學校의 학생이었고 홍종우와 백영무, 조동우는 조선일보 기자였다. 재판 결과 김시현·황옥은 각각 징역 10년, 유석현·남영득은 각각 징역 8년, 유시태는 징역 7년, 유병하·홍종우는 각각 징역6년, 이현준·백영무·조황은 각각 징역 5년, 조동근은 징역 1년 6월, 이경희는 징역 1년을 받았다.[64]

사건의 전개과정에서 나혜석 부부는 의열단 단원들에게 여러 가지 편의를 제공해 주었다. 나혜석은 황옥을 자신의 숙소에서 하룻밤 묵게 하고 다음날 기차로 이동할 때 폭탄과 권총이 들어있는 여행대에 안동영사관이라고 쓴 종이를 붙여주었다.[65] 또한 유석현과 동지들이 의열단사건으로 옥중생활을 하고 있을 때 나혜석은 이들을 찾아와 건강을 걱정하며 용기를 북돋워 주었으며, 그가 출소한 후에는 보관하고 있던 권총 2자루를 돌려주기도 하였다.[66] 그리고 朴泰遠의 『若山과 義烈團』에는 '동지가

---

63) 숭실대학교 한국기독교박물관, 『민족운동자료해제』, 2012, 53~54쪽.

64) 京城地方法院合議部, 大正十二年八月二十一日, 「義烈團員金始顯等事陰謀件判決」.

65) 김주용, 「나혜석의 민족의식과 독립운동지원 활동」, 『東國史學』54, 2013, 233쪽. 나혜석의 이같은 행동은 이후 문제가 되기는 했지만, 평소 친분이 두터웠던 丸山 경찰국장의 호의로 위기에서 벗어났다고 한다. 金雨英, 『靑邱回顧錄』, 新生公論社, 1953, 79~86쪽.

66) 劉錫鉉, 「잊을 수 없는 사람들 金雨英－羅惠錫 부부」, 『한국경제신문』1984년 11

아니면서도 의열단에 대하여 은근히 동정을 표하여 온 사람은 그 수가 결코 적지 않으며, 그 가운데 여류 화가로 이름이 높던 나혜석이 있다'고 하였다.[67]

의열단 단원이었던 유자명은 나혜석에 대해 애국부인회의 김마리아와 친한 사이었는데 김마리아가 애국부인회사건으로 대구 일본감옥에 갇혀 있을 때 대구로 찾아가 철창 밖에서 김마리아를 보고 뜻깊고 감정 있는 '김마리아방문기'를 써서 신문에 발표한 일이 있었다. 나도 서울에 있을 때 이 글을 읽고 깊은 감동을 받은 적이 있다. 나혜석은 이와 같이 애국사상을 갖고 있었기에 남정각과 박홍기를 자기의 친동기와 같이 대해주고 자기의 집에서 숙식케 하였다'[68]고 하고 있다.

이밖에 나혜석은 1923년 8월에는 독립자금 모집을 위해 국내에서 활동하다가 중국으로 다시 돌아가려던 아나키스트 '鄭華岩'이 압록강을 무사히 건널 수 있도록 도와주기도 하였다.[69]

1927년 8월 24일 유럽여행 중에 헤이그에서 이준열사묘를 찾아 보려 했으나 찾지 못하고 대신 이준열사의 부인과 딸에게 그림엽서를 보내기도 하였다.[70] 또한 김우영과 이혼한 후 개인적인 어려움에 부딪쳤던 상황에서도 1935년 2월의 글에서 '한사람으로 이만치 되기에는 '朝鮮의 恩惠'를 많이 입었다. 나는 반드시 報恩할 使命이 있어야 할 것이다 무엇을 하나 朝鮮을 위하여 補助치 못하고 어데로 간다는 것은 너무 利己的이 아닌

월 6일. 이에 대해 朴泰遠,『若山과 義烈團』, 白楊社, 1947. 208쪽. 에서는 나혜석이 '朴基弘'이 맡기 권총 1자루를 의열단의 비밀을 유지하기 위해 자신의 배게 속에 보관하였다가 이후 박기홍에게 돌려주었다고 되어 있다.

67) 朴泰遠, 앞의 책, 208쪽.
68) 독립기념관,『유자명 수기 한 혁명자의 회고록』, 1999.
69) 鄭華岩,『몸으로 쓴 근세사』, 자유문고, 1992, 46~47쪽.
70) 서정자, 앞의 책, 744쪽(연보)

가'라고 하게도 하였다.[71]

따라서 이상의 내용을 종합해 보면 1920대의 나혜석의 민족의식과 관련된 활동은 3·1운동 참여와 의열단 및 여러 독립운동가들에 대한 지지와 후원 등을 통해 일관되게 표현되고 있었던 것으로 보인다. 그리고 나혜석이 일제하에서 교류를 맺고 있었던 독립운동가들은 여성계의 독립운동을 대표하는 인물이었을 뿐만 아니라, 가장 적극적으로 의열활동을 전개하고 있었던 인물이라는 점에서도 당시 나혜석의 민족의식의 지평을 보여주는 것이라고 하겠다.

그러나 나혜석은 김우영과 이혼한 후의 개인적 한계와 극단적인 사회적 편견의 벽에 부딪쳐 좌절해야 했으며, 당시의 한국사회는 나혜석에게 보다 넓고 자유로운 공간을 허락할 수 있는 분위를 갖지 못하고 있었다. 나혜석 역시 분명한 민족운동의 좌표를 설정하지 못한 채, 식민지시기를 지나와야 했던 것으로 보인다.

V. 맺음말

지금까지 본고에서는 일제하 나혜석의 독립운동의 전개와 주변 인물들을 검토해 봄으로써 그녀의 활동이 나타내고 있었던 특징의 일면에 대해 파악해 보고자 하였으며, 이를 정리하면 다음과 같다.

---

71) 羅惠錫, 「新生活에 들면서」, 『三千里』, 1935년 2월. '이러한 분위기는 다음과 같은 나혜석의 글을 통해서도 확인할 수 있다고 하겠다. 한 사람이 이만치되기에는 朝鮮의 恩惠를 많이 입었다. 나는 반드시 報恩할 使命이 있어야 할 것이다. 敎育界로 産業界로 商業界로 言論界로 文藝界로 美術界로 인물을 기다리는 이때가 아닌가. 무엇을 하나 조선을 위하여 輔助치 못하고 어데로 간다는 것은 너무 利己的이 아닌가'

첫째, 나혜석의 가족들을 대부분이 한말과 일제시기를 거치면서 근대적 지식인으로서의 면모는 명확하게 나타내고 있으나 민족운동의 전개에 있어서는 적극성을 드러내지 못하거나 친일문제와 관련해서도 자유롭지 못한 한계를 갖고 있었던 것으로 보인다. 따라서 이같은 가족 내의 분위기는 나혜석에게도 일정하게 영향을 끼쳤던 것으로 생각된다.

둘째, 일본유학을 통한 교우관계의 확대와 적극적인 집필활동은 나혜석의 민족의식의 형성과 적극적인 활동에 커다란 영향을 끼쳤던 것으로 보인다. 특히 여자유학생 친목회에서의 주도적인 활동과 교우관계의 형성은 나혜석이 김마리아·황애시덕·차경신 등과 함께 3·1운동에 적극적으로 참여하는 계기가 되었던 것으로 보이다. 또한 이 시기의 경험은 이후 나혜석이 『공제』나 『개벽』·『신여성』에 발표했던 작품들에도 반영되었으며, 안동현에서 독립운동가들의 활동을 적극적으로 돕게 되는 의식의 형성에도 여했을 것으로 보인다.

셋째, 안동현에서 나혜석은 김시현, 유석현, 박홍기, 남정각, 유자명, 정화암 등의 활동을 적극적으로 도왔으며, 나혜석의 입장에서도 상당부분 위험의 감수를 각오해야 하는 상황이었을 것이다. 그리고 이들은 3·1운동 당시의 동지였던 김마리아·황애시덕·차경신 등과 함께 당대를 독립운동을 대표하는 인물이었다고 할 것이다. 그러나 나혜석의 민족의식과 민족운동은 1920년대 후반을 지나면서 벌어진 이혼문제와 이에 따른 극단적인 사회적 편견의 소용돌이 속에서 서서히 좌표를 잃어가고 있었던 것으로 보인다.

제2장

『매일신보』의 3·1운동 관련
중요 기사목록

1919년 3월 6일, 社說: 民族自決主義의 誤解

1919년 3월 7일, 諭告
1919년 3월 7일, 各地騷擾事件, 경기도 京城, 덕수궁에 돌입
1919년 3월 7일, 各地騷擾事件, 경기도 開城
1919년 3월 7일, 各地騷擾事件, 평안남도 平壤, 경찰서에 돌질
1919년 3월 7일, 各地騷擾事件, 평안남도 鎭南浦, 평양서 응원대
1919년 3월 7일, 各地騷擾事件, 평안남도 安州, 죽은 자가 두 명
1919년 3월 7일, 各地騷擾事件, 평안남도 中和, 경관을 에워 싸
1919년 3월 7일, 各地騷擾事件, 평안남도 江西, 주모자를 체포
1919년 3월 7일, 各地騷擾事件, 평안남도 成川, 사상 이십 여명
1919년 3월 7일, 各地騷擾事件, 평안북도 宣川, 교당집회금지
1919년 3월 7일, 各地騷擾事件, 평안북도 義州, 무사하게 해산
1919년 3월 7일, 各地騷擾事件, 황해도 黃州, 경찰서를 음습
1919년 3월 7일, 各地騷擾事件, 황해도 谷山, 즉시 해산시켜

1919년 3월 7일, 各地騷擾事件, 황해도 遂安, 아홉 명이 죽어

1919년 3월 7일, 各地騷擾事件, 황해도 沙里院, 태극기가 선두

1919년 3월 7일, 各地騷擾事件, 함경남도 元山, 오십 명을 검거

1919년 3월 7일, 各地騷擾事件, 함경남도 咸興, 정거장에 집합

1919년 3월 8일, 社說: 所謂獨立運動

1919년 3월 8일, 到底히 無事의 事, 朝鮮獨立은 東洋의 再次禍根, 某名士談

1919년 3월 8일, 國法儼存, 國分司法部長官談

1919년 3월 8일, 毫不假借, 鄕津檢事正談

1919년 3월 8일, 荒唐한 流言에 迷惑치 말라, 某貴族談

1919년 3월 8일, 朝鮮人을 爲하여 悲劇, 尹致昊氏談

1919년 3월 8일, 其後의 騷擾, 경기도, 京城 밀의자를 검거

1919년 3월 8일, 其後의 騷擾, 경기도 高陽, 여학생을 꼬여

1919년 3월 8일, 其後의 騷擾, 경기도 開城, 이천 명의 군중

1919년 3월 8일, 其後의 騷擾, 평안남도 平壤, 여학생이 만세

1919년 3월 8일, 其後의 騷擾, 평안남도 成川, 헌병대장 위독

1919년 3월 8일, 其後의 騷擾, 평안남도 江西, 헌병소가 전멸

1919년 3월 8일, 其後의 騷擾, 평안남도 陽德, 십여 명의 사상

1919년 3월 8일, 其後의 騷擾, 평안남도 德川, 형세 자못 불온

1919년 3월 8일, 其後의 騷擾, 평안북도 宣川, 육천 명의 군중

1919년 3월 8일, 其後의 騷擾, 평안북도 義州, 시위운동계획

1919년 3월 8일, 其後의 騷擾, 평안북도 龍川, 기행렬 등행렬

1919년 3월 8일, 其後의 騷擾, 황해도 兼二浦, 내지인도 검거

1919년 3월 8일, 其後의 騷擾, 황해도 谷山, 주모 세 명 체포

1919년 3월 8일, 其後의 騷擾, 황해도 兎山, 시장에 선언서

1919년 3월 8일, 其後의 騷擾, 함경남도 咸興, 육십 명을 검거

1919년 3월 8일, 其後의 騷擾, 전라북도 群山, 학교에 선언서

1919년 3월 8일, 檢事局의 大活動, 각 지방에서 검사를 불러올려

1919년 3월 9일, 社說: 誨告學生諸君

1919년 3월 9일, 宣言書에 對한 貴族의 感想

1919년 3월 9일, 漸熄의 傾向, 경기도 開城, 순사 한 명 부상

1919년 3월 9일, 漸熄의 傾向, 평안남도 平壤, 시외에서 운동

1919년 3월 9일, 漸熄의 傾向, 평안남도 江西, 현재 진압 중

1919년 3월 9일, 漸熄의 傾向, 평안남도 順川郡新倉, 각 호에 한국기

1919년 3월 9일, 漸熄의 傾向, 평안남도 平原郡順安, 십칠 명을 체포

1919년 3월 9일, 漸熄의 傾向, 평안남도 龍岡郡溫井, 주재소를 습격

1919년 3월 9일, 漸熄의 傾向, 평안남도 德川郡德川, 오십 명을 검거

1919년 3월 9일, 漸熄의 傾向, 평안남도 孟山郡孟山, 천도교 운동

1919년 3월 9일, 漸熄의 傾向, 평안남도 寧遠郡, 전부 체포 취조

1919년 3월 9일, 漸熄의 傾向, 평안남도 鎭南浦, 용강에도 소란

1919년 3월 9일, 漸熄의 傾向, 평안남도 江東, 허설로서 선동

1919년 3월 9일, 漸熄의 傾向, 평안남도 廣梁灣, 부인에게 폭행

1919년 3월 9일, 漸熄의 傾向, 평안북도 車輦館, 삼천 명이 참가

1919년 3월 9일, 漸熄의 傾向, 평안북도 宣川郡古軍營, 즉시 진정되어

1919년 3월 9일, 漸熄의 傾向, 황해도 黃州, 학생들이 동요

1919년 3월 9일, 漸熄의 傾向, 함경남도 함흥, 각처에서 소요

1919년 3월 9일, 漸熄의 傾向, 충청남도 扶餘, 일곱 명을 체포

1919년 3월 9일, 平壤: 府尹有志協議

1919년 3월 10일, 留學生의 行動에 就하여, 關屋學務局長談
1919년 3월 10일, 騷擾事件의 後報, 경기도 開城, 별로 소동없어
1919년 3월 10일, 騷擾事件의 後報, 경기도 始興, 보통학도 휴교
1919년 3월 10일, 騷擾事件의 後報, 평안남도 船橋里, 열차에 만세를
1919년 3월 10일, 騷擾事件의 後報, 평안남도 龍岡, 한 명이 죽었다
1919년 3월 10일, 騷擾事件의 後報, 평안남도 寧邊, 주모자는 검거
1919년 3월 10일, 騷擾事件의 後報, 평안남도 德川, 사십 구명 검거
1919년 3월 10일, 騷擾事件의 後報, 평안남도 平原, 굴 위에 모닥불
1919년 3월 10일, 騷擾事件의 後報, 평안북도 龍川, 이백 명의 군중
1919년 3월 10일, 騷擾事件의 後報, 평안북도 鐵山, 오천 명의 군중
1919년 3월 10일, 騷擾事件의 後報, 경상북도 大邱, 학생시위운동
1919년 3월 10일, 騷擾事件의 後報, 황해도 遂安, 설유하여 해산
1919년 3월 10일, 騷擾事件의 後報, 함경남도 咸興, 대개 무사하다
1919년 3월 10일, 騷擾事件의 後報, 함경남도 定平, 태극기로 선동

1919년 3월 11일, 虛說에서 生한 騷擾, 某外國人談
1919년 3월 11일, 騷擾事件의 後報, 경기도 仁川, 선언서를 배포
1919년 3월 11일, 騷擾事件의 後報, 경기도 安城, 자산가의 오해
1919년 3월 11일, 騷擾事件의 後報, 평안남도 平壤, 검거자의 처분
1919년 3월 11일, 騷擾事件의 後報, 평안남도 漁波, 보병경관급파
1919년 3월 11일, 騷擾事件의 後報, 평안남도 肅川, 불온형세 없어
1919년 3월 11일, 騷擾事件의 後報, 평안남도 寧遠, 사상자 사십명

1919년 3월 11일, 騷擾事件의 後報, 평안남도 陽德, 십이명을 체포

1919년 3월 11일, 騷擾事件의 後報, 경상북도 大邱, 백여 명을 검거

1919년 3월 11일, 騷擾事件의 後報, 함경남도 咸興郡退潮里, 주모자를 검거

1919년 3월 11일, 京城市內의 昨今, 町洞總代召集, 경성부윤의 주의

1919년 3월 11일, 京城市內의 昨今, 商店大部撤市, 협박으로 인하여

1919년 3월 11일, 京城市內의 昨今, 激文印刷者, 두 패를 검거

1919년 3월 11일, 京城市內의 昨今, 電車從業員, 거의전부파공

1919년 3월 12일, 騷擾事件의 後報, 경기도 仁川, 오십 명이 집합

1919년 3월 12일, 騷擾事件의 後報, 평안남도 江西, 함종에서 검거

1919년 3월 12일, 騷擾事件의 後報, 평안남도 寧遠, 중서군조 사망

1919년 3월 12일, 騷擾事件의 後報, 평안남도 大同, 교원을 협박해

1919년 3월 12일, 騷擾事件의 後報, 평안남도 平壤, 교회경계 해제

1919년 3월 12일, 騷擾事件의 後報, 함경남도 元山, 주모자 열 네명

1919년 3월 12일, 騷擾事件의 後報, 함경남도 咸興, 동홍리의 소동

1919년 3월 12일, 騷擾事件의 後報, 황해도 載寧, 헌병에게 돌질

1919년 3월 12일, 騷擾事件의 後報, 전라북도 群山, 어린 자는 방송

1919년 3월 12일, 騷擾事件의 後報, 전라남도 光州, 종교학교 소동

1919년 3월 12일, 騷擾事件의 後報, 경상북도 大邱, 시위운동 재거

1919년 3월 12일, 騷擾事件의 後報, 경상남도 釜山, 만일을 경계 중

1919년 3월 12일, 漸次로 開店, 종로 근처로부터

1919년 3월 12일, 學校復業計劃, 소요 진정을 따라서

1919년 3월 13일, 社說: 朝鮮騷擾에 關한 質問書를 讀함

1919년 3월 13일, 誤解는 甚히 遺憾, 今回騷擾와 外國人宣教, 스미스牧師談

1919년 3월 13일, 騷擾와 金融界, 某銀行重役談

1919년 3월 13일, 各町總代召集

1919년 3월 13일, 騷擾事件의 後報, 경기도 平澤, 일곱 명을 검거

1919년 3월 13일, 騷擾事件의 後報, 충청남도 論山, 주모자를 검거

1919년 3월 13일, 騷擾事件의 後報, 경상남도 釜山, 즉시 해산시켜

1919년 3월 13일, 騷擾事件의 後報, 전라남도 光州, 즉시 진압되어

1919년 3월 13일, 騷擾事件의 後報, 황해도 海州, 자동차로 해산

1919년 3월 13일, 騷擾事件의 後報, 황해도 載寧, 괴수 한 명 체포

1919년 3월 13일, 騷擾事件의 後報, 평안남도 安州, 한 명 평양 압송

1919년 3월 13일, 騷擾事件의 後報, 평안남도 崎陽, 교묘한 선동법

1919년 3월 13일, 騷擾事件의 後報, 평안남도 中和, 아직 형세 불온

1919년 3월 13일, 騷擾事件의 後報, 평안남도 肅川, 주모 세 명 체포

1919년 3월 13일, 騷擾事件의 後報, 평안남도 平壤, 여자는 세 명 뿐

1919년 3월 13일, 騷擾事件의 後報, 평안남도 寧邊, 유치자가 탈출

1919년 3월 13일, 騷擾事件의 後報, 평안남도 孟山, 헌병소를 습격

1919년 3월 13일, 騷擾事件의 後報, 함경남도 咸興, 차차 간정되어

1919년 3월 13일, 騷擾事件의 後報, 함경남도 端川, 사상자 약간인

1919년 3월 13일, 騷擾事件의 後報, 함경북도 成津, 사백 명이 소동

1919년 3월 13일, 愛婦會의 寄贈, 경관헌병의 위로

1919년 3월 13일, 內地行朝鮮人, 많아서 경계 중

1919년 3월 14일, 社說: 安然히 其業에 精勵하라

1919년 3월 14일, 騷擾와 外紙論評

1919년 3월 14일, 外人煽動은 無稽, 國分司法部長官談

1919년 3월 14일, 騷擾事件의 後報, 경상남도 釜山, 여선교사 인치

1919년 3월 14일, 騷擾事件의 後報, 경상남도 晋州, 밤을 새워 비

1919년 3월 14일, 騷擾事件의 後報, 전라북도 全州, 선언서의 배포

1919년 3월 14일, 騷擾事件의 後報, 전라남도 光州, 학생이 선동해

1919년 3월 14일, 騷擾事件의 後報, 강원도 鐵原, 군수를 협박해

1919년 3월 14일, 騷擾事件의 後報, 황해도 遂安, 즉시 해산시켜

1919년 3월 14일, 騷擾事件의 後報, 황해도 安岳, 발포하여 해산

1919년 3월 14일, 騷擾事件의 後報, 황해도 兼二浦, 검사국 간 수괴

1919년 3월 14일, 騷擾事件의 後報, 평안남도 平壤, 민심 완화되어

1919년 3월 14일, 騷擾事件의 後報, 평안북도 新義州, 시중은 정온해

1919년 3월 14일, 騷擾事件의 後報, 평안북도 龜城, 주재소를 음습

1919년 3월 14일, 騷擾事件의 後報, 함경남도 北靑, 장날에 침입해

1919년 3월 14일, 騷擾事件의 後報, 함경북도 城津, 군청까지 살도

1919년 3월 14일, 騷擾事件의 後報, 함경북도 淸津, 엄중히 경계 중

1919년 3월 15일, 朝鮮騷擾問答

1919년 3월 15일, 騷擾와 鐵道貨物, 安藤京管運輸課長談

1919년 3월 15일, 騷擾事件의 後報, 경기도 安城, 엄중히 경계 중

1919년 3월 15일, 騷擾事件의 後報, 충청남도 全義, 수모 팔 명 체포

1919년 3월 15일, 騷擾事件의 後報, 충청남도 牙山, 온양에서 소요

1919년 3월 15일, 騷擾事件의 後報, 경상북도 浦項, 밤중에 소동해

1919년 3월 15일, 騷擾事件의 後報, 경상남도 東萊, 시장 날에 소동

1919년 3월 15일, 騷擾事件의 後報, 경상남도 密陽, 삼십 분에 진정

1919년 3월 15일, 騷擾事件의 後報, 전라북도 群山, 경찰 창고에 불

1919년 3월 15일, 騷擾事件의 後報, 전라북도 全州, 검거된 여학생

1919년 3월 15일, 騷擾事件의 後報, 전라남도 光州, 시위소동후보

1919년 3월 15일, 騷擾事件의 後報, 전라남도 潭陽, 즉시 설유해산

1919년 3월 15일, 騷擾事件의 後報, 전라남도 長城, 주모자는 검거

1919년 3월 15일, 騷擾事件의 後報, 전라남도 順天, 설유해산시켜

1919년 3월 15일, 騷擾事件의 後報, 황해도 殷栗, 예수교도 중심

1919년 3월 15일, 騷擾事件의 後報, 황해도 松禾, 헌병이 제어해

1919년 3월 15일, 騷擾事件의 後報, 평안남도 平壤, 법정에서 검거

1919년 3월 15일, 騷擾事件의 後報, 함경북도 吉州, 진압하여 해산

1919년 3월 15일, 騷擾事件의 後報, 함경북도 城津, 주모자는 선교사

1919년 3월 15일, 騷擾事件의 後報, 만주, 로령 間島, 지나군경 진압

1919년 3월 15일, 騷擾事件의 後報, 만주, 노령 海參威, 조선민회 해산

1919년 3월 15일, 流言과 李王家, 이태왕전하 승하에 당한 풍설, 양 전하
　　　　　께서 비상히 우려하심

1919년 3월 15일, 北關軍隊出動, 소요진정차로

1919년 3월 15일, 裡里軍隊派遣, 소요 진압할 차로

1919년 3월 15일, 尼市를 中心으로, 만주노령의 음모

1919년 3월 15일, 女宣敎師放還, 부산진 소요후보

1919년 3월 15일, 罷業煽動者, 세 명을 체포

1919년 3월 15일, 平康: 郡守諭告

1919년 3월 15일, 載寧: 面長會議

1919년 3월 16일, 妄動은 自取滅亡, 永興侍天敎布德師 金基顯

1919년 3월 16일, 總督市內視察

1919년 3월 16일, 無限의 虛說, 이태왕전하의 환후경과, 독살설은 실로
　　　　　　　무근허설

1919년 3월 16일, 騷擾事件의 後報, 경기도 江華, 학생들이 소요

1919년 3월 16일, 騷擾事件의 後報, 경상남도 釜山, 여학생의 음모

1919년 3월 16일, 騷擾事件의 後報, 경상남도 宜寧, 헌병 칠명 급행

1919년 3월 16일, 騷擾事件의 後報, 경상남도 密陽, 수 백명의 군중

1919년 3월 16일, 騷擾事件의 後報, 경상남도 馬山, 조선교사 사직

1919년 3월 16일, 騷擾事件의 後報, 경상북도 慶州, 미리 진정시켜

1919년 3월 16일, 騷擾事件의 後報, 경상북도 漆谷, 수모자를 체포

1919년 3월 16일, 騷擾事件의 後報, 전라남도 光州, 시위소동 계속

1919년 3월 16일, 騷擾事件의 後報, 전라북도 全州, 사오차를 시위

1919년 3월 16일, 騷擾事件의 後報, 평안남도 咸從, 경찰을 습격해

1919년 3월 16일, 騷擾事件의 後報, 함경북도 城津, 군대계속 출발

1919년 3월 16일, 騷擾事件의 後報, 만주, 노령 間島, 상부지역 소동

1919년 3월 16일, 慶南軍隊出動, 진주의 형세 불온

1919년 3월 16일, 撒市와 郵便物, 배달이 곤란

1919년 3월 16일, 平壤: 檢事長의 騷擾觀

1919년 3월 16일, 平壤: 總督諭告說示

1919년 3월 17일, 騷擾에 對한 陳情

1919년 3월 17일, 京城撒市에 對하여, 某銀行重役談

1919년 3월 17일, 財界膨脹頓挫, 竹村一銀支配人談

1919년 3월 17일, 騷擾事件의 後報, 충청남도 公州, 주재소를 습격

1919년 3월 17일, 騷擾事件의 後報, 충청남도 沔川, 설유하여 해산

1919년 3월 17일, 騷擾事件의 後報, 충청남도 全義, 엄중히 경계 중

1919년 3월 17일, 騷擾事件의 後報, 경상북도 慶州, 장날에 소동해

1919년 3월 17일, 騷擾事件의 後報, 경상북도 漆谷, 격문을 붙이고

1919년 3월 17일, 騷擾事件의 後報, 경상남도 密陽, 불온문서 배포

1919년 3월 17일, 騷擾事件의 後報, 평안북도 宣川, 신성학교 휴교

1919년 3월 17일, 騷擾事件의 後報, 함경남도 利原, 무사히 해산해

1919년 3월 17일, 騷擾事件의 後報, 함경남도 定平, 헌병소를 습격

1919년 3월 17일, 騷擾事件의 後報, 함경남도 豊山, 군기탈취계획

1919년 3월 17일, 騷擾事件의 後報, 함경북도 淸津, 유생 부근 불온

1919년 3월 17일, 憲兵側의 死傷, 헌병 사망 육명

1919년 3월 17일, 逮捕者五千名, 이천 명은 감옥에

1919년 3월 17일, 警備軍隊配置, 충남과 충북에

1919년 3월 17일, 全州騷擾의 後報, 일시 맹렬했으나 즉시 진정되어

1919년 3월 17일, 平壤善後協議

1919년 3월 17일, 開城: 好壽敦女塾休校

1919년 3월 17일, 義州: 長官訓諭

1919년 3월 18일, 騷擾事件의 後報, 경기도 仁川, 학도설유방환

1919년 3월 18일, 騷擾事件의 後報, 경기도 加平, 학도설유방환

1919년 3월 18일, 騷擾事件의 後報, 경기도 楊州, 덕소에서 소동

1919년 3월 18일, 騷擾事件의 後報, 경기도 江華, 학도는 안온해

1919년 3월 18일, 騷擾事件의 後報, 전라북도 全州, 경비군대 도착

1919년 3월 18일, 騷擾事件의 後報, 황해도 信川, 삼백 명이 시위

1919년 3월 18일, 騷擾事件의 後報, 평안북도 定州, 장날에 소동해

1919년 3월 18일, 騷擾事件의 後報, 평안북도 義州, 광평에서 소요

1919년 3월 18일, 騷擾事件의 後報, 함경북도 明川, 오천 명이 살도

1919년 3월 18일, 騷擾事件의 後報, 함경북도 鏡城, 읍내에서 시위

1919년 3월 18일, 全南에 警備兵 일중대를 배치

1919년 3월 18일, 兩處를 大搜索, 검사국의 활동

1919년 3월 18일, 平壤의 檢擧數, 오백 명이 넘었다

1919년 3월 18일, 檢擧된 學生과 學校의 態度, 형벌만 안 받기를 간절히
희망

1919년 3월 18일, 普校全部開學, 십분지팔 이상 출석

1919년 3월 19일, 關屋局長談片

1919년 3월 19일, 銀行의 對應策, 商店閉戶問題

1919년 3월 19일, 騷擾와 外國人係에 就하여, 久水外事課長談

1919년 3월 19일, 騷擾事件의 後報, 경기도 加平, 공포를 놓아

1919년 3월 19일, 騷擾事件의 後報, 충청남도 大田, 장날을 이용

1919년 3월 19일, 騷擾事件의 後報, 함경남도 洪原, 천도교인 칠백

1919년 3월 19일, 騷擾事件의 後報, 함경북도 吉州, 군중 일 천 오백

1919년 3월 19일, 騷擾事件의 後報, 전라남도 靈光, 엄중히 경계 중

1919년 3월 19일, 馬山의 警戒, 유언비어가 일어나

1919년 3월 19일, 軍隊出動을 要望, 간도의 형세가 더욱 불온하다

1919년 3월 19일, 武器를 携帶한 오백 명의 군중

1919년 3월 19일, 不得要領으로 散會된 閉店協議會

1919년 3월 19일, 出席한 生徒가 삼십 칠명 뿐

1919년 3월 19일, 自動車 全部를 빌려 가지고, 시위운동을 하고자

1919년 3월 19일, 家宅搜索乎, 세브란스병원과 동 의전문학교

1919년 3월 20일, 學務局長訓話

1919년 3월 20일, 騷擾事件의 後報, 충청남도 牙山, 예수교도 불온

1919년 3월 20일, 騷擾事件의 後報, 충청북도 沃川, 교실 앞에 혈서

1919년 3월 20일, 騷擾事件의 後報, 전라북도 井邑, 상금 인심 흉흉

1919년 3월 20일, 騷擾事件의 後報, 경상남도 晋州, 형세 더욱 불온

1919년 3월 20일, 騷擾事件의 後報, 경상남도 密陽, 엄중히 경계 중

1919년 3월 20일, 騷擾事件의 後報, 경상남도 統營, 선언서를 등사

1919년 3월 20일, 騷擾事件의 後報, 경상북도 禮安, 주재소를 음습

1919년 3월 20일, 騷擾事件의 後報, 함경남도 洪原, 수모 삼명 체포

1919년 3월 20일, 騷擾事件의 後報, 함경남도 永興, 부근시장정지

1919년 3월 20일, 騷擾事件의 後報, 함경남도 端川, 필시에 대충돌

1919년 3월 20일, 1919년 3월 20일, 大邱의 檢擧者, 검사국에서 취조

1919년 3월 20일, 各校의 開校, 학교는 대부분 개시

1919년 3월 20일, 宣言書配布者, 태 구십 처벌

1919년 3월 20일, 劉氏는 平康郡守, 철원 소요와 군수

1919년 3월 20일, 淸州: 道長官諭告

1919년 3월 21일, 騷擾事件의 後報, 경기도 江華, 경찰서를 음습

1919년 3월 21일, 騷擾事件의 後報, 경상북도 安東, 경관이 발검

1919년 3월 21일, 騷擾事件의 後報, 경상북도 盈德, 주모자 두 명 체포

1919년 3월 21일, 騷擾事件의 後報, 경상북도 義城, 장날을 이용

1919년 3월 21일, 騷擾事件의 後報, 경상남도 晋州, 학생 오십명 구인

1919년 3월 21일, 騷擾事件의 後報, 경상남도 東萊, 즉시 진정되었다

1919년 3월 21일, 騷擾事件의 後報, 황해도 松禾, 야소교도 백 여명

1919년 3월 21일, 騷擾事件의 後報, 황해도 延安, 총을 놓아 해산

1919년 3월 21일, 騷擾事件의 後報, 전라북도 泰仁, 십여 명을 검거

1919년 3월 21일, 騷擾事件의 後報, 평안남도 平壤, 모든 사업이 회복

1919년 3월 21일, 騷擾事件의 後報, 평안남도 大同, 학교직원과 밀의

1919년 3월 21일, 騷擾事件의 後報, 평안남도 鎭南浦, 교회학교 휴교

1919년 3월 21일, 騷擾事件의 後報, 평안남도 中和, 아직도 염려 중

1919년 3월 21일, 騷擾事件의 後報, 평안남도 順川, 독립가를 불러

1919년 3월 21일, 騷擾事件의 後報, 평안남도 江東, 두 승려의 폭행

1919년 3월 21일, 騷擾事件의 後報, 평안남도 平原, 경찰서를 음습

1919년 3월 21일, 續續放還 될 方針, 검사국에서 속히 내여 놓을 방침

1919년 3월 21일, 爲先 百一名을 放還함, 그 중 여자가 다섯명

1919년 3월 21일, 各 學校의 現況, 새 학기부터는 여전하리라고

1919년 3월 21일, 卒難開校乎, 평양의 각 학교

1919년 3월 21일, 不穩한 文字를 종각 뒤와 독립문에다 붙여 놓아

1919년 3월 21일, 元山의 首謀者, 보안법 위반으로 십사명 기소

1919년 3월 21일, 全州: 時騷와 訓話

1919년 3월 21일, 咸興: 學校近況

1919년 3월 21일, 咸興: 騷擾後初市

1919년 3월 22, 誤解된 民族自決, 桑原忠南道長官, 諭示의 一節

1919년 3월 22, 騷擾事件의 後報, 경기도 江華, 형세는 정온

1919년 3월 22, 騷擾事件의 後報, 충청북도 槐山, 다수의 군중이

1919년 3월 22, 騷擾事件의 後報, 경상북도 義城, 도리운동후보

1919년 3월 22, 騷擾事件의 後報, 경상남도 晋州, 십구일도 일어나

1919년 3월 22, 騷擾事件의 後報, 경상남도 宜寧, 사망작 열명

1919년 3월 22, 騷擾事件의 後報, 경상남도 陜川, 장날을 이용하여

1919년 3월 22, 騷擾事件의 後報, 경상남도 東萊, 단지하여 선언서

1919년 3월 22, 騷擾事件의 後報, 경상남도 咸安, 삼십 여명 체포

1919년 3월 22, 騷擾事件의 後報, 경상남도 統營, 독립기를 세우고

1919년 3월 22, 騷擾事件의 後報, 전라북도 檗樹, 즉시 진정되어

1919년 3월 22, 騷擾事件의 後報, 황해도 文化, 수모자 이명 체포

1919년 3월 22, 騷擾事件의 後報, 황해도 遂安, 교사가 선도되어

1919년 3월 22, 騷擾事件의 後報, 함경남도 咸興, 삼백 여명 체포

1919년 3월 22, 騷擾事件의 後報, 함경북도 明川, 설유하여 해산

1919년 3월 22, 取調를 急히 함, 미결감 안에 있는 소요자 사백칠십

1919년 3월 24일, 朝鮮騷擾問答, 衆議院素盞鳴尊奉祀委員會

1919년 3월 24일, 留學生의 不穩한 言行에 就하여, 明治學院中學部長 熊
野雄七氏

1919년 3월 24일, 騷擾事件의 後報, 경기도 江華, 온수리에서 소요

1919년 3월 24일, 騷擾事件의 後報, 충청남도 大田, 삼인을 체포

1919년 3월 24일, 騷擾事件의 後報, 충청북도 槐山, 자세한 후보

1919년 3월 24일, 騷擾事件의 後報, 경상북도 奉化, 보통학교가 선두

1919년 3월 24일, 騷擾事件의 後報, 함경남도 高原, 삼십 여명 체포

1919년 3월 24일, 兩處에서 騷擾, 남문 밖과 단성사 앞에서

1919년 3월 24일, 江陵: 時局注意訓諭

1919년 3월 25일, 某郡守의 郡民의 騷擾에 對한 說諭
1919년 3월 25일, 騷擾鎭撫에 對한 宣敎師이 努力
1919년 3월 25일, 騷擾事件의 後報, 경기도 京城附近, 경성부 부근 열 여
　　　섯 곳에서 일어났다
1919년 3월 25일, 騷擾事件의 後報, 경기도 金浦, 수모자를 체포
1919년 3월 25일, 騷擾事件의 後報, 경기도 漣川, 면소를 습격함
1919년 3월 25일, 騷擾事件의 後報, 경기도 平澤
1919년 3월 25일, 騷擾事件의 後報, 충청북도 槐山, 주모자 체포됨
1919년 3월 25일, 騷擾事件의 後報, 충청북도 淸州, 산상에 불 피우고
1919년 3월 25일, 騷擾事件의 後報, 경상북도 安東, 두 곳에서 일어나, 발
　　　포하여 해산
1919년 3월 25일, 騷擾事件의 後報, 경상남도 晋州, 기생이 앞서서 형세
　　　자못 불온
1919년 3월 25일, 騷擾事件의 後報, 경상남도 咸安, 약간의 사상자
1919년 3월 25일, 騷擾事件의 後報, 경상남도 馬山, 야소교가 주장, 오십
　　　여명 검거됨
1919년 3월 25일, 騷擾事件의 後報, 경상남도 陝川, 순사 일 명이 부상
1919년 3월 25일, 騷擾事件의 後報, 경상남도 居昌, 발포하여 진압
1919년 3월 25일, 騷擾事件의 後報, 경상남도 山淸, 사상자가 다수
1919년 3월 25일, 騷擾事件의 後報, 경상남도 舊馬山, 여자가 많았다
1919년 3월 25일, 騷擾事件의 後報, 전라남도 濟州道, 이틀 동안에
1919년 3월 25일, 騷擾事件의 後報, 전라남도 榮山浦, 목하 경계 중

1919년 3월 25일, 騷擾事件의 後報, 전라남도 務安, 주모자를 체포

1919년 3월 25일, 騷擾事件의 後報, 전라남도 木浦, 간절히 설유하여

1919년 3월 25일, 騷擾事件의 後報, 함경남도 元山, 제일회 공판기일

1919년 3월 25일, 騷擾事件의 後報, 함경남도 利原, 부득이 발포함

1919년 3월 25일, 騷擾事件의 後報, 평안남도 平壤, 제일 형세 불온

1919년 3월 25일, 印刷物의 出處, 평양서 발각됨

1919년 3월 25일, 鞍山站不穩

1919년 3월 25일, 光州濟衆病院, 가택 수색을 행함

1919년 3월 25일, 寶城: 郡守의 諭告傳達解說

1919년 3월 26일, 某郡守의 郡民의 騷擾에 對한 說諭

1919년 3월 26일, 騷擾와 經濟界, 元山地方形響

1919년 3월 26일, 騷擾事件의 後報, 경상북도 安東, 사상자가 수명

1919년 3월 26일, 騷擾事件의 後報, 충청남도 鳥致院, 헌병을 파송

1919년 3월 26일, 騷擾事件의 後報, 충청남도 唐津, 보통학교 생도

1919년 3월 26일, 騷擾事件의 後報, 충청북도 槐山, 노동자의 소요

1919년 3월 26일, 騷擾事件의 後報, 전라북도 高敞, 즉시 설유방환

1919년 3월 26일, 騷擾事件의 後報, 강원도 華川, 장거리에 모여서

1919년 3월 26일, 騷擾事件의 後報, 황해도 延白, 벽란도에 소요

1919년 3월 26일, 放還者 또 오십 류명 이십 삼일에

1919년 3월 26일, 煽動者 七八十名이 경성에서 내려와

1919년 3월 26일, 卒業式日에 學童이 呼萬歲, 또 한 곳에 소요

1919년 3월 26일, 二十四日에는 各地가 平穩, 경성에서 별일은 없이 지났다

1919년 3월 26일, 工專의 卒業式, 조선 학생은 연기하고 일본 학생에게만

1919년 3월 26일, 學生은 放還, 주모자는 오인

1919년 3월 27일, 不可思議의 獨立問題, 淸州 申寅求

1919년 3월 27일, 騷擾事件의 後報, 경기도 富平, 면소를 파괴하고 사상자
　　　　　　　　를 냈다

1919년 3월 27일, 騷擾事件의 後報, 충청남도 笠場, 여학생이 참가

1919년 3월 27일, 騷擾事件의 後報, 경상남도 晋州, 자동차를 에워싸고 억
　　　　　　　　지로 만세를 불러

1919년 3월 27일, 孫以下豫審에 附함, 이백 육십 명에 대하여

1919년 3월 27일, 米國 宣敎師의 自動車, 急行列車와 衝突, 경부선 병점역
　　　　　　　　부근에서, 두 명은 즉사 한 명은 위독

1919년 3월 27일, 騷擾事件의 後報, 전라북도 南原, 만일을 경계 중

1919년 3월 27일, 騷擾事件의 後報, 함경북도 會寧, 십여 명 검거

1919년 3월 27일, 取締前의 解散, 이십 오일 밤의 경성

1919년 3월 27일, 大邱學生 五十餘名 放還

1919년 3월 27일, 警官의 要求로 파견한 군대가 백 여명

1919년 3월 27일, 電車를 襲擊, 연병장 앞에서

1919년 3월 27일, 風說로 騷動

1919년 3월 27일, 有罪決定이 千八百名, 이번 소요사건에

1919년 3월 27일, 義城方面首謀, 약사 십여 명을 대구 검사국에

1919년 3월 27일, 一中隊 派遣 전라북도 이리에

1919년 3월 27일, 淸州의 警戒, 기마헌병이 출동

1919년 3월 27일, 放火嫌疑者 數十名 檢擧

1919년 3월 27일, 喬洞에도 騷擾

1919년 3월 27일, 靑葉町의 騷擾, 이십 오일 밤에

1919년 3월 28일, 社說: 宣敎師에게 望함

1919년 3월 28일, 日韓倂合과 騷擾(1) 震海 李應涉(投)

1919년 3월 28일, 騷擾事件의 後報, 경상북도 安東, 즉사자가 일명

1919년 3월 28일, 騷擾事件의 後報, 경상북도 豊山, 생도들이 앞서서

1919년 3월 28일, 騷擾事件의 後報, 경상북도 尙州, 장날에 일어나

1919년 3월 28일, 騷擾事件의 後報, 경상북도 金泉, 커지기 전에 체포

1919년 3월 28일, 騷擾事件의 後報, 경상북도 英陽, 백 오십 인을 체포

1919년 3월 28일, 騷擾事件의 後報, 경상북도 眞寶, 구세군 사관 체포

1919년 3월 28일, 騷擾事件의 後報, 전라남도 濟州道, 잡혀가는 사람을 빼
앗고자 소동함

1919년 3월 28일, 騷擾事件의 後報, 함경남도 洪原, 부득이 발포

1919년 3월 28일, 騷擾事件의 後報, 함경북도 會寧, 사오십명의 군중, 학
생의 또 소요

1919년 3월 28일, 騷擾事件의 後報, 전라북도 錦山, 밤을 새워 경계

1919년 3월 28일, 京城附近 又復騷擾, 이십 육일 밤에 이십여처 소요, 삼
청동, 옥동, 홍제역부근, 동막방면, 마포부근, 한양공
보, 안국동, 뚝섬, 동막, 한강방면, 화동, 누화동, 중림
동, 금계동, 와룡동, 재동, 광화문 앞, 종로 일정목, 탑골
공원 앞, 용산, 동대문 밖, 종로 사정목, 독립문 앞, 종로
일정목, 종로 사정목

1919년 3월 28일, 餠店서 慘死한 宣敎師 一行은 경성에서 광주로 내려가
는 중에 횡액을 당함

1919년 3월 28일, 先頭는 乞人, 群衆은 兒童, 색다른 소요자

1919년 3월 28일, 四十人은 笞刑, 소요 관계자를

1919년 3월 28일, 保安法違反으로 一部는 起訴됨, 대구지방법원에서

1919년 3월 28일, 平南의 檢擧數, 칠백 여명이다

1919년 3월 28일, 擧事前에 發覺, 함경남도 고원군에서

1919년 3월 28일, 宣言書를 配付, 함경북도 청진에서

1919년 3월 28일, 事前에 檢擧됨, 정읍의 주모자는

1919년 3월 28일, 利川: 時局注意

1919년 3월 28일, 蔚山: 騷擾와 訓諭

1919년 3월 29일, 日韓倂合과 騷擾(2) 震海 李應涉(投)

1919년 3월 29일, 騷擾事件의 後報, 경기도 高陽, 일산에서 소요, 덕이리
　　　　　　　　에서도

1919년 3월 29일, 騷擾事件의 後報, 경기도 廣州, 주재소를 습격

1919년 3월 29일, 騷擾事件의 後報, 경기도 楊州, 동두천에서 소요

1919년 3월 29일, 騷擾事件의 後報, 경기도 坡州, 즉시 확산되었다

1919년 3월 29일, 騷擾事件의 後報, 경기도 水原, 여기서도 철시

1919년 3월 29일, 騷擾事件의 後報, 충청남도 大田, 장날을 이용하여

1919년 3월 29일, 騷擾事件의 後報, 충청북도 槐山, 면민 삼백 명이, 이십
　　　　　　　　오일에도 또

1919년 3월 29일, 汽車에서 失手가 없다, 병점 부근의 충돌사건을 조사한
　　　　　　　　경성관리국원담

1919년 3월 29일, 騷擾事件의 後報, 충청북도 光州, 점점 진정된다

1919년 3월 29일, 騷擾事件의 後報, 경상북도 金泉, 잔치 끝에 소요

1919년 3월 29일, 騷擾事件의 後報, 황해도 殷栗, 교도가 중심이 되어

1919년 3월 29일, 全北의 警戒, 군대의 배치형편

1919년 3월 29일, 京城의 騷擾, 계속하여 불온

1919년 3월 29일, 群山夜警組 府에서 統一乎

1919년 3월 29일, 電車琉璃 三十五張이 破壞됨, 운전수 중에 부상

1919년 3월 29일, 軍隊百名着釜, 김천에도 간다

1919년 3월 29일, 演劇場에서 萬歲, 평양서도 이런 일

1919년 3월 30일, 今回의 騷擾에 對하여, 東洋의 禍胎, 慶尙北道 某儒生(投)

1919년 3월 30일, 學生五名檢擧, 평양경찰서에서

1919년 3월 30일, 騷擾事件의 後報, 경기도 開城, 철시를 하였다

1919년 3월 30일, 騷擾事件의 後報, 경기도 坡州, 면사무소를 습격

1919년 3월 30일, 騷擾事件의 後報, 경기도 水原, 곧 진압되었다

1919년 3월 30일, 騷擾事件의 後報, 경기도 始興, 시흥서도 운동

1919년 3월 30일, 騷擾事件의 後報, 경기도 長湍, 유리창을 파괴

1919년 3월 30일, 騷擾事件의 後報, 경기도 江華, 각처에서 소요

1919년 3월 30일, 騷擾事件의 後報, 황해도 信川, 수모자를 체포

1919년 3월 30일, 騷擾事件의 後報, 경상남도 梁山, 군청을 습격

1919년 3월 30일, 騷擾事件의 後報, 경상남도 晋州, 삼천포 소요

1919년 3월 30일, 騷擾事件의 後報, 충청북도 淸州, 밤마다 소요

1919년 3월 30일, 騷擾事件의 後報, 충청북도 沃川, 즉사자가 한 명

1919년 3월 30일, 騷擾事件의 後報, 충청남도 燕技, 수모자를 구인

1919년 3월 30일, 二十八日의 京城, 아무 소요가 없었다

1919년 3월 30일, 全州: 鮮商의 閉店

1919년 3월 31일, 騷擾顚末報告

1919년 3월 31일, 二代議士派遣

1919년 3월 31일, 今回의 騷擾에 對하여, 宋襄의 仁은 禁物, 陸軍中將 石
　　　　　　　　光眞臣氏談

1919년 3월 31일, 最後手段이 有할뿐 惡性化 한 京城의 騷擾, 鹽澤警務部
　　　　　　　　長의 決心

1919년 3월 31일, 騷擾事件의 後報, 경기도 水原, 순사부장이 치사

1919년 3월 31일, 騷擾事件의 後報, 경기도 烏山, 형세 심히 불온

1919년 3월 31일, 騷擾事件의 後報, 충청남도 大田, 철시를 강권

1919년 3월 31일, 騷擾事件의 後報, 경상남도 統營, 사명이 체포됨

1919년 3월 31일, 騷擾事件의 後報, 경상남도 龜浦, 부득이 발포

1919년 3월 31일, 騷擾事件의 後報, 함경남도 咸興, 주모자 사십 일명 기
　　　　　　　　소됨

1919년 3월 31일, 騷擾事件의 後報, 평안남도 鎭南浦, 진남포도 철시

1919년 3월 31일, 騷擾事件의 後報, 평안북도 義州, 섬에서도 소요

1919년 3월 31일, 宗敎家의 態度는 마땅히 이러할 일

1919년 3월 31일, 京城憲兵隊奔忙, 검거인원 육백칠십사명

1919년 3월 31일, 沙里院을 大隊所在地로 새로히 결정함

1919년 3월 31일, 流言蜚語의 平壤

1919년 3월 31일, 咸南經濟界, 騷擾에 關한 影響

1919년 4월 1일, 閉店繼續影響

1919년 4월 1일, 騷擾의 取締로 刑事犯罪激減, 차차로 늘 작정이다

1919년 4월 1일, 騷擾事件의 後報, 경기도 水原, 불 피우고 밤 새워

1919년 4월 1일, 騷擾事件의 後報, 경기도 龍仁, 즉시 진압되다

1919년 4월 1일, 騷擾事件의 後報, 충청남도 天安, 다섯 명이 총살 됨

1919년 4월 1일, 騷擾事件의 後報, 충청남도 江景, 장날에 또 소요

1919년 4월 1일, 騷擾事件의 後報, 충청남도 大田, 검사국에 송치

1919년 4월 1일, 騷擾事件의 後報, 충청남도 鳥致院, 산상에 봉화

1919년 4월 1일, 騷擾事件의 後報, 함경북도 會寧, 즉시 해산됨

1919년 4월 1일, 騷擾事件의 後報, 전라남도 光州, 광주서도 철시

1919년 4월 1일, 寂寞한 仁川港, 다시 철시하였다

1919년 4월 1일, 殉職한 補助員의 遺族에게 救恤金

1919년 4월 2일, 今回의 騷擾에 對하여, 그네들의 마음에 觸하라, 學習院
長 北條時敬氏談

1919년 4월 2일, 開市命令의 戒告, 道長官及警務部長의 連名으로

1919년 4월 2일, 公州宣敎師는 아님

1919년 4월 2일, 騷擾事件의 後報, 경기도 楊州, 수모자를 검거

1919년 4월 2일, 騷擾事件의 後報, 경기도 烏山, 민심이 소요하다

1919년 4월 2일, 騷擾事件의 後報, 충청남도 舒川, 발포해 해산하였다

1919년 4월 2일, 騷擾事件의 後報, 충청남도 天安, 주모자를 검거

1919년 4월 2일, 騷擾事件의 後報, 충청남도 鳥致院, 수천명의 뇌동

1919년 4월 2일, 騷擾事件의 後報, 충청북도 槐山, 순사 한 명 부상

1919년 4월 2일, 騷擾事件의 後報, 충청북도 永同, 학생을 내놓으라

1919년 4월 2일, 騷擾事件의 後報, 황해도 載寧, 교인과 글방 학동

1919년 4월 2일, 騷擾事件의 後報, 평안북도 新義州, 의연 형세불온

1919년 4월 2일, 騷擾事件의 後報, 강원도 金城, 사상자를 냈다

1919년 4월 2일, 騷擾事件의 後報, 경상남도 東萊, 발검 발포로 진압

1919년 4월 2일, 崔八鏞 徐椿 懲役九個月, 기타는 공소기각

1919년 4월 2일, 訓愈하는 郡守를 면대하여 항의한 말

1919년 4월 2일, 十一名 檢事局에, 강화도 소요사건에

1919년 4월 2일, 晋州: 鮮商人開店

1919년 4월 2일, 晋州: 佐佐木道長官諭告

1919년 4월 3일, 對暴動方針一變, 內閣定例閣議

1919년 4월 3일, 晋州도 開店

1919년 4월 3일, 平壤은 全部開市, 일일이 조사한 것

1919년 4월 3일, 江華 金浦에 騷擾首謀者, 열 한명이 올라와

1919년 4월 3일, 騷擾事件의 後報, 경기도 始興, 즉시 해산되었다

1919년 4월 3일, 騷擾事件의 後報, 경기도 楊州, 두 명이 죽었다

1919년 4월 3일, 騷擾事件의 後報, 경기도 抱川, 세 명이 죽었다

1919년 4월 3일, 騷擾事件의 後報, 경기도 龍仁, 면소를 습격

1919년 4월 3일, 騷擾事件의 後報, 경기도 振威, 면장을 끌어가

1919년 4월 3일, 騷擾事件의 後報, 경기도 安城, 여기서도 시위, 삼십일에
　　　　또, 기생들도 만세

1919년 4월 3일, 騷擾事件의 後報, 경기도 餠店, 산상에 모여서

1919년 4월 3일, 騷擾事件의 後報, 경기도 平澤, 엄중히 경계 중

1919년 4월 3일, 騷擾事件의 後報, 충청북도 淸安, 우편물을 강탈

1919년 4월 3일, 騷擾事件의 後報, 충청북도 永同, 주재소를 파괴

1919년 4월 3일, 騷擾事件의 後報, 충청북도 淸州, 응원을 청하여

1919년 4월 3일, 騷擾事件의 後報, 충청북도 槐山, 다섯 명이 죽었다

1919년 4월 3일, 騷擾事件의 後報, 충청북도 江景, 철시를 하였다

1919년 4월 3일, 騷擾事件의 後報, 경상남도 金海, 오륙십명의 소요

1919년 4월 3일, 騷擾事件의 後報, 경상북도 大邱, 승려들 열명이

1919년 4월 3일, 騷擾事件의 後報, 평안남도 江東, 다시 안한다 맹세

1919년 4월 3일, 騷擾事件의 後報, 평안북도 定州, 사상자 삼십여명

1919년 4월 3일, 騷擾事件의 後報, 전라북도 高敞, 검사국에 호송

1919년 4월 3일, 平壤貿易狀況, 騷擾事件의 影響

1919년 4월 3일, 門戶閉鎖와 今後의 前後策, 平壤大會開催

1919년 4월 3일, 群山: 妄動影響前途

1919년 4월 3일, 晋州: 騷擾와 經濟界

1919년 4월 3일, 利川: 各其安業

1919년 4월 3일, 江陵: 李郡守視察

1919년 4월 5일, 適宜의 警告

1919년 4월 5일, 今回의 騷擾에 對하여, 各歸其業하라, 鐵原有志一同(投)

1919년 4월 5일, 平北當局의 戒告

1919년 4월 5일, 周到한 優遇, 某武官談

1919년 4월 5일, 忠南道廳警告, 官內人民에게

1919년 4월 5일, 騷擾事件의 後報, 경기도 水原, 형세가 험악, 사십 일명
                태형, 즉시 해산하여, 사상자 이 삼명, 무사히 해산

1919년 4월 5일, 騷擾事件의 後報, 경기도 振威, 네 명이 총살됨, 차차 만
                연되어, 야간 출입금지, 일본상점 철시

1919년 4월 5일, 騷擾事件의 後報, 경기도 利川, 약간의 사상자, 신둔면에서

1919년 4월 5일, 騷擾事件의 後報, 경기도 烏山, 부상자가 세 명

1919년 4월 5일, 騷擾事件의 後報, 경기도 龍仁, 한 명이 죽다

1919년 4월 5일, 騷擾事件의 後報, 경기도 江華, 두 곳에서 소요

1919년 4월 5일, 騷擾事件의 後報, 충청남도 公州, 공주도 철시

1919년 4월 5일, 騷擾事件의 後報, 충청남도 牙山, 불을 피우고 만세

1919년 4월 5일, 騷擾事件의 後報, 충청남도 大田, 수모자는 체포

1919년 4월 5일, 騷擾事件의 後報, 황해도 海州, 아이들이 시작, 남산에서
　　　　도 시작, 기생이 소동, 해주에도 철시

1919년 4월 5일, 騷擾事件의 後報, 경상남도 密陽, 학생 십 여명 검거

1919년 4월 5일, 騷擾事件의 後報, 평안북도 義州, 의주 영산에서, 중상자
　　　　육 칠명

1919년 4월 5일, 水原郡 水原面 夜間通行禁止, 밤에 다니지 마라

1919년 4월 5일, 寶城: 金郡守訓示

1919년 4월 5일, 高敞: 軍隊到着

1919년 4월 5일, 晋州: 郡面長會議

1919년 4월 6일, 佐佐木長官은 騷擾事件으로 負傷한 病人을 病院에 訪問

1919년 4월 6일, 兒輩의 妄動을 曉諭解散, 경상북도 대구에서

1919년 4월 6일, 京城 各 公普의 開學, 성적이 매우 좋아

1919년 4월 6일, 咸興法院에 在囚五百名

1919년 4월 6일, 水原도 開店, 소요도 점차 종식

1919년 4월 6일, 海州도 尙撤市, 형세가 불온하다

1919년 4월 6일, 平壤耶蘇教의 經營하는 學校

1919년 4월 6일, 騷擾事件의 後報, 경기도 水原, 순사 일 명 순직

1919년 4월 6일, 騷擾事件의 後報, 경기도 利川, 불 피우고 소요

1919년 4월 6일, 騷擾事件의 後報, 경기도 開城, 수모자 열 명 체포

1919년 4월 6일, 騷擾事件의 後報, 충청남도 公州, 각 면에서 소요, 장기면
에 소요

1919년 4월 6일, 騷擾事件의 後報, 충청남도 燕岐, 대저리 장날에

1919년 4월 6일, 騷擾事件의 後報, 충청남도 天安, 군대가 출동

1919년 4월 6일, 騷擾事件의 後報, 충청남도 禮山, 사 오인 체포됨

1919년 4월 6일, 騷擾事件의 後報, 충청북도 槐山, 각 면에서 소요

1919년 4월 6일, 騷擾事件의 後報, 충청북도 鎭川, 사상자가 각 한 명

1919년 4월 6일, 騷擾事件의 後報, 경상남도 蔚山, 발포해 해산하였다, 장
이 못 선다

1919년 4월 6일, 騷擾事件의 後報, 경상남도 咸陽, 네 명이 죽었다

1919년 4월 6일, 騷擾事件의 後報, 경상남도 固城, 일곱 명이 잡혀

1919년 4월 6일, 騷擾事件의 後報, 경상남도 淸道, 열 명이 잡혀

1919년 4월 6일, 騷擾事件의 後報, 경상남도 金海, 발검으로 진압

1919년 4월 6일, 騷擾事件의 後報, 경상북도 星州, 발포 해산함

1919년 4월 6일, 騷擾事件의 後報, 전라북도 裡里, 헌병 소방대 출동

1919년 4월 6일, 騷擾事件의 後報, 황해도 平山, 죽은 자가 세 명

1919년 4월 6일, 騷擾事件의 後報, 황해도 海州, 취야장에서

1919년 4월 6일, 騷擾事件의 後報, 평안북도 義州, 두 명이 죽었다

1919년 4월 6일, 騷擾事件의 後報, 평안북도 龜城, 사상자 십 여명

1919년 4월 6일, 騷擾事件의 後報, 강원도 洪川, 이 명은 즉사

1919년 4월 6일, 江景: 郡守의 訓諭

1919년 4월 7일, 平壤宣敎師와 意見交換

1919년 4월 7일, 暴動鎭壓策確定

1919년 4월 7일, 開城도 開市, 지난 오일 아침부터

1919년 4월 7일, 義州도 開市, 지난 사일부터

1919년 4월 7일, 光州의 騷擾者, 십여 명만 남았다

1919년 4월 7일, 群山의 騷擾者, 오십 오명에게는 징역 이개년 이하

1919년 4월 7일, 釜山鎭女學校 妙齡의 女學生, 열 명이 기소됨

1919년 4월 7일, 騷擾者七十一名 二年以下에 處함, 경한 자는 육개월

1919년 4월 7일, 間島의 騷擾와 支那官廳, 책임을 가지고 직무에 종사함

1919년 4월 7일, 騷擾事件의 後報, 경기도 利川, 일곱 명의 사상자

1919년 4월 7일, 騷擾事件의 後報, 경기도 楊平, 세 명이 죽었다

1919년 4월 7일, 騷擾事件의 後報, 경기도 長湍, 면소를 음습

1919년 4월 7일, 騷擾事件의 後報, 경기도 江華, 불 피우고 소요

1919년 4월 7일, 騷擾事件의 後報, 충청북도 槐山, 수모 사명 체포

1919년 4월 7일, 騷擾事件의 後報, 충청남도 牙山, 각 면 각 리가 소요

1919년 4월 7일, 騷擾事件의 後報, 충청남도 論山, 두 명이 죽었다

1919년 4월 7일, 騷擾事件의 後報, 충청남도 江景, 두 곳 장날에 소요

1919년 4월 7일, 騷擾事件의 後報, 경상남도 馬山

1919년 4월 7일, 騷擾事件의 後報, 경상남도 昌原, 사상자 삼십여, 이십 구인 검사국에, 주재소에 돌질

1919년 4월 7일, 騷擾事件의 後報, 경상남도 釜山, 주모자를 체포

1919년 4월 7일, 騷擾事件의 後報, 경상남도 釜山鎭, 육 명을 검속

1919년 4월 7일, 騷擾事件의 後報, 강원도 洪川, 약간의 사상자

1919년 4월 7일, 騷擾事件의 後報, 황해도 金川

1919년 4월 7일, 騷擾事件의 後報, 황해도 平山, 세 명이 죽었다

1919년 4월 7일, 夜間에 徘徊하는 者는 檢擊한다고, 강경경찰서의 경고

1919년 4월 7일, 再次 檢擧된 자, 가택 수색을 하였다

1919년 4월 7일, 平壤: 開店國旗揭揚

1919년 4월 8일, 今回의 騷擾에 對하여, 眞心信賴케 하라, 貴族院議員 鎌田榮吉氏談

1919년 4월 8일, 騷擾와 財界, 某銀行家談

1919년 4월 8일, 忠北長官諭告

1919년 4월 8일, 朝鮮騷擾善後策

1919년 4월 8일, 警官 若干名이 살해되었다고

1919년 4월 8일, 騷擾主謀者十一名 宣敎師家에 潛伏, 증거물건까지 압수됨

1919년 4월 8일, 元山의 撤市, 칠일 오전부터

1919년 4월 8일, 騷擾事件의 後報, 경기도 竹山, 사상자가 십여명

1919년 4월 8일, 騷擾事件의 後報, 경기도 漣川, 한 명은 죽었다

1919년 4월 8일, 騷擾事件의 後報, 경기도 驪州, 경계가 엄중

1919년 4월 8일, 騷擾事件의 後報, 충청남도 禮山, 두 명이 죽었다

1919년 4월 8일, 騷擾事件의 後報, 충청남도 靑陽, 사상자가 각 두 명

1919년 4월 8일, 騷擾事件의 後報, 충청남도 洪城, 두 명이 죽었다

1919년 4월 8일, 騷擾事件의 後報, 충청남도 燕岐, 밤마다 소요

1919년 4월 8일, 騷擾事件의 後報, 경상남도 蔚山, 이명은 즉사, 주모자 십사인

1919년 4월 8일, 騷擾事件의 後報, 경상남도 密陽, 주재소를 습격

1919년 4월 8일, 騷擾事件의 後報, 경상북도 善山, 주재소를 습격

1919년 4월 8일, 騷擾事件의 後報, 경상북도 醴泉, 면소 근처에서

1919년 4월 8일, 騷擾事件의 後報, 평안북도 義州, 죽은 자가 네 명

1919년 4월 9일, 騷擾事件의 後報, 평안북도 雲山, 발포 해산함

1919년 4월 8일, 騷擾事件의 後報, 전라북도 南原, 사상자가 수 십명

1919년 4월 8일, 騷擾事件의 後報, 강원도 長箭, 이십 명을 체포

1919년 4월 8일, 保寧: 人民에 對한 軍警의 說論

1919년 4월 8일, 保寧: 警備의 嚴重

1919년 4월 8일, 保寧: 郡守出張

1919년 4월 9일, 朝鮮人에게 與함

1919년 4월 9일, 騷擾의 原因과 匡救例案 (1)

1919년 4월 9일, 對時局策確立, 騷擾와 過激思想侵入, 政府의 根本的掃蕩策

1919년 4월 9일, 李伯再次警告

1919년 4월 9일, 京城은 全部開市, 아직 안연 것은 몇 집이 안된다

1919년 4월 9일, 南鮮守備隊의 鎭壓方針, 소요에 대하여

1919년 4월 9일, 珍島內鮮人의 大親睦會, 피차에 의견교환

1919년 4월 9일, 咸興又復撤市, 사월 삼일부터

1919년 4월 9일, 兒童의 就學에는 별로 관계 없었다

1919년 4월 9일, 不遠에 千名, 대구지방법원에 검거된 소요자가

1919년 4월 9일, 騷擾事件의 後報, 충청북도 永同, 일본인이 야경

1919년 4월 9일, 騷擾事件의 後報, 충청북도 沃川, 사상자가 수십명

1919년 4월 9일, 騷擾事件의 後報, 충청남도 公州, 일일소요의 상보

1919년 4월 9일, 騷擾事件의 後報, 충청남도 大田, 사상자 몇 명을

1919년 4월 9일, 騷擾事件의 後報, 경상남도 機張, 학생 두 명 체포

1919년 4월 9일, 騷擾事件의 後報, 경상남도 蔚山, 주재소 음습

1919년 4월 9일, 騷擾事件의 後報, 전라북도 南原, 죽은 자 팔 명

1919년 4월 9일, 宣言書 密布者를 逮捕, 매우 정온하다

1919년 4월 9일, 保安法違反으로 팔 개월과 육 개월에

1919년 4월 9일, 自制團組織

1919년 4월 9일, 淸州: 道長官의 招宴

1919년 4월 9일, 晉州: 市況의 挽回

1919년 4월 9일, 平壤: 舊城內全部開市

1919년 4월 9일, 平壤: 商況復舊

1919년 4월 9일, 瑞興: 騷擾注意演說

1919년 4월 10일, 朝鮮人에게 輿함 2.

1919년 4월 10일, 騷擾의 原因과 匡救例案 (2)

1919년 4월 10일, 朝鮮에 增兵, 騷擾鎭壓次로 陸軍省公表

1919년 4월 10일, 朝鮮에 增兵, 山梨陸軍次官談

1919년 4월 10일, 朝鮮에 增兵, 陸軍當局者談

1919년 4월 10일, 今回의 騷擾에 對하여, 李伯爵의 警告文을 讀함

1919년 4월 10일, 目下騷擾의 一邊에는

1919년 4월 10일, 全然無根의 事實을 외국신문에 통신하여 사람을 속이
　　　　　　려고 늙은 선교사가 있다

1919년 4월 10일, 思慮있는 學生이라고 선생의 칭찬을 받아 대세를 말하
　　　　　　여 동창을 경계함

1919년 4월 10일, 料理店 閉店을 電話로 脅迫, 연루자도 있다

1919년 4월 10일, 自轉車로 流言, 국기를 달지 마라

1919년 4월 10일, 騷擾事件의 判決言渡, 평양법원에서

1919년 4월 10일, 騷擾事件의 後報, 경기도 利川, 사상은 없다

1919년 4월 10일, 騷擾事件의 後報, 충청남도 靑陽, 즉사자가 여섯 명, 사
　　　　상은 없다

1919년 4월 10일, 騷擾事件의 後報, 충청남도 論山, 즉사자 일명

1919년 4월 10일, 騷擾事件의 後報, 충청북도 陰城, 즉시 해산됨

1919년 4월 10일, 騷擾事件의 後報, 경상남도 河東, 몇 명이 부상됨, 삼 명
　　　　이 죽었다

1919년 4월 10일, 騷擾事件의 後報, 경상남도 南海, 총을 놓아 해산

1919년 4월 10일, 騷擾事件의 後報, 경상남도 金海, 칼을 빼어 진압

1919년 4월 10일, 騷擾事件의 後報, 강원도 通川, 두 명이 부상

1919년 4월 10일, 騷擾事件의 後報, 황해도 安岳, 즉시 해산됨

1919년 4월 10일, 騷擾事件의 後報, 황해도 長淵, 백오십명 체포

1919년 4월 10일, 騷擾事件의 後報, 황해도 瑞興, 수괴 네 명 체포

1919년 4월 10일, 騷擾事件의 後報, 경상북도 金泉, 즉시 해산됨

1919년 4월 10일, 騷擾事件의 後報, 평안북도 昌城, 약간 부상됨

1919년 4월 10일, 擧事하려다 發覺, 체포되어 취조 중

1919년 4월 10일, 木浦에 撤市, 지난 팔일부터

1919년 4월 10일, 騷擾와 咸興商界

1919년 4월 10일, 平澤: 市況復舊

1919년 4월 11일, 社說: 暴動鎭壓

1919년 4월 11일, 朝鮮人에게 與함 (3)

1919년 4월 11일, 騷擾의 原因과 匡救例案 (3)

1919년 4월 11일, 針小棒大의 誤報, 있는 사실 없는 사실을 섞어, 엄청난
　　　　거짓말을 잘한다

1919년 4월 11일, 白笠商에게 休業을 强要, 발각되어 잡혀

1919년 4월 11일, 一行은 果然 巴里에 있나, 전하는 바와 같이 승만일행
은 과연 파리에 건너갔는가

1919년 4월 11일, 南平의 騷擾犯人 中에는 財産家가 多數, 직업으로 구별
을 하면 사립학교 교사가 많다

1919년 4월 11일, 普校로 轉學, 성진 보신학교 생도

1919년 4월 11일, 騷擾死傷者를 讚美하여 公然이 煽動하는 宣教師, 대담
한 암중비약을 한다

1919년 4월 11일, 巡查補의 總辭職을 勸誘하다가 일은 안되고 죄상은 발각

1919년 4월 11일, 閉店치 아니하면 放火한다 脅迫, 잡혀 검사국에

1919년 4월 11일, 全州 商民에게 嚴重한 戒告, 상점문 열라고

1919년 4월 11일, 金浦 平穩에 歸함, 한 사람도 사상자를 내지 않고

1919년 4월 11일, 騷擾事件의 後報, 경기도 利川, 경계가 엄중

1919년 4월 11일, 騷擾事件의 後報, 전라남도 木浦, 여생도의 소요

1919년 4월 11일, 騷擾事件의 後報, 충청북도 沃川, 산에 불 피우고

1919년 4월 11일, 騷擾事件의 後報, 충청남도 沔川, 면천도 불온

1919년 4월 11일, 騷擾事件의 後報, 충청남도 禮山, 즉사자 일 명

1919년 4월 11일, 騷擾事件의 後報, 경상남도 金海, 수모 네 명 체포

1919년 4월 11일, 統營: 煽動者處罰

1919년 4월 11일, 莞島의 軍隊, 해남서 들어가

1919년 4월 11일, 杆城: 騷擾와 高城青年共濟會

1919년 4월 11일, 杆城: 軍隊到着

1919년 4월 11일, 群山: 群山平穩

1919년 4월 12일, 騷擾의 原因과 匡救例案 (4)

1919년 4월 12일, 憲兵補助員規程改正發布

1919년 4월 12일, 金谷府尹招宴

1919년 4월 12일, 全鮮在監者數

1919년 4월 12일, 妄動과 總督諭告, 장곡천 총독은 지난 십일에 제삼회로
좌기와 같은 유고를 발하였더라

1919년 4월 12일, 米國宣敎師 家宅搜索을 當함

1919년 4월 12일, 證據品押收, 모페트 집에서

1919년 4월 12일, 모리 收監됨

1919년 4월 12일, 大邱檢事局에서도 美國人 宣敎師의 가택수색을 단행하
였다

1919년 4월 12일, 論山의 五市場, 폐시를 명함

1919년 4월 12일, 先生의 溫情에 感激한 父子, 이번 소요 사건에

1919년 4월 12일, 府尹의 懇親會, 경성부 호텔에서

1919년 4월 12일, 大邱法院의 判決言渡, 소요범인처역

1919년 4월 12일, 先生은 一年, 生徒 一年, 모두 집행유예

1919년 4월 12일, 騷擾事件의 後報, 경기도 開城, 발포 해산함

1919년 4월 12일, 騷擾事件의 後報, 경기도 楊平, 사상이 있었다

1919년 4월 12일, 騷擾事件의 後報, 경상남도 釜山鎭, 다섯 명 또 체포

1919년 4월 12일, 騷擾事件의 後報, 충청남도 洪城, 면소를 음습

1919년 4월 12일, 騷擾事件의 後報, 충청남도 論山, 선동자를 검거

1919년 4월 12일, 騷擾事件의 後報, 황해도 載寧, 총 놓아 진압

1919년 4월 12일, 騷擾事件의 後報, 황해도 信川, 군중 백 여명

1919년 4월 12일, 騷擾事件의 後報, 평안북도 江界, 세 명이 죽었다

1919년 4월 12일, 騷擾事件의 後報, 평안북도 昌城, 세 명이 죽었다

1919년 4월 12일, 騷擾事件의 後報, 전라남도 木浦, 관헌이 출동 제지

1919년 4월 12일, 騷擾事件의 後報, 전라남도 長城, 주모자를 검거

1919년 4월 12일, 騷擾事件의 後報, 강원도 通川, 약간의 부상자

1919년 4월 12일, 平北內의 逮捕者, 約四百名

1919년 4월 12일, 意外에 平穩하다, 평일 경계하던 동리가

1919년 4월 12일, 全州: 全州平穩

1919년 4월 12일, 全州: 鮮人預金復舊

1919년 4월 13일, 騷擾의 原因과 匡救例案 (5)

1919년 4월 13일, 妄動者는 猛省하라, 惡化한 騷擾 派遣軍隊來鮮, 大野軍
　　　　　　　　參謀長車中談

1919년 4월 13일, 巡査補給與改正

1919년 4월 13일, 宣敎師에 通牒, 在平壤記者團에서

1919년 4월 13일, 徹底的彈壓策, 在東京 吐峰生

1919년 4월 13일, 放還者 總數 二千四百, 경성부 헌병분대 관내

1919년 4월 13일, 九日에 放火한 不良少年 逮捕, 상점문을 연다고

1919년 4월 13일, 鎭南支廳 管內 騷擾者判決 이십 삼명에게

1919년 4월 13일, 佛國領事館의 通譯이 檢擧됨, 역시 소요죄로

1919년 4월 13일, 세브란스 病院에서 治療中의 犯人, 두 사람 인치함

1919년 4월 13일, 各地의 騷擾, 경기도 江華, 강화군 냉정리에서

1919년 4월 13일, 各地의 騷擾, 황해도 松禾, 주재소를 습격함

1919년 4월 13일, 各地의 騷擾, 황해도 安岳, 안악군 동창에서

1919년 4월 13일, 各地의 騷擾, 강원도 襄陽, 시장에 대소동

1919년 4월 13일, 各地의 騷擾, 강원도 鐵原, 경관이 발포 해산

1919년 4월 13일, 各地의 騷擾, 충청남도 瑞山, 한 사람이 죽었다

1919년 4월 13일, 各地의 騷擾, 충청남도 江景, 시장날 또 만세

1919년 4월 13일, 各地의 騷擾, 전라남도 木浦, 지금까지 철시 중

1919년 4월 13일, 各地의 騷擾, 함경남도 北靑, 구십 육명 검사국에

1919년 4월 13일, 利川: 憲兵移動

1919년 4월 13일, 利川: 入澤部長來利

1919년 4월 13일, 公州: 全市開市

1919년 4월 13일, 公州: 忠淸南道警告

1919년 4월 13일, 鎭南浦: 鮮人預金復舊

1919년 4월 13일, 元山: 府尹의 諭示

1919년 4월 14일, 騷擾의 原因과 匡救例案 (6)

1919년 4월 14일, 今回의 騷擾에 對하여, 朝鮮有識者에게 與함, 光化門人

1919년 4월 14일, 長官部長諭告, 江原道에서

1919년 4월 14일, 京畿農事順調, 騷擾影響別無

1919년 4월 14일, 騷擾犯과 農民, 소요 범인 중에 농민이 썩 많다

1919년 4월 14일, 定州의 耶蘇敎會堂燒失, 원인은 방화인 듯

1919년 4월 14일, 騷擾犯 七十一名 公判, 대구지방법원에서

1919년 4월 14일, 淸州騷擾公判, 검사가 공소함

1919년 4월 14일, 騷擾負傷者를 無料로 診療, 적십자사 조선본부 의사 활동

1919년 4월 14일, 梁山에 騷擾, 우선 진정된 모양

1919년 4월 14일, 奇特한 米國人, 운산금광주인

1919년 4월 14일, 各地의 騷擾, 경기도 振威, 육칠명이 죽고 칠십여명 부상

1919년 4월 14일, 各地의 騷擾, 경기도 驪州, 세 명이 죽었다

1919년 4월 14일, 各地의 騷擾, 경상남도 密陽, 사상자가 다수

1919년 4월 14일, 各地의 騷擾, 전라남도 文場, 수모자 칠명 체포

1919년 4월 14일, 各地의 騷擾, 전라남도 光州, 팔십 육명을 공판에 붙여

1919년 4월 14일, 各地의 騷擾, 충청남도 唐津, 버그네 장에서 소요, 틀무
시에서도

1919년 4월 14일, 各地의 騷擾, 충청남도 瑞山, 천의장에서 소요

1919년 4월 14일, 木浦漸次平穩, 상점도 열어 놓고

1919년 4월 14일, 軍隊가 急行, 강원도 장전 방면에

1919년 4월 14일, 江陵騷擾者判決, 징역 열달 이하에

1919년 4월 14일, 煽動者台九十式, 충청남도 논산에서

1919년 4월 14일, 大邱: 自制團組織

1919년 4월 15일, 朝鮮의 基督教(1)

1919년 4월 15일, 騷擾의 原因과 匡救例案 (7)

1919년 4월 15일, 陰謀取締要望

1919년 4월 15일, 今回의 騷擾에 對하여, 朝鮮有識者에게 與함 (2), 光化
門人

1919년 4월 15일, 緊急制令發布乎, 暴動을 鎭壓하기 爲하여

1919년 4월 15일, 各地民情視察

1919년 4월 15일, 組合教會活動, 對時局特別運動

1919년 4월 15일, 在監人數 二千九百增加, 삼월 말일 현재에

1919년 4월 15일, 咸興은 不穩, 불을 자꾸 놓는다

1919년 4월 15일, 電車를 停留시키고 승객을 끌어내리어

1919년 4월 15일, 賭博의 大流行, 소요사건에 전력하여서 경관이 안 잡는
　　　　　　다는 풍설

1919년 4월 15일, 各地의 騷擾, 경상북도 尙州, 십오인을 체포

1919년 4월 15일, 各地의 騷擾, 경상북도 聞慶, 장이 못서고 말았다

1919년 4월 15일, 各地의 騷擾, 경상북도 高靈, 면소에 가 협박

1919년 4월 15일, 各地의 騷擾, 전라남도 寶城, 벌교에서 소요

1919년 4월 15일, 各地의 騷擾, 충청남도 保寧, 주모자를 검거, 경비를 엄
　　　　　　중히

1919년 4월 15일, 密陽騷擾犯人 十三日에 開廷; 검사의 구형은 여좌

1919년 4월 15일, 列車에 投石, 범인 학생이 잡혀

1919년 4월 15일, 咸興: 宣敎師家宅搜索

1919년 4월 15일, 自制會組織

1919년 4월 15일, 自制會趣意書

1919년 4월 15일, 淸州自制會會則

1919년 4월 15일, 咸興: 開店說諭

1919년 4월 16일, 朝鮮의 基督敎(2)

1919년 4월 16일, 騷擾의 原因과 匡救例案 (8)

1919년 4월 16일, 騷擾處罰令, 十五日發布 卽日施行

1919년 4월 16일, 外紙騷擾論評

1919년 4월 16일, 騷擾專務處理

1919년 4월 16일, 騷擾는 殆이 靜定

1919년 4월 16일, 朝鮮人旅行取締, 朝鮮外 往來에 證明을 受하라

1919년 4월 16일, 騷擾와 金融組合, 預金反히 激增

1919년 4월 16일, 騷擾에 打擊받은 養蠶

1919년 4월 16일, 二十九個所에 亘한 大家宅搜索

1919년 4월 16일, 檢事六個月求刑, 죄인을 감춘 미국 선교사에게

1919년 4월 16일, 群山支廳에서 公判된 騷擾犯, 징역 이년 이하에

1919년 4월 16일, 咸興在監者, 四百餘名公判, 방청을 금하고 공판

1919년 4월 16일, 孫以下三十二名, 目下豫審中, 그 나머지는 공판 중

1919년 4월 16일, 全北의 檢擧된 者, 四百餘名, 군산이 제일 많다

1919년 4월 16일, 閉店을 强要하고 검사국에 갔다

1919년 4월 16일, 野球箱中에서 태극기가 발견됨

1919년 4월 16일, 問題의 宣敎師

1919년 4월 16일, 各地騷擾, 驪州, 범인 검거를 방해

1919년 4월 16일, 各地騷擾, 平山, 즉사자 한 명이 있었다

1919년 4월 16일, 各地騷擾, 金海, 상등병 보조원 부상

1919년 4월 16일, 咸興全部開店, 지난 십이일 부터

1919년 4월 16일, 朔州 耶蘇敎會堂 全燒

1919년 4월 16일, 江陵: 撤市影響

1919년 4월 16일, 舒川: 郡守署長의 訓戒

1919년 4월 16일, 舒川: 市場復興

1919년 4월 17일, 朝鮮의 基督敎(3)

1919년 4월 17일, 新處罰令에 就하여, 國分司法部長官談

1919년 4월 17일, 違法宣敎師公判, 평양의 모리 공판후보, 검사의 준엄한
　　　　　　　　논고와 구형

1919년 4월 17일, 慘虐한 暴動의 眞狀, 수원지방 폭동의 자세한 소식

1919년 4월 17일, 全道 殆히 靜穩, 각 지방에 소요가 별로 없다

1919년 4월 17일, 各地騷擾, 長湍, 산상에서 소요해

1919년 4월 17일, 各地騷擾, 江華, 제 풀에 해산해

1919년 4월 17일, 各地騷擾, 水原, 칠십 여명을 검거

1919년 4월 17일, 各地騷擾, 順天, 부상자가 비명

1919년 4월 17일, 各地騷擾, 利川, 여러 번의 소요

1919년 4월 17일, 各地騷擾, 蔚珍, 열 명이 체포되어

1919년 4월 17일, 各地騷擾, 靈光, 불온한 노래발표

1919년 4월 17일, 各地騷擾, 康津, 전부 불복 공소

1919년 4월 17일, 各地騷擾, 寶城筏橋, 돈을 주어 소요케 해

1919년 4월 17일, 露領騷擾漸熄, 관헌 취체가 엄중

1919년 4월 17일, 撲殺에 撲殺, 소요 끝에 참상

1919년 4월 17일, 光州騷擾公判, 피고가 팔십여명

1919년 4월 17일, 騷擾專務處理, 총감부에 소요과

1919년 4월 18일, 朝鮮의 基督敎(4)

1919년 4월 18일, 今回의 騷擾에 對하여, 暗黑을 脫하여 光名에 投하라,
　　　　　在上海 케유生寄稿

1919년 4월 18일, 開店後의 商況

1919년 4월 18일, 政治犯과 內亂罪, 新處罰令의 不適用罪에 對하여

1919년 4월 18일, 平康과 開城의 騷擾犯公判

1919년 4월 18일, 光州의 公判, 검사의 구형

1919년 4월 18일, 金海의 暴動, 삼천여명이 헌병주재소를 음습함

1919년 4월 18일, 各地騷擾, 江陵, 아직까지도 철시

1919년 4월 18일, 各地騷擾, 利川, 망동임을 깨달아

1919년 4월 18일, 各地騷擾, 洪原, 설유하여 해산

1919년 4월 18일, 만세 부르고

1919년 4월 18일, 定州自制團設立

1919년 4월 18일, 利川: 憲兵所長更送

1919년 4월 18일, 利川: 軍隊來到

1919년 4월 18일, 光州: 軍隊着發

1919년 4월 18일, 晋州: 大隊本部到着」

1919년 4월 18일, 晋州: 赤十字救護所

1919년 4월 19일, 朝鮮의 基督教(5)

1919년 4월 19일, 騷擾와 宣敎師의 眞相을 調査, 芳澤參事官談

1919년 4월 19일, 險惡을 極한 水原方面의 暴動

1919년 4월 19일, 又復暴動

1919년 4월 19일, 暴民나임을 取하여, 동민이 크게 사죄함

1919년 4월 19일, 咸北各地靜穩, 도리어 선동자에게 반감을 갖게 되었다

1919년 4월 19일, 晋州 赤十字社 支部에서는 無料收容所를 만들어 놓았다

1919년 4월 19일, 米國 宣敎師의 領事排斥, 이러한 말이 들린다

1919년 4월 19일, 米國新聞의 虛報, 미국 사람들도 깜짝 놀란다

1919년 4월 19일, 全道에 警告文, 유식자 제씨가

1919년 4월 19일, 平壤署의 浮浪者檢擧

1919년 4월 19일, 總督의 諭告를 읽어 들여서 소요를 금하다

1919년 4월 19일, 各地在監人數, 지난 달 보다도 이천팔백여명이 증가되
　　　　　　　었다

1919년 4월 19일, 各地騷擾, 蔚珍, 십여 명이 체포

1919년 4월 19일, 釜山의 騷擾犯, 십칠일부터 공판

1919년 4월 19일, 各官校生徒, 漸次登校

1919년 4월 19일, 警官을 抗拒, 국기를 달지 말라고

1919년 4월 19일, 釜山鎭騷擾公判, 징역 이년 이하에

1919년 4월 19일, 高原의 首謀者, 징역 십개월 이하

1919년 4월 20일, 朝鮮의 基督敎(6)

1919년 4월 20일, 水原安城의 罹災民에게 道廳에서 施米施療

1919년 4월 20일, 朝鮮騷擾事件 육군성의 발표

1919년 4월 20일, 忠北의 各 市場, 개시하기를 청원

1919년 4월 20일, 公判日에 騷擾, 법원 앞에 모여서

1919년 4월 20일, 忠南騷擾犯人, 오십 삼명에 대하여 판결 언도가 있었다

1919년 4월 20일, 海州騷擾者, 구일에 판결 언도

1919년 4월 20일, 木浦騷擾犯人, 삼십이명 검사국에

1919년 4월 20일, 各地騷擾, 北靑, 또 태극기를 들고

1919년 4월 20일, 騷擾犯人押送

1919년 4월 20일, 平壤: 騷擾後茶話會

1919년 4월 20일, 咸興: 騷擾와 爲替貯金

1919년 4월 21일, 自決問題閑却, 米紙 朝鮮의 騷擾를 批評함

1919년 4월 21일, 宣敎師 모ー리의 公判

1919년 4월 21일, 大阪서 騷擾한 朝鮮學生들은 出版法違反으로 각각 금
고에 처함

1919년 4월 21일, 咸興又復撤市, 이번이 세번째이다

1919년 4월 21일, 端川의 夜警, 폐지하였다 다시 시작

1919년 4월 21일, 群山의 自衛團, 밤에 야경을 돌린다.

1919년 4월 21일, 咸興 獨立新聞 發行者 自首, 사실을 일일이 자백

1919년 4월 21일, 村民이 激昂하여 천도교를 배척

1919년 4월 21일, 各地騷擾, 江界, 십육일에 또 불온

1919년 4월 21일, 各地騷擾, 堤川, 사상자가 각각 한 명

1919년 4월 21일, 各地騷擾, 榮州, 다섯 명이 즉사됨

1919년 4월 21일, 慶北의 自制團

1919년 4월 21일, 江陵: 騷擾主謀

1919년 4월 21일, 咸興: 夜中通行禁止

1919년 4월 22일, 平壤宣教師의 回答, 平壤記者團에게

1919년 4월 22일, 忠南의 市場停止解除, 인심이 정온하다

1919년 4월 22일, 禮拜器具破棄, 천도교도의 반감

1919년 4월 22일, 大邱騷擾公判

1919년 4월 22일, 馬山地方靜穩, 장날이 되어도 아무 일도 없다

1919년 4월 22일, 巡査補表彰됨, 소요수괴를 잡은 공로

1919년 4월 23일, 朝鮮增兵에 就하여, 陸軍某當局者談

1919년 4월 23일, 倂合과 朝鮮의 幸福, 總히 外國人의 認定하는 바

1919년 4월 23일, 水原罹災民의 慘狀, 집은 타고 먹을 것은 전혀 없다, 급
급히 행행하는 경기도의 구제

1919년 4월 23일, 安心하고 登校케 하라, 소요 중에 끼인 가엾은 학생들,

부형은 속히 상학하게 하여라

1919년 4월 23일, 檢擧者八百名, 수원지방에서

1919년 4월 23일, 晋州騷擾公判, 재판소에 모인 삼천명의 군중

1919년 4월 23일, 秘密出版에서 등사판을 압수

1919년 4월 23일, 各地騷擾, 堤川, 면장을 위협해

1919년 4월 23일, 水原 罹災民에게 벼 이백석 기부

1919년 4월 23일, 寶城: 萬歲를 高唱

1919년 4월 23일, 永興: 軍隊到着

1919년 4월 24일, 日米親善과 朝鮮, 某有力者談

1919년 4월 24일, 京城最近經濟界, 騷擾影響輕微

1919년 4월 24일, 黃海長官警告

1919년 4월 24일, 忠南官民懇談會

1919년 4월 24일, 被告八十名 放還됨, 뚝섬에서 체포된

1919년 4월 24일, 妄動을 後悔, 충청남도 공주군 정안면의 백성들이

1919년 4월 24일, 忠南의 市場, 세 시장은 임의개시

1919년 4월 24일, 全州騷擾公判, 사십구명 판결언도, 일부는 예심 중

1919년 4월 24일, 統營騷擾妓生, 懲役六個月에, 부산의 소요공판

1919년 4월 24일, 平北地方 天道敎의 反感

1919년 4월 24일, 東萊騷擾公判, 이년 육개월 이하

1919년 4월 24일, 各地騷擾, 茁浦, 보통학교 생도가

1919년 4월 24일, 各地騷擾, 江陵, 시장 날에 소요

1919년 4월 24일, 各地騷擾, 樂安, 부상자가 삼명

1919년 4월 24일, 江陵漸次平穩, 장이 서기 시작함

1919년 4월 24일, 煽動者台九十

1919년 4월 24일, 木浦: 鮮人有志에 諭告

1919년 4월 24일, 海州: 慰安方法協議

1919년 4월 24일, 全州: 各地民情視察

1919년 4월 24일, 全州: 警務部長視察

1919년 4월 24일, 全州: 西田參謀長來全

1919년 4월 25일, 大局에 著眼하라

1919년 4월 25일, 騷擾犯人의 統計, 농군이 제일 많다

1919년 4월 25일, 水原에 醫官과 看護婦, 적십자사의 주선으로

1919년 4월 25일, 應援憲兵來, 곧 각처에 파견됨

1919년 4월 25일, 一〇平均 九個月의 懲役, 경성지방법원에서 판결 언도
　　　　　　한 건수

1919년 4월 25일, 咸興騷擾公判, 사십 여명 판결

1919년 4월 25일, 海州騷擾公判

1919년 4월 25일, 晋州騷擾公判, 이십 삼명에게

1919년 4월 25일, 泗川, 길 닦다가 만세

1919년 4월 25일, 平壤: 府尹의 通牒

1919년 4월 26일, 朝鮮敎育者諸君에 告함

1919년 4월 26일, 學校開始에 就하여, 京城傳修學校長 吾孫子勝氏談

1919년 4월 26일, 騷擾와 生徒募集

1919년 4월 26일, 朝鮮問題는 內政, 米國國務當局者의 言明

1919년 4월 26일, 獨立新聞을 印刷頒布한 學生은 검사국으로 갔다

1919년 4월 26일, 晋州騷擾犯人에 財産家가 多數, 만원 이상이 여섯명

1919년 4월 26일, 醫學生徒 幾히 登校

1919년 4월 26일, 宣敎師모ㅡ리 控訴公判

1919년 4월 26일, 大邱高普生徒, 登校를 自請, 참 반가운 현상이다

1919년 4월 26일, 危險을 冒하고 治道에 盡力한 시흥의 군참사

1919년 4월 26일, 東萊騷擾公判에 삼십 이명 언도됨

1919년 4월 26일, 百十五歲 老僧이 설교를 한다

1919년 4월 26일, 煽動者 笞九十, 강릉군에서

1919년 4월 26일, 襄陽騷擾者, 십팔인 강릉에

1919년 4월 26일, 長淵, 경관에게 폭행함

1919년 4월 26일, 水原: 道長官視察

1919년 4월 26일, 全州: 全州自省會組織

1919년 4월 26일, 瑞興: 一境平穩

1919년 4월 26일, 江陵: 守備隊到着

1919년 4월 27일, 그리 큰 影響은 없다, 소요와 각 학교의 생도 모집한 성적

1919년 4월 27일, 府內 騷擾犯, 最初의 判決

1919년 4월 27일, 平南의 騷擾犯

1919년 4월 27일, 枇峴市場開市, 인심이 안돈되었다

1919년 4월 27일, 咸興騷擾犯人, 한 사람도 공소를 하지 않는다

1919년 4월 27일, 騷擾煽動者 공판에 부쳤다

1919년 4월 27일, 北靑: 時局諭明

1919년 4월 27일, 光州: 騷擾事件

1919년 4월 28일, 更히 騷擾에 對하여, 京城 閔元植

1919년 4월 28일, 檢擧 總人數 四千名, 사법성에 도착한 조선소요사건

1919년 4월 28일, 安穩한 利川, 이번 소요통에도 사상자 안냈다

1919년 4월 28일, 馬山公普生徒 二次의 騷擾, 칠판에 태극기를 그리고 소
요를 함

1919년 4월 28일, 寶城市日의 騷擾, 글방 선생이 앞서서

1919년 4월 28일, 自制團趣意書

1919년 4월 29일, 更히 騷擾에 對하여, 京城 閔元植

1919년 4월 29일, 醫專騷擾生, 정학처분을 당함

1919년 4월 29일, 騷擾負傷者는 무료로 치료하였다

1919년 4월 30일, 今回의 騷擾에 就하여, 咸興參與官 朴榮喆氏談

1919년 4월 30일, 騷擾公報發表

1919년 4월 30일, 京城 騷擾의 影響, 生産工業打擊不少

1919년 4월 30일, 騷擾中에 破壞된 面事務所, 辨償하기로 議論

1919년 4월 30일, 騷擾煽動者 懲役五年, 동아연초직공

1919년 4월 30일, 古老卅餘名이 陳情書를 提出

1919년 4월 30일, 加平의 騷擾犯, 징역 사년 이하에

1919년 4월 30일, 黃海道 騷擾犯 千二百餘名이 체포되었다

1919년 4월 30일, 泰平한 鬱陵島, 아주 아무일도 없었다

1919년 4월 30일, 江華 漸次靜穩, 게고서를 배포

1919년 4월 30일, 各普通學校生徒 거의 전부 출석

1919년 4월 30일, 公州: 說諭安堵

1919년 4월 30일, 大邱: 自制團의 近況

1919년 4월 30일, 大邱: 自制團評議員會

1919년 4월 30일, 蔚珍: 守備隊設置

1919년 4월 30일, 永興: 騷擾影響

1919년 4월 30일, 北靑: 民情視察

1919년 5월 1일, 三月 二十五日까지의 檢擧數, 三千二百육십칠인이다.

1919년 5월 1일, 公普職員이 沈着한 處置, 위험을 무릅쓰고 아이들을 보
호함

1919년 5월 1일, 日本大使館에서 發表한 朝鮮騷擾의 死傷數, 죽은자 삼백
삼십일명

1919년 5월 1일, 濟州騷擾公判, 징역 일년 이하

1919년 5월 1일, 務安騷擾公判

1919년 5월 1일, 新來軍人에게 配布한 注意書, 그 내용은 이러하다

1919년 5월 1일, 全州: 遊說員出發

1919년 5월 1일, 春川: 憲兵來着

1919년 5월 1일, 載寧: 自制團組織

1919년 5월 1일, 載寧: 地方騷擾와 宣諭

1919년 5월 2일, 學生에게 警告, 警告文

1919년 5월 2일, 騷擾와 地方金融, 京畿道第二部長 松本誠氏談 (2)

1919년 5월 2일, 極東情勢: 無稽한 獨立宣言

1919년 5월 2일, 巴里 朝鮮人의 秘密本部

1919년 5월 2일, 新義州의 一齊家宅搜索

1919년 5월 2일, 鐵筆과 膽寫板, 부인집에서 발견

1919년 5월 3일, 半島의 木鐸이라는 비밀인쇄물을 박아 돌린 범인

1919년 5월 3일, 煽動者로 逮捕됨, 이십삼세의 여자

1919년 5월 3일, 在名古屋 朝鮮學生引致됨, 애지의학전문학교의 재학생

1919년 5월 3일, 襄陽騷擾公判

1919년 5월 3일, 秘密 印刷物 두장을 도르고

1919년 5월 3일, 尙州騷擾公判, 상주법원지청에서

1919년 5월 3일, 蔚珍騷擾公判

1919년 5월 3일, 所謂 國民大會의 首魁者 逮捕됨

1919년 5월 3일, 昌原에 騷擾, 학생이 중심

1919년 5월 3일, 天道敎徒에 對한 反感益深

1919년 5월 3일, 擧動受賞者로 주목받는 시골사람

1919년 5월 3일, 杆城의 煽動者

1919년 5월 4일, 騷擾와 産業影響 (1), 小原農商工部長官談

1919년 5월 4일, 騷擾와 各地金融

1919년 5월 4일, 京城其後의 騷擾公判

1919년 5월 4일, 殆히 全部가 控訴, 경성지방법원의 소요판결수

1919년 5월 4일, 光州騷擾公判, 수모자 팔십명은 재기소

1919년 5월 4일, 妄動影響은 無함, 충청남도 연기지방

1919년 5월 4일, 負傷者의 治療, 강릉 자혜의원의 노력

1919년 5월 4일, 牙山: 懇談會

1919년 5월 4일, 牙山: 憲兵所長警告

1919년 5월 4일, 舒川: 名望家의 結束

1919년 5월 4일, 全州: 自省會支部組織

1919년 5월 4일, 瑞興: 名士 ■ 諭

1919년 5월 4일, 江陵: 面長好評

1919년 5월 5일, 騷擾와 各地金融 (2)

1919년 5월 5일, 騷擾와 産業影響 (1), 小原農商工部長官談

1919년 5월 5일, 安心하고 速히 登校하라, 경성여자고등보통학교 교장 자
하장삼랑씨말

1919년 5월 5일, 步哨兵士漸減, 소요진정됨을 따라

1919년 5월 5일, 更히 千名收監乎, 불면불휴의 검사국 활동

1919년 5월 5일, 京城의 判決數

1919년 5월 5일, 閉店을 脅迫한 者, 세 명이 열달씩

1919년 5월 5일, 太極旗를 配付, 징역 육개월 선고

1919년 5월 5일, 騷擾後의 民情, 漸次 覺醒, 소요를 나무라며 후회하는 사
람들

1919년 5월 5일, 閔伯은 六個月로 검사가 구형

1919년 5월 5일, 平壤商議議員

1919년 5월 6일, 漫遊外人漸增, 소요가 진정되어 유람객이 많이 와

1919년 5월 6일, 堤川地方民情, 만세를 부르자고 면장에게 강청해

1919년 5월 6일, 江華의 出版法 違反者, 경성의 검사국에

1919년 5월 6일, 甲山의 騷擾者

1919년 5월 6일, 咸平의 騷擾犯

1919년 5월 6일, 負傷한 電車는 ■이 얼른 낫지 않아

1919년 5월 6일, 謄寫版을 구하다가 경찰서로 들어가

1919년 5월 6일, 咸南各地民情

1919년 5월 6일, 蔚山: 自慰會組織

1919년 5월 6일, 光州: 參與官巡廻講演

1919년 5월 6일, 利川: 道參與視察

1919년 5월 7일, 閔伯 懲役三個月 단 삼년집행유예

1919년 5월 7일, 載寧: 騷擾善後策

1919년 5월 7일, 載寧: 面長會議

1919년 5월 8일, 再次朝鮮人에 與함, 釋尾旭邦(朝鮮及滿洲驛載) (二의 續)

1919년 5월 8일, 騷擾熄하고 佳節來, 오래간만에 번화한 어성년식날

1919년 5월 8일, 京城賭博盛行, 소요 이래로 놀음판이 많아서 경찰당국의
　　　　　　　　일층분발을 희망

1919년 5월 8일, 金浦의 靑年講和會, 청년지도의 목적으로

1919년 5월 8일, 務安의 騷擾犯, 삼명은 불복 공소

1919년 5월 8일, 咸平의 騷擾者, 모두 다 기소되었다

1919년 5월 8일, 襄陽騷擾公判

1919년 5월 8일, 安邊의 騷擾犯

1919년 5월 9일, 再次朝鮮人에 與함, 釋尾旭邦(朝鮮及滿洲驛載) (二의 續)

1919년 5월 9일, 迷夢에서 覺하라

1919년 5월 9일, 米院騷擾公判, 공주법원지청에서

1919년 5월 9일, 騷擾後의 地方人心, 망동인 줄 쾌히 깨달은 듯

1919년 5월 9일, 載寧: 自制團實施

1919년 5월 10일, 淸道自衛會 完全히 成立됨

1919년 5월 10일, 槐山騷擾公判, 주모자 징역 삼년

1919년 5월 10일, 會寧地方靜穩, 인심에 동요가 없다

1919년 5월 10일, 煽動者 逮捕됨

1919년 5월 11일, 京城地方法院의 騷擾公判

1919년 5월 11일, 盈德의 騷擾犯 구십 여명은 전부 유죄로 기소됨

1919년 5월 11일, 義州支廳의 騷擾審理數

1919년 5월 12일, 宣敎師控訴公判, 방청자에 법정이 터질 지경, 판결 언도
　　　　　　　　는 오는 십칠일에

1919년 5월 12일, 郡內의 名望家, 김포의사 민정대회

1919년 5월 13일, 拘束 中의 學生 현재 일백 육십 칠명

1919년 5월 13일, 自首者가 踏至, 강화의 소요범인

1919년 5월 13일, 全州騷擾犯人

1919년 5월 13일, 高敞騷擾公判

1919년 5월 13일, 煽動者 逮捕됨

1919년 5월 13일, 全州: 騷擾後觀燈日

1919년 5월 14일, 和田課長과 有志, 騷擾에 關한 意見交換

1919년 5월 14일, 鐘路署의 檢擧數가 八百, 여학생이 삼십명

1919년 5월 14일, 孫以下의 大公判에는 큰 법정을 새로 지어야 한다, 당국
에서 목하 협의 중이다

1919년 5월 14일, 衣服差入許可, 소요관계자에 한하여

1919년 5월 14일, 靑道: 自衛會成立

1919년 5월 15일, 非常히 混雜한 監獄, 하루에 일곱섬 밥을 먹어, 손병희
이하는 잠잠하니 책들만 보고 있다

1919년 5월 15일, 平南의 自衛團, 상당히 효력이 있었다

1919년 5월 16일, 書類中에 埋沒되어 밤을 새우다시피 하는 재판소원들

1919년 5월 16일, 安城의 騷擾犯

1919년 5월 16일, 不呈學生判決, 두목은 삼년에

1919년 5월 17일, 私立校長召集內容, 外人四名參加 安心開校諭示

1919년 5월 17일, 校長을 召集하여 개교에 관한 훈시와 의견청취가 있었다

1919년 5월 17일, 河東尙不穩, 면장들이 사직 청원

1919년 5월 17일, 公州: 警察署長曉喩

1919년 5월 18일, 各地 騷擾의 經過(1), 조선안 각지의 소요사건은 오십팔
일만에 진정되었다

1919년 5월 18일, 懲役四個月에 이년간 집행유예, 모―리의 공소공판

1919년 5월 18일, 檢事도 同情, 꽃 같은 미인의 소요범

1919년 5월 18일, 九名의 少年, 소요죄로 공판된다

1919년 5월 18일, 大田支廳에서 취급한 소요범인

1919년 5월 18일, 利川: 學校講演

1919년 5월 18일, 春川: 地方自衛團

1919년 5월 18일, 公州: 基督教員講演

1919년 5월 18일, 公州: 親睦會員演說

1919년 5월 19일, 各地 騷擾의 經過(2), 죽은 자가 삼백 구십인이요 상한
　　　　　　　자가 팔백 삼십 팔인이라

1919년 5월 19일, 鎭壓方針

1919년 5월 19일, 女子 百餘 名에 남자는 겨우 오륙십명, 소요의 참극

1919년 5월 19일, 總督에게 陳情書지어 보내려고 한 범인은 검사국에

1919년 5월 20일, 在東京留學生, 그 뒤에 매우 평정히 지낸다

1919년 5월 20일, 水口鎭騷擾犯, 중징역 10년에, 의주지청에서

1919년 5월 20일, 面所에 侵入하여 기구를 파괴한 자

1919년 5월 20일, 載寧:私立明信學校

1919년 5월 21일, 全道警官增員 各道配置決定

1919년 5월 21일, 增員巡查渡來

1919년 5월 21일, 모ー리와 米紙, 傳道本部驚愕

1919년 5월 21일, 騷擾를 豫防코자 진력한 두 교사에게 동민들이 감사함

1919년 5월 21일, 騷擾犯人인 續續來함

1919년 5월 21일, 全北自省會組織

1919년 5월 21일, 江華: 江華自衛團總會

1919년 5월 22일, 高等刑事가 天道敎로부터 五千圓을 收賂

1919년 5월 22일, 天道敎의 大邱敎區長, 교를 배반하였다

1919년 5월 22일, 安息日의 鳴鐘을 금지하여 달라고 평양시민이 청원

1919년 5월 22일, 地中에 埋藏한 증거품을 발견하여 관계자를 잡아왔다

1919년 5월 22일, 騷擾犯人公判, 마산법원지청에서

1919년 5월 22일, 開城騷擾犯, 십육명 공판됨

1919년 5월 22일, 杆城騷擾犯, 잡힌 자는 여좌함

1919년 5월 23일, 面長의 盡力으로 안이하게 지내왔다, 강계군 서천면에서

1919년 5월 23일, 高城騷擾公判

1919년 5월 23일, 忠北의 騷擾에는

1919년 5월 23일, 全州: 自省會支部講演

1919년 5월 24일, 起訴된 騷擾犯 七十餘名

1919년 5월 25일, 官公署의 被害數, 소요에 인한

1919년 5월 25일, 一件記錄이 一萬張, 손병희의 사건

1919년 5월 25일, 公州의 煽動者, 일망타진 되겠다

1919년 5월 25일, 高敞騷擾公判, 판결언도 된 후보

1919년 5월 25일, 三次 騷擾를 겪은 진영은 지금 평온

1919년 5월 25일, 騷擾首魁 逮捕, 경기도 강화군의

1919년 5월 25일, 許可없이 寄附金을 募集, 소요 사상자를 위하여

1919년 5월 25일, 載寧: 二部長講演

1919년 5월 26일, 開學機運到來, 京城高等普校長

1919년 5월 26일, 面目이 없다고 割腹한 巡視, 자기 딸에 소요에 참가한
　　　　　　　까닭으로

1919년 5월 26일, 和福이 原因되어 까닭없이 맞았다

1919년 5월 27일, 全州騷擾公判, 군산보통학교 방화범은 징역십년칠년

1919년 5월 27일, 斗南里避暑客, 소요영향으로, 금년에는 늦게 와

1919년 5월 27일, 保寧: 基督講師의 誤解說破

1919년 5월 27일, 慶南長官의 諭告

1919년 5월 28일, 忠淸道 傳道師 同盟辭職, 북감리파 전도사가 동맹하고
　　　　　　　사직하여

1919년 5월 28일, 槐山事件首魁, 공소하여 감형

1919년 5월 28일, 延白: 自制團組織

1919년 5월 29일, 地方民狀과 軍隊

1919년 5월 29일, 果然何를 希望하는가, 소요사건 이후에 지방 유력자의
　　　　　　　감상이라고 소개된 몇가지

1919년 5월 29일, 京城에 二千五百人, 서대문감옥의 소요사건 관계자

1919년 5월 29일, 一年에 四千人, 작년 서대문 감옥의 취급한 죄수

1919년 5월 29일, 破産者 近十名, 거판한 사람도 적고 시황도 차차 회복
　　　　　　　중, 상업계의 소요영향

1919년 5월 29일, 巨濟島 騷擾犯, 주모 네 명 유죄판결

1919년 5월 29일, 昌原騷擾判決, 징역 일년 이하에

1919년 5월 29일, 光州: 時局講演

1919년 5월 30일, 李伯三次警告
1919년 5월 30일, 光州의 騷擾犯, 삼십일부터 공판
1919년 5월 30일, 沃川: 自制團

1919년 5월 31일, 破壞한 公衙를 人民이 修繕, 소요가 맹렬하였던 영해 영
　　　　　　　　　덕의 요새
1919년 5월 31일, 樂安騷擾首魁, 체포에 비상히 신고

1919년 6월 1일, 天道敎의 崩壞始
1919년 6월 1일, 鐘路의 小騷擾, 한 명은 목을 찔러, 소요는 즉시 진정

1919년 6월 2일, 社說: 自衛團과 京城
1919년 6월 2일, 京畿 各郡에 自衛團, 소요를 예방할 각군의 자위단
1919년 6월 2일, 端午, 소요의 뒤라 각 지방은 적막

1919년 6월 3일, 在監學生의 面接許可, 하루에 한 학교씩 직원에 한하여만
1919년 6월 3일, 朝鮮과 印度의 騷擾, 소요의 외형은 같은 듯하나 실상은
　　　　　　　　　의미가 크게 다르다

1919년 6월 4일, 鮮人意志疏通, 宇都宮軍司令官談
1919년 6월 4일, 朝鮮과 印度의 騷擾, 소요의 외형은 같은 듯하나 실상은
　　　　　　　　　의미가 크게 다르다

1919년 6월 5일, 朝鮮과 印度의 騷擾, 소요의 외형은 같은 듯하나 실상은
　　　　　　　　　의미가 크게 다르다
1919년 6월 5일, 懇談으로 自制會, 연기군 갈운리에서
1919년 6월 5일, 監獄의 區處가 問題, 경성에서 판결받은 자가 칠백명

1919년 6월 6일, 在監學生近況, 감옥의 취급이 적당, 면회한 직원의 감사

1919년 6월 7일, 無頭의 天道敎會, 수뇌자가 전부 검거되고 사방이 침침
　　　　　　　　한 천도교회
1919년 6월 7일, 七割以上의 出席, 경성고등보통학교 개학 후의 상황
1919년 6월 7일, 元山의 騷擾事件, 처분을 마쳤다

1919년 6월 8일, 騷擾를 奇貨로, 노름만 하던 지방

1919년 6월 9일, 北靑의 煽動者, 원산에서 체포되어

1919년 6월 10일, 社說: 自信하라 善察하라
1919년 6월 10일, 晋州疑獄事件, 예심이 종결되어
1919년 6월 10일, 現在一千九百人(1) 서대문감옥의 소요범인들
1919년 6월 10일, 和順: 基督敎師巡廻講演
1919년 6월 10일, 永興: 日鮮人懇親會

1919년 6월 11일, 周到한 監獄의 注意(2), 서대문감옥의 소요범인들
1919년 6월 11일, 官校開學成績, 각교가 비상히 좋아

1919년 6월 13일, 駐屯軍隊는 大歡迎, 성심으로 돈을 모아 군대를 위문해

1919년 6월 13일, 朝鮮人이라고 決無差, 군대에서 공평한 조선인 대우, 육
　　　　군성 인사국에 영전한 홍사익의 말

1919년 6월 17일, 平壤騷擾公判, 이백오십건 판결
1919년 6월 17일, 入監者近萬人, 소요사건으로 입감한 자, 종교관계자 삼
　　　　천육백인

1919년 6월 19일, 放還된 天道敎 幹部, 천도교 장래 방침을 이렇게 한다고
1919년 6월 19일, 天道敎徒脫敎, 함경남도 장진군에서
1919년 6월 19일, 公州의 騷擾犯, 십육일 판결 언도

1919년 6월 20일, 中和의 騷擾犯, 이십사명 처형
1919년 6월 20일, 騷擾妓生公判, 징역 육개월 처형

1919년 6월 22일, 京城騷擾公判, 공판에 구백인 예심에 칠백인
1919년 6월 22일, 騷擾犯人多囚, 평양서 팔십팔명
1919년 6월 22일, 騷擾放火한 者, 징역 십년에 불복

1919년 6월 23일, 內鮮은 天定緣分, 조선의 소요를 근심하여

1919년 6월 27일, 外人의 監獄視察感想
1919년 6월 27일, 懲役 四個月에, 경흥에서 선동한 자
1919년 6월 27일, 平溫한 各 地方, 피차에 속을 알아 원만히 지나간다
1919년 6월 27일, 煩雜한 覆審法院, 소요 수모자의 공판이 있기 때문에

1919년 7월 1일, 總督諭告

1919년 7월 1일, 騷擾妓生公判

1919년 7월 1일, 水原: 四面自衛團組織

1919년 7월 2일, 騷擾事件의 産業에 及한 影響(1)

1919년 7월 3일, 바쁜 地方法院

1919년 7월 3일, 騷擾事件의 産業에 及한 影響, 平壤商議所調査

1919년 7월 4일, 社說: 讀總督諭告(上)

1919년 7월 4일, 騷擾事件處分件數

1919년 7월 5일, 社說: 讀總督諭告(下)

1919년 7월 13일, 騷擾起와 憲警官署被害 對照

1919년 7월 13일, 騷擾時를 利用하여 六千圓恐喝騙取

1919년 7월 22일, 砂川의 騷擾公判

1919년 7월 24일, 騷擾未決囚에게 葉書의 友

참고문헌

자료

『開闢』, 『朝鮮總督府統計年報』, 『朝鮮彙報』, 『朝鮮總督府施政年報』, 『朝鮮總督府官報』, 『朝鮮教育要覽』, 『皇城新聞』, 『畿湖興學會月報』, 『每日申報』, 『東亞日報』, 『獨立新聞』, 『新韓民報』, 『朝鮮日報』, 『中外日報』, 『太平洋週報』, 『共濟』, 『女子界』. 『開闢』, 『新東亞』, 『近代思潮』, 『三千里』, 『主日學界』, 『新生命』, 『共濟』, 『在滿朝鮮人通信』, 『大韓興學報』, 『大韓學會月報』, 『大韓留學生學會報』, 『學之光』, 『韓國經濟新聞』

국사편찬위원회, 『韓民族獨立運動史資料集』11(三一運動 I), 1987.

국사편찬위원회, 『한민족독립운동사자료집』, 10·12·27집, 1989.

독립운동사편찬위원회, 『독립운동사자료집』4, 1973.

독립운동사편찬위원회, 『독립운동사－삼일운동사(상)』제2권, 1971.

독립운동사편찬위원회편, 『독립운동사자료집』5, 1972.

국사편찬위원회, 『韓民族獨立運動史資料集 10』, 1992.

小森德治, 『明石元二郎』(上), 臺北臺港日日新報社, 1928.

高橋賓吉, 『朝鮮教育史考』, 京城國際行政學會 朝鮮本府, 1927.

朴慶植,『日本帝國主義の朝鮮支配』, 靑木書店, 1973.

東洋拓殖株式會社,『東洋拓殖株式會社三十年誌』, 1939.

유자명 저,『나의 회억』, 요녕인민출판사, 1983.

金雨英,『靑邱回顧錄』, 新生公論社, 1953.

羅景錫,『公民文集』, 正宇社, 1980.

朴泰遠,『若山과 義烈團』, 白楊社, 1947.

鄭華岩,『몸으로 쓴 근세사』, 자유문고, 1992.

國史編纂委員會 編,『日帝侵略下 韓國三十六年史』, 1969.

高橋賓吉,『朝鮮敎育史考』, 京城國際行政學會 朝鮮本府, 1927.

金正明,『朝鮮民族運動』I, 原書房, 1967.

독립기념관,『유자명 수기 한 혁명자의 회고록』, 1999.

황현 저, 김준 역,『梅泉野錄』, 敎文社, 1994.

金正明,『朝鮮民族運動』I, 原書房, 1967.

기독교대한감리회,『한국감리교인물사전』, 2002.

국회도서관,『한국민족운동사료』(3·1운동편 期3), 국회도서관, 1979.

조선일보사보편찬위원회,『朝鮮日報50年史』, 1970.

조선일보60년사편찬위원회,『朝鮮日報 60年史』, 1980.

廣州郡誌編纂委員會,『廣州郡誌』, 1990.

안성군,『安城郡誌』, 안성군지편찬위원회, 1990.

李龍洛,『3·1運動實錄』, 1969.

이병헌,『三·一運動秘史』, 시사일보사, 1959.

배민수,『배민수자서전』, 연세대학교출판부, 1999.

이민규,『조선교육사』, 거름출판사, 1988.

황민호,『일제하 잡지발췌 식민지시대자료총서』, 개명문화사, 1992.

저서

기독교대한감리회, 『한국감리교인물사전』, 2002.

경기도, 『경기도 항일독립운동사』, 경기도사편찬위원회, 1995.

권대웅, 『1910년대 국내독립운동』, 독립기념관 한국독립운동사연구소, 2008.

김삼웅, 『33인의 약속』, 산하, 1997.

서민교, 『1910년대 일제의 무단통치』, 독립기념관 한국독립운동사연구소, 2008.

서울시사편찬위원회, 『서울600년사』 4권, 1981.

서울시사편찬위원회, 『서울항일독립운동사』, 1999.

나카타아카후미 지음, 박환무 옮김, 『일본의 조선통치와 국제관계』, 일조각, 2008.

김규환, 『일제의 대한 언론선전 정책』, 이우출판사, 1979.

김진봉, 『3·1운동사연구』, 국학자료원, 2003.

구대열, 『애미는 선각자였느니라』, 동화출판공사, 1974.

김봉희, 『한국 개화기 서적문화 연구』, 이화여대출판부, 1999.

김정인 외, 『국내 3·1운동(1)』, 한국독립운동사편찬위원회, 2009.

박용옥, 『한국 여성 항일운동사 연구』, 지식산업사, 1996.

박 환, 『경기지역 3·1독립운동사』, 선인, 2007.

李炫熙, 『3·1運動史論』, 동방도서, 1979.

閔庚培, 「한국교회와 3·1운동」, 『한국기독교교회사』, 대한기독교출판사, 1972.

민경배, 『日帝下의 韓國基督敎 民族·信仰運動』, 대한기독교서회, 1997.

서정자, 『정월 나혜석 전집』, 국학자료원, 2001.

손인수, 『한국근대교육사』, 연세대학교출판부, 1992.

이상경, 『인간으로 살고싶다』, 한길사, 2000.

李章植, 『大韓基督教書會百年史』, 大韓基督教書會, 1984.

윤대원, 『상해시기 대한민국임시정부연구』, 서울대학교출판부, 2007.

윤이흠, 『한국민족종교말살책』, 고려한림원, 1977.

백암박은식선생전집편찬위원회 편, 『白巖 朴殷植 全集』, 동방미디어, 2002.

박용옥, 『김마리아―나는 대한의 독립과 결혼하였다』, 홍성사, 2003.

성주현, 『일제하 민족운동 시선의 확대―3 · 1운동과 항일독립운동가의 삶
　　―』, 도서출판 아라, 2014.

신용하, 『3 · 1독립운동』, 독립기념관 독립운동사연구소, 1989.

수요역사연구회, 『식민지 조선과 매일신보 1910년대』, 신서원, 2003.

수요역사연구회, 『일제의 식민지지배정책과 매일신보 1910년대』, 두리미
　　디어, 2005.

수요역사연구회, 『1920―30년대 식민지동화정책과 협력 그리고 인식』,
　　두리미디어, 2007.

유영렬, 『민족과 기독교와 숭실대학』, 숭실대학출판부, 1998.

尹建次, 『朝鮮近代教育の思想と運動』, 東京大學出版部, 1982.

윤병석, 『증보 3 · 1운동사』, 국학자료원, 2004.

윤선자, 『한국근대사와 종교』, 국학자료원, 2002.

이현주, 『한국 사회주의 세력의 형성』, 일조각, 2003.

윤이흠, 『한국민족종교말살책』, 고려한림원, 1977.

하남시사편찬위원회, 『역사도시하남』, 2001.

한국기독교사연구회, 『한국기독교의 역사』 II, 1991.

한상도, 『한국독립운동의 시대인식 연구』, 경인문화사, 2011.

박　환 · 조규태 · 황민호, 『화성출신 독립운동가』, 화성시 · 수원대학교 동
　　고학연구소, 2006.

논문

김권정, 「기독교세력의 신간회 참여와 활동」, 『한국민족운동사연구』25, 한국민족운동사학회, 2000.

김상태, 「1920−1930년대 동지회·흥업구락부연구」, 서울대학교 국사학과, 『韓國史論』28, 1996.

김승태, 「남강 이승훈의 민족의식과 민족운동 방략」, 『한국독립운동사연구』19, 독립기념관 한국독립운동사연구소, 2002.

김주용, 「나혜석의 민족의식과 독립운동지원 활동」, 『동국사학』34, 동국사학회, 2013.

金鎭斗, 「1910年代 每日申報의 性格에 關한 硏究」, 중앙대학교 박사학위논문, 1995.

金良善, 「3·1운동과 기독교계」, 『3·1운동 50주년기념논문집』, 동아일보, 1969.

김정엽, 「1920년대 국내언론에 보도된 임시정부 관련 기사의 분석과 독립운동의 경향」, 『숭실사학』28, 2012.

김정인 외, 『국내 3·1운동』, 독립기념관 한국독립운동사연구소, 2009.

金泰國, 「남만지역 조선인회(1913−1931)의 설립과 변천」, 『한국근현대사연구』제17집, 한국근현대사학회, 2001.

김형석, 「3·1운동과 남강 이승훈」, 『南岡 李昇薰과 民族運動』, 南岡文化財團出版部』, 1988.

김형목, 「나혜석의 현실인식과 민족운동에서의 역할」, 『숭실사학』24, 숭실사학회, 2010.

김형목, 「역사학계에서 나혜석 연구동향과 과제」, 『나혜석연구』창간호, 2013.

박혜미, 「1910년대 일본조합교회 조선전도본부의 활동과 식민주의」, 『한국민족운동사연구』74, 2013.

박　환, 「용인지역 3·1운동」, 『한국민족운동사연구』42, 한국민족운동사학회, 2005.

박　환, 「羅惠錫의 민족의식 형성과 민족운동」, 박용옥, 『여성: 역사와 현재』, 2001.

박　환, 「경기도 화성 송산지역의 3·1운동」, 『정신문화연구』89, 한국정신문화연구원 2002.

서굉일, 「민족과 함께한 晶月 羅惠錫」, 앞의, 『나혜석 바로알기 제4회 심포지움』, 2001.

성주현, 「정암 이종훈의 생애와 민족운동」, 『한국민족운동사연구』69, 한국민족운동사학회, 2011.

유시헌, 「나경석의 생산증식론과 물산장려운동」, 『역사문제연구』제2호, 1997.

유준기, 「3·1독립운동과 기독교계 민족대표의 활동-이승훈·이필주·이갑성을 중심으로」, 3·1독립운동 85주년 기념 '민족대표 33인의 재조명' 학술회의, 2004.

유준기, 「3·1독립운동과 기독교계 민족대표의 활동-신석구·양전백을 중심으로」, 3·1독립운동 86주년 기념 '민족대표 33인의 재조명' 학술회의, 2004.

이윤상, 「평안도지방의 3·1운동」, 『3·1 민족해방운동 연구-3·1운동 70주년 기념논문집』, 한국사연구회·역사문제연구소, 1989.

이정은, 「화성군 우정면·장안면 3·1운동」 독립기념관 한국독립운동사연구소, 『한국독립운동사연구』9, 1995.

이정은, 「安城郡 元谷·陽城의 3·1運動」, 독립기념관 한국독립운동사연구소, 『한국독립운동사연구』1, 1987.

이정은, 「매일신보에 나타난 3·1운동 직전의 사회상황」, 『한국독립운동사연구』4, 1990.

이정은, 「3·1운동 민족대표론」, 『한민족독립운동사연구』32, 2002.

張錫興, 「일제의 식민지언론 정책과 총독부기관지 每日申報의 성격」, 독립
　　기념관『한국독립운동사연구』6, 1992.

장　신, 「1920년대 民族解放運動과 治安維持法」, 『學林』19, 연세대학교 사
　　학과, 1988.

鄭晉錫, 「每日申(新)報 硏究」, 『韓國言論史硏究』, 一潮閣, 1988.

정진석, 「기독신보와 한국의 언론문화」, 『기독교사상』, 대한기독교서회,
　　1990.

조규태, 「황해도 수안지역 천도교인의 3·1운동」, 『숭실사학』23, 숭실사
　　학회, 2009.

조성운, 「正庵 李鍾勳의 국내에서의 민족운동」, 숭실사학회, 『숭실사학』
　　25, 2010.

조성운, 「김포지역 3·1운동의 역사적 의의 -김포지역사적 관점에서-」,
　　『숭실사학』22, 숭실사학회, 2009.

조성운, 「매일신보에 나타난 경기지방의 3·1운동과 일제의 대응」, 『한국
　　민족운동사연구』42, 한국민족운동사학회, 2005.

趙英烈, 「日帝下 改新敎宣敎師 硏究(1905-1920)」, 건국대 박사논문, 1992.

주세돈, 「경기 안성지역 3·1운동」, 교원대대학원 석사학위논문, 2003.

정긍식 편역, 『慣習調査報告書』, 한국법제원, 2000.

윤경로, 「105인 사건을 통해 본 신민회연구」, 고려대학교 박사학위논문, 1988.

윤병석, 『증보 3·1운동사』. 국학자료원, 3004. 김진봉, 『3·1운동사연구』,
　　국학자료원, 2003.

유영렬, 「기독교민족사회주의자 김창준에 대한 고찰」, 『한국독립운동사
　　연구』25, 독립기념관 한국독립운동사연구소, 2006.

유시헌, 「나경석의 생산증식론과 물산장려운동」, 『역사문제연구』제2호,
　　1997.

조규태, 「황해도 수안지역 천도교인의 3·1운동」, 『숭실사학』23, 숭실사
　　학회, 2009.

尹炳奭,「朝鮮獨立新聞의 拾遺」,『中央史論』제1집, 중앙대학교 사학과, 1972.

윤대원,『상해시기 대한민국임시정부연구』, 서울대학교출판부, 2007.

蔡弘基,「민족의 독립을 잃어버린 선각적 근대의식의 旅程」,『나혜석 바로 알기 제3회 심포지움』, 2000.

최홍규,「나혜석의 가족사와 민족의식」,『나혜석 바로알기 제1회 국제심 포지움』, 나혜석 기념사업회, 1999.

한동민,「수원나씨와 나혜석의 부모형제들」,『나혜석연구』창간호, 2013.

한지헌,「1920년대 초반 조선총독부의 대한민국 임시정부에 대한 인식과 정책」,『한국근현대사연구』30, 한국근현대사학회, 2004.

리관인,「'경신년 대토벌과 연변조선족 군중의 반'토벌'투쟁」,『한국학연 구』4, 인하대학교 한국학연구소, 1992.

장   신,「1924년 동아일보 개혁운동과 언론계의 재편」,『역사비평』역사 문제연구소, 2006년 여름.

崔起榮,「帝國新聞의 刊行과 下層民 계몽」,『大韓帝國時期 新聞研究』, 1991.

한지헌,「1920년대 초반 조선총독부의 대한민국 임시정부에 대한 인식과 정책」,『한국근현대사연구』30, 한국근현대사학회, 2004.

허동현,「3·1운동에 미친 민족대표의 역할 재조명」,『한국민족운동사연 구』46, 한국민족운사학회, 2006.

황민호,「나혜석의 민족의식과 민족운동의 전개」,『水原文化史研究』5, 水 原文化史研究會, 2002.

황민호,「매일신보에 나타난 기독교인들의 3·1운동과 선교사」,『숭실사 학』15, 숭실사학회, 2002.

황민호,「安城邑內와 竹山地域 3·1운동의 전개」,『한국민족운동사연구』 46, 한국민족운동사학회, 2006.

황민호,「매일신보에 나타난 3·1운동의 전개와 조선총독부의 대응」,『한 국독립운동사연구』제26집, 한국독립운동사연구소, 2006.

황민호, 「박동완의 국내민족운동」, 『한국독립운동사연구』 제33집, 한국
　　독립운동사연구소, 2009.

황민호, 「1920년대 초 국내언론에 나타난 임시정부의 항일독립운동」, 『한
　　국민족운동사연구』 60, 한국민족운동사학회, 2009.

황민호, 「경기도 광주군지역의 3·1운동」, 『한국민족운동사연구』 72, 한
　　국민족운동사학회, 2012.

황민호, 「매일신보에 나타난 평양지역의 3·1운동과 기독교계의 동향」,
　　『숭실사학』 31, 숭실사학회, 2013.

황민호, 「1930년대 후반 在滿興亞協會의 設立과 對日協力 論理」, 『한국독
　　립운동사연구』 30, 한국독립운동사연구소, 2008.

찾아보기

| ㅇ |

▌ 중요 경력

숭실대학교 사학과 졸업
숭실대학교 사학과 교수
숭실대학교 한국기독교박물관 관장(역임)
숭실대학교 한국기독교문화연구원장(역임)
한국민족운동사학회 회장
국가보훈처 자체평가위원회 위원
국가보훈처 현충시설심의위원회 위원
서울시사편찬위원회 위원
서울시문화재위원회 위원

▌ 저서 및 논문

『재만한인사회와 민족운동』, 국학자료원(저서)
『일제하 식민지 지배권력과 언론의 경향』, 경인문화사(저서)
『일제하 만주지역 한인사회의 동향과 민족운동』, 신서원(저서)
『식민지 조선과 매일신보-1910년대』, 선인(공저)
『식민지 동화정책과 협력, 그리고 인식』, 두리미디어(공저)
『3·1운동 직후 무장투쟁과 외교활동』, 독립기념관 한국독립운동사연구소(공저)
『시대의 아픔을 온몸으로 껴안다-수원독립운동 인물열전』, 수원박물관(공저)
『(日帝下 雜誌拔萃) 植民地時代資料叢書』1-19권, 啓明文化社
「일제하 간도봉기의 전개와 한인사회의 대응」
「滿洲地域 親日言論 '在滿朝鮮人通信'의 發行과 思想統制의 傾向」
「전시통제기 조선총독부의 사상범 문제에 대한 인식과 통제」
「중일전쟁 초기 조선총독부의 전쟁에 대한 선전과 조선인」
「백산 지청천의 만주지역에서의 항일무장투쟁」
「청산리전투에 관한 연구 성과와 과제」 외

3 · 1운동의 전개와 매일신보

초판 1쇄 인쇄일	2021년 10월 20일
초판 1쇄 발행일	2021년 10월 30일
지은이	황민호
펴낸이	정진이
편집/디자인	우정민 우민지
마케팅	정찬용 정구형
영업관리	한선희 김보선
책임편집	우정민
인쇄처	으뜸사
펴낸곳	국학자료원 새미(주)
	등록일 2005 03 15 제25100-2005-000008호
	경기도 고양시 일산동구 중앙로 1261번길 79 하이베라스 405호
	Tel 442-4623 Fax 6499-3082
	www.kookhak.co.kr
	kookhak2001@hanmail.net
ISBN	979-11-6797-011-4 *93910
가격	40,000원